Fox
www.BlueFox.co.kr

독학

동영상과 함께 공부하는   2D/3D/기초실무/SketchUp

조 영 석

AutoCAD & SketchUp 2017-2021

SketchUp

You Tube

스케치업을 위한
핵심 노하우를 알차게 담은
유튜브 동영상강의 공개

예문사

컴퓨터의 특성을 가장 잘 활용하는 프로그램으로는 어떤 것이 있을까? 우리가 많이 사용하는 프로그램 중 가장 오래된 역사를 가진 소프트웨어에는 어떤 것이 있을까? 이 두 질문의 답은 당연히 CAD(Computer Aided Design) 프로그램이다. 워드, 인터넷 브라우저, 동영상 재생 프로그램과 같은 프로그램은 다른 가전 제품으로 대치가 가능하지만 CAD는 전문 프로그램에서만 동작된다. 또한 CAD는 윈도우나 워드 같은 프로그램이 개발되기 이전부터 상용화되어 수많은 건축물과 잠수함, 비행기 설계를 가능하게 하였다. 컴퓨터로 개발된 가장 상업적이고 전문적이며 가장 오래된 프로그램을 꼽는다면 단연코 CAD 프로그램이 으뜸이라고 할 수 있다.

반면 CAD 프로그램은 워드나 브라우저처럼 아무나 편하게 쓸 수 있는 프로그램은 아니다. 이것은 CAD를 사용할 수 있게 되면 전문가가 된다는 뜻이기도 하다. 그렇다면 이 책을 읽으면서 독자들은 거의 전문가 수준에 도달하여야 한다. 이것은 필자와 독자 여러분 모두의 권리이자 의무라는 점을 기억해야 한다. 이 목적을 위해 이 교재는 가장 쉽고 효과적으로 CAD를 배울 수 있는 방법을 사용하였다. 캐드를 배우기 위해서는 다소 복잡한 명령어와 옵션을 배워야 한다. 그러나 이러한 명령어의 사용법을 문자와 그림으로 기술하게 되면 교재의 분량만 늘어나고 정작 필요한 작도 개념을 이해하는 데 오히려 방해가 되기 쉽다. 이 교재의 가장 큰 장점은 CAD 작도 순서를 동영상으로 설명하였다는 것이다.

이 책을 처음 펼쳐 본 독자들은 거의 대부분 "책이 왜 이렇지? 정말 이 책으로 배울 수 있을까?"라는 의문을 가질 수 있을 것이다. 설명이 너무나 간결하고, 그 흔한 번호 잔뜩 달린 대화상자 설정법도 없고 도형 그림만 많기 때문이다. 이 책에 실린 글은 각 명령을 이해하기 위한 기초 개념의 설명이고, 그림은 작도하는 순서와 작도 개념을 도식화하였다. 이렇게 간결한 개념 설명은 처음 명령을 익힐 때나 다시 찾아볼 때 유용하게 사용될 수 있다. 도식화된 그림들은 동영상 강의의 부교재로 사용하면 될 것이다. 동영상 강의를 청취할 때는 반드시 책에 첨부된 왼쪽 큰 그림을 참고하면서 들어야 한다. 나중에 해당 명령을 찾아볼 때는 동영상 강의를 다시 들을 필요 없이 그림과 간략한 글만 읽어도 쉽게 기억할 수 있도록 가장 중요한 내용만 요약 정리하였다.

설계작업은 많은 제약조건에서 한정된 자원만 이용해야 하기 때문에 매우 어려운 일이다. 따라서 설계작업을 할 때 사용하는 도구는 사용하기 편리해야 한다. 그런 이유로 CAD를 사용하는 방법은 매우 쉬워야 한다. AutoCAD는 가장 오래된 CAD 프로그램의 하나로 오랜 역사 동안 많은 사용자들에 의해 쓰기 쉽게 개량되어 왔다. 이런 AutoCAD를 배우는 데 오랜 시간이 걸려서는 안 된다. 이 교재는 34강으로 구성되어 있지만 몇몇 특수한 용도의 내용을 제외하고는 하루에 2개 강씩 약 2주 정도면 쉽게 마스터할 수 있도록 꾸며져 있다. 교재에 오류가 있다고 생각되거나 이해가 잘 안 될 경우 www.bluefox.co.kr 사이트를 통해 질문해주시면 성심껏 답변해 드릴 것이다. 설계에 첫발을 내딛는 독자 여러분께 작은 디딤돌이 되길 희망한다.

조 영 석

01 PART 초급 2차원 평면 작도

중급 2차원 평면 작도

3차원 공간 작도

01

초급 2차원 평면 작도

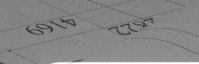

L E S S O N 01

캐드를 쉽게 배우고 잘 사용하기

책의 구성과 학습 방법에 대한 소개 부분이다. 또한 캐드를 배울 때 유의할 사항과 새롭게 바뀐 AutoCAD 내용을 담고 있다.

1 이 책은 AutoCAD의 구성과 기초부터 실무준비를 위한 전 과정을 약 30일 정도의 분량으로 구성하였다. 특히 캐드 따라하기 과정은 동영상으로 별도 제작하여 빠른 시간에 효과적으로 캐드를 마스터할 수 있도록 제작되었다. 1부와 2부, 19강까지는 AutoCAD의 2차원(2D) 제도에 관련된 내용을 기술하였고 3부 28강까지는 AutoCAD의 3차원(3D) 제도에 관련된 내용을 기술하였다.

2 AutoCAD 2차원 기초, 1강부터 12강까지는 2차원 평면 작도 초급 과정으로 기초적인 그리기(Draw) 명령어와 수정(Modify) 명령어, 옵션(Option) 명령어 등 기초 활용 명령어들을 다루며, 학습한 명령어를 기반으로 간단한 도면을 작도하는 방법을 알아보겠다. 이 과정은 가급적 이 책을 구입하고 12일 이내에 끝마치길 권한다.

3 AutoCAD 2부, 13강부터 19강까지는 2차원 평면 작도 중급 과정으로 복잡한 도면을 작도하고 이것을 쉽게 관리할 수 있는 레이어, 치수기입, 출력 등 고급 사용자들이 사용하는 명령어들로 이루어졌다. 2부에서 사용하는 명령어는 다소 지루하고 복잡해 보일 수 있지만 실무 및 3차원 제도를 위해서는 꼭 필요한 명령어이기 때문에 반드시 주의 깊게 익혀야 한다.

4 AutoCAD 3부, 20강부터 27강까지 3차원 공간 작도의 기초와 고급 명령어를 같이 다루고 있다. 기초 부분에서는 3차원 제도의 기본 개념과 여러 가지 지원 도구에 대해 집중적으로 알아본다. 고급 명령어 부분에서는 예제를 통해 2차원 작도와 3차원 작도 명령의 연관적인 관계를 자연스럽게 알아본다.

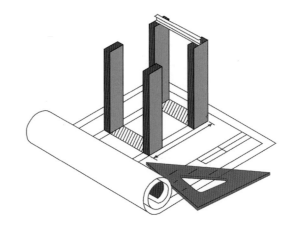

➜ AutoCAD에서 3차원 도면은 2차원 도면을 연장하여 작도한다.

5 이 책의 특징은 각각의 단원들이 하루 분량으로 구성되어 있으며, 각 단원마다 간단한 예제를 통해 공부한 내용을 다시 확인할 수 있다는 것이다. 책의 목차는 필자가 강의하면서 오랜 시간 동안 다듬은 것으로 학생들이 쉽게 익힐 수 있고, 명령어를 복합적으로 활용할 수 있도록 제작되었다. 각 강을 학습할 때 동영상을 먼저 보느냐 교재를 먼저 보느냐는 그다지 중요하지 않다. 다만 처음 동영상을 볼 때 교재에 있는 개념을 많이 거론하기 때문에 반드시 교재를 동반해서 학습하여야 한다.

AutoCAD를 잘하려면

1 Command:, 명령:, 캐드는 다른 그래픽 프로그램과는 다르게 도면이 그려지는 캔버스 화면과 함께 명령어를 입력하는 Command(명령) 창이 아주 중요하다. 다른 그래픽 프로그램은 도구상자에서 도구를 선택한 후 캔버스에 그리는 형태로 작도한다. AutoCAD 역시 다양한 도구상자를 제공하지만 전통적인 AutoCAD의 작도법은 도구를 선택하는 대신 명령어를 입력하는 방법을 더 많이 사용한다. 이것은 마우스를 이용해 도구를 선택하고 작도하는 것보다 키보드를 사용하는 것이 더 빠르고 편리하기 때문이다.

2 캐드의 단축키는 선택이 아닌 필수. 최근의 프로그램들은 마우스만 사용하여도 대부분의 작업을 할 수 있도록 편리하게 제작되었다. 그러나 이렇게 편리한 프로그램들은 동작법이 단순한 반면 전문성과 생산성, 정확

➡ **도면을 작도할 때는 마우스보다 키보드를 더 많이 사용해야 한다.**

도가 떨어진다. 캐드의 도면 작도는 생산성과 정확도가 생명과 같다. AutoCAD는 컴퓨터 프로그램 중에서도 가장 긴 역사를 가지고 있으며 가장 전문성이 높은 프로그램 중 하나이다. 마우스를 사용하면 편리하지만 느리고 정확성이 떨어진다. 반면 키보드를 사용하면 명령어를 암기해야 한다는 불편함이 있지만 일단 명령어를 암기하면 빠르게 실행하고 정확하게 좌표값을 입력할 수 있다. 이런 이유 때문에 전문적인 CAD 프로그램은 모두 키보드를 사용한다. 암기에 자신이 없더라도 걱정할 필요는 없다. 이 교재에 있는 예제만 작도하여도 명령어는 모두 자동으로 외워진다. 다만 동영상 강의에서 필자가 명령어를 입력할 때 굳이 마우스를 사용하는 번거로운 실수만 범하지 않으면 된다.

경우에 따라 필자도 윈도우 메뉴나 툴바를 사용하는 경우도 있다. 이렇게 마우스 명령을 사용하면 명령창에는 '_' 언더바로 시작하는 시스템 명령이 자동으로 생성되고 실행된다. 이런 시스템 명령어까지 외울 필요는 없다.

3 도면 작도 순서 이해. 캐드 명령어를 학습하였다고 해도 실무 도면을 이해하는 것은 아니다. 가끔 면접에서 AutoCAD를 쓸줄 아는 지원자에게 실무 도면을 그려보게 하면 전혀 그리지 못하는 경우가 있다. 또는 어느 정도 그리기는 해도 전혀 관리가 안 되는 도면을 정말 오랜 시간에 걸쳐 꼼꼼하게 맞춰가며 그리는 지원자도 있다. 도면은 중심선을 기준으로 치수에 의해 그려져야 한다. 또한 치수 역시 그렇게 기재한 나름대로의 이유가 있기 때문에 기재된 치수의 성격을 잘 이해해야 한다. 도면을 잘 작도하려면 작도의 순서와 명령어의 활용 순서가 조화롭게 이루어져야 한다. 또한 되풀이 없이 한번 거쳐간 지점은 한번에 완성되어야 한다.

4 정확하게 한번에 그리기. 캐드 작도에 익숙한 전문가는 오히려 포토샵이나 일러스트 같은 다른 드로잉 프로그램 사용을 더 힘들어하고 꺼리게 된다. 그들은 모두 이구동성으로 AutoCAD 프로그램은 좌표의 정확성과 작도의 신속성을 최고의 장점으로 꼽는다. 반면 다른 작도 프로그램들은 어떤 한 지점을 지정하는 가장 기초적인 작업이 너무 불편하고 좌표값의 관리 자체도 불안하다고 말한다.

AutoCAD 프로그램에서 위치를 지정할 때는 대부분 거의 반자동 방식으로 지정할 수 있다. 캐드를 한번도 사용한 경험이 없는 사용자라면 이 말이 이상하게 들릴지 모르겠지만 AutoCAD 프로그램에는 OSnap(Object Snap, 오브젝트 스냅, 물체 간 똑딱 단추)이란 기능을 통해 작도자가 원하는 위치를 정확하게 선택하게 해준다. 또한 작도하고자 하는 도면의 각 지점 역시 서로 거미줄처럼 연관성을 가지고 있다. 이러한 각 지점 간의 연관성을 파악하면서 캐드의 OSnap 기능을 사용하면 도면은 한치의 오차도 없이 굉장히 쉽고 빠르게 작도된다.

5 캐드 관련 자격증 준비하기. 각종 캐드 관련 자격증을 준비하는 것도 캐드 실력 향상에 도움이 된다. 한국산업인력관리공단에서 시행하는 과목 중 전산응용 기계제도/건축제도/토목제도 기능사 등의 자격증을 함께 준비하는 것은 막연히 캐드를 배우는 것보다 더 좋은 결과를 얻을 수 있다. 이러한 실무 자격증은 실무를 위한 배경지식뿐만 아니라 캐드 실력의 목표를 제시해주기 때문에 캐드 공부를 더 재미있고 알차게 만들어준다. 또한 제한시간 안에 도면을 작도하는 능력은 여러분들의 작도 실력을 향상하는 데 큰 도움이 될 것이다.

이 책의 활용방법

1 왼편엔 그림, 오른편엔 글. 이 교재를 처음 펼쳐보면 약간은 당황할 수 있다. 책의 구성이 지금까지 출판된 다른 책들과 다르기 때문이다. 본 교재의 이런 구조는 필자가 지금까지 여러 권의 캐드 교재를 집필하면서 아쉬웠던 문제를 해결하고 독자들이 캐드를 보다 쉽게 익힐 수 있도록 글과 그림을 따로 분리하여 제시하는 방식으로 구성하였다. 이러한 구성은 처음 책을 읽을 때는 다소 산만해 보이지만 나중에 다시 찾아보거나 개념을 정리하는데 훨씬 편리하다는 장점이 있다.

2 이제 따라하기는 동영상으로 편하게. 이 교재는 다른 책과 비교하였을 때 따라하기 부분이 거의 없다. 보통의 다른 캐드 교재는 따라하기 부분이 책의 절반 이상을 차지하지만 이 책은 따라하기 부분을 과감히 삭제하였다. 이것은 이 교재와 함께 제공되는 동영상에 따라하기 부분이 모두 수록되어 있기 때문에 가능했다. 보통 책으로 프로그램 따라하기를 익히면 그대로 따라하기도 어렵지만 나중에 잘 기억도 나질 않는다. 대신 동영상을 보고 프로그램을 따라하면 쉽고 빠르게 그 사용법을 익힐 수 있다.

3 캐드 명령어와 힌트. 이 책을 공부하면서 주의 깊게 봐야 하는 것은 캐드 명령어 부분이다. 명령어 부분에는 물체를 선택하고 명령을 실행하는 다양한 옵션을 입력하는 부분이 존재하는데 이것의 순서와 쓰임을 정확히 숙지하는 것이 중요하다. 그래서 본문과는 구분되게 캐드 명령어 부분을 보기 쉽게 편집하였다. 캐드 명령 부분 중 밝은색으로 강조된 부분은 여러분이 명령 창에 직접 입력하는 부분이다. 각 명령 줄에서 직접 설명이 필요한 부분은 밑줄로 표시하였다. 이 부분은 여러분이 입력하는 부분도 아니고 캐드에서 출력해 주는 부분도 아니다. 마지막으로 캐드 명령 부분에서 대문자로 표기한 문자가 있고 소문자로 표기한 문자가 있다. 이것은 캐드의 단축키로 대문자 부분만 입력하여도 캐드에서 인식하게 된다. 예를 들어 CoPy 라는 명령어는 단순히 CP라고 입력하여도 명령은 실행된다.

01

초급 2차원 평면 작도

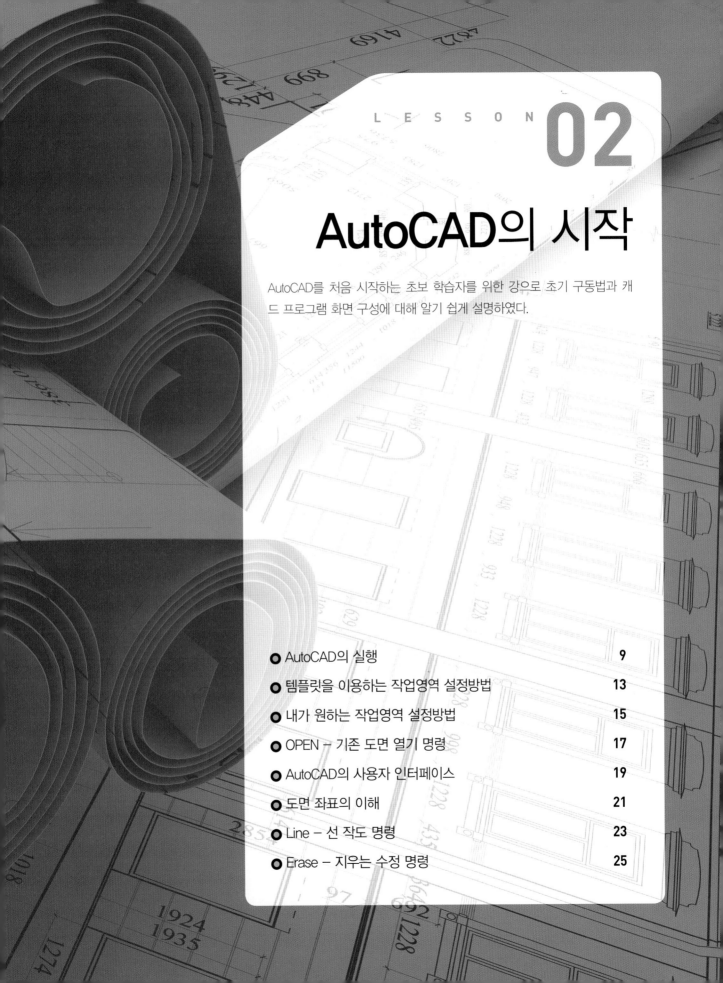

L E S S O N 02

AutoCAD의 시작

AutoCAD를 처음 시작하는 초보 학습자를 위한 강으로 초기 구동법과 캐드 프로그램 화면 구성에 대해 알기 쉽게 설명하였다.

AutoCAD의 두가지 시작방법

AutoCAD 실행
바탕화면
단축아이콘

Windows 시작버튼

새로운 기능 학습을 위한 패널

AutoCAD 2017
프로그램 실행

새 도면 작성을 위한 패널

Autodesk Exchange
열기버튼

AutoCAD 도움말

Autodesk Exchange Apps
Launch the Autodesk Exchange Apps website.

Help
Download Offline Help
About Autodesk AutoCAD 2017

AutoCAD의 실행

02-1

AutoCAD 프로그램을 컴퓨터에 설치하면 바탕화면에 AutoCAD 바로가기 아이콘이 만들어진다. 이 아이콘을 더블 클릭하면 AutoCAD는 바로 실행된다. AutoCAD를 실행하는 다른 방법으로는 윈도우즈의 [시작버튼] → [앱 페이지] → [AutoCAD 2017 묶음] → [AutoCAD 2017]를 선택하여 실행하면 된다.

AutoCAD 프로그램을 실행하면 왼쪽과 같은 화면이 나타난다. 하단에는 도면 생성을 위한 CREATE 부분과 학습을 위한 LEARN 부분으로 나눌 수 있는 선택 버튼이 있다. 먼저 CREATE 페이지는 도면 생성을 위한 Get Started와 최근 도면 파일을 다시 열 수 있는 Recent Documents, 제작사와 연결되는 알림과 연결 기능이 있다. 다음 LEARN 페이지는 다양한 동영상 강의와 사용팁, 온라인으로 연결 가능한 학습 지원 도구 등이 있다.

AutoCAD 화면 오른쪽 상단에는 Autodesk Exchange App.(오토데스크 익스체인지 어플리케이션) 브라우저를 열어주는 'X' 모양의 아이콘이 있다. 이 페이지에 가면 AutoCAD에 관련된 다양한 어플리케이션과 플러그인 제품들을 접할 수 있다. 공짜로 제공되는 재미있는 기능들도 많이 있으므로 꼭 한 번 방문해 보길 권한다. 이 아이콘의 왼편에는 현재 사용자를 Autodesk 계정으로 로그인하는 기능을 제공한다. 이 계정을 이용하여 A360이라는 원격 프로젝트 공유 기능을 사용할 수 있다. 좀 더 자세한 내용은 28장 AutoCAD의 새 기능에 소개되어 있다. 또한 그 왼편에는 키워드 또는 구절을 입력하여 도움말 파일에서 검색하는 기능을 제공한다. 이 기능을 이용하면 Autodesk사에서 제공하는 온라인 도움말에 연결된다.

AutoCAD 2012 버전까지는 도움말 기능과 Exchange 기능이 하나로 통합되었지만 많은 불편함이 생겨 다시 분리되었다. 또한 인터넷 온라인으로만 제공되던 도움말이 별도의 설치를 통해 오프라인(Offline)으로 보다 빠르게 열어볼 수 있게 되었다. 왼쪽 그림에서 '오프라인 도움말 다운로드' 메뉴를 선택하면 다음과 같은 페이지가 브라우저를 통해 열리게 되고 도움말을 여러분들 개별 PC에 설치할 수 있게 된다.

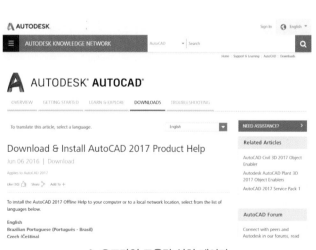

→ 오프라인 도움말 설치 페이지

기본 LIMITS 도면영역

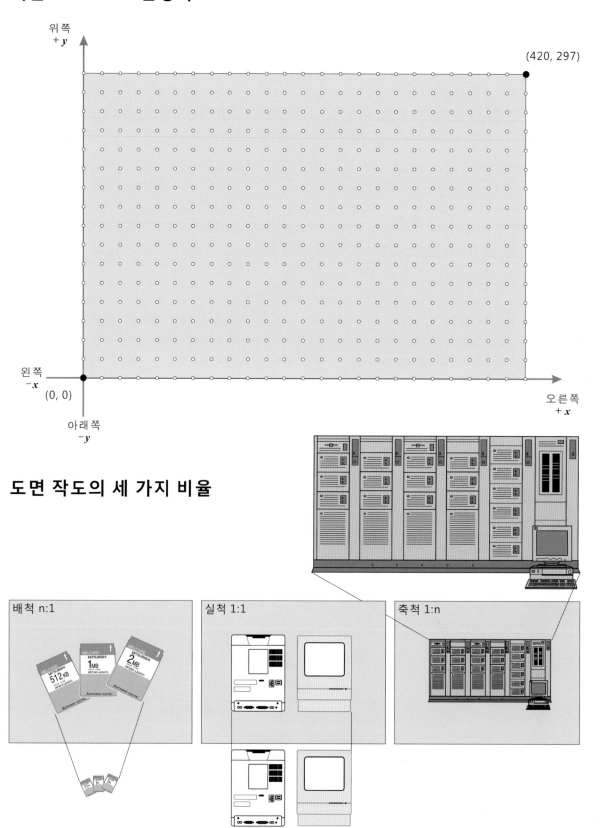

위쪽
$+y$

(420, 297)

왼쪽
$-x$
(0, 0)

오른쪽
$+x$

아래쪽
$-y$

도면 작도의 세 가지 비율

배척 n:1

실척 1:1

축척 1:n

캐드에서 도면을 작도를 하기 전에 기억해야 할 것은 바로 도면의 한계 설정이다. 도면의 한계 설정은 매우 단순한 작업이지만 어떤 측면에선 작도보다도 중요하다고 볼 수 있다. 캐드의 도면 한계 명령은 LIMITS로 다음과 같이 동작한다.

캐 드 명 령

명령: *LIMITS* [Enter]
모형 공간 한계 재설정:
왼쪽 아래 구석 지정 또는 [켜기(ON)/끄기(OFF)] ⟨0.0000,0.0000⟩: [Enter]
오른쪽 위 구석 지정 ⟨420.0000,297.0000⟩: [Enter]

자세한 설명을 하지 않더라도 위의 설정에서는 현재 도면의 크기가 420×297mm(A3 용지 크기) 라는 것을 알수 있다. 위에서는 단순히 [Enter] 키를 이용해서 현재 설정된 값을 그대로 유지하도록 하였다. 위와 같은 기본설정 상태에서는 화면의 좌측하단의 좌표가 (x, y)로 표시하여 (0, 0)이 되고 우측상단이 (420, 297)이 된다.

캐드의 좌표계(특정 지점을 지정하기 위한 숫자의 조합)는 수학 좌표계와 동일하다. x축은 왼쪽에서 오른쪽으로 값이 커지며 y축은 아래에서 위로 값이 커지게 된다. 이 교재에서는 좌표계라는 딱딱한 용어보다는 x축은옆으로(왼쪽은 마이너스 방향, 오른쪽은 플러스 방향), y축은 위(플러스 방향) 또는 아래(마이너스 방향)라는용어를 더 많이 사용하겠다.

LIMITS 명령에는 또 다른 옵션이 있다. 위의 명령어 예제처럼 왼쪽 아래를 지정하는 대신 켜거나(ON), 끄는(OFF) 옵션을 지정할 수 있다. LIMITS 옵션을 켜면 현재 한계 영역 내부에서만 작도를 할 수 있다. 반대로 끄면한계 영역 외부에서도 작도를 할 수 있다.

Hint **도면의 실척/배척/축척**

- **실척** : 실제 크기와 같게 도면을 작도하는 것. 1:1
- **배척** : 실제 크기보다 더 크게 도면을 작도하는 것. 50:1, 100:1 등
- **축척** : 실제 크기보다 더 작게 도면을 작도하는 것. 1:40, 1:50, 1:100 등

도면보다 작은 기계 부품을 작도한다면 대부분 배척을 사용하고 도면보다 큰 기계나 건축, 토목에서는 축척을 주로 사용한다. 그러나 도면에 표시하는 치수는 실제 물체의 치수를 기입한다는 점을 꼭 기억해야 한다. 이런 이유로 과거의 수작업 도면에서는 스케일자(Scale Ruler)가 꼭 필요한 액세서리로 따라 다녔다.

그러나 캐드의 도면 작도는 실제 크기와 같은 1:1 실척으로 하는 것을 원칙으로 한다. 이유는 컴퓨터는 대단히 빠른 계산기이기 때문에 사용자에게 번거로운 계산을 시킬 필요가 없기 때문이다. 즉, 실체 크기로 물체를 작도한 후 출력할 도면의 크기에 맞게 즉각적으로 재계산하는 능력을 가지고 있기 때문에 굳이 스케일이라는 수작업이 필요 없다. 물론 캐드의기본 치수 단위(μm, mm, inch, feet 등)와 정확도를 지정하는 설정작업은 필요하지만 여기서는 기계/건축 제도에서 가장많이 사용하는 밀리미터(mm) 단위를 사용하기로 하겠다.

AutoCAD Templates(*.dwt)를 통한 영역 설정

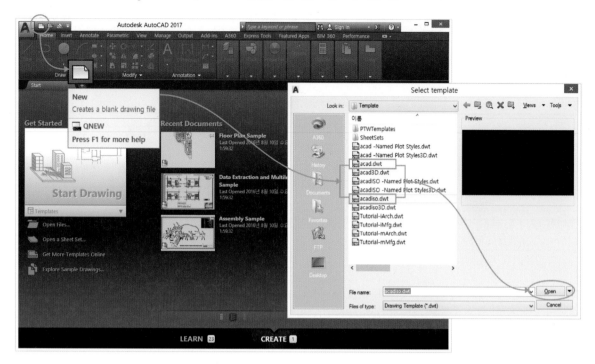

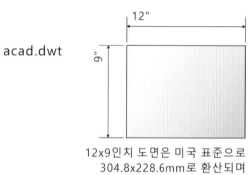

acad.dwt

12"

9"

12x9인치 도면은 미국 표준으로
304.8x228.6mm로 환산되며
용지비율은 4:3

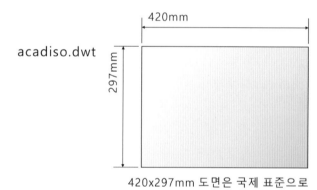

acadiso.dwt

420mm

297mm

420x297mm 도면은 국제 표준으로
용지비율은 1.414:1

현재 도면에서 사용하는 수치 단위는 UNITS 명령으로 관리할 수 있다.
만일 템플릿으로 acad.dwt를 선택한 경우 기본 단위는 Inches가 되며
acadiso.dwt를 선택한 경우 기본 단위는 Milimeters가 된다.

템플릿을 이용하는 작업영역 설정방법

AutoCAD는 작도를 시작할 때 새로운 도면에 템플릿을 적용하여 열어준다. 템플릿은 확장자 *.dwt를 사용하고 새 도면을 열 때 골라서 사용할 수 있다. 새 도면을 여는 방법은 단축키, 명령어, 아이콘 등 다양한 방법을 사용할 수 있다.

캐드명령

명령: *NEW* `Enter` 또는 단축키 `Ctrl` + `N`
모형 재생성 중.
AutoCAD 메뉴 유틸리티 가 로드됨.

왼쪽 페이지의 그림과 같이 acad.dwt 템플릿을 사용하면 가로 12인치/세로 9인치의 제한영역을 가진 도면이 열리고, acadiso.dwt 템플릿을 사용하면 가로 420mm/세로 297mm의 제한영역을 가진 도면이 열리게 된다.

위와 같이 NEW 명령을 통해 새 도면이 열릴 때는 시스템이 참조하는 숨겨진 변수 STARTUP이 관여한다. 보통 초기 상태에서는 이 변수값이 '0'이 되며 NEW 명령을 입력하면 왼쪽 그림과 같이 템플릿을 선택하여 새 도면을 열어준다. 이제 이 STARTUP 변수값을 변경하여 다른 방법으로 새 도면을 만드는 방법을 알아본다.

캐드명령

명령: *STARTUP* `Enter`
STARTUP에 대한 새 값 입력 〈0〉: *1* `Enter`
명령: *NEW* `Enter`

STARTUP 변수값을 위와 같이 '1'로 바꾼 후에 NEW 명령을 실행하면 새 도면 열기 마법사가 실행되면서 보다 다양한 새 도면 만들기 옵션이 제공된다. 새 도면 열기 마법사에 대해서는 다음 페이지에서 자세히 알아보도록 하겠다. 한 가지 주의할 점은 STARTUP 변수를 통한 도면 마법사 기능은 이제 잘 사용하지 않는 기능이라는 점이다.

STARTUP 대화상자로 새 도면 만들기

① 새 도면 만들기

Imperial(피트/인치) 또는
미터법만 선택

② 템플릿으로 새 도면 만들기

기존 템플릿(acadiso.dwt) 선택

③ 신속설정 마법사로 새 도면 만들기

Quick Setup 선택

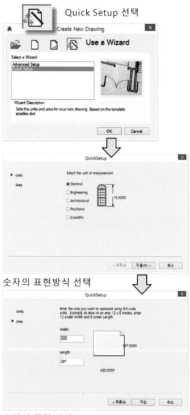

숫자의 표현방식 선택

도면의 영역 선택

④ 고급설정 마법사로 새 도면 만들기

Advanced Setup 선택

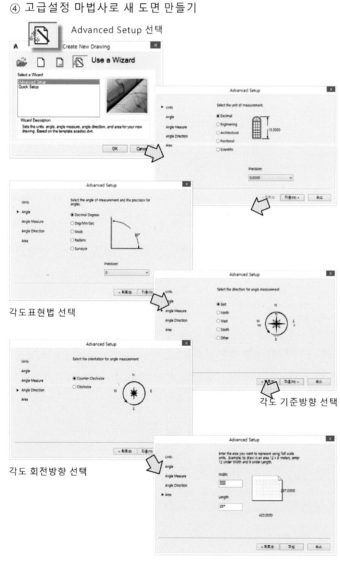

각도표현법 선택

각도 기준방향 선택

각도 회전방향 선택

STARTUP 대화상자로 도면 열기

STARTUP 대화상자의 도면 열기 기능은
AutoCAD 프로그램이 처음 시작할 때만 가능

내가 원하는 작업영역 설정방법

이제 STARTUP 변수를 '1'로 변경한 후 새 도면 열기(NEW 명령 또는 [Ctrl] + [N])를 하면 왼쪽 그림과 같은 새 도면 열기 마법사가 나타난다. 이 대화상자에는 윗부분에 세 가지 기능에 대한 아이콘이 놓여 있다.

① **처음부터 시작** : 첫 번째 아이콘은 간단하게 미터법 또는 피트/인치 등의 단위 설정만으로 새 도면을 열 수 있다.

② **템플릿 사용** : 두 번째 아이콘은 전 장에서 알아본 템플릿(*.dwt)을 선택하여 새 도면을 열 수 있다. 물론 템플릿이 위치한 폴더 디렉터리 위치는 불러오기(browser) 버튼을 눌러 변경할 수 있다.

③ **신속설정 마법사 사용** : 세 번째 아이콘의 마법사 기능을 신속설정 상태로 선택하고 새 도면을 만든다. 신속설정 마법사는 도면의 수치 지정 방식(단위)과 크기(영역, LIMITS)를 지정하여 새 도면을 만든다.

④ **고급설정 마법사 사용** : 세 번째 아이콘의 마법사 기능을 고급설정 상태로 선택하고 새 도면을 만든다. 고급설정 마법사는 다음과 같이 도면의 상세한 5단계 지정 기능을 제공한다.

- 단위 : 수치를 표기하는 방법을 지정한다. 국내에서는 대부분 십진 표기법을 사용한다.
  ⓐ 십진(Decimal) : 15.5000, 가장 일반적인 표기법으로 십진수와 소수점으로 표기한다.
  ⓑ 공학(Engineering) : 1'-3.5000", 미국/영국에서 사용하는 표기법으로 피트와 인치를 십진수로 표기한다. 피트는 따옴표(인용부호), 인치는 쌍따옴표를 단위로 쓴다. 1인치는 1/12피트이다.
  ⓒ 건축(Architectural) : 1'-3 1/2", 미국/영국에서 사용하는 피트 인치 분수표기법을 사용한다.
  ⓓ 분수(T:Fractional) : 15 1/2, 십진 표기법 대신 분수 표기법을 사용한다.
  ⓔ 과학(Scientific) : 1.5500E+01, 지수형 표기법을 사용한다. 소수점 왼쪽은 언제나 한 자리만 표기하고 대신 'E' 다음에 10의 승수를 표기한다. 양의 수를 사용하면 10의 승수를 곱해주고 음의 수를 사용하면 10의 승수를 나눠준다. 아주 큰 수와 아주 작은 수의 유효자리를 유지하면서 동시에 표기할 수 있다는 장점이다.

- 정밀도 : 작도자가 사용하는 수치의 소수점 밑의 자리 정밀도를 지정한다.
- 각도 : 작도자가 표기하는 각도 형식을 지정한다. 보통은 십진 도수를 사용한다. 도분초 표기법은 1도를 60등분하여 1분, 다시 1분을 60등분하여 1초로 표기하는 방법이다.
- 각도 측정 : 각도의 0도 기준 방향을 선택한다. 보통은 동쪽, 도면의 오른쪽(X축의 증가방향)을 0도로 한다.
- 각도 방향 : 각도가 증가하는 방향을 선택한다. 보통은 반시계 방향을 사용한다.

만일 NEW 명령을 통해 STARTUP 대화상자를 열였다면 가장 왼쪽에 있는 도면 열기 기능은 선택이 불가능하다. STARTUP 대화상자의 도면 열기 기능은 AutoCAD가 처음 실행되었을 때만 선택이 가능해진다. 원칙적으로 STARTUP 대화상자는 도면을 열때 사용하는 것이 아니라 도면을 새로 만들때 사용해야 한다.

AutoCAD에서 제공하는 도면 저장 방식

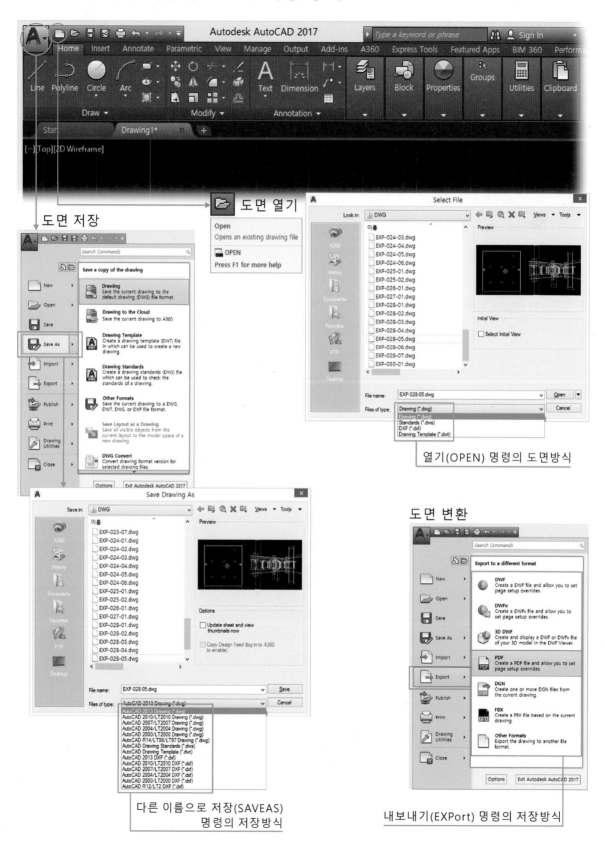

도면 저장

도면 열기

열기(OPEN) 명령의 도면방식

도면 변환

다른 이름으로 저장(SAVEAS)
명령의 저장방식

내보내기(EXPort) 명령의 저장방식

OPEN – 기존 도면 열기 명령

02-4

저장된 도면을 열어보고 다시 이름을 바꿔 저장하는 방법에 대해 알아보도록 하겠다. AutoCAD의 파일 열기와 저장은 보통의 다른 프로그램과 큰 차이는 없지만 약간의 작은 차이들 때문에 명령 창을 주의해서 봐야한다.

캐 드 명 령

명령: *OPEN* [Enter] 또는 단축키 + [Ctrl] + [O]
AutoCAD 2010 형식 파일 여는 중.
모형 재생성 중.
AutoCAD 메뉴 유틸리티 가 로드됨.
명령: *QSAVE* [Enter] 또는 단축키 + [Ctrl] + [S]
명령: *SAVE* [Enter]
명령: *SAVEAS* [Enter] 또는 단축키 + [Shift] + [Ctrl] + [S]

OPEN 명령을 실행하면 왼쪽 그림과 같은 도면 파일을 선택하는 대화상자가 나타난다. 반대로 현재 도면을 저장하는 명령은 QSAVE이다. 보통은 SAVE 명령이라고 생각하기 쉽지만 AutoCAD에서 SAVE 명령은 일부 기능이 다른 이름으로 저장(Save As)처럼 실행된다. 또한 SAVEAS 명령 역시 별도로 존재한다.

보통 다른 프로그램에서 간단 저장으로 사용하는 단축키인 [Ctrl] + [S]를 누르면 시스템 명령인 _qsave 명령이 명령창에 자동으로 실행된다. 도면 파일의 읽기/쓰기 같은 동작은 자주 반복하지 않기 때문에 꼭 명령어를 암기할 필요는 없다. 단순히 [Ctrl] 키를 사용하는 단축 명령어 기억하면 된다.

AutoCAD에서는 다양한 형식의 도면 파일을 읽고 쓸 수 있다. 물론 AutoCAD에서는 기본적인 도면 형식 DWG(DraWinG 파일 형식, Autodesk가 설계한 고유 도면 형식)를 사용하지만 다른 프로그램과의 도면 교환을 위해 몇 가지 다른 형식을 제공한다. AutoCAD의 애플리케이션 메뉴에서 다른 이름으로 저장(SAVEAS) 기능을 선택하면 다음과 같은 도면 형식으로 바꿔 저장할 수 있다.

- DWT : DraWing Template, 도면 작도를 위한 기본 틀 형식
- DWS : DraWing Standard, 도면에 표준 지정 기능이 첨부된 형식
- DXF : Drawing eXchange Format, 다른 프로그램과 도면을 교환하기 위한 파일 형식

캐드에서는 도면을 범용적인 파일로 저장하는 기능을 제공한다. 애플리케이션 메뉴에서 내보내기(EXPort) 기능을 선택하면 DWF와 PDF, DGN, FBX, WMF, BMP 등 다양한 포맷으로 변형하여 저장할 수 있다.

AutoCAD의 각종 도구 모음

제도 및 주석

3D 기본 사항

3D 모델링

② 빠른 실행 도구

③ 작업공간 선택

2017 버전 부터는 작업공간(Workspace) 선택이 하단 ⑧도면설정 버튼으로 이동하였다. Customize Quick Access Toolbar (빠른 실행도구 커스텀)을 이용하면 작업 공간 선택 기능을 다시 보이게 할 수 있다.

④ 리본탭 표시 방법

① 애플리케이션 메뉴

⑨ 내비게이션 도구

⑤ 명령, Command 창

명령창은 한줄로 표시되지만 드래그 할 수 있는 점선 부위를 끌어 바닥에 붙이면(도킹, docking)하면 여러줄을 표시하는 과거 방식으로 변경된다.

동적입력(Dynamic Input) 기능이 활용되면서 명령어 창이 축소되었지만 학습단계에서는 바람직하지 않기 때문에 교재에서는 동적입력 기능을 끄도록 한다. 우선 화면 우측 하단의 Customize 버튼에서 Dynamic Input 버튼을 켜서 화면에 표시하고 이 버튼을 클릭하여 동적입력 기능을 끄도록 한다. 명령어로는 DYNMODE이고 값을 0으로 설정하면 된다.

⑥ 커서 좌표 표시창

⑦ 작도모드 버튼

⑧ 도면 설정 버튼

AutoCAD의 사용자 인터페이스

① 애플리케이션 메뉴

Windows Vista와 7 버전에서는 사용자 인터페이스가 변경되면서 메뉴 기능이 거의 사라지거나 감춰지게 되었다. 사라진 메뉴 기능 중 가장 기본적이고 중요한 기능만 모아 놓은 메뉴로 주로 파일 메뉴의 기능을 제공한다. 새 도면 만들기, 도면 열기/저장, 내보내기(Export), 인쇄 등의 기능을 제공한다.

② 빠른 실행 도구(Quick Access Tool bar)

애플리케이션 메뉴에서 제공하는 기능 중 단순한 버튼 클릭으로 실행할 수 있는 도구 모음이다. 각 버튼은 QNEW, OPEN, QSAVE, SAVEAS, PLOT, U, REDO의 명령을 실행한다.

③ 작업공간 선택(Workspace)

빠른 실행 도구에서 중요한 부분은 작업공간(Workspace) 선택 메뉴이다. 작업공간은 작업 패널 탭을 어떻게 구성할지 선택한다. 기본적인 작업공간으로는 '제도 및 주석'과 '3D 기본사항', '3D 모델링', 'AutoCAD 클래식'이 있다. AutoCAD 클래식을 선택하면 2006 버전 이전처럼 메뉴와 아이콘이 배치된다.

④ 리본 탭 표시 방법의 선택

탭의 리본을 클릭하여 작업 패널의 표시 방법을 전환한다. 가장 작게는 탭으로만 표시되고 제목, 버튼 등으로 탭을 보다 크고 알기 쉽게 전환할 수 있다.

⑤ 명령(Command) 창

사용자가 직접 명령을 입력하여 실행시키는 영역이다. 캐드를 처음 사용하는 분들은 작도와 동시에 명령어 영역을 계속 지켜보면서 필요한 명령어를 입력해야 한다. 단축키 사용도 가능하다. 2013 버전부터 명령창은 한 줄만 표시되도록 간소화되었다.

⑥ 커서 좌표창   3501.7007, 2270.4335, 0.0000

현재 마우스 커서(작도 영역의 십자 커서)의 좌표값을 표시한다. X, Y, Z의 순서로 표시하며 보통의 2차원 도면에서는 Z값이 모두 0으로 표시된다. 소수점 이하 자리의 표시 방법은 도면의 정밀도 선택에 따라 달라진다.

⑦ 작도 모드 버튼

스냅(F9), 그리드(F7), 직교(F8), 극좌표(F10), 객체스냅(F3), 동적입력(F12) 등의 현재 작도 모드 상태를 표시해준다. 작도 모드는 주로 기능키로 켜고 끌 수 있으며 후에 작도를 실습하면서 하나씩 알아보도록 한다.

⑧ 도면 설정 버튼

도면의 레이아웃, 주석의 축척, 작업공간 설정 등 도면 전체와 현재 캐드의 설정 상태 등을 표시한다.

⑨ 내비게이션 도구

2차원 도면에서는 자주 사용하지 않지만 3차원 도면 공간에서 원하는 시점을 설정할 때 많이 사용한다.

도면 좌표의 이해

절대 좌표계
X,Y

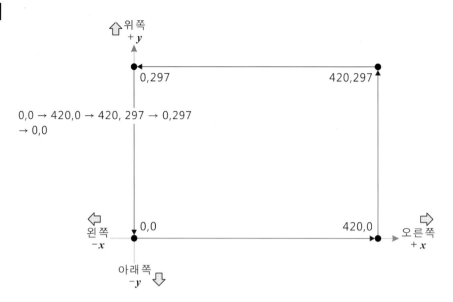

$0,0 \rightarrow 420,0 \rightarrow 420, 297 \rightarrow 0,297$
$\rightarrow 0,0$

상대 좌표계
@dX,dY

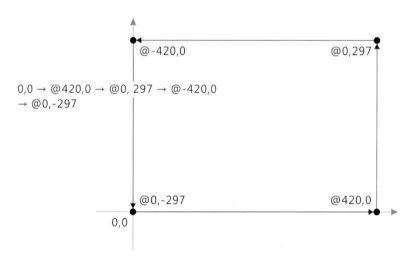

$0,0 \rightarrow @420,0 \rightarrow @0, 297 \rightarrow @-420,0$
$\rightarrow @0,-297$

상대 극좌표계
@L<A

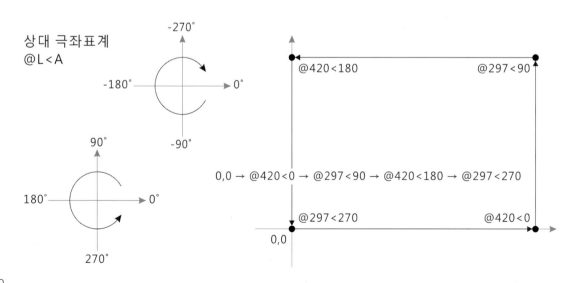

$0,0 \rightarrow @420<0 \rightarrow @297<90 \rightarrow @420<180 \rightarrow @297<270$

도면 좌표의 이해

실제 도면 작도에 첫 발을 딛는 가장 기본적이고 중요한 단계로 캐드의 좌표계에 대해 알아보겠다. 캐드의 좌표계는 절대 좌표계와 상대 좌표계, 상대 극좌표계 세 가지 방식으로 제공된다. 작도의 위치를 지정해 줄 때마다 사용자는 지정하기 편리한 좌표계를 선택해 사용하면 된다.

절대 좌표계는 절대라는 용어와 같이 어떤 상황에서도 한 지점의 좌표값이 변하지 않는 좌표 표시법을 뜻한다. 절대 좌표계는 x, y, z 형식으로 표시하며 다음과 같은 방향성을 가진다.

- 기본 상태에서 좌측하단은 원점이 된다.
- x 값은 오른쪽 방향으로 증가하고 왼쪽 방향으로 감소한다.
- y 값은 위쪽 방향으로 증가하고 아랫쪽 방향으로 감소한다.
- z 값의 변화는 2차원 도면 상태에서는 보이지 않는다. 도면에서 사용자 방향으로 증가하고 반대 방향으로 감소한다. 2차원 도면을 작도할 때는 z 값은 생략한다.

상대 좌표계는 상대라는 용어와 같이 현재 좌표값에 대해 상대적인 방향으로 좌표를 지정한다. 왼쪽 그림에서와 같이 상대적인 거리(Delta)를 뜻하기 때문에 dx, dy라고 표시한다. 어떤 지점을 지시할 때 현재 커서에 따라 그 지점의 상대 좌표값은 달라지게 된다.

- x, y 좌표값의 증가/감소 방향은 절대 좌표계와 같다.
- '@' 문자를 좌표값 앞에 표시한다.
- 현재 커서의 위치가 @0,0이 된다.
- 동적입력(Dynamic Input)을 사용할 때는 두 번째 좌표값은 '@' 문자를 쓰지 않아도 자동으로 상대 좌표계로 인식

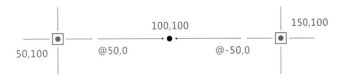

➡ 절대 좌표계와 상대 좌표계의 표시법 차이

위 그림과 같이 세 개의 점이 있고 이들의 절대 좌표값이 위와 같다고 가정한다. 만일 현재 커서가 왼쪽 점에 있다면 가운데 점 위치는 상대 좌표값 @50,0으로 표시한다. 그러나 현재 커서가 오른쪽 점에 있다면 가운데 점 위치는 상대 좌표값 @-50,0으로 표시한다.

Line 명령의 예제

EXP-002-01.dwg

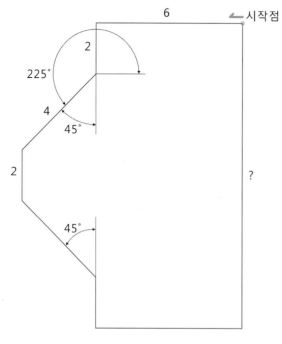

Line .
@-6,0
@0,-2
@4<225
@0,-2
@4<315
@0,-2
@6,0
Close

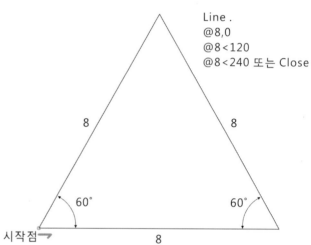

Line .
@8,0
@8<120
@8<240 또는 Close

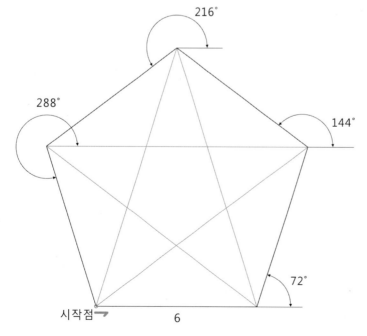

Line .
@6<0
@6<72
@6<144
@6<216
@6<288

상대 극좌표계는 상대적 거리(Length)와 각도(Angle)로 위치를 지정한다.

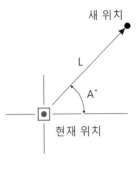

- 현재 커서에서 떨어진 거리와 방향을 각도로 표시한다.
- '@' 문자를 거리값 앞에 표시하고, 각도값 앞에는 '∠' 문자를 표시한다.
- 거리의 표시는 양의 값으로 하고, 각도의 표시는 양의 값 또는 음의 값으로 할 수 있다.
- 각도를 양의 값으로 표시할 경우 왼쪽 그림과 같이 반시계 방향으로 돌게 되고, 음의 값으로 표시할 경우 시계 방향으로 돌게 된다.

➔ 상대 극좌표계의 표시법

Line – 선 작도 명령

02-7

캐드의 도면 작도 명령중 가장 먼저 다루는 그리기 명령은 단연 Line 명령이다. Line 명령(단축키 L)은 연속된 선 그리기 명령으로 위치를 지정할 때마다 그 지점을 계속 연결하는 선분 물체을 작도한다.

캐 드 명 령

명령: *Line* Enter
LINE 첫 번째 점 지정: 도면(캔버스)에 지점 선택   ⓐ
다음 점 지정 또는 [명령 취소(U)]:   도면에 지점 선택   ⓑ
다음 점 지정 또는 [명령 취소(U)]:   도면에 지점 선택   ⓒ
다음 점 지정 또는 [닫기(C)/명령 취소(U)]:   도면에 지점 선택   ⓓ
다음 점 지정 또는 [닫기(C)/명령 취소(U)]:   도면에 지점 선택   ⓔ
다음 점 지정 또는 [닫기(C)/명령 취소(U)]:   도면에 지점 선택   ⓕ
다음 점 지정 또는 [닫기(C)/명령 취소(U)]:   Enter   ⓖ

ⓐ 첫 번째 점 위치를 지정한다. 점 하나의 위치만 지정되었기 때문에 아직 선은 그려지지 않는다.
ⓑ 두 번째 점 위치를 지정하면 처음으로 선이 그려진다.
ⓓ 네 번째 점 위치를 지정할 때 C(Close, 닫기) 옵션을 사용하면 자동으로 첫 점을 지정하여 도형을 닫아준다.
ⓖ 마지막으로 *Line* 명령을 끝낼 때는 Enter 키를 누른다.

이제 세 가지 좌표계와 Line 명령을 간단히 익혔다면 왼쪽 그림에 있는 예제를 작도해 보도록 하겠다. 또한 동영상 강의를 통해 스냅(SNap, F9) 모드와 그리드(GRID, F7), 객체 스냅(OSnap, Object Snap, F3)의 기능에 대해서도 알아보겠다.

스냅(SNap)과 그리드(GRID) 설정

dSEttings(또는 DS) 명령으로
설정대화창 열기

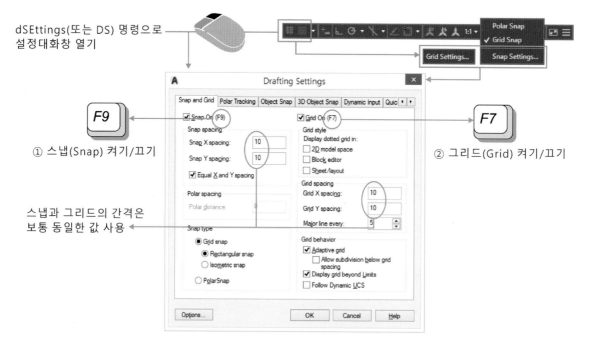

F9

① 스냅(Snap) 켜기/끄기

F7

② 그리드(Grid) 켜기/끄기

스냅과 그리드의 간격은
보통 동일한 값 사용

윈도우(Window)와 크로싱(Crossing) 선택 방법

③ 윈도우 선택, 오른쪽 방향, 실선 표시

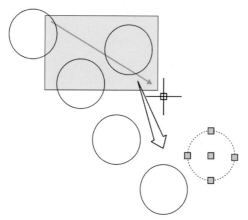

④ 크로싱 선택, 왼쪽 방향, 점선 표시

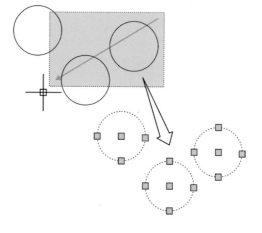

다른 프로그램의 드래그 동작

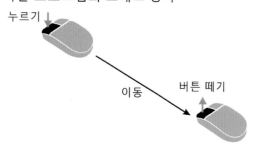

누르기

이동

버튼 떼기

AutoCAD의 특이한 드래그 동작

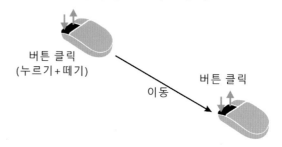

버튼 클릭
(누르기 + 떼기)

이동

버튼 클릭

Hint • **스냅(SNap)과 그리드(GRID)**

스냅과 그리드 설정을 위해서는 dSEttings 명령(단축 명령어 S E 또는 단축키 D S)을 입력한다. 명령을 입력하면 왼쪽 그림과 같은 대화상자가 나타난다.

① 스냅(SNap)은 도면 커서가 부드럽게 움직이지 않고 일정한 간격(Spacing)으로 딱딱 끊어져 움직이는 기능을 뜻한다. 치수를 모두 키보드로 입력하기 보다는 대략 마우스로 가져가면 정확한 위치에서 마우스가 멈춰 스냅되는 기능은 캐드에서 자주 사용된다. 스냅 기능을 켜고 끄기 위해서는 F9 단축키를 사용한다.

② 격자(GRID)는 도면 위에 일정한 간격으로 바둑판 무늬를 그리는 기능을 한다. 왼쪽의 그림과 같이 격자의 X축 간격(Spacing)과 Y축 간격은 조절이 가능하다. 켜고 끄는 단축키는 F7을 사용한다.

dSEtting 대화상자를 사용하지 않아도 SNap 또는 GRIP 명령을 사용하면 프롬프트 방식으로 설정을 바꿔 지정할 수 있다.

L E S S O N

Erase – 지우는 수정 명령 02-8

전 장에서 그린 도형들을 선택하고 지우는 작업을 알아본다. 물체를 지우는 Erase 명령(단축키 E)은 특별한 설명이 필요 없을 정도로 간단하다. 현재 선택된 물체를 도면에서 지운다. 만일 선택된 물체가 없다면 Erase 명령 수행 후 물체를 선택하게 된다. 물체는 단순히 클릭으로 하나씩 선택할 수 있지만 많은 물체를 한 번에 선택할 수 있는 윈도우(Window) 모드와 크로싱(Crossing) 모드를 더 자주 사용한다.

③ **윈도우(Window) 모드 선택 :** 이 모드에서는 물체가 영역 안에 완전히 들어와야 선택이 된다.

④ **크로싱(Crossing) 모드 선택 :** 이 모드에서는 물체가 영역에 일부만 걸쳐져도 선택이 된다.

Hint • **캐드의 특이한 드래그 방식**

캐드의 드래그 동작은 다른 윈도우 프로그램의 드래그와 조금 다르게 동작한다. 이것은 AutoCAD의 역사가 윈도우즈의 역사보다 훨씬 오래되었기 때문이다. AutoCAD에서는 윈도우즈의 드래그 동작이 만들어지기 이전에 두 번의 클릭으로 드래그 동작을 구현하였다.

일반 윈도우즈 프로그램의 드래그는 마우스 버튼을 누르고 이동한 후 버튼을 떼는 방식이다. 그러나 AutoCAD 프로그램의 드래그는 마우스 버튼을 클릭(누르고 떼는)하고 이동한 후 다시 버튼을 클릭하는 방식으로 동작한다. 이러한 AutoCAD의 드래그 방식이 처음엔 다소 이상하지만 더 오래된 고전 방식이다.

01

초급 2차원 평면 작도

LESSON 03

작도를 위한 본격적 준비

본격적으로 작도를 하기 위한 준비 단계로 화면 확대/축소를 위한 Zoom 명령과 다양한 스냅 설정, 저장 명령의 주의점 등에 대해 알아본다.

Zoom 명령

Zoom > Dynamic 명령

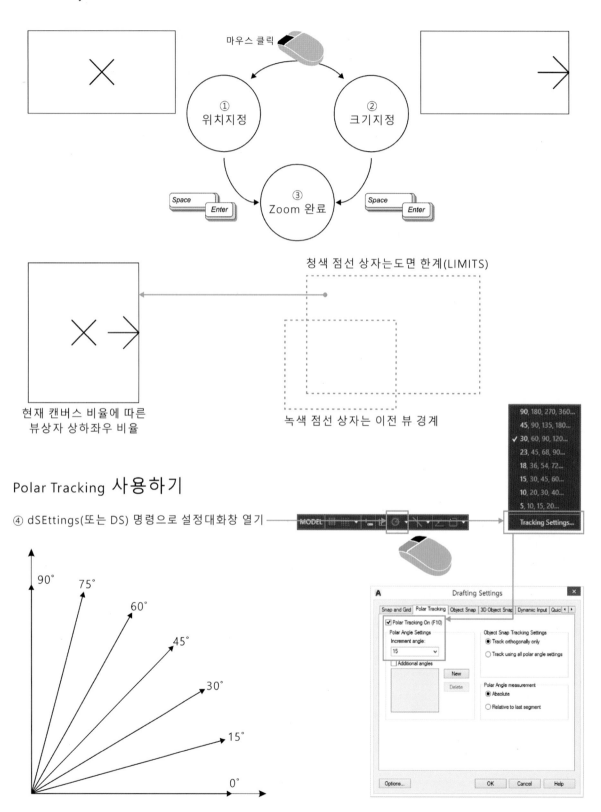

청색 점선 상자는도면 한계(LIMITS)

현재 캔버스 비율에 따른
뷰상자 상하좌우 비율

녹색 점선 상자는 이전 뷰 경계

90, 180, 270, 360...
45, 90, 135, 180...
✓ 30, 60, 90, 120...
23, 45, 68, 90...
18, 36, 54, 72...
15, 30, 45, 60...
10, 20, 30, 40...
5, 10, 15, 20...
Tracking Settings...

Polar Tracking 사용하기

④ dSEttings(또는 DS) 명령으로 설정대화창 열기

MODEL

Drafting Settings

Snap and Grid | Polar Tracking | Object Snap | 3D Object Snap | Dynamic Input | Quic

☑ Polar Tracking On (F10)
Polar Angle Settings
Increment angle:
15

☐ Additional angles

New
Delete

Object Snap Tracking Settings
● Track orthogonally only
○ Track using all polar angle settings

Polar Angle measurement
● Absolute
○ Relative to last segment

Options...　　OK　Cancel　Help

90°　75°
60°
45°
30°
15°
0°

도면 배율 변경을 위한 Zoom 명령

03-1

Zoom 명령은 도면을 화면에서 확대/축소할 때 사용하는 명령이다. 이 명령은 다음과 같은 다양한 옵션을 제공한다.

캐드 명령

명령: *Zoom* Enter
윈도우 구석을 지정, 축척 비율(nX 또는 nXP)을 입력, 또는
[전체(A)/중심(C)/동적(D)/범위(E)/이전(P)/축척(S)/윈도우(W)/객체(O)] 〈실시간〉:

Zoom 명령은 위와 같이 다양한 옵션을 제공하지만 여기서는 전체(All)와 동적(Dynamic) 옵션만 사용한다. 보다 자세한 Zoom 명령의 옵션은 9강에서 알아보도록 한다. 전체 옵션(All)을 사용하면 도면에 그려진 모든 객체가 화면에 보이도록 배율과 위치가 자동으로 조절된다. 만일 그려진 물체가 LIMITS 크기보다 작을 경우 LIMITS 크기에 맞게 배율이 조절된다.

동적 옵션(Dynamic)을 사용하면 도면은 Zoom > All 명령을 실행한 것처럼 전체 도면이 나타나고 커서를 따라 왼쪽 그림과 같은 뷰(View) 상자가 나타난다. 이 뷰 상자는 마우스 클릭에 따라 ① 위치 지정 상태와 ② 크기 지정 상태로 전환된다. 사용자는 자신이 원하는 줌 영역에 맞춰 크기와 위치를 조절해 주고 Space 또는 Enter 키를 누르면 ③ 뷰 상자의 영역이 전체 캔버스 영역으로 이동/확대된다.

극좌표 추적(Polar Tracking) 설정

03-2

도면 치수가 극좌표계(각도와 거리로 쓰인)로 쓰여 있다면 스냅 기능만으로는 원하는 각도를 손쉽게 선택할 수 없다. 이럴 경우 극좌표 추적(Polar Tracking) 기능을 이용하면 손 쉽게 자주 사용하는 각도를 자동으로 선택할 수 있다. ④ dSEttings(또는 단축키 DS) 명령을 실행하고 두 번째 탭을 선택하면 극좌표 추적 설정을 위한 다양한 패널이 나타난다.

우선 극좌표 추적 기능은 단축키 F10 키를 통해 켜고 끌 수 있다. 각도 증분(Increment angle) 수치는 0°를 기준으로 스냅될 각도의 증가값을 입력한다. 왼쪽 그림과 같이 15°로 입력하였다면 각도는 0°와 15°, 30°, 45° 등에서 스냅된다. 물론 각도의 스냅은 라인등의 두 번째 지점부터 각도가 형성될 때만 동작한다.

QSAVE, SAVE, SAVEAS 명령

QSAVE 명령

SAVE 명령

SAVEAS 명령

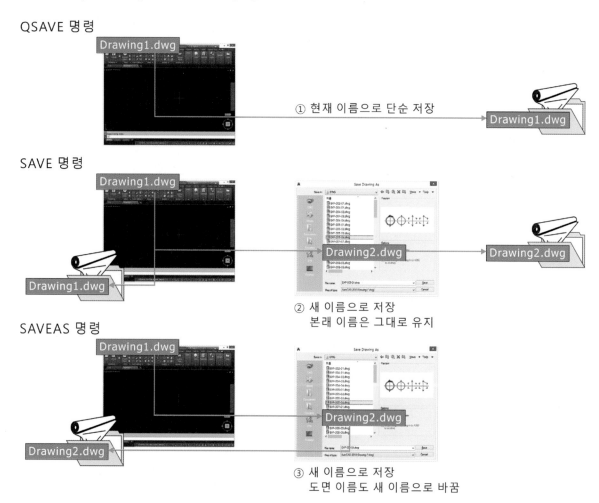

① 현재 이름으로 단순 저장

② 새 이름으로 저장
본래 이름은 그대로 유지

③ 새 이름으로 저장
도면 이름도 새 이름으로 바꿈

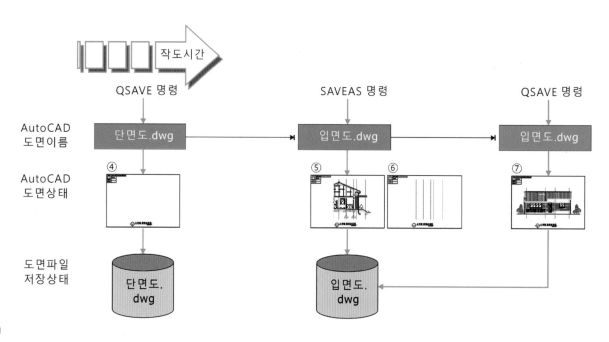

QSAVE, SAVE, SAVEAS 명령

03-3

앞에서 알아본 AutoCAD의 도면 저장 방식에 대해 좀 더 자세히 살펴보자. 또한 AutoCAD 저장의 숨은 함정에 대해서도 간략히 알아보도록 하겠다.

① QSAVE(간단 저장) : 현재 이름으로 도면을 저장한다. 단, 처음 저장하는 도면이면 저장할 이름을 물어보는 대화상자가 나타난다. 단축키 Ctrl + S로 명령을 대신할 수 있다. 다른 프로그램의 단순 '저장' 기능과 같다.

② SAVE(저장) : 현재 도면 이름을 유지하지만 저장할 도면 이름을 물어보는 대화상자가 나타난다. 다른 워드나 그림판 등의 '저장' 기능과 '다른 이름으로 저장' 기능을 섞은 듯한 역할을 한다. 단, 첫 번째로 이름을 지정할 때는 현재 도면 이름이 바뀐다.

③ SAVEAS(다른 이름으로 저장) : 새로 저장할 도면 이름을 물어보는 대화상자가 나타나고 현재 도면 이름 역시 새 이름으로 교체된다. 단축키 Shift + Ctrl + S로 명령을 대신할 수 있다. 다른 프로그램의 '다른 이름으로 저장' 기능과 같다.

Hint ● 간단한 실수, 참혹한 결과

도면의 열기와 저장 과정은 지극히 기본적이고 단순한 작업이지만 이 단계에서 하는 실수는 돌이킬 수 없는 결과를 낳기도 한다. 이제 왼쪽 그림 제일 아래와 같이 단면도를 작도하고 입면도를 작도할 때 파일 저장 명령을 다음과 같이 행하게 되면 단면도 정보를 모두 소실하게 된다.

④ 표제부와 도면 외곽선을 작도하고 QSAVE 명령을 주면 첫 저장이기 때문에 저장할 이름을 물어본다. 이때 도면 이름을 '단면도.dwg'라고 설정하고 저장하면 이 파일은 표제부와 도면 외곽선 상태로 저장된다.

⑤ 단면도 작도를 마친 후에 보통은 표제부와 외곽선, 치수보조선을 그대로 이용하기 위해 현재 단면도 도면의 일부를 입면도에 활용한다. 이때 SAVEAS 명령을 주고 '입면도.dwg' 이름으로 저장한다. 이렇게 되면 아직 '단면도.dwg'는 최종 상태로 저장이 되지 않았다.

⑥ 현재 도면 중 입면도에서 활용할 부분을 제외하고 나머지 요소를 모두 제거한 후 입면도를 작도한다.

⑦ 입면도 작도를 완료하고 QSAVE 명령을 주면 '입면도.dwg' 파일에 입면도 전체 요소가 저장된다.

위와 같은 방식으로 작업을 하면 입면도는 제대로 저장되지만 단면도는 저장되지 않는다. 단면도를 제대로 저장하기 위해서는 ⑤번 작업 직전에 QSAVE 명령으로 '단면도.dwg' 파일에 저장해 주어야 한다. 이런 실수는 보통의 컴퓨터 활용 능력이 있는 경우라면 발생하지 않지만 종종 AutoCAD의 도면 작도 능력만 충실한 독자들은 간혹 범하게 된다. 그리고 그 실수의 여파는 엄청나게 크다. 도면 파일의 열기와 저장은 매우 기본적인 작업이지만 그 기능과 역할에 대해서는 정확히 알고 있어야 한다.

U, REDO 명령 툴바 아이콘

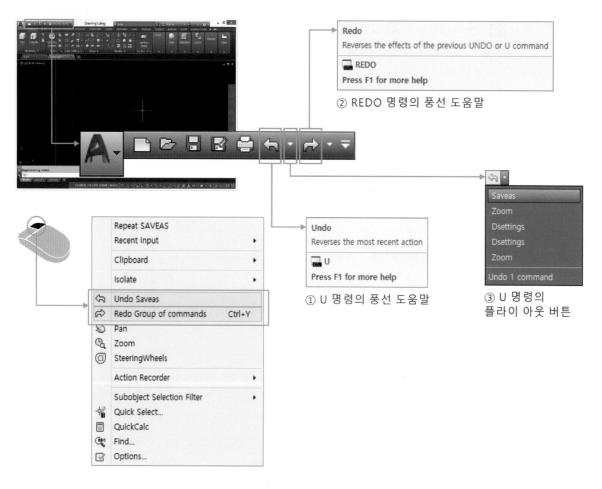

② REDO 명령의 풍선 도움말

① U 명령의 풍선 도움말

③ U 명령의 플라이 아웃 버튼

U(ndo), REDO 명령에 의한 작도의 취소

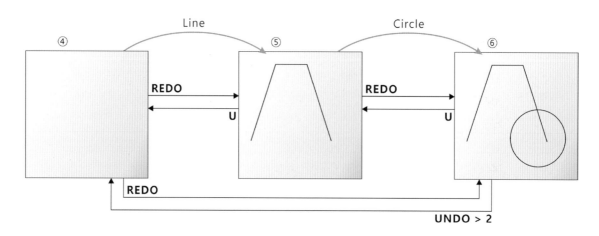

편집 취소와 복구를 위한 U, UNDO, REDO

작도 중에는 간혹 방금 실행한 작업을 손쉽게 취소하는 기능이 필요할 때가 있다. 이때 U 명령을 사용하면 편리하게 방금 전에 실행한 작업이 취소된다. U 명령은 UNDO 명령의 간단 실행 명령이라고 보면 된다. UNDO 는 훨씬 다양하고 복잡한 취소 작업을 제공하지만 실전에서는 거의 사용되지 않기 때문에 본 교재에서는 U 명령과 REDO 명령에 대해서만 알아본다.

U 명령과 REDO 명령은 물론 명령 창을 통해 입력할 수 있지만 AutoCAD 가장 위에 있는 빠른 실행 아이콘과 마우스의 오른쪽 버튼 메뉴를 통해서도 실행할 수 있다. 왼쪽 그림과 같이 마우스 커서를 빠른 실행 아이콘 근처로 가져가면 ①, ②번과 같은 풍선 도움말이 나타난다. 또한 U 명령 아이콘 옆에 있는 플라이 아웃 버튼(아래로 향한 삼각형)을 누르면 ③ 그동안 실행한 명령의 목록이 나타나면서 어느 단계까지 취소를 할지 선택할 수 있게 된다.

AutoCAD의 명령어 실행은 한 줄씩 단계적으로 실행되며 UNDO 작업 역시 한 줄씩 단계적으로 취소된다. 이제 왼쪽 그림과 같이 ④ 초기 상태에서 Line(선) 명령으로 ⑤ 상태가 되고 Circle(원) 명령으로 ⑥ 상태가 되었을 때 한 번의 U 명령은 도면을 ⑤ 상태로 되돌리고 다시 U 명령을 주면 ④ 초기 상태로 돌아가게 된다.

U 명령은 한 단계씩 도면 단계를 후퇴시킬 수 있지만 REDO 명령은 마지막 명령이 U 또는 UNDO 명령이어야 한다. 만일 ⑥ 단계에서 UNDO > 2 옵션을 사용해서 한번에 ④ 단계로 돌아갔다면 REDO 명령을 한 번만 실행하면 ⑥ 단계로 이동된다.

> **캐 드 명 령**
>
> 명령: *UNDO*
> 현재 설정: 자동 = 켜기, 조정 = 전체, 결합 = 예, 도면층 = 예
> 취소할 작업의 수 또는 [자동(A)/조정(C)/시작(BE)/끝(E)/표식(M)/뒤(B)] 입력 〈1〉:

UNDO 명령은 취소할 작업 명령의 개수 외에도 다양한 표식, 옵션을 제공한다. 그러나 자주 사용하지 않기 때문에 여기선 간단히 UNDO 명령이 다양한 옵션만 제공한다는 점만 기억하자. 위의 두 번의 U 명령은 UNDO 명령과 2 옵션으로 대신할 수 있다. 이것은 두 번 U 명령을 실행하는 것과 같지만 REDO 명령 한 번으로 모두 복구 되기 때문에 약간의 차이가 있다. U 명령을 두 번 실행한 후 REDO를 실행하면 ⑤ 상태까지만 복구된다.

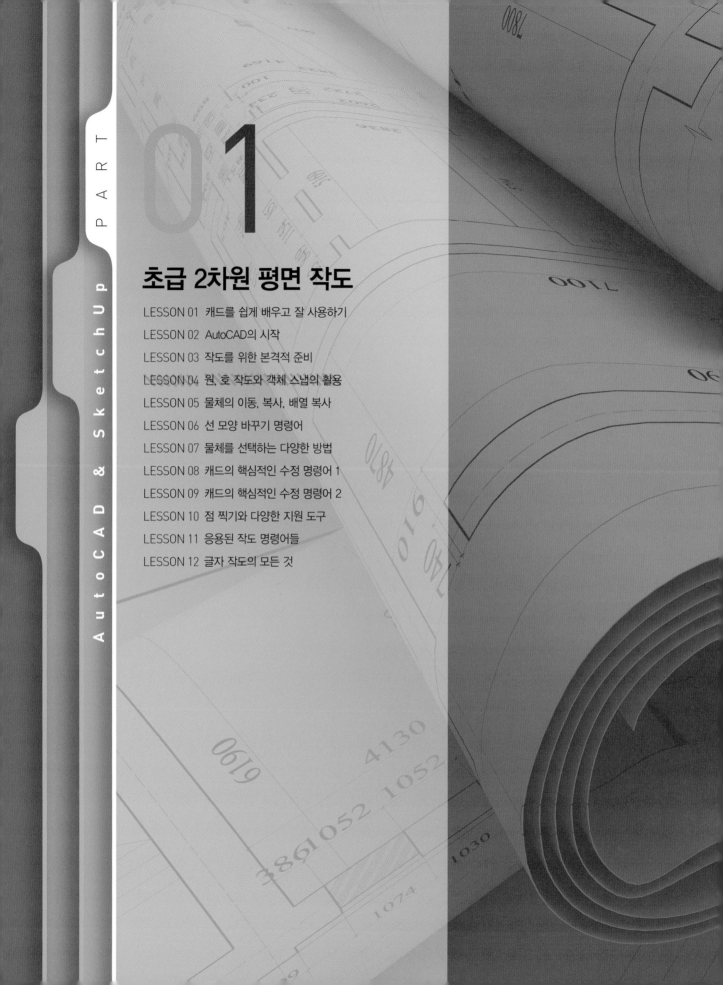

PART

AutoCAD & SketchUp

01

초급 2차원 평면 작도

원, 호 작도와
객체 스냅의 활용

원과 호를 그리는 다양한 작도 방법에 대해 알아본다. 또한 곡선으로 작도된 물체들의 해상도를 높이는 방법과 객체 스냅을 통해 원하는 지점을 빠르고 정확하게 선택하는 방법을 알아보도록 한다.

Circle 명령의 네가지 옵션

① 기본 원 지정법

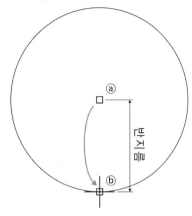

② 3점(3P)

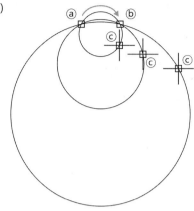

③ 2점(2P)

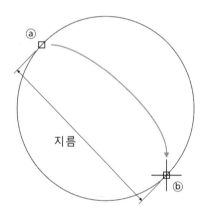

④ Tangent Tangent Radius, 접선 접선 반지름(T)

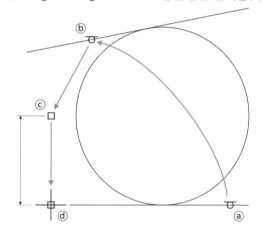

Redraw(다시 그리기), REgen(다시 만들기) 명령

Redraw
다시 그리기

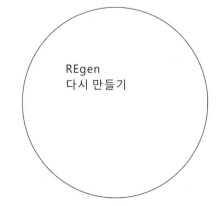

REgen
다시 만들기

Circle – 원 작도 명령

04-1

보통의 그리기 프로그램에서는 원을 그릴 때 단순히 가운데 점을 지정하고 반지름을 지정하는 방식으로 그렸지만 AutoCAD에서는 수학적으로 원을 지정할 수 있는 거의 모든 방법을 지원한다.

캐드 명령

명령: *Circle* Enter 또는 단축키 C
CIRCLE 원에 대한 중심점 지정 또는
[3점(3P)/2점(2P)/Ttr – 접선 접선 반지름(T)]: 도면(캔버스)에 지점 선택
원의 반지름 지정 또는 [지름(D)]: 도면에 지점 선택

① **기본 원 지정법** : 중심점과 반지름 기본적인 점 지정법으로 다른 프로그램에서도 가장 많이 사용되는 원 작도법이다. 먼저 작도할 원의 중심을 도면에 클릭하고 반지름을 입력해 주면 된다. 명령 입력 후에 중심점 대신 3P 또는 2P, T 등 옵션을 명령 창에 입력하면 다음과 같은 다양한 지정법을 사용할 수 있다.

② **3점(3P)** : 도면 위에 지정한 세 점을 지나는 원을 작도한다.

③ **2점(2P)** : 도면 위에 지정한 두 점을 지름으로 하는 원을 작도한다.

④ **Tangent Tangent Radius, 접선 접선 반지름(T)** : 원과 접하는 두 개의 선분과 반지름을 지정하여 원을 작도한다. 먼저 원과 접할 두개의 물체(직선 또는 곡선)를 지정하고 다시 두 지점을 클릭하여 반지름의 길이를 지정하면 된다.

Redraw, REgen – 화면 다시 그리기와 도형 다시 만들기

04-2

캐드 프로그램에서 작도되는 곡선은 실제 많은 구간으로 나눠진 직선의 연결이다. 이런 이유 때문에 아주 작게 그려진 원을 화면 전체에 확대할 때는 간혹 왼쪽 그림처럼 각진 모습이 드러나기도 한다. 이렇게 각진 모습을 없애고 다시 원처럼 보이고자 하려면 현재의 화면 비율로 원 도형을 다시 생성해 주어야 한다. 이때 사용하는 명령어가 REgen 명령이다. 이 명령은 도형을 현재 보기 비율로 다시 만들어서 부드러운 곡선처럼 보이게 한다.

반면 Redraw 명령은 단순히 화면을 다시 그려주는 역할만 한다. 그렇다면 Redraw 명령과 REgen 명령 중에 어떤 작업이 더 빠르게 수행될까? 물론 Redraw 명령이 훨씬 빠르다. REgen 명령은 기존 도형의 점 좌표를 모두 지우고 다시 만든 후에 Redraw 명령과 같은 작업을 실행한다.

OSnap의 설정 대화 상자

계속 동작하는 객체스냅 설정   한 번만 동작하는 임시 객체스냅 설정

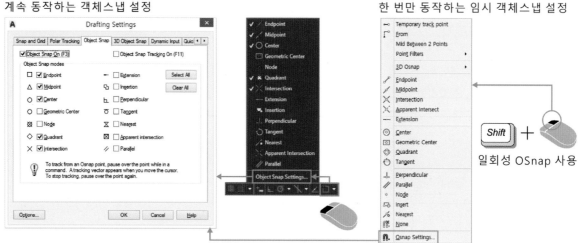

일회성 OSnap 사용

객체스냅 모드

① ☐ 끝점(**E**ndpoint)   ⑧ ⌐ 삽입점(in**S**ertion)   **AutoCAD**

② △ 중간점(**M**idpoint)   ⑨ ∟ 수직(**P**erpendicular)

③ ○ 중심(**C**enter)   ⑩ ○ 접점(**T**angent)

④ ⊠ 노드(no**D**e)   ⑪ ✕ 근처점(nea**R**est)

⑤ ◇ 사분점(**Q**uadrant)   ⑫ ⊠ 가상교차점(**A**pparent intersect)

⑥ ✕ 교차점(**I**ntersection)   ⑬ ∥ 평행(paralle**L**)

⑦ ⋯ 연장선(e**X**tension)

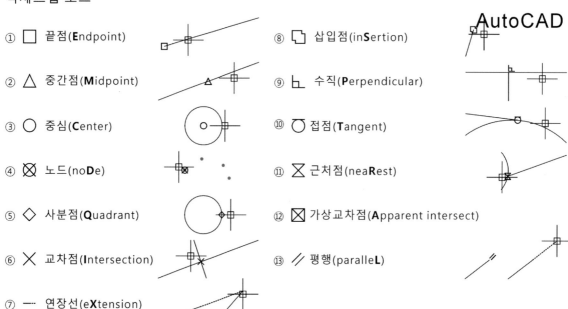

정삼각형에 내부에 접하는(내접) 원   아폴로니안 개스킷(Apollonian Gasket)

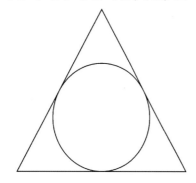

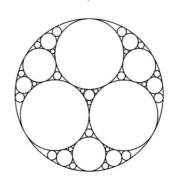

OSnap(Object Snap) – 객체 스냅

04-3

1강에서 AutoCAD의 작도는 정확하게 한번에 해야 한다고 하면서 OSnap 명령에 대해 거론하였다. OSnap 명령은 실질적인 작도 명령이 아닌 단순한 Object Snap(객체 스냅) 대화상자 열기 명령에 불과하다. 객체 스냅이란 이미 작도한 물체의 특정 부분으로 커서가 달라붙게 하는 기능으로 객체 스냅 대화상자를 통해 물체에 어떤 부분에 달라붙게 할지 설정한다.

왼쪽 그림의 객체 스냅 대화상자는 OSnap 명령이나 dSEttings(또는 DS) 명령을 입력하면 나타난다. 이 대화상자의 객체 스냅 탭에서 현재 도면 작도에 많이 사용하는 객체 스냅 모드들을 켜두면 된다. 객체 스냅의 기능 자체를 켜고 끄는 단축키는 F3 버튼이다. 또 다른 객체 스냅 설정 방법으로는 임시 설정 방법이 있다. 이것은 한 가지 객체 스냅 모드로 한 번만 사용하고 꺼지게 된다. Shift 버튼을 누른 상태에서 마우스 오른쪽 버튼으로 메뉴를 열고 한 가지 스냅 모드를 선택하여 한 번 사용하고 자동으로 꺼진다.

AutoCAD의 객체 스냅은 13가지 지점을 정의할 수 있는데 왼쪽 그림과 같다.

① **끝점(Endpoint)** : 원을 제외한 물체의 끝점을 찾아준다.

② **중간점(Midpoint)** : 원을 제외한 물체의 중간점을 찾아준다.

③ **중심(Center)** : 원 또는 호의 중심점을 찾아준다.

④ **노드(noDe)** : 점(Point)을 찾아준다.

⑤ **사분점(Quadrant)** : 원 또는 호의 0°와 90°, 180°, 270° 지점을 찾아준다.

⑥ **교차점(Intersection)** : 물체가 서로 교차하는 지점을 찾아준다.

⑦ **연장선(eXtension)** : 선 또는 호의 연장된 가상의 선과 만나는 지점

⑧ **삽입점(inSertion)** : 문자, 블록, 외부참조 물체 등의 삽입 지점

⑨ **수직(Perpendicular)** : 커서 가까이 있는 물체와 직각으로 만나는 지점

⑩ **접점(Tangent)** : 원 또는 호에 접하는 지점

⑪ **근처점(neaRest)** : 선택한 물체 면에 가장 가까운 지점

⑫ **가상교차점(Apparent intersect)** : 3차원 공간에서 두 물체가 외형상으로 교차하는 것처럼 보이는 교차점

⑬ **평행(paralleL)** : 커서 가까이 있는 선과 평행한 임시 가이드 선

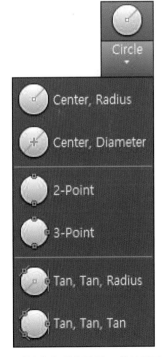

➤ 리본탭의 기본 원 작도 옵션 변경

다양한 호(Arc) 지정 옵션

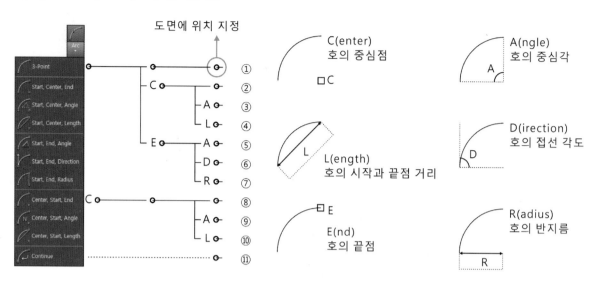

- C(enter) 호의 중심점
- □ C
- A(ngle) 호의 중심각
- L(ength) 호의 시작과 끝점 거리
- D(irection) 호의 접선 각도
- □ E / E(nd) 호의 끝점
- R(adius) 호의 반지름

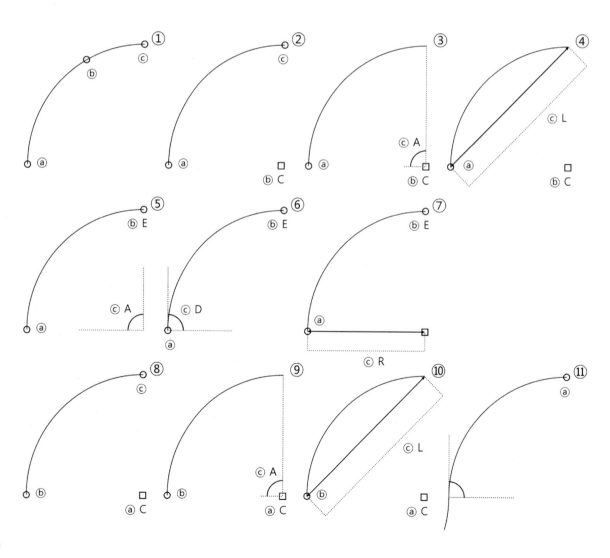

호 작도 명령

04-4

왼쪽에 나열한 Arc 명령의 옵션은 Circle에 비해 매우 다양하다. Arc 명령이 다양한 이유는 도면에서 호를 지정하는 방법이 여러 가지 있기 때문이다. 왼쪽 가장 위 그림에서 작은 원에 선이 연결된 도형 ⊶은 도면에 위치를 지정하는 작업을 뜻한다. 각 위치 지정 전에 다음과 같은 C 또는 A, L, D, E, R 등의 옵션을 지정하여 호의 지정 방법을 변경할 수 있다.

C(enter, 중심)	A(ngle, 각도)	L(ength, 길이)
D(irection, 방향)	E(nd, 끝점)	R(adius, 반지름)

①부터 ⑦의 방법은 모두 첫 번째 지정한 위치를 호의 시작점으로 인식한다.
②부터 ④의 방법은 두 번째 지정 위치를 C 옵션을 사용해 중심점으로 인식한다.
⑤부터 ⑦의 방법은 두 번째 지정 위치를 E 옵션을 사용해 끝점으로 인식한다.
⑧부터 ⑩의 방법은 첫 번째 지정 위치를 C 옵션을 사용해 중심점으로 인식하고 두 번째 지정한 위치를 시작점으로 인식한다.

①의 방법은 특별한 옵션 변경 없이 세 지점을 지정해서 호를 작도하였다. 이렇게 지정하면 점들은 각각 호의 시작점, 경유점, 끝점으로 인식한다.

②의 방법은 시작점 지정 후, C 옵션을 통해 두 번째 지점을 호의 중심점으로 바꾼다. 세 번째 점은 자동으로 호의 끝점이 된다. ③의 방법은 마지막에 A 옵션으로 호의 각도를 입력한다. ④의 방법은 마지막에 L 옵션으로 시작점과 끝점 사이의 거리를 입력한다.

⑤의 방법은 시작점 지정 후, E 옵션을 통해 두 번째 지점을 호의 끝점으로 바꾼다. 마지막에 A 옵션으로 호의 각도를 입력한다. ⑥의 방법은 마지막에 D 옵션으로 시작점 접선의 각도를 입력한다. ⑦의 방법은 마지막에 R 옵션으로 호의 반지름을 입력한다.

⑧의 방법은 C 옵션을 통해 첫 번째 지점을 호의 중심점으로 바꾼다. 두 번째 지점은 호의 시작점이 된다. 세 번째 점은 자동으로 호의 끝점이 된다. ⑨의 방법은 마지막에 A 옵션으로 호의 각도를 입력한다. ⑩의 방법은 마지막에 L 옵션으로 시작점과 끝점 사이의 거리를 입력한다.

⑪의 방법은 캐드에서 마지막 입력한 위치를 호의 시작점으로 연장한다. 또한 마지막 선의 접선 역시 호의 시작점 접선이 된다. 호를 완성하기 위해서는 호의 끝점만 지정하면 된다. 호를 그리는 방법은 모두 암기할 필요는 없다. 다만, 작도할 도면에 주어진 조건에 맞는 호 작도 방식을 그때그때마다 적절히 선택해 주는 것이 중요하다.

Circle과 Arc 명령을 이용한 다양한 예제

EXP-004-02.dwg

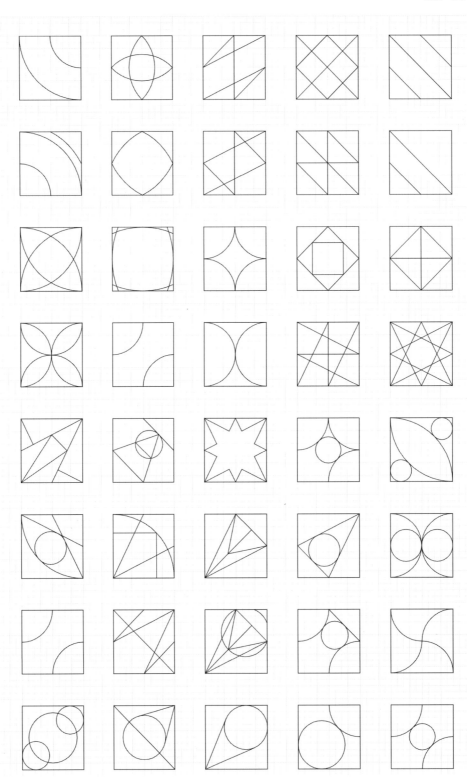

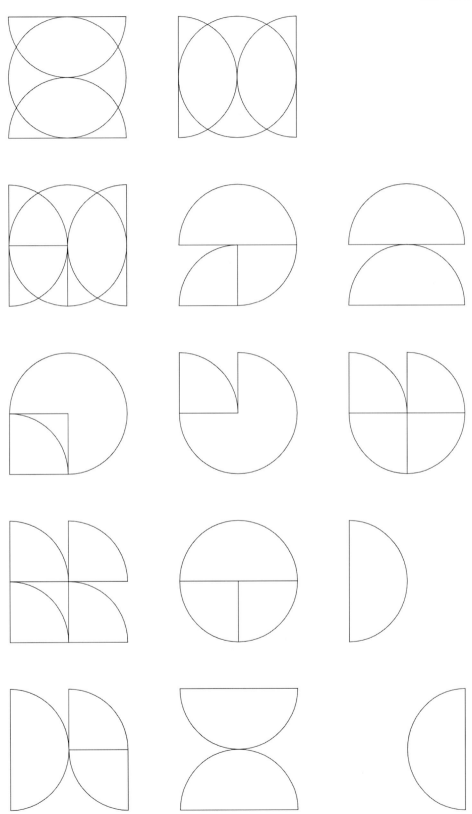

Circle 명령과 OSnap 응용 예제

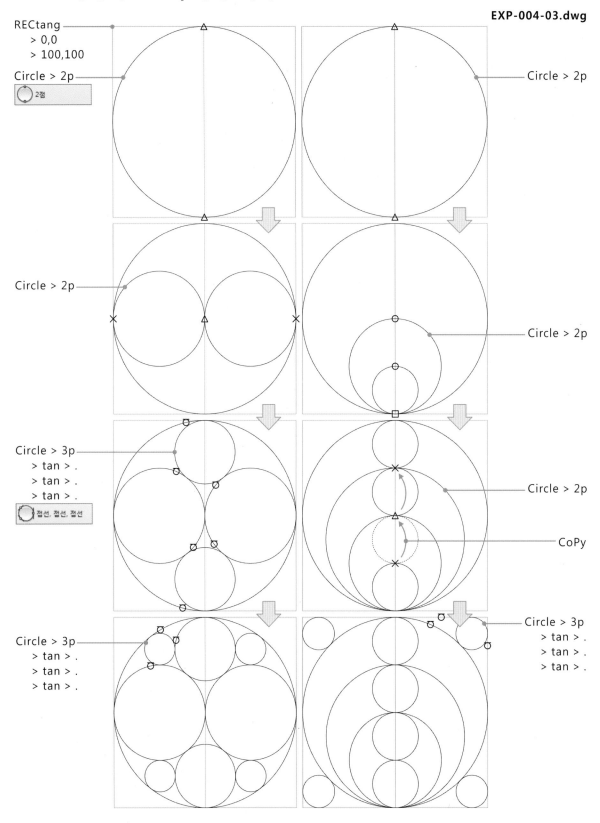

RECtang
> 0,0
> 100,100

Circle > 2p
2점

Circle > 2p

Circle > 2p

Circle > 2p

Circle > 3p
> tan > .
> tan > .
> tan > .
접선, 접선, 접선

Circle > 2p

CoPy

Circle > 3p
> tan > .
> tan > .
> tan > .

Circle > 3p
> tan > .
> tan > .
> tan > .

Arc 명령과 OSnap 응용 예제

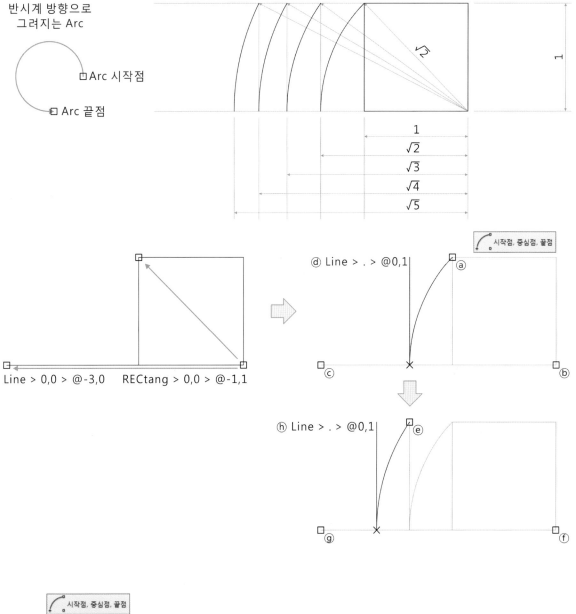

반시계 방향으로
그려지는 Arc

Arc 시작점

Arc 끝점

Line > 0,0 > @-3,0   RECtang > 0,0 > @-1,1

ⓓ Line > . > @0,1

시작점, 중심점, 끝점

ⓗ Line > . > @0,1

시작점, 중심점, 끝점

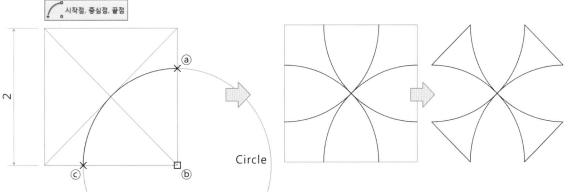

시작점, 중심점, 끝점

Circle

01

초급 2차원 평면 작도

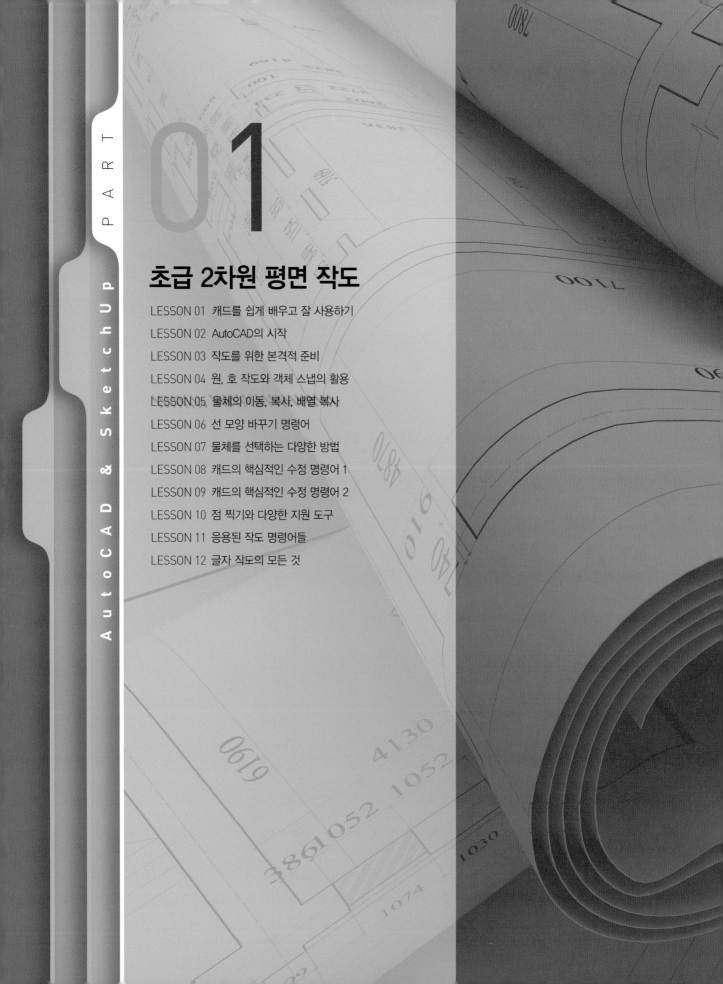

LESSON 05

물체의 이동, 복사, 배열 복사

그동안 학습한 물체(원, 호, 선분)를 정확한 거리값과 각도값으로 복사하거나 이동하는 방법에 대해 알아보도록 한다.

Move 명령

① 두 점의 이동거리와 방향으로 이동

② 변위(D) 옵션으로 이동거리, 방향 지정

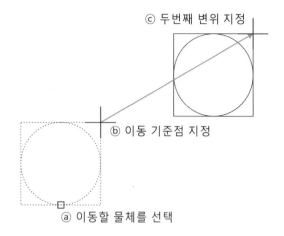

ⓒ 두번째 변위 지정

ⓑ 이동 기준점 지정

ⓐ 이동할 물체를 선택

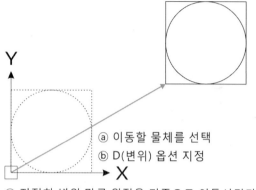

ⓐ 이동할 물체를 선택

ⓑ D(변위) 옵션 지정

ⓒ 지정한 변위 만큼 원점을 기준으로 이동시킨다.

변위는 도면 상에 지정
상대 좌표계 입력   dX, dY
상대 극좌표계 입력   L < A

CoPy 명령의 배열(Array) 옵션

복사 명령에서 배열(Array) 옵션과 항목 수를 5로 입력한 경우

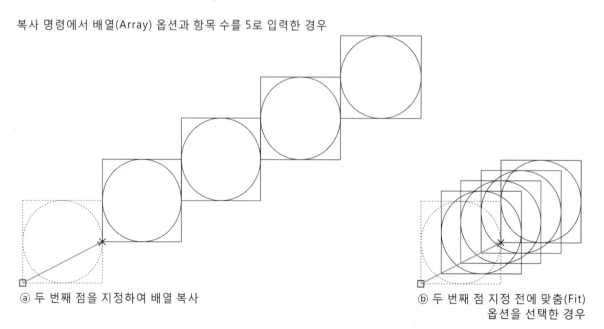

ⓐ 두 번째 점을 지정하여 배열 복사

ⓑ 두 번째 점 지정 전에 맞춤(Fit)
옵션을 선택한 경우

Move – 이동 명령

이동(Move)과 복사(CoPy), 배열 복사(ARray) 명령을 적용할 물체를 선택하는 방법은 2강에서 알아본 지우기 (Erase) 명령과 유사하다. 만일 명령 실행 전에 물체가 선택되어 있으면 선택된 물체에 명령이 적용된다. 반대로 명령을 실행 할 때 선택된 물체가 없다면 먼저 물체를 선택해야 한다.

캐 드 명 령

명령: *Move* [Enter] 또는 단축키 [M]
객체 선택: 2개를 찾음
객체 선택: [Enter] 또는 [Space]
기준점 지정 또는 [변위(D)] 〈변위〉:   도면(캔버스)에 지점 선택
두 번째 점 지정 또는 〈첫 번째 점을 변위로 사용〉:   도면에 지점 선택

먼저 왼쪽 그림에서 가장 위의 경우를 알아본다. 먼저 움직일 물체를 선택하고 두 개의 지점(기준점, 이동점) 을 도면에 지정한다. 이렇게 하면 이 두 지점 사이의 거리가 물체를 움직일 거리와 방향이 된다. 두 번째 방법 은 기준점 대신 변위(Displacement) 옵션을 지정하는 방법이다. 이렇게 할 경우 도면에 지정한 지점의 좌표값 만큼 물체는 원점을 기준으로 이동하게 된다. 이동할 변위를 상대 좌표계 또는 상대 극좌표계로 입력해줄 수 있다. 물론 변위를 입력해 주는 것이기 때문에 절대 좌표계는 자동으로 상대 좌표계처럼 인식된다.

CoPy – 복사 명령

캐 드 명 령

명령: *CoPy* [Enter] 또는 단축키 [C] [P]
객체 선택: 2개를 찾음
객체 선택: [Enter] 또는 [Space]
현재 설정: 복사 모드 = 다중(M)   현재 복사 모드는 다중 복사 상태
기준점 지정 또는 [변위(D)/모드(O)] 〈변위(D)〉:   도면(캔버스)에 지점 선택
두 번째 점 지정 또는 [배열(A)] 〈첫 번째 점을 변위로 사용〉:   도면에 지점 선택
…
두 번째 점 지정 또는 [배열(A)/종료(E)/명령 취소(U)] 〈종료〉: [Enter] 또는 [Space]

배열 복사(ARray) 명령

직사각형 배열(ARray > Rectangular)   **경로 배열**(ARray > PAth)   **원형 배열**(ARray > POlar)

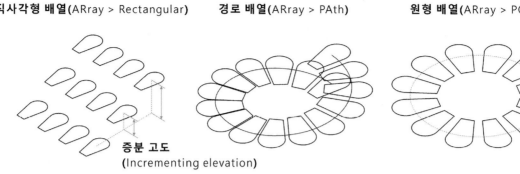

증분 고도
(Incrementing elevation)

직사각형 배열(ARray > Rectangular)

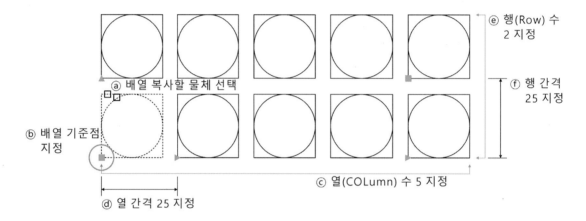

ⓐ 배열 복사할 물체 선택

ⓑ 배열 기준점
지정

ⓒ 열(COLumn) 수 5 지정

ⓓ 열 간격 25 지정

ⓔ 행(Row) 수
2 지정

ⓕ 행 간격
25 지정

배열 물체 선택 그립과 편집용 패널

배열 물체
편집용
리본 탭

배열 물체 선택시 속성 창

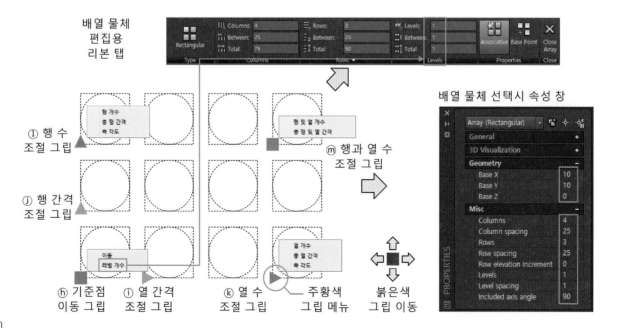

ⓘ 행 수
조절 그립

ⓙ 행 간격
조절 그립

ⓜ 행과 열 수
조절 그립

ⓗ 기준점
이동 그립

ⓘ 열 간격
조절 그립

ⓚ 열 수
조절 그립

주황색
그립 메뉴

붉은색
그립 이동

마지막으로 복사 명령의 배열(Array) 옵션에 대해서 알아보겠다. 배열 복사는 전 장의 그림과 같이 기준점과 두 번째 점 사이에 지정된 숫자만큼 물체를 여러 개 복사한다. 위의 명령에서 두 번째 점을 지정하기 전에 배열(Array) 옵션을 선택하면 몇 개의 물체를 배열 복사할지를 묻는 질문과 맞춤(Fit) 옵션의 여부를 묻는 질문이 나타난다. 각 옵션에 따른 복사의 차이점은 전 장의 그림을 보면 쉽게 이해할 수 있다.

L E S S O N

ARray – 배열 복사 명령

배열 복사(ARray) 명령은 복사(CoPy) 명령의 배열 옵션의 확장 형식이다. 복사(CoPy) 명령의 배열 옵션은 기준점과 두 번째 점을 연결하는 일차원적 배열 복사만 가능하기 때문에 약간 복잡한 배열 복사가 필요할 때는 부족한 점이 많다. 이런 경우는 전문 배열 복사 명령인 ARray를 사용해 다양한 복잡한 배열을 작도한다. 배열 복사에는 오른쪽 그림과 같이 수정 패널에 세 가지 방식의 ARray 복사 아이콘이 있다. 이들의 기능은 모두 배열(ARray) 명령의 옵션(직사각형(R)/경로(PA)/원형(PO))으로 용도에 따라 선택한다.

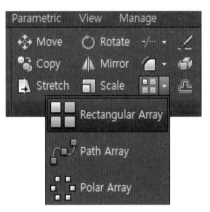

➔ 홈 탭 > 수정 패널 > 배열 아이콘

캐드명령

```
명령: ARray Enter
객체 선택: 반대 구석 지정: 2개를 찾음                                    ⓐ 배열을 적용할 물체 선택
객체 선택: Enter 또는 Space
배열 유형 입력 [직사각형(R)/경로(PA)/원형(PO)] 〈직사각형〉: R              배열 방식 선택
유형 = 직사각형   연관 = 예
그립을 선택하여 배열을 편집하거나 [연관(AS)/기준점(B)/… 종료(X)] 〈종료〉: B
기준점 지정 또는 [키 점(K)] 〈중심〉:                                    ⓑ 물체 기준점 지정
그립을 선택하여 배열을 편집하거나 […/열(COL)/행(R)/레벨(L)/종료(X)] 〈종료〉: COL
열 수 입력 또는 [표현식(E)] 〈4〉: 5                                     ⓒ 배열 열 수 지정
열 사이의 거리 지정 또는 [합계(T)/표현식(E)] 〈30〉: 25                    ⓓ 각 열 사이의 거리 지정
그립을 선택하여 배열을 편집하거나 […/열(COL)/행(R)/레벨(L)/종료(X)] 〈종료〉: R
행 수 입력 또는 [표현식(E)] 〈3〉: 2                                     ⓔ 배열 행 수 지정
행 사이의 거리 지정 또는 [합계(T)/표현식(E)] 〈30〉: 25                    ⓕ 각 행 사이의 거리 지정
행 사이의 증분 고도 지정 또는 [표현식(E)] 〈0〉: Enter                     ⓖ 행간 높이(Z축) 간격 지정
그립을 선택하여 배열을 편집하거나
[연관(AS)/기준점(B)/개수(COU)/간격두기(S)/열(COL)/행(R)/레벨(L)/종료(X)] 〈종료〉: Enter
```

전 장의 그림과 같이 ARray 명령에는 세 가지 방식이 있다. 먼저 사각형 틀 안에 배열을 2차원적으로 배치하는 직사각형(Rectangular) 방식과 미리 그려진 선 물체를 따라 배열하는 경로(PAth) 방식, 마지막으로 원형(POlar)으로 배열하는 방식이 있다. 우선 가장 먼저 간단한 직사각형 배열에 대해 알아보겠다.

ⓐ 가장 먼저 배열을 만들 기초 물체를 선택한다. 물체의 선택이 끝났으면 Enter 또는 Space 키를 눌러 물체 선택을 종료한다. 여기서는 직사각형 배열을 사용하기 때문에 Rectangular 옵션을 선택한다.

ⓑ 필요한 경우 물체의 기준점(Base Point) 옵션을 이용해서 변경한다. 기준점은 배열의 반복 개수나 간격에는 영향을 미치지 않는다. 다만 배열 전체를 이동시킬 때 기준점 역할만 한다.

ⓒ 열(COLumn) 변경 옵션을 통해 물체가 반복될 열 수를 지정한다.

ⓓ 열 변경 옵션을 선택하면 열 수와 함께 각 열의 간격을 지정할 수 있다.

ⓔ 행(Row) 변경 옵션을 통해 물체가 반복될 행 수를 지정한다.

ⓕ 행 변경 옵션을 선택하면 행 수와 함께 각 행의 간격을 지정할 수 있다.

ⓖ 행 변경 옵션은 열 옵션과 달리 증분 고도(Incrementing elevation)를 지정할 수 있다. 증분 고도는 행이 늘어날수록 한 줄씩 Z축으로 높아지는 간격을 뜻한다. 전장 그림 왼쪽 위의 예제는 증분 고도를 적용한 직사각형 배열이다.

배열 명령을 통해 복제된 물체들은 배열이라는 이름으로 묶이게 된다. 이 배열 물체를 선택하면 전 장의 그림과 같이 메인 패널이 배열 편집 상태로 바뀌면서 다양한 그립이 나타난다. 이 도구 패널과 그립을 통해 이미 만들어진 배열의 속성을 다양하게 편집할 수 있다.

ⓗ 기준점 이동 그립, 그립을 클릭하여 붉은색으로 변하면 그립을 이동시켜 배열 물체 전체를 움직여 준다. 그립을 클릭하지 않고 커서를 그립 위에 올려놓으면 잠시 후 그립은 주황색으로 변하면서 그립 메뉴가 자동으로 나타난다. 전 장 그림의 그립 메뉴에는 배열 물체 이동(Move) 기능과 레벨 개수(Level Count) 지정 기능이 있다. 여기서 레벨이란 층이란 뜻으로 배열에 Z축으로 층을 추가한다.

ⓘ 열 간격 조절 그립은 배열의 열 방향 간격을 조절하는 데 사용한다.

ⓙ 행 간격 조절 그립은 배열의 행 방향 간격을 조절하는 데 사용한다.

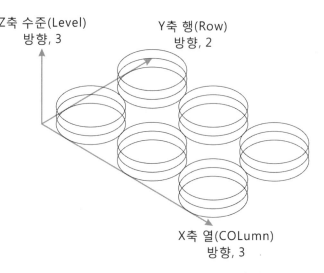

→ 배열(ARray)의 레벨 개수 지정

ⓚ 열 수 조절 그립, 이 그립을 클릭하여 이동시키면 열 수가 늘거나 줄어든다. 그립 메뉴 기능을 통해 열 수(Column count)와 함께 열 간격(Total column spacing)도 조절할 수 있다. 축 각도(Axis angle) 기능을 통해 배열을 비틀어 줄 수 있다.

ⓛ 행 수 조절 그립, 이 그립을 클릭하여 이동시키면 행 수가 늘거나 줄어든다. 그립 메뉴 기능을 통해 행 수(Row count)와 함께 행 간격(Total row spacing)도 조절할 수 있다. 축 각도(Axis angle) 기능을 통해 배열을 비틀어 줄 수 있다.

ⓜ 행과 열 수 조절 그립(Row and Column count), 이 그립은 행과 열의 개수와 간격을 모두 변경할 수 있다.

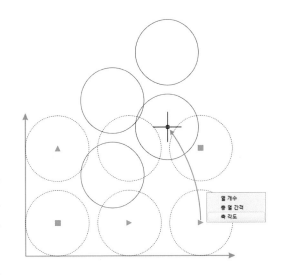

➡ 배열(ARray)의 축 각도를 통한 배열 비틀기

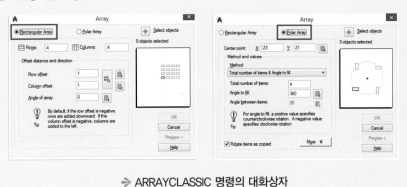

Hint ● 급변하는 ARray 명령

ARray 명령은 R14 버전부터는 대화상자를 통해 배열의 개수와 간격을 입력하는 방식이었지만 2010 버전부터는 캐드 명령어 방식으로 다시 바뀌게 되었다. 문제는 명령어의 옵션과 동작 순서들이 아직도 안정이 되지 않고 매번 AutoCAD의 새 버전이 발표될 때마다 조금씩 변하고 있다.

만일 이러한 변화나 명령어 방식이 불편하다면 ARRAYCLASSIC(AutoCAD 2012 버전인 경우 서비스팩 1 설치) 명령을 통해 과거의 배열 대화상자를 사용할 수 있다.

➡ ARRAYCLASSIC 명령의 대화상자

경로(PAth) 배열은 배열 물체를 지정한 경로(직선, 폴리선, 스플라인 등)에 원하는 방식으로 배치하면서 배열을 만들어준다. 배치 방법은 길이분할(Measure) 방식과 등분할(Divide) 방식 두 가지가 있다. 길이분할 방식은 배열 물체를 원하는 간격으로 배치하고 등분할 방식은 경로를 동일한 간격으로 나눠서 배치하는 데 사용한다. 길이분할(Measure) 방식을 사용하기 위해서는 다음 명령과 같이 ⓒ ARray > PAth > Method > Measure 옵션을 선택한다.

경로 배열(ARray > PAth)

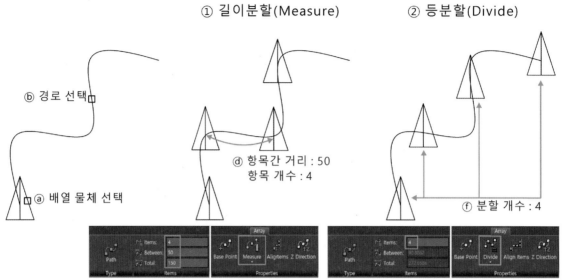

① 길이분할(Measure)

② 등분할(Divide)

ⓑ 경로 선택

ⓐ 배열 물체 선택

ⓓ 항목간 거리 : 50
항목 개수 : 4

ⓕ 분할 개수 : 4

Items : 4, Between : 50, Method : Measure

Items : 4, Method : Divide

③ 접선 방향(Tangent direction)과 항목 정렬(Align items) 옵션

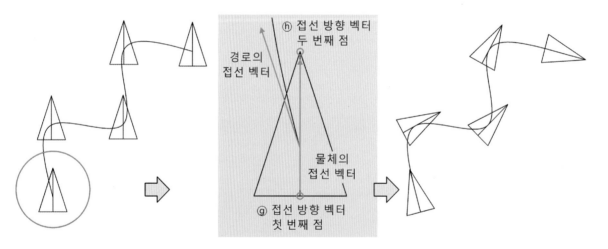

경로의
접선 벡터

ⓗ 접선 방향 벡터
두 번째 점

물체의
접선 벡터

ⓖ 접선 방향 벡터
첫 번째 점

④ 경로 배열의 행과 레벨

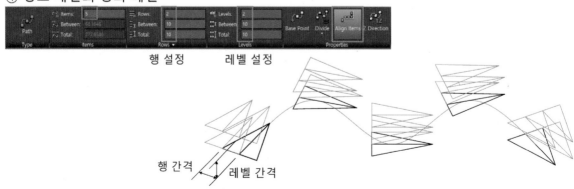

행 설정　　　레벨 설정

행 간격　／　레벨 간격

명령: **ARray** `Enter`
객체 선택: 1개를 찾음   ⓐ 배열 물체 선택
객체 선택: `Enter` 또는 `Space`
배열 유형 입력 [직사각형(R)/경로(PA)/원형(PO)] 〈경로〉: *PA*   PAth 방식 선택
유형 = 경로   연관 = 예
경로 곡선 선택: ⓑ 경로 물체 선택
[연관(AS)/메서드(M)/기준점(B)/… 종료(X)] 〈종료〉: *M*   ⓒ Method(분할방법) 변경
경로 방법 입력 [등분할(D)/측정(M)] 〈길이 분할〉: *M*   Measure, 지정한 길이로 나누기
[… /항목(I)/행(R)/레벨(L)/… 종료(X)] 〈종료〉: *I*   ⓓ Items, 분할 항목(단위) 설정
경로를 따라 배열되는 항목 사이의 거리 지정 또는 [표현식(E)] 〈30〉: *50*   항목 거리 지정
최대 항목 수 = 5개
항목 수 지정 또는 [전체 경로 채우기(F)/표현식(E)] 〈5〉: *4*   항목 개수 지정
[… 레벨(L)/항목 정렬(A)/Z 방향(Z)/종료(X)] 〈종료〉: `Enter`

ⓐ 먼저 배열시킬 물체들을 선택한다. 선택이 끝나면 배열의 종류를 경로(PAth) 형식으로 선택한다.

ⓑ 경로로 사용할 물체를 선택한다. 경로 물체는 하나만 선택 가능하다.

ⓒ 분할방법(Method) > 길이측정(Measure) 방식을 선택한다.

ⓓ 항목(Items) 옵션을 선택하고 각 단위 사이의 거리를 지정한다. 거리를 지정하면 경로에 가능한 최대 항목 개수를 표시해 준다. 그냥 `Enter` 키를 누르면 지정한 거리에 가능한 최대 항목 개수가 지정된다.

등분할(Divide) 방식은 다음 명령과 같이 ⓔ **ARray** > PAth > Method > Divide 옵션을 선택한다.

[연관(AS)/메서드(M)/기준점(B)/접선 방향(T)/항목(I)/… 종료(X)] 〈종료〉: *M*   ⓔ Method(분할방법) 변경
경로 방법 입력 [등분할(D)/측정(M)] 〈길이 분할〉: *D*   Divide, 등분할로 나누기
[연관(AS)/메서드(M)/기준점(B)/접선 방향(T)/항목(I)/… 종료(X)] 〈종료〉: *I*   ⓕ Items, 분할 항목(단위) 설정
경로를 따라 배열되는 항목 수 입력 또는 [표현식(E)] 〈7〉: *4*   항목 개수 지정

ARray > Rectangular 예제

EXP-005-03.dwg

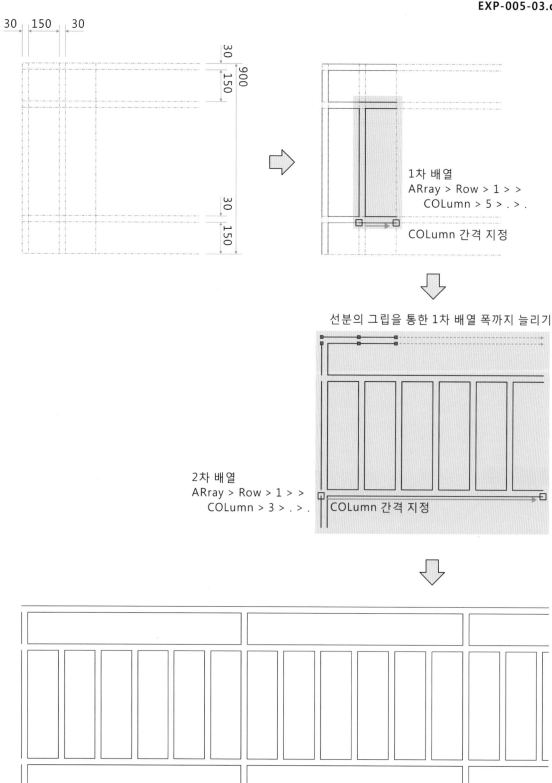

1차 배열
ARray > Row > 1 > >
　　COLumn > 5 > . > .

COLumn 간격 지정

선분의 그립을 통한 1차 배열 폭까지 늘리기

2차 배열
ARray > Row > 1 > >
　　COLumn > 3 > . > .

COLumn 간격 지정

ⓔ 분할방법(Method) > 등분할(Divide) 방식을 선택한다. 이 옵션은 경로를 동일한 간격으로 나누어 주기 때문에 전체 경로 길이를 알 필요 없이 몇 등분할지만 결정하면 된다.

ⓕ 항목(Items) 옵션을 선택하고 경로를 몇 개로 나눠줄지 항목 개수를 지정한다.

마지막으로 항목 물체를 경로에 따라 회전시켜 정렬하는 기능에 대해 알아보겠다. 기본적인 상태에서는 물체가 본래 각도를 그대로 유지하면서 경로에 배치된다. 그러나 물체를 경로에 따라 회전시켜 정렬하고자 한다면 다음의 접선 방향(Tangent direction) 옵션과 항목 정렬(Align items) 옵션을 사용한다.

먼저 접선 방향(Tangent direction) 옵션은 항목 물체에 접선 방향을 지정하는 데 사용한다. 작도자는 물체의 직선 방향을 알 수 있지만 캐드 프로그램 자체는 물체의 그려진 모양으로 그 물체의 직선 방향을 알 수 없기 때문에 별도로 지정해 주어야 한다. 전 장 그림에서 ⓖ와 ⓗ 두 지점을 지정하여 물체의 진행 접선 방향을 지정하였다.

캐드 명령

[연관(AS)/메서드(M)/기준점(B)/접선 방향(T)/항목(I)/행(R)/레벨(L)/항목 정렬(A)/Z 방향(Z)/종료(X)]
〈종료〉: **T**

접선 방향 벡터의 첫 번째 점 지정 또는 [법선(N)]:　　　　　　ⓖ 물체의 접선 첫 번째 점

접선 방향 벡터의 두 번째 점 지정:　　　　　　　　　　　　ⓗ 물체의 접선 두 번째 점

[연관(AS)/메서드(M)/기준점(B)/접선 방향(T)/항목(I)/행(R)/레벨(L)/항목 정렬(A)/Z 방향(Z)/종료(X)]
〈종료〉: **A**　　　　　　　　　　　　　　　　　　　　ⓘ Align items 옵션

배열된 항목을 경로를 따라 정렬하시겠습니까? [예(Y)/아니오(N)] 〈아니오〉: **Y**

물체의 접선 방향을 지정한 후 항목 정렬(Align items) 옵션을 켜 주면 물체는 경로의 접선 벡터를 따라 자신의 접선 벡터를 정렬하면서 배치가 된다. 마지막으로 경로 배열에도 행(Row)과 레벨(Level) 설정 기능이 있다는 점만 알아본다. 이 기능은 많이 사용하지 않지만 아주 간혹 필요한 경우도 있다. 먼저 행은 경로의 법선 벡터 방향으로 정해진 간격으로 일차원적 배열을 만들어준다. 레벨은 Z축 방향으로 만들어진 배열을 그대로 복사하여 층을 만들어준다.

원형 배열(ARray > POlar)

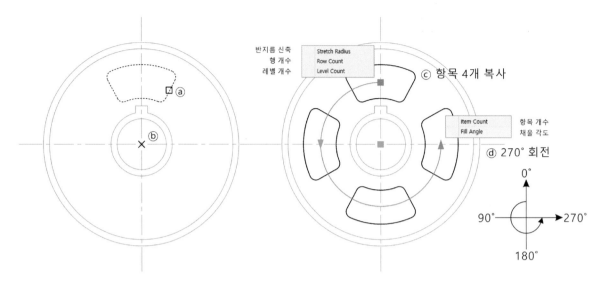

ⓐ

ⓑ

반지름 신축 — Stretch Radius
행 개수 — Row Count
레벨 개수 — Level Count

ⓒ 항목 4개 복사

Item Count — 항목 개수
Fill Angle — 채움 각도

ⓓ 270˚ 회전

0˚
90˚   270˚
180˚

ⓔ 항목회전(ROTate items)   ⓕ 방향(Direction)

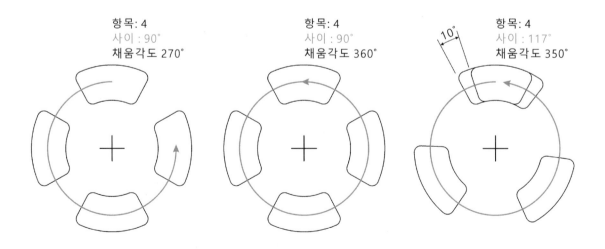

Yes   No

항목: 4
사이 : 90˚
채움각도 270˚

항목: 4
사이 : 90˚
채움각도 360˚

10˚
항목: 4
사이 : 117˚
채움각도 350˚

원형(POlar) 배열은 배열 물체를 지정한 지점(Center point)을 중심으로 회전시키면서 배열을 만들어준다. 원형 배열은 시작점과 끝점이 만나는 경우 약간 특이한 성질을 가진다는 점만 주의하면 된다.

```
명령: ARray Enter                                    ⓐ 회전 배열 물체 선택
객체 선택: 1개를 찾음
객체 선택: Enter 또는 Space
배열 유형 입력 [직사각형(R)/경로(PA)/원형(PO)] 〈경로〉: PO
유형 = 원형  연관 = 예
배열의 중심점 지정 또는 [기준점(B)/회전축(A)]:              ⓑ 회전 중심 지정
[연관(AS)/기준점(B)/항목(I)/사이의 각도(A)/채울 각도(F)/행(ROW)/레벨(L)/항목 회전(ROT)/종료(X)]
〈종료〉: I                                           ⓒ Items, 분할 항목(단위) 설정
배열의 항목 수 입력 또는 [표현식(E)] 〈6〉: 4            항목 개수 지정
[연관(AS)/기준점(B)/항목(I)/사이의 각도(A)/채울 각도(F)/행(ROW)/레벨(L)/항목 회전(ROT)/종료(X)]
〈종료〉: F                                           ⓓ Fill angle, 채울 각도 설정
채울 각도 지정(+=ccw, -=cw) 또는 [표현식(EX)] 〈360〉: 270      270° 회전
[연관(AS)/기준점(B)/항목(I)/사이의 각도(A)/채울 각도(F)/행(ROW)/레벨(L)/항목 회전(ROT)/종료(X)]
〈종료〉: Enter
```

ⓐ 먼저 회전할 물체를 선택해 준다. 선택이 종료되면 ARray > POlar 옵션으로 원형 배열을 지정한다.

ⓑ 원형 배열의 중심점을 지정한다.

ⓒ 항목(Items) 옵션을 이용해 물체가 복사될 개수를 지정한다.

ⓓ 마지막으로 채울 각도(Fill angle) 옵션을 이용해 원형 배열의 최종 회전 각도를 지정한다. 여기서는 270°를 지정하였다. 주의할 점은 360°를 지정하여도 같은 결과가 나온다는 점이다. 만일 360°보다 큰 값을 입력하면 입력한 값에서 360°를 빼준다. 즉, 370°로 채울 각도를 입력하면 채울 각도는 10°가 된다.

ⓔ 배열 패널에 있는 항목 회전(ROTate items)은 켜고 끄는 설정값을 가지며 이 값이 Yes로 설정되면 물체가 배치되면서 자체적인 회전을 하게 된다.

ⓕ 방향(Direction) 옵션은 명령에는 나타나지 않는 옵션으로 이 값이 켜지면 캐드의 표준인 반시계 방향으로 회전하면서 배치가 이루어진다. 반대로 이 값이 꺼지면 회전은 시계 방향으로 이루어진다.

왼쪽 그림 하단에 있는 세 가지 원형 배열은 모두 항목 개수를 4로 설정하였고 왼쪽부터 270°, 360°, 350°로 채울 각도를 지정하였다. 주의 깊게 보아야 할 점은 채울 각도를 270°로 지정하나 360°로 지정하나 동일한 결과가 나온다는 점이다. 캐드에서는 채울 각도가 360°로 입력되면 항목 개수를 하나 더 만든 후에 분할 각도를 계산하고 마지막 항목은 그리지 않는 방식으로 동작한다. 이것은 원형 배열에서 가장 많이 사용하는 360° 완전 원형 배열을 만들 때 사용자가 더 편리하게 항목 개수를 지정할 수 있도록 만든 특별 경우이다.

ARray > POlar 예제

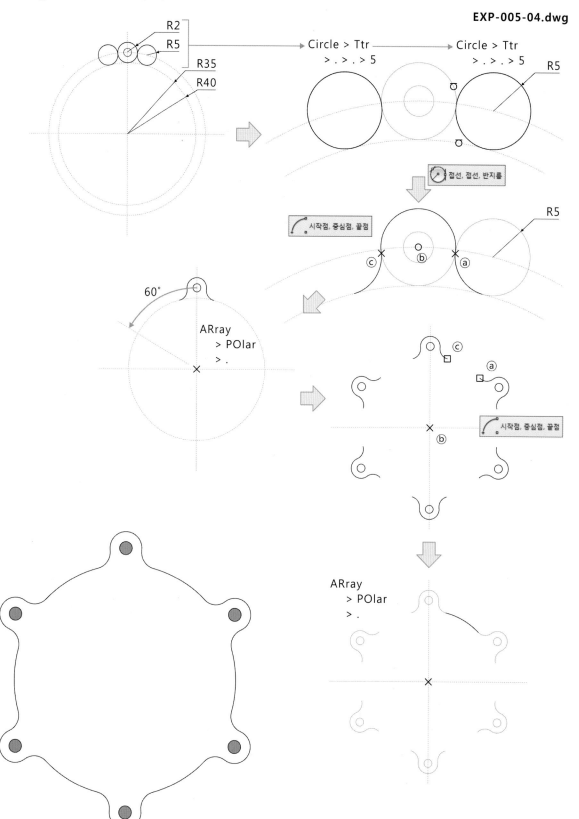

R2
R5
R35
R40

Circle > Ttr
> . > . > 5

Circle > Ttr
> . > . > 5

R5

접선, 접선, 반지름

시작점, 중심점, 끝점

ⓒ ⓑ ⓐ

R5

60°

ARray
> POlar
> .

ⓒ
ⓐ

시작점, 중심점, 끝점

ⓑ

ARray
> POlar
> .

MEMO

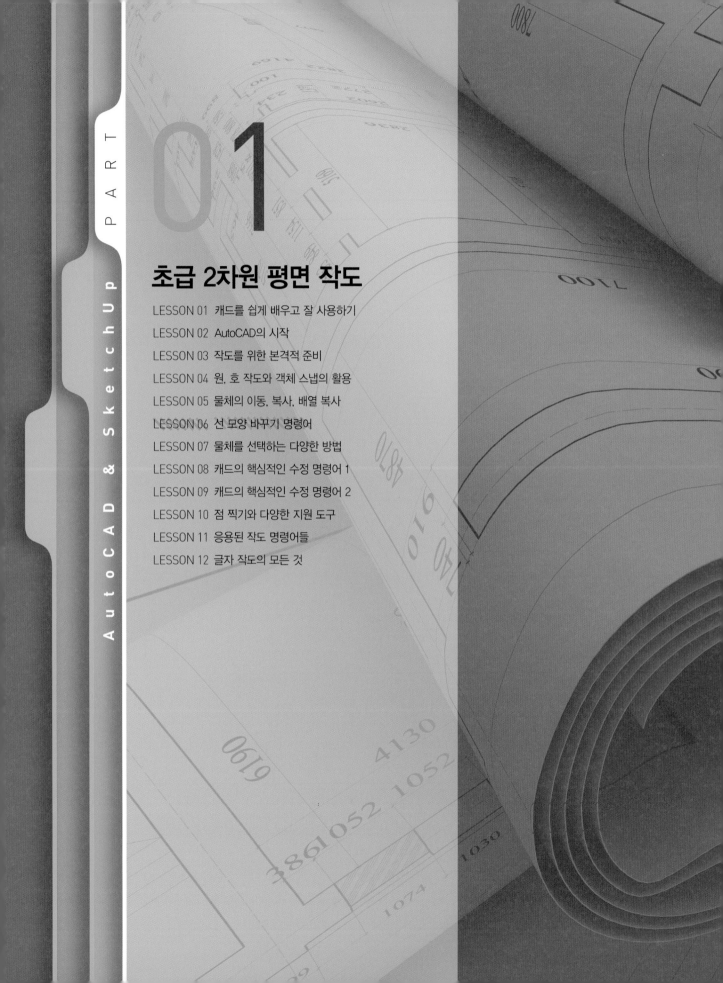

01

초급 2차원 평면 작도

선 모양 바꾸기
명령어

우리는 지금까지 실선 만을 이용해 물체를 작도하였다. 그러나 도면을 작
도하기 위해서는 다양한 선 모양이 필요하다. 이번 강에서는 다양한 선 모
양을 활용하는 방법과 물체의 선 모양을 바꾸는 방법을 알아보겠다.

LT(LineType manager) - 선 종류 관리자

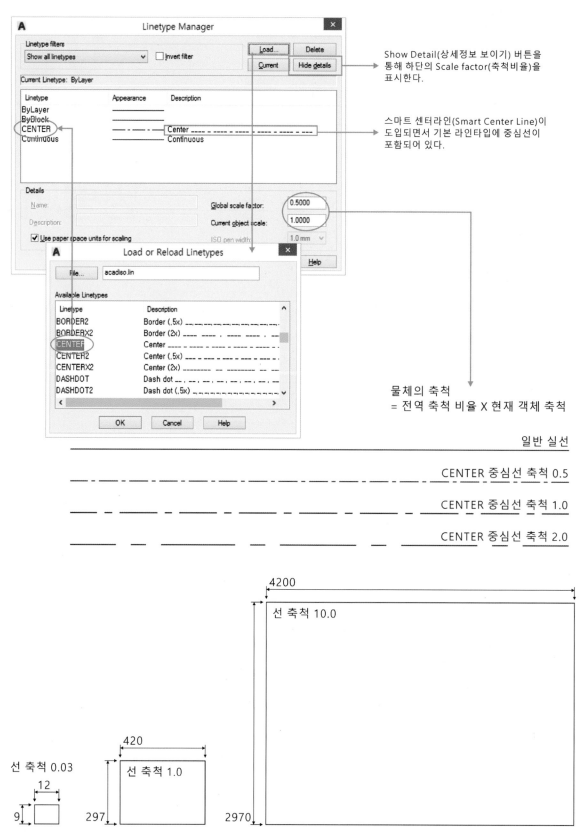

Show Detail(상세정보 보이기) 버튼을 통해 하단의 Scale factor(축척비율)을 표시한다.

스마트 센터라인(Smart Center Line)이 도입되면서 기본 라인타입에 중심선이 포함되어 있다.

물체의 축척
= 전역 축척 비율 X 현재 객체 축척

일반 실선

CENTER 중심선 축척 0.5

CENTER 중심선 축척 1.0

CENTER 중심선 축척 2.0

4200

선 축척 10.0

선 축척 0.03

420

선 축척 1.0

12

9

297

2970

LineType(LineType manager) – 선 종류 관리자 `06-1`

이번 강에서는 작도한 물체의 선 종류를 관리하는 방법을 알아본다. 가장 먼저 현재 도면에서 사용하는 선 종류를 관리하는 대화상자를 LineType(단축키 L T) 명령으로 열어보도록 하겠다.

LineType 명령으로 선 종류 관리기를 열면 왼쪽 그림과 같은 대화상자가 나타난다. 이 대화상자 중간에는 현재 사용하는 선 종류가 나열되어 있다. 여러분 화면에는 CENTER(중심선) 선이 빠져 있을 것이다. 이것은 로드(Load) 버튼을 통해 도면으로 불러올 수 있다. 현재(Current) 버튼은 현재 선을 지정할 때 사용한다.

선에도 축척이 적용된다. 선에 적용하는 축척은 일반 실선에는 영향이 없지만 점선이나 특정 패턴이 적용된 선에서는 매우 중요한 역할을 한다. 왼쪽 그림에 나타난 축척에 따른 선 모양의 변화를 보면 쉽게 알 수 있다. AutoCAD에서는 선의 축척을 편리하게 관리하기 위해 두 개의 축척 변수를 사용한다. 하나는 모든 선들에 적용되는 Global(전역, 전체) 축척값이고 다른 하나는 각 선에 개별적으로 적용되는 Local(지역, 현재 객체) 축척값이다. 이 두 개의 축척값은 그려지기 직전에 곱해져 해당 물체에 적용한다.

① **전역 축척 비율(Global scale factor, LTScale)** : 도면 전체에 선 표시 축척이 된다. 이 값을 바꾸면 그동안 그린 모든 선들의 축척이 변경된다.
② **현재 객체 축척(Current object scale, CELTSCALE)** : 앞으로 그릴 선들의 축척이 된다. 이 값은 그동안 그린 선에는 영향을 미치지 않고 앞으로 그릴 선들에만 적용된다.

이 축척값을 변경하기 위해서 꼭 LineType 명령이 필요하지는 않다. LTScale 변수 명령은 전역 축척 비율(Global scale factor) 값을 변경할 수 있고 CELTSCALE 변수 명령은 현재 객체 축척(Current object scale) 값을 변경할 수 있다.

AutoCAD에선 도면의 크기(LIMITS)에 상관없이 전역 축척값이 1.0으로 설정된다. 그렇다면 물체가 A3 용지보다 크거나 작은 경우는 어떻게 설정하여야 할까? 왼쪽 그림의 하단과 같이 물체의 크기에 따라 축척값을 같은 비율로 축소 또는 확대하여야 한다. 물체가 커지면 같은 비율로 선 축척을 늘려야(420:4200 = 1:10) 하며 반대로 물체가 작아지면 같은 비율로 선 축척을 줄여야(420:12 = 1:0.03) 한다. 그러나 이 비율은 절대적인 것은 아니다. 도면에서 각 선을 구분할 수 있고 보기에 그 비율이 적당하면 무방하다.

L E S S O N

PRoperties – 물체 속성 관리자

06-2

PRoperties 명령(단축키 [Ctrl]+[1])을 통해 각 선들의 속성을 알아보고 변경하는 방법에 대해 알아본다. 이 명령은 단순히 속성 대화상자를 나타나게 하는 명령으로 어렵지 않게 사용할 수 있다. 단순히 명령 창에 PRoperties를 입력하거나 오른쪽처럼 홈 탭 > 특성 패널 > 특성 아이콘을 클릭하여도 된다. PRoperties 대화상자는 현재 선택된 물체에 대한 속성을 표시한다. 만일 선택된 물체가 없다면 앞으로 그릴 물체의 디폴트(Default, 특정한 지정이 없을 때) 속성을 보여준다. 이 속성 대화상자를 통해 현재 선택한 물체의 속성을 자유롭게 변경할 수 있다.

➔ 홈 탭 > 특성 패널 > 특성 아이콘

➔ 한 개만 선택한 상태의 속성 관리기

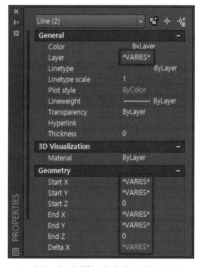

➔ 여러 개 선택한 상태의 속성 관리기

위 그림과 같이 물체를 하나만 선택했을 때는 속성이 선종류, 축척, 기타 좌표값 등이 나타나는 것을 알 수 있다. 그러나 여러 물체를 선택하면 이 속성이 '다양함(VARIES)'이라는 키워드로 바뀌게 된다. 이렇게 서로 다른 속성도 속성 창에서 값을 변경하면 하나로 통일되면서 바뀌게 된다.

속성 관리기에 나오는 선종류 축척 값은 현재 객체 축척(Current object scale) 값을 뜻한다. 물체를 선택한 상태에서 이 축척을 바꾸게 되며 선택한 물체의 축척 값만 바뀌게 되지만 물체를 선택하지 않은 상태에서 축척 값을 바꾸게 되면 앞으로 작도하는 물체의 기본 축척 값이 바뀌게 된다. 전역 축척 비율(Global scale factor)은 속성 관리기에 나타나지 않는다. 이 값은 한 물체의 속성이 아니라 도면 전체의 속성을 뜻하기 때문이다. 전역 축척 비율을 바꾸기 위해서는 LineType 명령이나 LTScale 명령을 사용한다.

MAtchprop(Match Properties) – 속성 복사하기 `06-3`

물체에 속성을 관리기를 통해 직접 설정하는 방법 외에도 다른 물체의 속성을 그대로 복사하는 방법이 있다. 즉, 속성을 복사할 원본 물체가 있고 이 속성을 적용할 목표 물체를 지정하는 것으로 손쉽게 속성을 설정할 수 있다. 명령 창에 MAtchprop 명령 또는 오른쪽 그림과 같이 홈 탭의 클립보드 패널 > 특성 일치 아이콘을 누르면 된다.

→ 홈 탭 > 수정 패널 > 배열 아이콘

캐 드 명 령

명령: *MAtchprop* `Enter` 또는 단축키 `M` `A`
원본 객체를 선택하십시오: ⓐ 속성을 참고할 원본 물체를 선택
현재 활성 설정: 색상 도면층 선종류 선축척 선가중치 투명도 두께 플롯 스타일 치수 문자 해치 폴리선 뷰포트 테이블
재료 그림자 표시 다중 지시선   ⓑ 현재 설정된 복사 속성
대상 객체를 선택 또는 [설정(S)]:   ⓒ 속성을 적용할 목표 물체 선택
반대 구석 지정: ⓓ 여기서는 크로싱 방식으로 선택

ⓐ 속성을 가져올 원본 물체 하나만 선택한다. 여기서는 한 물체만 선택할 수 있다.
ⓑ 복사할 속성 종류가 나열된다. 이것은 설정(S) 옵션으로 변경할 수 있다.
ⓒ 속성을 적용할 목표 물체를 선택한다. 여기서는 다중 선택이 가능하다.
ⓓ 크로싱 선택 방법으로 반대편 지점을 선택한다.

위의 명령 중에 나타나는 설정(Settings) 옵션을 선택하면 다음과 같은 대화상자가 나타나며 복사할 속성을 필터링할 수 있다. 이 대화상자를 통해 복사할 속성만 선별적으로 선택할 수 있다.

→ MAtchprop > 설정(Settings) 옵션, 복사할 속성의 필터링 대화상자

PART

01

AutoCAD & Sketchup

초급 2차원 평면 작도

물체를 선택하는
다양한 방법

지금까지 우리가 알아본 물체 선택 방법은 물체를 직접 클릭하거나, 마우스 드래그를 이용해 윈도우(Window) 모드, 크로싱(Crossing) 모드로 선택하는 것이다. 이번 강에서는 보다 편리하게 물체를 선택하는 방법을 알아본다.

물체를 선택할 때 다양한 옵션

③ WP : Window Polygon(실선 다각형)

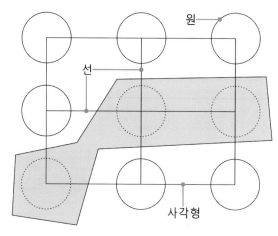

④ CP : Crossing Polygon(점선 다각형)

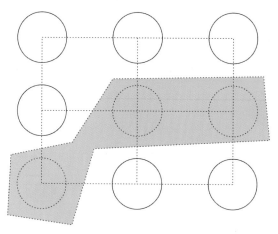

⊙ WP/CP 옵션으로 그려지는 다각형은 시작점과 끝점이 자동으로 연결된다.

⑤ F : Fence(울타리) 점선 울타리에 걸쳐지는 모든 도형 선택

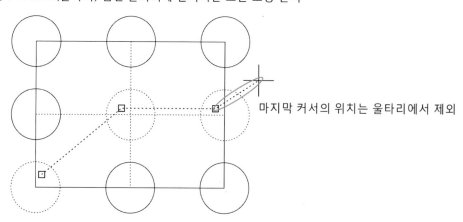

마지막 커서의 위치는 울타리에서 제외

⑧ R : Remove(제거) 선택한 물체를 선택에서 제거

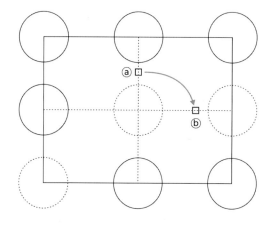 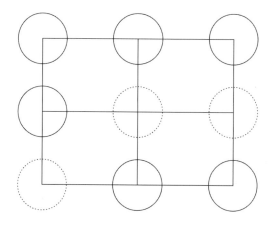

윈도우 모드와 크로싱 모드의 변형

지난 장에서 Erase 명령과 함께 알아본 윈도우(오른쪽으로 선택, 실선 표시)/크로싱(왼쪽으로 선택, 점선 표시) 모드 선택 방법은 AutoCAD에서 가장 많이 사용하는 물체 선택 방법이다. 그러나 가끔 이러한 선택 방법이 부족하다고 느낄 때가 있다. 이번 강에서는 이런 부족함을 해결하기 위해 물체 선택에 보다 다양한 옵션을 알아보도록 하겠다.

캐 드 명 령

명령 : *Move* Enter 또는 단축키 M

객체 선택 :　　　　　　　　　　　　　　　　　　물체를 클릭하거나 윈도우/크로싱 선택, 또는 옵션 입력

위와 같은 명령에서 물체 선택 작업을 할 때 보통은 물체를 클릭하거나 윈도우/크로싱 방법으로 물체를 선택할 수 있다. 그러나 이때 다음과 같은 옵션을 사용하면 보다 더 다양한 방법으로 손쉽게 물체를 선택할 수 있다.

① W : Window(윈도우) 모드, 커서 드래그 방향에 관계없이 윈도우 모드로 선택한다.

② C : Crossing(크로싱) 모드, 커서 드래그 방향에 관계없이 크로싱 모드로 선택한다.

③ WP : Window Polygon(윈도우 폴리곤) 모드, 다각형에 포함되는 물체를 선택한다.

④ CP : Crossing Polygon(크로싱 폴리곤) 모드, 다각형에 걸쳐지는 물체를 선택한다.

⑤ F : Fence(펜스, 울타리) 모드, 라인 형식으로 그려지는 울타리에 걸쳐지는 물체를 선택한다.

⑥ ALL : 전체 선택, 현재 도면에 모든 물체를 선택한다.

⑦ P : Previous(이전) 선택, 바로 전 명령에서 선택했던 물체들을 다시 선택해 준다.

⑧ R : Remove(제거) 모드, 이미 선택한 물체를 다시 선택하면 선택이 해제된다.

⑨ A : Add(추가) 모드, 다시 물체를 추가로 선택하는 모드로 돌아온다.

⑩ L : Last(바로 전 물체 선택) : 가장 마지막에 그린 물체를 선택한다.

⑤ F : Fence(펜스, 울타리) 옵션을 사용한 경우 한가지 주의할 점은 마지막 지정점과 커서 사이의 선은 울타리에서 제외된다는 점이다. 왼쪽 그림에서도 현재 커서와 마지막 지정점 사이의 선은 울타리에서 제외되기 때문에 둘레의 사각형(RECtang) 물체는 선택되지 않는다.

물체를 선택하는 도중에 ⑧ R : Remove(제거) 모드로 설정되면 이제부터 선택하는 물체는 선택에서 제외된다. 만일 윈도우/크로싱, 펜스 방법으로 여러 개 물체를 한꺼번에 선택했을때 몇 개의 물체만 선택에서 제외하고자 할 때 사용한다. 물론 제거 모드에서도 F/W/C/WP/CP 등의 방법으로 제외할 물체를 선택해줄 수 있다.

객체 그룹화/연관 해치 옵션

ⓐ 객체 그룹화를 켠 경우(기본)

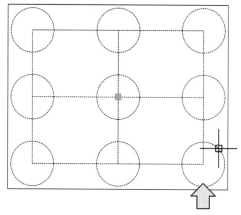

ⓑ 객체 그룹화를 끈 경우

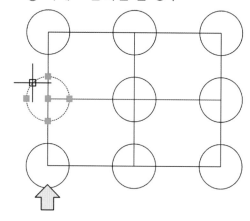

☑ 객체 그룹화(Object grouping)*   ☐ 객체 그룹화(Object grouping)

OPtions
대화상자

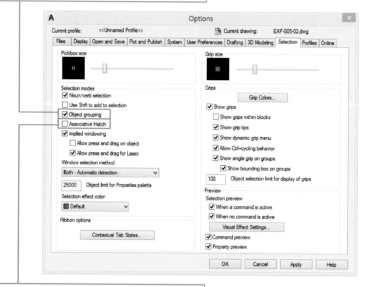

☐ 연관 해치(Assciative Hatch)*   ☑ 연관 해치(Assciative Hatch)

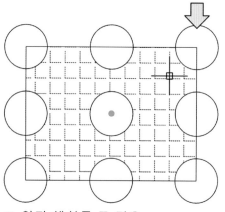

ⓒ 연관 해치를 끈 경우

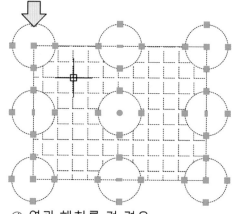

ⓓ 연관 해치를 켠 경우

선택의 다양한 옵션

이번 단원에서 설명할 선택 옵션은 보통의 경우 바꿀 필요가 거의 없다. 그러나 종종 여러분이 새로운 AutoCAD 환경에 접하게 될 때(다른 작업자 또는 수험용 컴퓨터) 선택이 이상하게 될 때가 있다. 이런 경우 꼭 OPtions 대화상자 > 선택사항(Selection) 탭을 확인하여서 문제를 해결하도록 한다.

선택에 관련된 다양한 옵션을 보기 위해서는 OPtions 명령(단축키 [O] [P])을 통해 옵션 대화상자를 열어주고 선택사항(Selection) 탭을 선택한다.

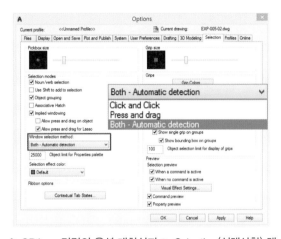

→ OPtions 명령의 옵션 대화상자 > Selection(선택사항) 탭

① **명사/동사 선택(Noun/verb selection)** : 기본 상태는 켜져 있다. 이 항목을 끄게 되면 명령을 먼저 입력한 후 물체를 선택하여야 한다.

② *Shift* **키를 사용하여 선택에 추가(Use Shift to add to selection)** : 기본 상태는 꺼져 있기 때문에 새로운 물체를 선택할 때마다 선택에 추가된다. 이 항목을 켜고 새로운 물체를 선택하면 기존의 선택이 풀리고 새로운 선택만 남게 된다. 만일 선택 추가를 하고 싶으면 Shift 키를 누르고 다른 물체를 선택하면 된다. 보통 윈도 우즈 프로그램의 선택 방법과 동일하다.

③ **객체 그룹화(Object grouping)** : 기본 상태는 켜져 있다. 그룹된 물체의 일부만 선택해도 전체 그룹이 선택된다. 만일 끄게 되면 그룹이 되지 않은 것처럼 개별로 선택된다. 왼쪽 그림에서 ⓐ, ⓑ 모두 그룹화된 물체이지만 ⓑ처럼 이 옵션을 끄게 되면 그룹 물체를 선택하여도 클릭한 물체만 선택된다.

④ **연관 해치(Associative Hatch)** : 기본 상태는 꺼져 있다. 이 옵션을 켜게 되면 해치 물체를 선택할 때 해치를 만든 경계까지 함께 선택된다. 왼쪽 그림에서 ⓒ처럼 이 옵션을 끄고 해치 물체만 클릭하면 칠해진 해치 무늬만 선택된다. 반면 ⓓ처럼 이 옵션을 켜고 해치 물체를 클릭하면 해치 무늬와 함께 무늬에 연결된 모든 물체가 함께 선택된다.

⑤ **빈 영역 선택 시 자동 윈도우(Implied windowing)** : 기본 상태는 켜져 있다. 물체가 아닌 곳을 클릭할 때 자동으로 윈도우/크로싱 선택 상태가 된다.

⑥ **객체에서 누른 채 끌기 허용(Allow press and draw on object)** : 기본 상태는 꺼져 있다. 물체 위에서 클릭하여도 마우스를 드래그 하면 윈도우/크로싱 선택 상태가 된다.

⑦ **윈도우 선택 방법(Window selection method)** : 이전 강에서 설명한 것처럼 AutoCAD의 드래그는 클릭-이동-클릭 방식을 사용한다. 반면 일반 윈도우즈 프로그램은 마우스 버튼을 누른 채로 이동하여 드래그 한다. AutoCAD의 최근 버전부터는 두가지 방식 모두를 사용할 수 있다. 그러나 고전적인 AutoCAD 환경을 선호하는 독자라면 '클릭 후 클릭' 방식으로 선택하길 권한다. 누른 채 끌기 모드나 모두 사용하는 옵션은 가끔 이상 동작을 유발하기도 한다.

L E S S O N

Group − 그룹으로 묶기

07-3

AutoCAD는 서로 연관된 물체를 하나로 묶어주는 그룹(Group) 기능을 제공한다. 이번 강에서 그룹을 다루는 이유는 선택 옵션에 객체 그룹화(Object grouping, 그룹된 물체 묶어서 선택) 옵션과 연관 해치(Associative Hatch, 해치와 경계 함께 선택) 선택 항목이 있기 때문이다. 물체의 그룹화는 가장 간단하고 효과적인 물체의 관리 기법이기 때문에 초급과정부터 간략히 알아보겠다.

그룹 만들기 명령은 기본적으로 이름이 없는 미지정(Unnamed) 그룹이다. 이것은 단순히 그룹화할 물체들을 선택한 후에 Group(단축키 Ⓖ) 명령만 입력하면 된다. 그룹에 새로운 이름을 지정하고 싶다면 GROUPEDIT > 이름바꾸기(REName) 옵션을 선택하면 된다.

➡ 홈 탭 > 그룹 패널 > 그룹 선택 켜기/끄기

➡ 그룹 관리자 대화상자, CLASSICGROUP 명령

먼저 홈 탭의 그룹 패널을 보면 위 그림과 같이 두 개의 버튼이 기본적으로 켜져 있는 것을 볼 수 있다. 위의 버튼은 그룹 선택 켜기/끄기 버튼으로 전 장에서 알아본 객체 그룹화 옵션과 동일한 것이다. 이 패널에서 그룹 선택을 끄면 선택사항 대화상자의 객체 그룹화 옵션도 꺼지게 된다. 이 버튼을 켜고 끄는 명령으로는 PICKSTYLE 변수 명령이 있으며 이 변수는 다음과 같은 값으로 지정할 수 있다.

▼ PICKSTYLE 변수 명령에 따른 선택 모드의 변화

구분	내용
0	객체 그룹화(Object grouping) 또는 연관 해치(Associative Hatch)가 모두 꺼진 상태
1	객체 그룹화(Object grouping) 선택만 켜진 상태
2	연관 해치(Associative Hatch) 선택만 켜진 상태
3	객체 그룹화(Object grouping)와 연관 해치(Associative Hatch)가 모두 켜진 상태

두 번째로 켜진 버튼은 '그룹 경계 상자'를 표시할지 여부를 결정한다. 그룹 물체가 선택되었을 때 그룹이라는 것을 보여주기 위해 외곽에 실선 상자를 표시한다.

그룹 패널에서 자주 사용하는 버튼으로는 그룹 관리자 버튼이 있다. 그룹 관리자 버튼을 누르면 약간 복잡한 명령 CLASSICGROUP이 자동으로 실행된다. 명령에서도 알 수 있듯이 이제는 잘 사용하지 않지만 그룹을 자주 사용하는 작업자에게는 중요한 명령이다. 그룹 관리자 대화상자에는 현재 도면에서 사용하는 모든 그룹이 표시되며 그룹에 추가, 분해, 이름 바꾸기 작업 등을 한다.

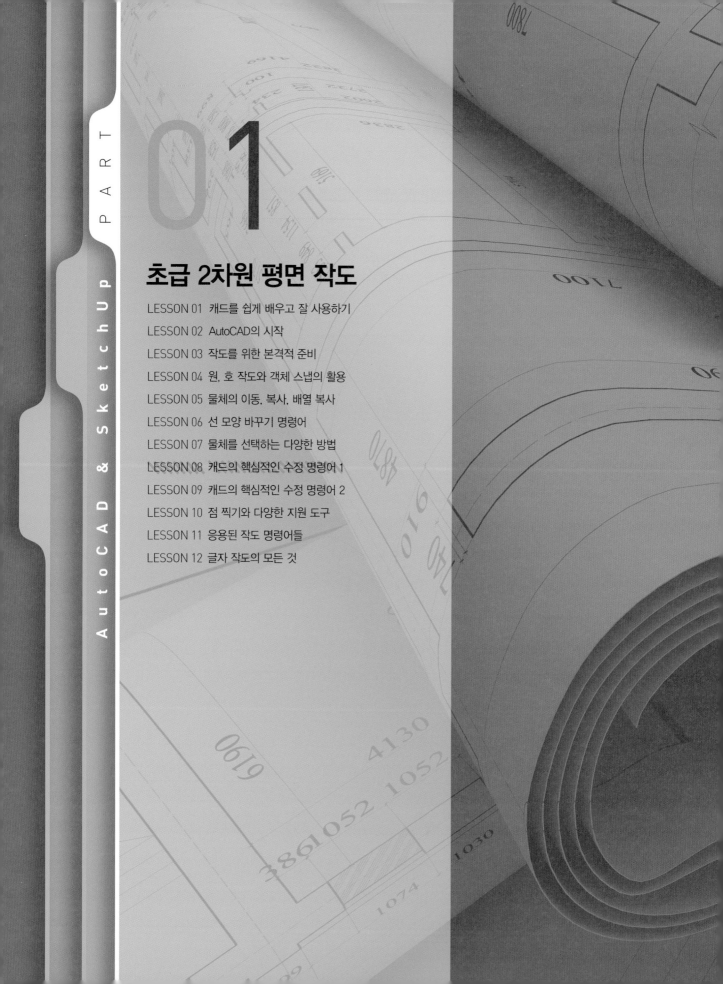

PART

AutoCAD & Sketchup

01

초급 2차원 평면 작도

캐드의 핵심적인 수정 명령어 1

캐드에서는 그리는 명령도 중요하지만 경우에 따라 기존에 그려진 물체에
서 수정하는 작업이 더 중요할 수 있다. 앞으로 2강에 걸쳐 캐드 작도에서
가장 중요한 핵심 수정 명령어에 대해 알아보도록 하겠다.

Offset

직선에 적용한 Offset

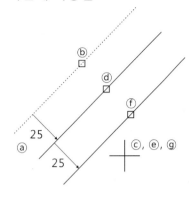

원, 호, 사각형에 적용한 Offset

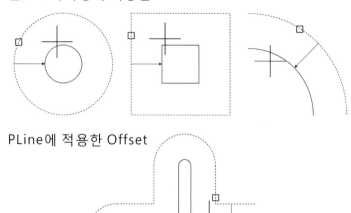

PLine에 적용한 Offset

ROtate

① 가장 간단한 회전

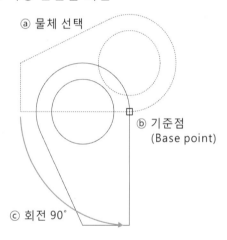

② 참조(Reference) 면을 지정한 각도로 회전

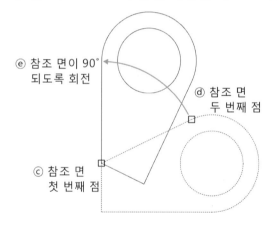

③ 참조 면을 지정한 물체에 정렬

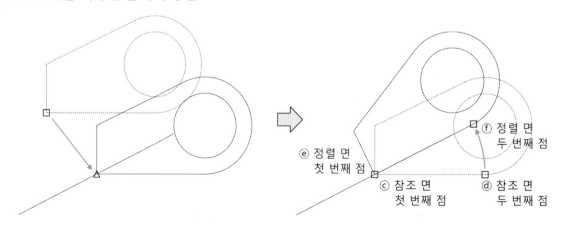

Offset – 간격 띄워 따라 그리기

08-1

홈 탭 > 수정 패널에 있는 아이콘들은 대부분 그 동작에 대한 설명이 나오지만 왼편 세 개의 아이콘은 그 설명이 없다. 가장 위에 Erase(지우기), eXplode(해체하기), 그리고 가장 아래 Offset(간격 띄우기) 아이콘이 각각 배치되어 있다. 이중 Offset 명령은 재미있으면서 강력한 기능을 수행한다. Offset 명령은 선택한 물체와 지정된 간격 만큼 띄워 새로운 물체를 따라 그린다. 물체가 단순한 직선이라면 복사(CoPy) 명령과 크게 다를 것이

→ 홈 탭 > 수정 패널 > Offset 아이콘

없다. 이제 왼쪽 그림과 같이 간단한 물체를 선택하여 Offset 명령을 다음과 같이 적용해 본다.

캐드 명령

명령: *Offset* Enter 또는 단축키 O
현재 설정: 원본 지우기=아니오 도면층=원본 OFFSETGAPTYPE=0
간격띄우기 거리 지정 또는 [통과점(T)/지우기(E)/도면층(L)] 〈10.0000〉: *25*   ⓐ Offset 거리
간격띄우기할 객체 선택 또는 [종료(E)/명령 취소(U)] 〈종료〉:   ⓑ 원본 객체 선택
간격띄우기할 면의 점 지정 또는 [종료(E)/다중(M)/명령 취소(U)] 〈종료〉:   ⓒ 방향 지정
간격띄우기할 객체 선택 또는 [종료(E)/명령 취소(U)] 〈종료〉:   ⓓ 원본 객체 선택
간격띄우기할 면의 점 지정 또는 [종료(E)/다중(M)/명령 취소(U)] 〈종료〉:   ⓔ 방향 지정
간격띄우기할 객체 선택 또는 [종료(E)/명령 취소(U)] 〈종료〉:   ⓕ 원본 객체 선택
간격띄우기할 면의 점 지정 또는 [종료(E)/다중(M)/명령 취소(U)] 〈종료〉:   ⓖ 방향 지정

CoPy 명령은 한 번 선택한 물체들을 여러 곳에 복사할 수 있지만 *Offset* 명령은 한번에 하나의 객체만 다시 그리고 물체를 다시 선택하는 과정을 반복한다. 또한 원본 물체와 떨어진 거리도 한 번만 지정할 수 있다.

Offset 명령은 언뜻 보면 CoPy 명령과 비슷하지만 물체가 원이나 호, 사각형 등 구부러지거나 꺾이는 부분이 있다면 왼쪽 그림과 같은 중요한 차이점을 보여준다. 실제 Offset 명령의 중요한 활용법을 알기 위해서는 PLine(Polyline) 명령으로 그린 물체에 적용하여야 한다.

L E S S O N

ROtate – 회전하기

08-2

물체의 회전은 매우 단순한 동작 같지만 AutoCAD에서 제공하는 회전 동작은 Reference(참조 면)라는 개념을 통해 다양한 지정 기능을 제공한다. 참조 면이란 물체에서 지정할 수 있는 임의의 특정 면을 뜻한다. 간단한 회선 동작을 위해서는 회전할 물체를 선택하고 회전의 기준점(Base point)을 지정하여 회전 각도를 입력하면 된다. 이것은 왼편 전 장 그림의 ①번 회전 동작과 같다. 만일 정확한 회전 각도는 모르지만 특정 면이 몇 도가 되도록 한다면 ②번과 같은 방법을 사용하면 된다. 마지막으로 ③번 방법은 물체의 특정 면을 다른 물체의 특정 면에 나란히 정렬시킬 때 사용한다.

① 선택한 물체를 기준점을 중심으로 지정한 각도만큼 회전시키기

캐 드 명 령

명령: *ROtate* `Enter` 또는 단축키 `R` `O`
현재 UCS에서 양의 각도: 측정 방향=시계 반대 방향 기준 방향=0
객체 선택: 반대 구석 지정: 4개를 찾음   ⓐ 회전시킬 물체를 선택
객체 선택: `Enter`
기준점 지정: ⓑ 회전의 기준점을 도면에서 지정
회전 각도 지정 또는 [복사(C)/참조(R)] 〈0〉: *90*   ⓒ 물체를 회전시킬 각도 입력

② 임의의 참조(Reference) 면을 지정하고 이 면이 지정한 각도가 되도록 회전시키기, 기준점을 지정하는 단계까지는 위의 방법과 동일하다.

캐 드 명 령

회전 각도 지정 또는 [복사(C)/참조(R)] 〈0〉: *R*   참조(Reference) 옵션 선택
참조 각도를 지정 〈0〉:   ⓒ 참조 면의 첫번째 점 지정
두 번째 점을 지정: ⓓ 참조 면의 두번째 점 지정
새 각도 지정 또는 [점(P)] 〈0〉: *90*   ⓔ 참조 면의 최종 각도 입력

③ 회전할 물체의 참조 면이 다른 물체의 면과 정렬되도록 회전시키기, 이 예제에서는 정렬되는 것을 확인하기 위해 먼저 회전할 물체를 정렬시킬 물체에 접하도록 이동시킨 후에 회전시킨다.

캐 드 명 령

회전 각도 지정 또는 [복사(C)/참조(R)] 〈0〉: **R**	참조(Reference) 옵션 선택
참조 각도를 지정 〈0〉:	ⓒ 참조면의 첫번째 점 지정
두 번째 점을 지정:	ⓓ 참조면의 두번째 점 지정
새 각도 지정 또는 [점(P)] 〈0〉: **P**	이동시킬 각도 입력에서 점(Points) 옵션 선택
첫 번째 점 지정:	ⓔ 회전각 첫 번째 점 지정
두 번째 점 지정:	ⓕ 회전각 두 번째 점 지정

MIrror

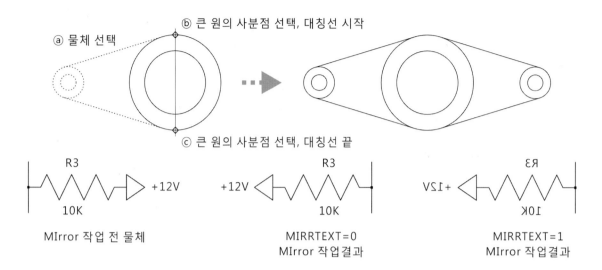

ⓐ 물체 선택
ⓑ 큰 원의 사분점 선택, 대칭선 시작
ⓒ 큰 원의 사분점 선택, 대칭선 끝

R3
10K
+12V

MIrror 작업 전 물체

R3
+12V
10K

MIRRTEXT=0
MIrror 작업결과

R3
+12V
10K

MIRRTEXT=1
MIrror 작업결과

SCale

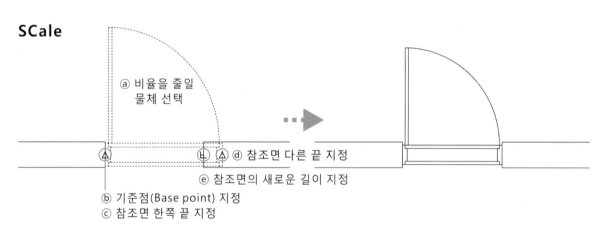

ⓐ 비율을 줄일 물체 선택
ⓓ 참조면 다른 끝 지정
ⓔ 참조면의 새로운 길이 지정
ⓑ 기준점(Base point) 지정
ⓒ 참조면 한쪽 끝 지정

Stretch

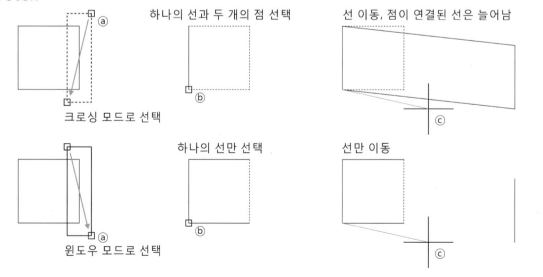

하나의 선과 두 개의 점 선택
선 이동, 점이 연결된 선은 늘어남

크로싱 모드로 선택

하나의 선만 선택
선만 이동

윈도우 모드로 선택

MIrror - 반사하기

08-3

MIrror(거울반사) 명령은 이름과 같이 선택한 물체를 대칭 복사한다. 한 가지 특이한 것은 반사면을 임의로 지정할 수 있다는 점이다.

캐 드 명 령

명령: *MIrror* Enter 또는 단축키 M I
객체 선택: 도면에서 Crossing 모드로 선택
반대 구석 지정: 4개를 찾음   ⓐ
객체 선택: Enter
대칭선의 첫 번째 점 지정: ⓑ 큰 원의 사분점 선택
대칭선의 두 번째 점 지정: ⓒ 다른 사분점 선택
원본 객체를 지우시겠습니까? [예(Y)/아니오(N)] 〈N〉: Enter   ⓓ 원본 객체를 지울지 여부

ⓐ MIrror(대칭 복사)할 좌측의 부품을 선택한다. 다음 대칭 복사의 기준면인 대칭선을 지정한다. 여기서는 큰 원의 사분점(Quadrant)을 OSNAP으로 이용한다. 먼저 큰 원 위에 있는 사분점 ⓑ를 선택하고 아래 있는 사분점 ⓒ를 선택한다. 이렇게 대칭선을 완성하면 MIrror 준비가 끝난다. 마지막으로 원본을 객체를 지울지 여부를 묻는 질문 ⓓ가 나온다. 원본 객체를 지우면 대칭 이동이 되며 원본 객체를 지우지 않으면 대칭 복사가 된다.

MIrror 명령은 그다지 어렵지 않기 때문에 쉽게 익힐 수 있다. 여기서 문자 MIrror에 관련된 한 가지 기능을 더 알아본다. 기본적인 상태에서 문자(Text) 물체는 MIrror 하게 되더라도 왼쪽 그림과 같이 반전되지 않는다. 이것은 MIRRTEXT 변수값이 기본적으로 '0' 값을 가지기 때문이다. 만일 MIrror 명령으로 문자도 반전되길 원한다면 MIRRTEXT 변수 명령으로 값을 '1'로 변경하면 된다.

SCale - 크기 조절하기

08-4

물체의 크기를 전체적으로 늘리거나 줄일 수 있다. 주의할 점은 X, Y 등의 좌표값이 같은 비율로 조절된다는 점이다. 반면 Stretch 명령은 X, Y 등의 좌표값이 서로 다른 비율로 조절된다. SCale 명령은 단순히 조절할 물체를 선택하고 기준점(크기 조절의 중심점)을 지정한 후, 변경할 배율을 숫자로 지정하면 된다. 배율은 1.0을 기준으로 이보다 작으면 물체가 작아지고 반대로 1.0보다 크면 물체는 커지게 된다. 이것은 매우 단순하기 때문에 여기서는 참조(Reference) 면을 지정하여 이 면의 새로운 길이를 지정하는 방식의 SCale 명령을 알아본다.

명령: *SCale* [Enter] 또는 단축키 [S] [C]
객체 선택: 1개를 찾음

객체 선택: [Enter]   ⓐ
기준점 지정: ⓑ 스케일 동작의 기준점(Base point) 지정
축척 비율 지정 또는 [복사(C)/참조(R)]: *R*   참조(Reference) 옵션 선택
너무 작은 축척 비율은 무시됨.
참조 길이 지정 〈190.0000〉:   ⓒ 참조면으로 문 폭의 한쪽 끝을 지정
두 번째 점을 지정: ⓓ 다른 한쪽 끝을 지정, 참조면 지정 완료
새 길이 지정 또는 [점(P)] 〈95.0000〉:   ⓔ 참조 길이가 변할 새로운 길이 지정

L E S S O N

Stretch – 늘이기

08-5

Stretch 명령은 물체의 크기를 늘이거나 줄이는 기능은 SCale 명령과 유사하지만 X, Y 등의 좌표값이 서로 다른 비율로 조절된다는 점이 다르다. 특히 Stretch 명령은 잡아 늘릴 부분의 선택이 중요하다. Stretch 명령을 실행할 때 선택 방법은 크로싱(Crossing) 방식을 사용 해야한다. 만일 윈도우(Window) 방식으로 선택하면 선택된 선들이 단순히 이동하기만 한다. Stretch 명령의 또 하나 제약은 원과 타원, 블록 등의 물체에서는 동작하지 않는다는 점이다. 그럼에도 불구하고 Stretch 명령은 캐드에서 가장 많이 사용하는 편집 명령어 중에 하나이다.

왼쪽 그림 가장 아래 Stretch 명령의 예제에는 4개의 Line으로 그린 사각형이 있다(사각형 RECtang 물체도 Stretch 명령은 동작하지만 선택되는 과정을 정확히 보기 위해서는 Line 물체가 적당하다). 위쪽은 크로싱모드로 선택한 경우이고 아래쪽은 윈도우 모드로 선택한 경우이다. 주의할 점은 크로싱 모드로 선택하면 하나의 선이 완전히 선택되고 연결된 두 개의 점이 추가로 선택된다는 점이다. 반면 윈도우 모드로 선택하면 하나의 선만 선택된다. 이제 선택을 종료하고 기준점을 지정한 후 커서를 움직여 보면 그 차이를 알 수 있다. 크로싱 모드로 선택한 경우만 점이 따라 움직이면서 실제 Stretch 명령의 효과를 볼 수 있다.

명령: *Stretch* [Enter] 또는 단축키 [S]
걸침 윈도우(Crossing–window) 또는 걸침 다각형(Crossing–polygon)만큼 신축할 객체 선택...
객체 선택: 반대 구석 지정: 3개를 찾음   ⓐ 크로싱 모드로 물체 선택
객체 선택: [Enter]
기준점 지정 또는 [변위(D)] 〈변위〉:   ⓑ 기준점 지정
두 번째 점 지정 또는 〈첫 번째 점을 변위로 사용〉:   ⓒ 기준점에 상대적인 변위 지정

다음 장의 그림은 벽체에 블록으로 불러온 창호를 창호틀에 맞게 잡아 늘리는 과정을 두 번의 Stretch 명령으로 실행한 결과이다. 먼저 블록에는 Stretch 명령이 동작하지 않으므로 나중에 배울 eXplode 명령으로 분해해 준다. 이렇게 하면 블록 물체는 개별 Line 물체가 된다. 이제 창호의 오른쪽 부분을 크로싱으로 선택하여 잡아늘려 준다. Stretch 명령은 좌우로만 또는 상하로만 물체를 늘려 원하는 크기로 조절할 때 많이 사용한다.

마지막으로 배관에 사용하는 파이프와 조인트 물체를 주어진 중심선에 맞게 배치하는 과정을 Stretch 명령으로 구현한 결과를 보여주고 있다. 위의 예제에 비하면 비교적 쉬운 예제이기 때문에 어렵지 않게 완성할 수 있다. Stretch 명령을 얼마나 유연하게 잘 사용하느냐에 따라 초급 사용자와 중급 사용자가 구분되기 때문에 다양한 예제를 통해 숙달되는 것이 중요하다.

Stretch 명령 예제

이중 창호 배치

기준점 끝점 선택

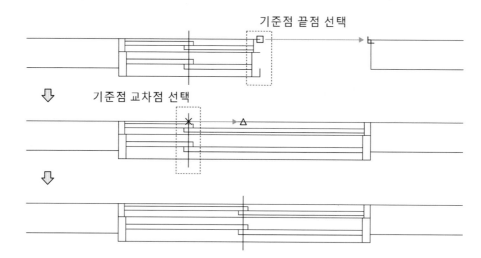

기준점 교차점 선택

배관 블록

① 기본 배관 블록

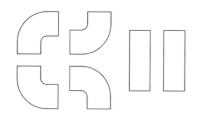

② 설치 중심선과 기본 블록의 배치

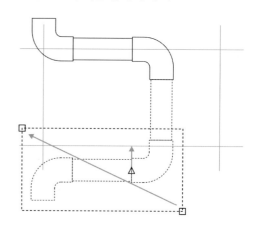

③ 상하 Stretch 결과와 좌우 Stretch 준비

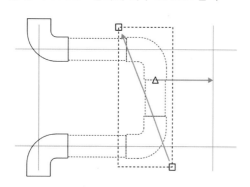

④ 완성 배관 배치

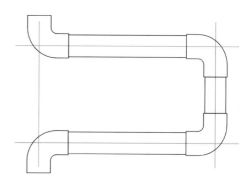

Offset, MIrror, Stretch 명령 예제

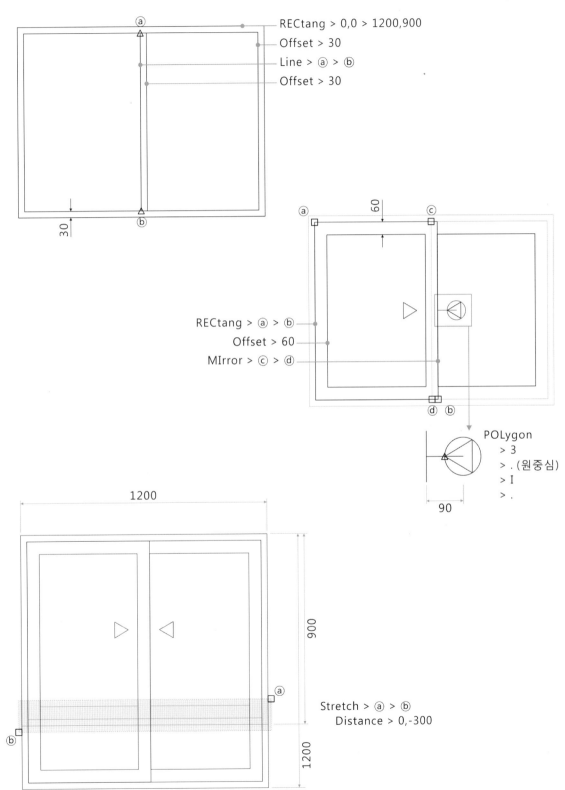

RECtang > 0,0 > 1200,900
Offset > 30
Line > ⓐ > ⓑ
Offset > 30

30

60

RECtang > ⓐ > ⓑ
Offset > 60
MIrror > ⓒ > ⓓ

POLygon
> 3
> . (원중심)
> I
> .

90

1200

900

ⓐ

ⓑ

Stretch > ⓐ > ⓑ
Distance > 0,-300

1200

Offset, MIrror, Stretch 명령 예제

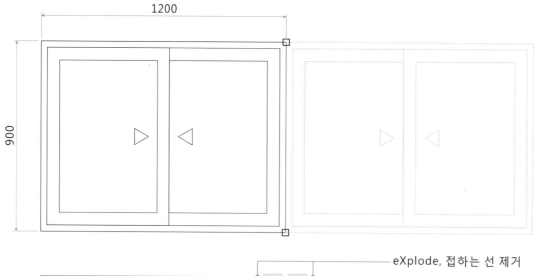

1200

900

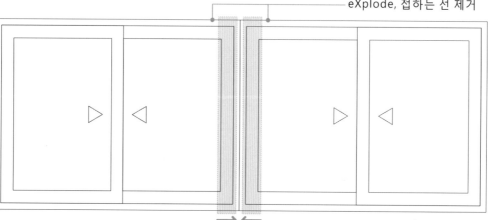

eXplode, 접하는 선 제거

화살표 방향으로 30mm Stretch

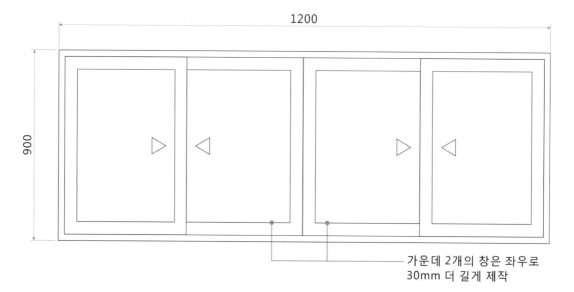

1200

900

가운데 2개의 창은 좌우로
30mm 더 길게 제작

MEMO

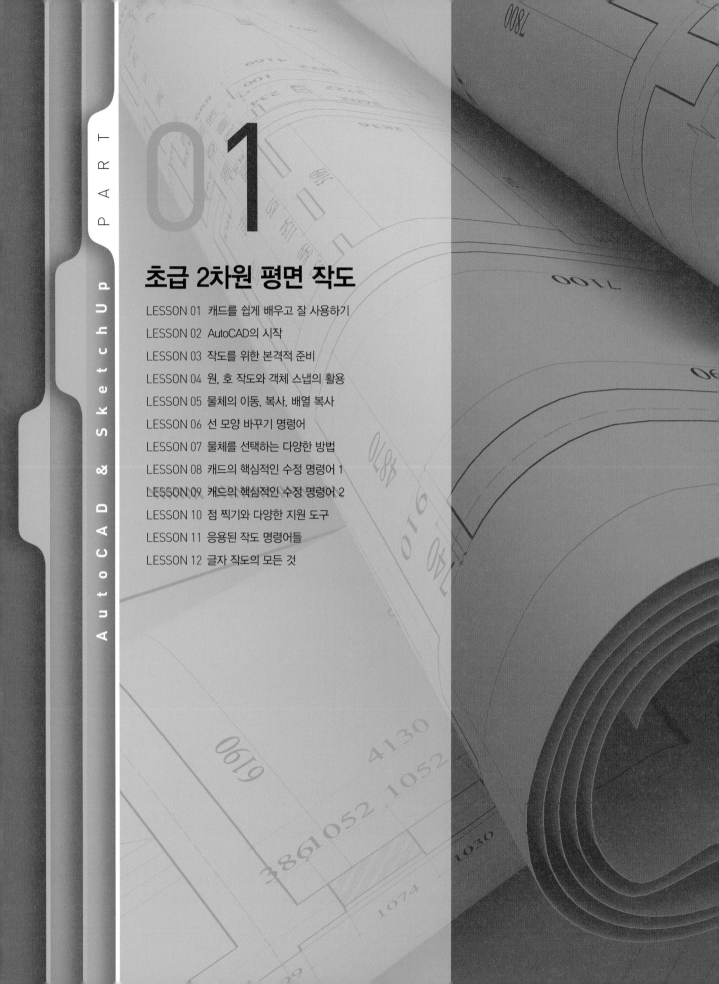

01

초급 2차원 평면 작도

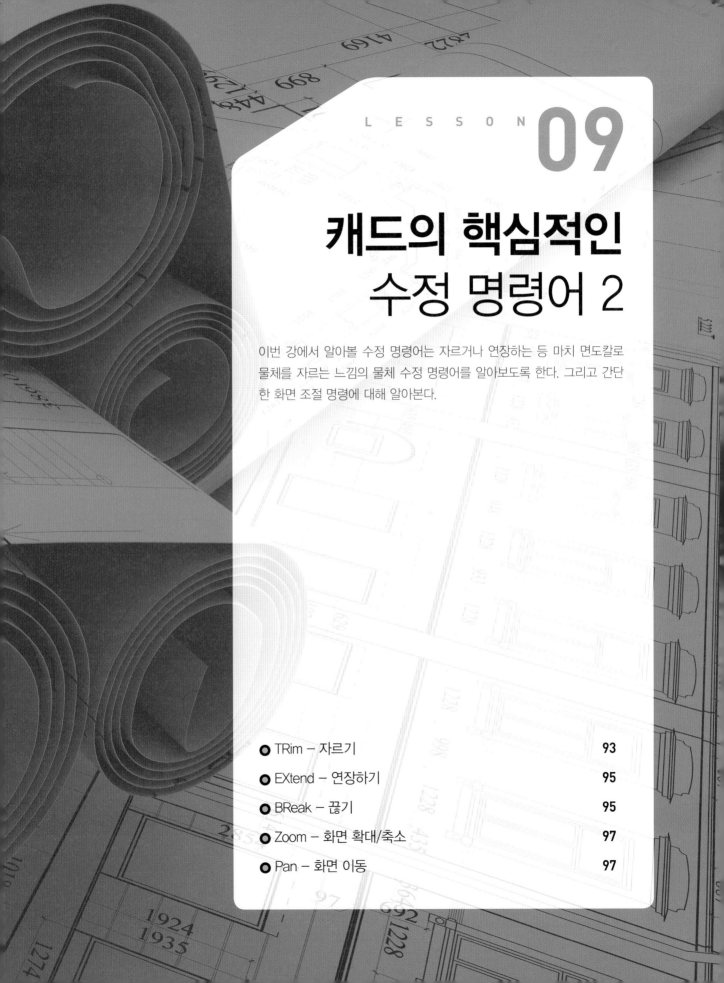

LESSON
09

캐드의 핵심적인
수정 명령어 2

이번 강에서 알아볼 수정 명령어는 자르거나 연장하는 등 마치 면도칼로
물체를 자르는 느낌의 물체 수정 명령어를 알아보도록 한다. 그리고 간단
한 화면 조절 명령에 대해 알아본다.

TRim

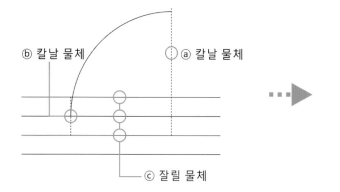

ⓑ 칼날 물체   ⓐ 칼날 물체

ⓒ 잘릴 물체

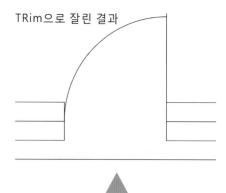

TRim으로 잘린 결과

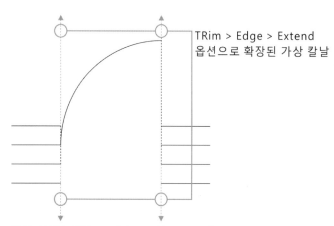

TRim > Edge > Extend
옵션으로 확장된 가상 칼날

기본 상태는 TRim > Edge > No extend

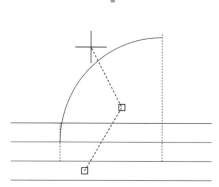

TRim > Fence 옵션으로 잘릴 물체 선택

Shift 키를 누르고 잘린 물체를 선택한 경우(EXtend 명령과 동일)

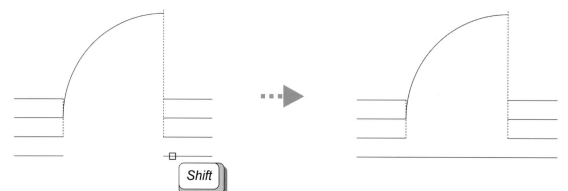

TRim – 자르기

09-1

TRim은 끝부분을 잘라 다듬는 동작을 뜻한다. 캐드에서 TRim 동작은 그려진 물체로 다른 물체를 자르는 동작을 한다. 먼저 칼날로 사용할 물체들을 선택한 후 잘릴 물체들을 선택하면 된다.

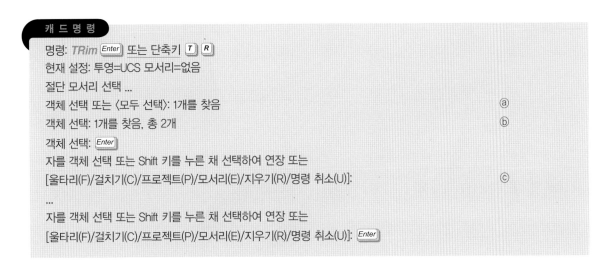

캐드 명령

명령: *TRim* `Enter` 또는 단축키 `T` `R`
현재 설정: 투영=UCS 모서리=없음
절단 모서리 선택 ...
객체 선택 또는 〈모두 선택〉: 1개를 찾음 ⓐ
객체 선택: 1개를 찾음, 총 2개 ⓑ
객체 선택: `Enter`
자를 객체 선택 또는 Shift 키를 누른 채 선택하여 연장 또는
[울타리(F)/걸치기(C)/프로젝트(P)/모서리(E)/지우기(R)/명령 취소(U)]: ⓒ
...
자를 객체 선택 또는 Shift 키를 누른 채 선택하여 연장 또는
[울타리(F)/걸치기(C)/프로젝트(P)/모서리(E)/지우기(R)/명령 취소(U)]: `Enter`

먼저 칼날 물체로 사용할 물체 두 개를 ⓐ, ⓑ에서 선택한다. 만일 ⓐ에서 물체를 선택하지 않고 그냥 `Enter` 키를 입력하면 모든 물체를 칼날처럼 사용한다. 이렇게 되면 다음 단계에서 선택하는 모든 물체는 교차점에서 잘려 나가게 된다. 칼날 물체 선택이 끝나면 다음 단계에서는 잘려 나갈 물체 ⓒ를 선택한다.

TRim 명령에는 여러 옵션 중 중요한 두 개만 알아본다. 먼저 잘릴 물체를 선택하는 대신 `F` 키를 통해 F(Fence, 울타리) 옵션을 선택하면 왼쪽 같이 울타리 방식으로 걸쳐지는 물체를 빠르게 선택할 수 있다. 다음 옵션은 E(Edge, 모서리) 방식의 선택이다. 기본 Edge 모드는 연장 안함(No extend) 상태이다. 만일 연장(Extend) 상태로 바꾸고 싶다면 `E` 키를 통해 상태를 바꿔줄 수 있다. 여기서 연장이란 칼날을 무한히 연장하는 것을 뜻한다. 왼쪽 그림에서 선택한 칼날 물체로 자를 수 있는 벽체선은 서로 만나는 선들 세 개지만 칼날이 무한히 연장되는 연장(Extend) 상태에서는 네 개의 벽체선을 자를 수 있다.

마지막으로 잘릴 물체를 선택할 때 `Shift` 키를 누르고 이미 잘라진 물체를 선택하면 TRim 명령의 반대인 EXtend 명령처럼 동작한다. 왼쪽 그림의 가장 하단에 TRim에 의해 잘라진 물체의 한쪽 끝을 `Shift` 키를 누르고 선택해 주면 이 물체는 다시 확장되어 칼날에 의해 잘라진 부분이 복구된다. 이 기능은 TRim으로 잘못 잘라진 부분을 바로 복구하는 데 유용하게 쓰인다.

① 칼날물체를 선택한 경우

칼날물체　　　　　　　　　　　칼날물체

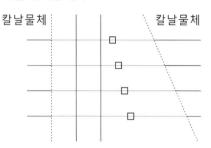

① TRim 명령

선택한 부분이 잘려나감

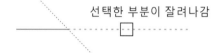

② 칼날물체를 선택하지 않은 경우

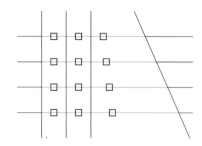

② EXtend 명령

선택한 부분이 연장됨

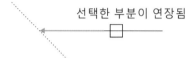

TRim 및 EXtend 예제

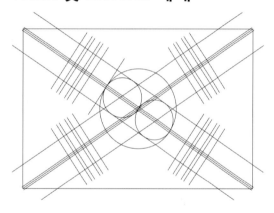

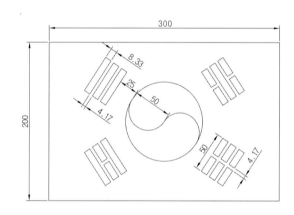

BReak

ⓐ 물체와 함께 첫 번째 지점 지정, 일회성 OSNAP 사용

Shift + 🖱️

ⓑ 두 번째 지점(사분점) 지정

ⓐ 물체와 함께 첫 번째 지점 지정
OSNAP이 동작하지 않는다.

ⓒ 두 지점 사이는 제거

ⓑ 두 번째 지점 지정
Midpoint(OSNAP)이 동작한다.

ⓑ BReak > First point 옵션으로
첫 번째 지점 재지정
Midpoint OSNAP 사용

ⓐ 물체선택

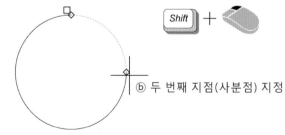

ⓒ Midpoint OSNAP으로 두 번째 지점

TRim 명령을 사용하는 모습을 보면 캐드를 제대로 배웠는지 잘못 배웠는지 바로 알 수 있다. 초보자들은 TRim 명령을 실행하고 1차 칼날 물체를 별도로 선택하지 않고 그냥 Enter 키를 누른 후 잘려 나갈 물체만을 선택하는 경향이 있다. 도면이 간단하다면 별 문제가 없지만 조금만 복잡한 도면이라면 교차되는 지점이 모두 잘리기 때문에 불필요한 선택을 너무 많이 해야 하는 경향이 있다. 왼쪽 그림은 칼날 물체를 선택한 경우 ①과 칼날 물체를 선택하지 않고 모든 물체를 칼날로 쓰는 경우 ②를 비교한 예제이다.

①의 경우는 잘릴 물체를 4번만 선택하면 되는데 ②의 경우는 교차되는 부분이 모두 따로 잘리기 때문에 물체를 12번 선택하여야 한다. TRim을 사용할 때는 꼭 칼날 물체를 먼저 정확히 선택하는 습관을 기억하여야 한다.

AutoCAD 2021 버전의 개선 사항(동영상 참고)
▶ 2021 버전에서 추가된 빠른 작업 모드(기본 상태)는 모든 객체가 잠재적 경계로 사용된다. 모드에는 빠른 작업(Q)과 과거 방식인 표준(S) 두 가지가 있다.

L E S S O N

EXtend – 연장하기

09-2

EXtend 명령은 TRim 명령과 반대로 동작한다. TRim 명령은 칼날로 물체를 자르는 데 반대로 EXtend 명령은 칼날의 위치까지 물체를 연장한다. 캐드에서 TRim과 EXtend 명령은 쌍둥이 명령어로 서로 반대로 동작하지만 같은 명령어이다. TRim 명령이 실행 중에 Shift 키를 누르면 EXtend 명령으로 동작하게 되고 반대로 EXtend 명령이 실행될 때 Shift 키를 누르면 TRim 명령으로 동작하게 된다. 또한 모서리(Edge) 옵션 상태를 서로 공유한다. TRim 명령에서 모서리(Edge) 상태를 바꾸면 그 상태는 그대로 EXtend 명령에 반영된다.

AutoCAD 2021 버전의 개선 사항(동영상 참고)
▶ 2021 버전에서 추가된 빠른 작업 모드(기본 상태)는 모든 객체가 잠재적 경계로 사용된다. 이런 이유로 연장의 기준 객체를 선택할 필요없이 바로 연장할 객체를 선택하면 된다. 모드는 TRim 명령과 동일하다.

L E S S O N

BReak – 끊기

09-3

BReak 명령은 끊을 물체를 선택하면서 동시에 첫 번째 지점이 결정되고 두 번째 선택한 지점까지 연결을 끊어 버린다. 만일 첫 번째 지점과 두 번째 지점의 위치가 같다면 겉보기는 아무런 변화가 없지만 두 개의 물체로 쪼개진다. 문제는 BReak 명령의 첫 번째 지점을 선택할때는 OSNAP 기능이 동작하지 않기 때문에 정확한 지점을 선택하기 어렵다. 이때는 F(First point, 첫 번째 점) 옵션을 이용해 첫 번째 점을 다시 지정하는 방법이 있다. 이렇게 하면 물체 선택이 아니고 지점 선택 상태가 되므로 객체 스냅이 동작한다. 또 다른 방법은 물체 선택 단계에서 Shift 키를 누르고 마우스 오른쪽 버튼을 눌러 일회용 객체 스냅 기능을 이용하면 물체에 정확한 지점을 지정할 수 있다. 왼쪽 그림의 BReak 명령 예제는 각각 다음과 같은 응용 방법을 사용하였다.

AutoCAD 2021 버전의 개선 사항(동영상 참고)
▶ 2021 버전의 Breakatpoint(수정, modify 패널 명령)은 객체 선택과 첫 위치 지정이 분리되어 정확한 위치 선택이 편리해졌다.

Zoom

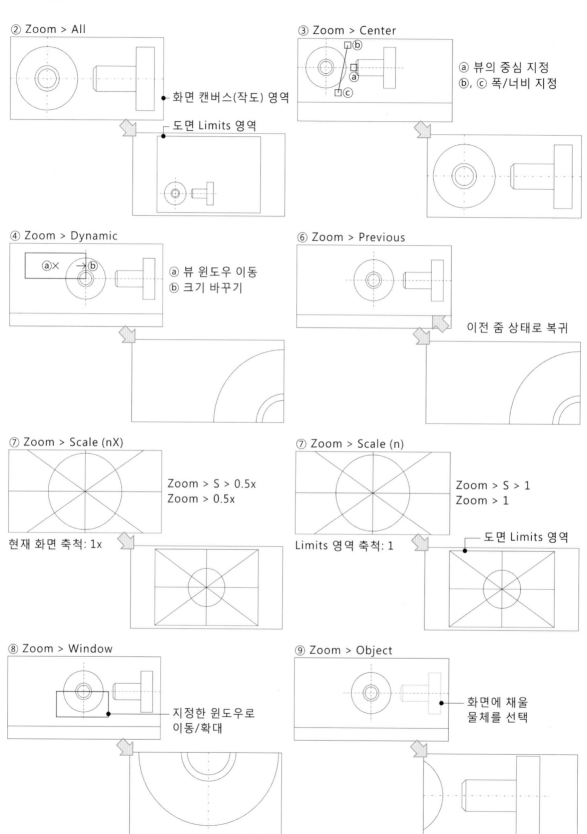

② Zoom > All

화면 캔버스(작도) 영역

도면 Limits 영역

③ Zoom > Center

ⓐ 뷰의 중심 지정
ⓑ, ⓒ 폭/너비 지정

④ Zoom > Dynamic

ⓐ 뷰 윈도우 이동
ⓑ 크기 바꾸기

⑥ Zoom > Previous

이전 줌 상태로 복귀

⑦ Zoom > Scale (nX)

Zoom > S > 0.5x
Zoom > 0.5x

현재 화면 축척: 1x

⑦ Zoom > Scale (n)

Zoom > S > 1
Zoom > 1

도면 Limits 영역

Limits 영역 축척: 1

⑧ Zoom > Window

지정한 윈도우로
이동/확대

⑨ Zoom > Object

화면에 채울
물체를 선택

Zoom – 화면 확대/축소

09-4

캐 드 명 령

명령: *Zoom* `Enter` 또는 단축키 `Z`
윈도우 구석을 지정, 축척 비율 (nX 또는 nXP)을 입력, 또는
[전체(A)/중심(C)/동적(D)/범위(E)/이전(P)/축척(S)/윈도우(W)/객체(O)] 〈실시간〉:

위 명령에서 그냥 `Enter` 를 누르면 실시간(Real time) 옵션이 선택된다. 만일 마우스 클릭-이동-클릭으로 영역을 지정하면 이 부분이 화면에 꽉차게 자동 이동, 확대된다. 마지막으로 숫자 또는 숫자X를 입력하면 배율에 따른 확대 축소인 축척(Scale) 옵션이 실행 된다.

① **실시간(Real time)** : 드래그로 줌인아웃

② **전체(All)** : 화면의 모든 물체가 보이도록 자동 줌

③ **중심(Center)** : 지정하는 점이 화면의 중앙에 놓이도록

④ **동적(Dynamic)** : 뷰 상자가 나타나며 마우스에 따라 이동과 크기 조절

⑤ **범위(Extents)** : 모든 물체가 화면에 꽉 차도록 자동으로 이동하고 확대

⑥ **이전(Previous)** : 이전 줌 상태로 복원

⑦ **축척(Scale)** : 숫자만 입력하면 도면 크기(LIMITS)에 대한 절대 축척.
숫자 뒤에 'x'를 붙이면 현재 축척에 대한 상대 축척

⑧ **윈도우(Window)** : 마우스 클릭-이동-클릭으로 사각 영역을 지정

⑨ **객체(Object)** : 선택한 물체들이 화면에 꽉 차도록 자동으로 확대/
이동

➔ 뷰 탭 > 2D 탐색 패널 > 줌 아이콘

Pan – 화면 이동

09-5

화면에 보이는 축척은 그대로 두면서 상하 좌우로 도면을 이동시키는 명령이다. 커서가 손바닥 모양으로 변하면서 마우스를 누르고 이동하면 도면이 따라 밀리게 된다. 캐드에서는 팬 명령 대신 Zoom > All로 모든 물체를 보이게 한 후 다시 확대하는 방식을 자주 사용하기 때문에 이 명령은 좀처럼 사용되지 않는다.

TRim, BReak 명령 예제

완성도면 및 치수

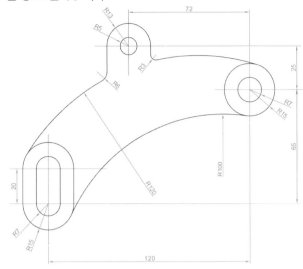

① 중심선 작도

② 독립 요소 작도(Circle, Arc, Line)

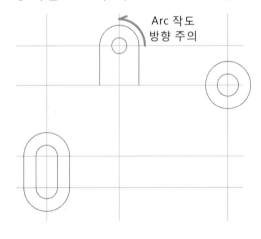

Arc 작도
방향 주의

③ Circle > Ttr

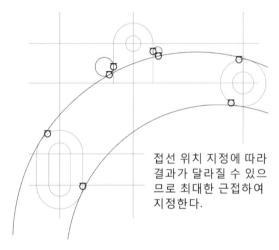

접선 위치 지정에 따라
결과가 달라질 수 있으
므로 최대한 근접하여
지정한다.

④ TRim 또는 BReak로 선 정리

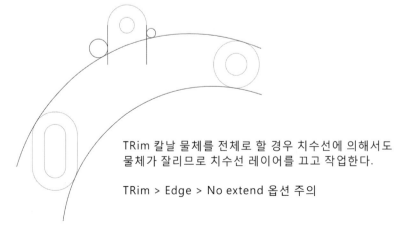

TRim 칼날 물체를 전체로 할 경우 치수선에 의해서도
물체가 잘리므로 치수선 레이어를 끄고 작업한다.

TRim > Edge > No extend 옵션 주의

TRim, BReak 명령 예제

완성도면 및 치수

① 중심선 작도

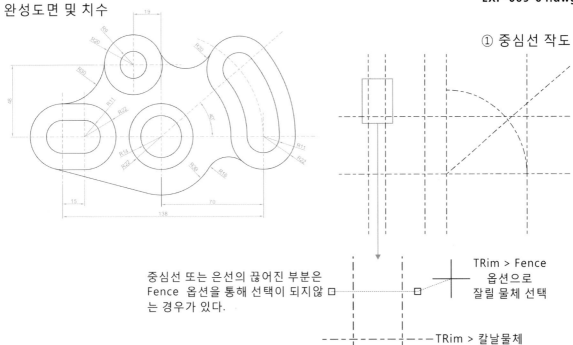

중심선 또는 은선의 끊어진 부분은
Fence 옵션을 통해 선택이 되지않
는 경우가 있다.

TRim > Fence
옵션으로
잘릴 물체 선택

TRim > 칼날물체

② 기준 물체 작도 및 잔여 부분 제거

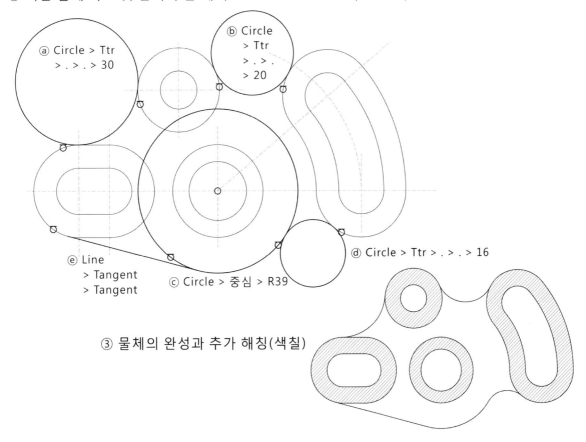

ⓐ Circle > Ttr
> . > . > 30

ⓑ Circle
> Ttr
> . > .
> 20

ⓒ Circle > 중심 > R39

ⓓ Circle > Ttr > . > . > 16

ⓔ Line
> Tangent
> Tangent

③ 물체의 완성과 추가 해칭(색칠)

01

초급 2차원 평면 작도

L E S S O N **10**

점 찍기와
다양한 지원 도구

기본적인 물체 그리기와 수정 외에 사용 빈도는 낮지만 알아두면 유용한
점 찍기 명령어와 기타 유용한 명령어를 함께 알아본다.

DDPTYPE

PDMODE

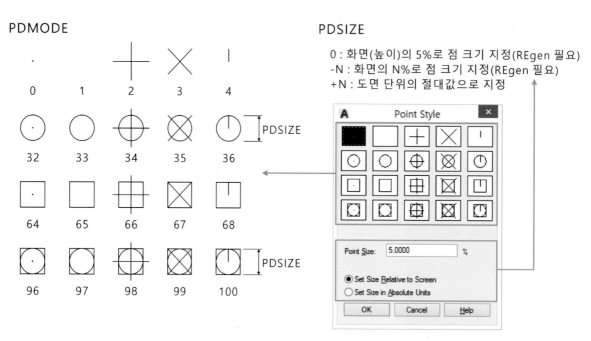

PDSIZE

0 : 화면(높이)의 5%로 점 크기 지정(REgen 필요)
-N : 화면의 N%로 점 크기 지정(REgen 필요)
+N : 도면 단위의 절대값으로 지정

PDMODE가 34일 때

PDMODE를 35로 변경하는 즉시 모양

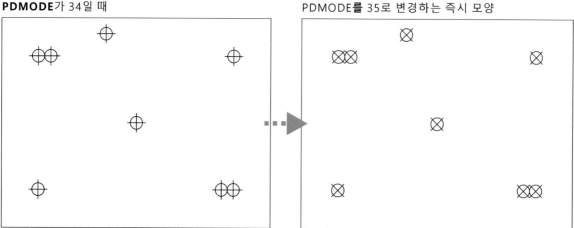

PDSIZE를 5%(-5)

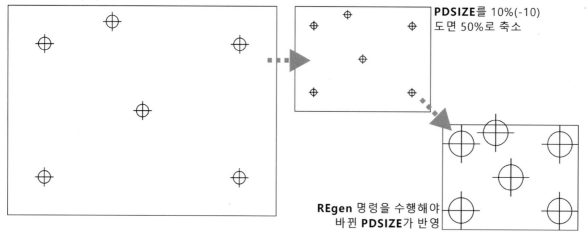

**PDSIZE를 10%(-10)
도면 50%로 축소**

**REgen 명령을 수행해야
바뀐 PDSIZE가 반영**

DDPTYPE – 점 스타일 지정

POint 명령은 매우 단순해서 그냥 도면에 클릭만 하면 한 개의 점이 찍히게 된다. 그러나 캐드에서 제공하는 점은 좀 특이하게 모두 모양과 크기가 같아야 한다는 제약이 있다. 이런 제약을 생각하면 POint 물체는 별다른 가치가 없어 보이지만 다음에 알아볼 DIVide, MEasure 등의 명령에서 꽤 유용하게 활용될 수 있다. DDPTYPE 명령은 왼쪽 그림과 같은 대화상자를 열어 점의 모양과 크기를 변경시킬 수 있다.

→ 홈 탭 > 유틸리티 패널 > 점 스타일 아이콘

점의 모양은 오른쪽 대화상자처럼 20가지가 제공된다. 기본은 점 모양으로 눈에 잘 보이지도 않는 원이다. 만일 두 번째 점 모양을 선택하면 아예 보이지 않게 된다. 점의 크기를 지정하는 방법은 두 가지가 있다. 먼저 기본적으로 화면에 대한 상대적인 크기를 백분율(%)로 지정하는 방법이 있다. 이렇게 설정하면 도면을 확대하거나 축소하여도 점은 언제나 일정한 크기(단, REgen 명령 수행 후)로 보이게 된다. 그러나 경우에 따라서는 점이 물체로 보이게 할 필요도 있다. 이런 경우는 도면 절대 단위로 크기를 설정할 수 있다.

DDPTYPE 대화상자는 PDMODE와 PDSIZE 변수를 설정하는 데 사용한다. 명령창에 PDMODE 변수 명령을 입력하면 대화상자를 열지 않고도 바꿀 수 있다. 만일 왼쪽에 표시한 20개의 값 이외의 값을 입력하면 '유효하지 않은 값'이라는 메시지가 나타나게 된다. 또한 PDSIZE 변수는 기본으로 0으로 설정되어 있는데 이것은 화면 비례 5%로 표시한다는 뜻이 된다. 만일 이 값이 0보다 적게 되면 화면 비례 %로 지정된다는 뜻이 된다. 반대로 0보다 크게 되면 절대 단위로 지정된다는 뜻이 된다.

POint – 점 찍기

> **캐 드 명 령**
>
> 명령: *POint* `Enter` 또는 단축키 `P` `O`
> 현재 점 모드: PDMODE=34 PDSIZE=0.0000
> 점 지정: 도면에 위치를 클릭하거나 좌표 입력

POint 명령은 한 개의 점 지정으로 종료하기 때문에 점을 더 지정하고 싶다면 간단히 `Enter` 키나 `Space` 키를 입력하면 바로 전 명령이 반복 수행된다. 또는 오른쪽 그림의 다중 점 찍기 아이콘을 클릭하면 여러 개의 점을 반복적으로 지정해 줄 수 있다. 다중 점 찍기 명령은 `Esc` 키를 통해서만 종료할 수 있다.

DIVide

① 수치를 입력해서 그린 3등분선

② DIVide 명령으로그린 3등분선

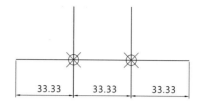

DIVide 명령의 예제

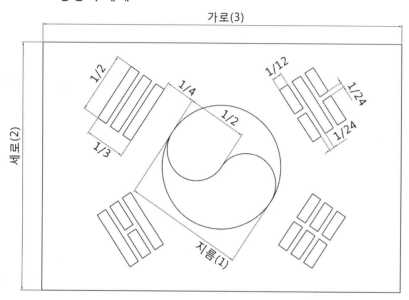

원과 호에 적용한 DIVide

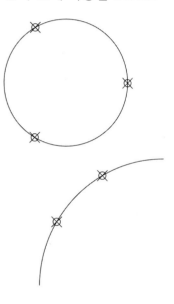

MEasure

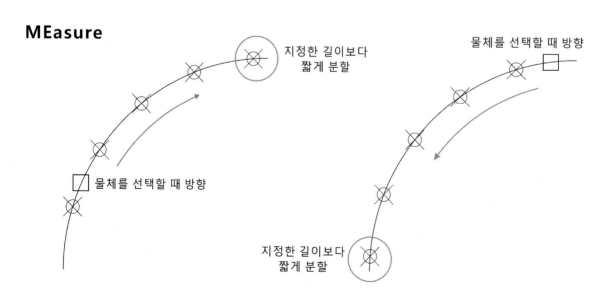

지정한 길이보다 짧게 분할

물체를 선택할 때 방향

물체를 선택할 때 방향

지정한 길이보다 짧게 분할

DIVide – 등분으로 나누기

10-3

지금까지 우리는 여러 예제를 통해 캐드의 작도는 정확한 치수로 이루어진다는 것을 배웠다. 그러나 수치를 통한 좌표 입력 방법에 맹점은 분수(등분, 같은 크기로 나누다.)를 사용할 때이다. 만일 왼편 그림처럼 길이 100mm의 선을 3등분 한 지점에서 직교하는 선을 작도하고자 한다면 ①의 방법은 수치를 입력한 결과이고 ②의 방법은 DIVide 명령을 이용한 결과이다. 그림에서 보는 것 같이 ①의 방법은 어딘가 불완전하다. 반면 DIVide 명령으로 작도하면 부정확한 수치를 입력할 필요도 없이 선택한 물체를 몇 등분할지 입력하면 등분된 지점에 POint 물체를 자동으로 그려준다.

→ 홈 탭 > 그리기 패널 > DIVide 아이콘

캐드 명령

명령: *DIVide* [Enter] 또는 단축키 [D] [I] [V]
등분할 객체 선택: 등분할 물체를 한 개만 도면에서 선택
세그먼트의 개수 또는 [블록(B)] 입력: *3*   등분할 개수를 입력

위 명령어를 통해 선택한 선(길이 100mm 선분)을 기준으로 삼등분 지점에 점 물체 두 개를 그리게 되며 이 점을 객체 스냅 기능의 노드(noDe)로 선택하면 등분선을 쉽게 작도할 수 있게 된다.

MEasure – 측정하기

10-4

DIVide 명령은 입력한 개수만큼 물체를 동일하게 나눠주는 역할을 했다. 반면 MEasure 명령은 입력한 치수만큼 물체를 나눠 점을 찍는 역할을 한다. 한 가지 주의할 점은 DIVide 명령은 물체를 모두 같은 간격으로 나누기 때문에 선택하는 방향은 중요하지 않다. 그러나 MEasure 명령은 맨 마지막 분할이 원하는 길이보다 짧을 수 있기 때문에 물체를 선택한 방향이 중요하다.

캐드 명령

명령: *MEasure* [Enter] 또는 단축키 [M] [E]
길이분할 객체 선택: 분할할 물체를 한 개만 도면에서 선택
세그먼트의 길이 지정 또는 [블록(B)]: *30*   분할할 길이를 입력

LENgthen

선 물체의 증분(DElta) 옵션으로 길이 10mm씩 증가

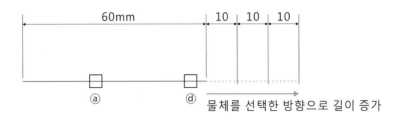

DElta length(길이 증분)

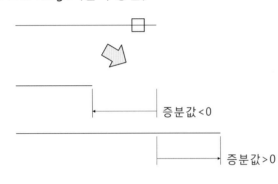

DElta angle(각도 증분)

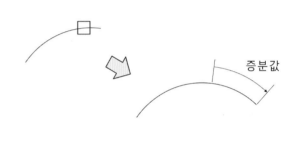

Total length(길이 합계)

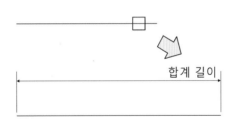

Total angle(각도 합계)

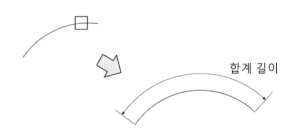

DYnamic length(동적 길이)

DYnamic angle(동적 각도)

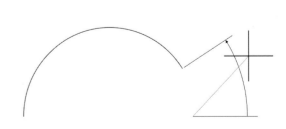

LENgthen – 길이 조절

마지막으로 알아볼 LENgthen 명령은 선 또는 호의 길이를 증분 (DElta) 또는 퍼센트(Percent), 합계(Total), 동적(DYnamic) 등의 방법 으로 다양하게 바꿀 수 있다. LENgthen 명령어는 길이뿐만 아니라 호의 각도를 변경의 단위로 사용할 수 있다. 물론 직선 물체는 각도 를 변경 단위로 지정할 수 없다. LENgthen 명령어는 정확한 치수를 알고 있을 때 TRim 명령이나 EXtend 명령 대신 사용할 수 있다.

➜ 홈 탭 > 수정 패널 > LENgthen 아이콘

캐드명령

명령: *LENgthen* Enter 또는 단축키 L E N
객체 선택 또는 [증분(DE)/퍼센트(P)/합계(T)/동적(DY)]:
현재 길이: *60.0000*
객체 선택 또는 [증분(DE)/퍼센트(P)/합계(T)/동적(DY)]: *DE*
증분 길이 또는 [각도(A)] 입력 〈-20.0000〉: *10*
변경할 객체 선택 또는 [명령 취소(U)]:

ⓐ 길이를 알고 싶은 물체 선택
선택한 물체 길이가 표시
ⓑ 변경할 길이 지정 옵션 입력
ⓒ 증분값 입력
ⓓ 늘릴 물체 선택

ⓐ 길이를 알고 싶은 물체를 선택하거나 LENgthen 명령의 길이 변경 옵션을 지정한다. 여기서 선택한 물체는 단순히 길이만 알려줄 뿐 실제 길이 변경에 적용되진 않는다.

ⓑ 길이를 변경할 옵션을 입력한다. DElta는 증분, Percent는 백분율의 퍼센트, Total은 전체 합계 길이, DYnamic 동적 옵션은 마우스 움직임으로 변화될 길이를 지정한다.

ⓒ 변경할 길이를 입력한다. 만일 각도(Angle) 옵션을 누르면 길이가 아니라 각도로 지정할 수 있다. 단, 여기 서 지정하는 각도는 라디안 단위를 사용한다. 만일 음수값을 지정하면 길이는 점점 짧아지게 된다.

ⓓ 이제 길이를 변경할 물체를 선택해 줄 수 있다. 물체의 선택하는 방향으로 길이가 변하게 된다. 여기서는 증분(DElta) 옵션을 사용하였고 길이는 10으로 지정하였다.

LENgthen > DElta 또는 Percent 옵션을 사용하면 물체를 선택할 때마다 증분이나 퍼센트만큼 길이가 변하게 된다. 그러나 LENgthen > Total 옵션을 사용하면 원하는 길이로 변한 후 다시 선택하여도 그 길이는 변하지 않 게 된다.

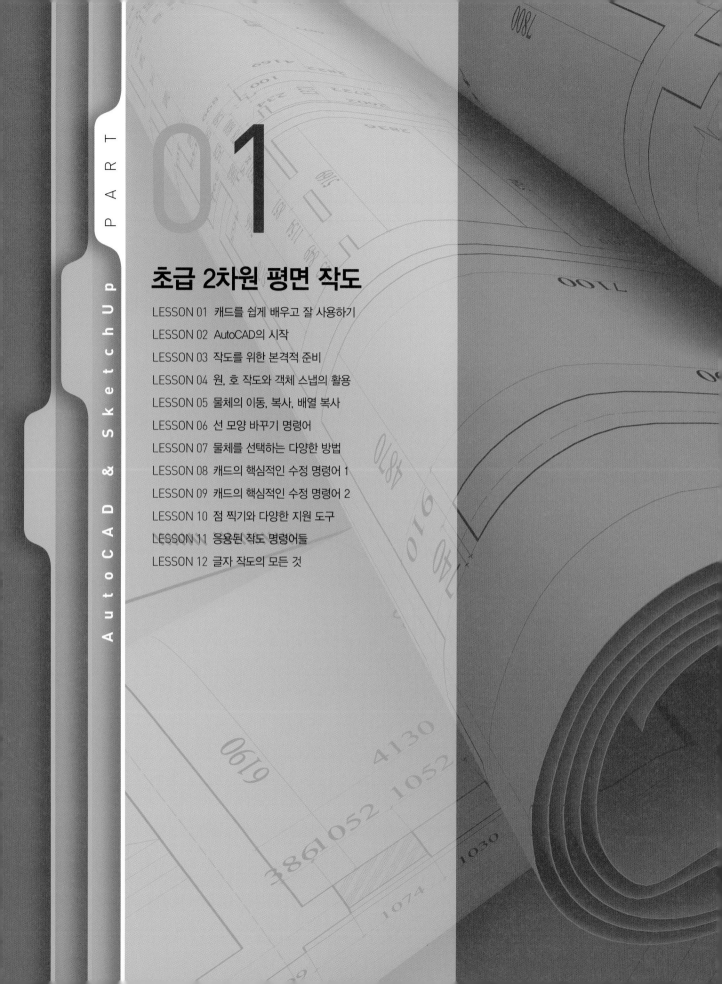

PART

AutoCAD & SketchUp

01

초급 2차원 평면 작도

응용된
작도 명령어들

지금까지 알아본 명령어는 캐드의 가장 기본적인, 없으면 안 되는 핵심 명령어이다. 이번 강에서 알아보는 명령어는 꼭 필요한 명령어는 아니다. 그렇지만 이들 명령어가 없다면 캐드 작업이 매우 번거롭고 지루한 작도가 될 것이다.

RECtang/RECtangle

① 두 지점으로 그린 사각형

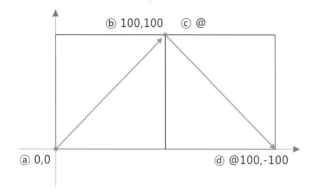

ⓑ 100,100   ⓒ @

ⓐ 0,0   ⓓ @100,-100

② 면적(Area) 옵션

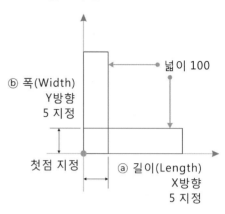

ⓑ 폭(Width)
Y방향
5 지정

넓이 100

첫점 지정

ⓐ 길이(Length)
X방향
5 지정

③ 치수(Dimensions) 옵션

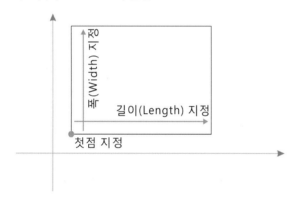

폭(Width) 지정

길이(Length) 지정

첫점 지정

④ 회전(Rotation) 옵션

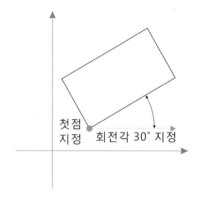

첫점
지정   회전각 30° 지정

⑤ 모따기(Chamfer)

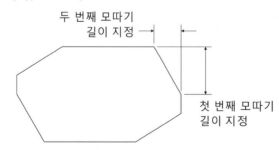

두 번째 모따기
길이 지정

첫 번째 모따기
길이 지정

⑥ 모깎기(Fillet)

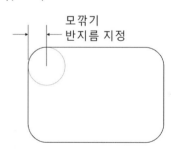

모깎기
반지름 지정

⑦ 폭(Width)

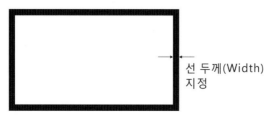

선 두께(Width)
지정

RECtang – 사각형 그리기

실제로는 RECtangle로 읽어야 하지만 캐드에서는 간단히 RECtang 명령으로 줄여서 사용한다. 명령어의 인식성을 위해 캐드 명령은 RECtang과 RECtangle 모두 인식한다. 기본적으로 RECtang 명령은 두 개의 점만 지정하면 사각형이 작도된다. 그 외의 옵션은 외형을 바꿔주는 역할만 한다.

→ 홈 탭 > 그리기 패널 > 직사각형/다각형 아이콘

① 다음은 절대 좌표계와 상대 좌표계를 이용해서 두 개의 사각형을 작도하는 예제이다.

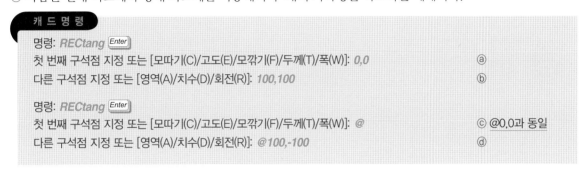

```
캐드 명령

명령: RECtang Enter
첫 번째 구석점 지정 또는 [모따기(C)/고도(E)/모깎기(F)/두께(T)/폭(W)]: 0,0          ⓐ
다른 구석점 지정 또는 [영역(A)/치수(D)/회전(R)]: 100,100                          ⓑ

명령: RECtang Enter
첫 번째 구석점 지정 또는 [모따기(C)/고도(E)/모깎기(F)/두께(T)/폭(W)]: @           ⓒ @0,0과 동일
다른 구석점 지정 또는 [영역(A)/치수(D)/회전(R)]: @100,-100                        ⓓ
```

ⓐ 사각형 지정을 위해 한쪽 끝을 절대 좌표값 원점으로 지정
ⓑ 다른 끝도 역시 절대 좌표값 100,100으로 지정
ⓒ 위치를 지정할 때 상대 좌표 기호 '@'로 입력(마지막 작도 위치 100,100 지정과 동일)
ⓓ 다른쪽 끝은 상대 좌표값 @100,-100으로 지정, 왼쪽으로 100만큼, 아랫쪽으로 100만큼 이동

RECtang 명령으로 사각형 모서리 점을 지정할 때는 좌표계로 지정할 수도 있고 도면에서 커서로 지정할 수도 있다. 첫 점을 지정하고 나면 두 번째 점을 지정하기 전에 영역(Area)과 치수(Dimension), 회전(Rotation) 등의 옵션을 지정할 수 있다. 영역은 사각형의 넓이와 한쪽 변의 길이(Length, X 방향) 또는 폭(Width, Y 방향)을 지정해서 그리는 방법이다. 치수는 변의 길이(X 방향)와 폭(Y 방향)을 지정해서 그리는 방법이다.

② 다음은 면적(Area, 영역) 옵션으로 넓이 값과 길이(Length) 또는 폭(Width)을 지정해서 두 개의 사각형을 작도하는 예제이다. 두 개의 사각형은 모두 같은 넓이(Area) 100으로 지정하였지만 하나는 길이(Length)가 5이고 다른 하나는 폭(Width)이 5이다.

POLygon

① 중심점과 가상의 원으로 작도하는 방법

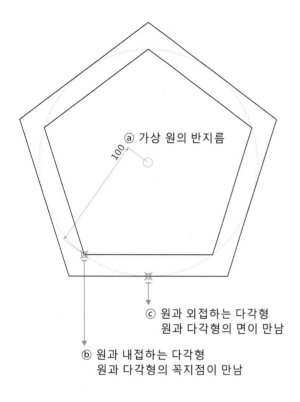

ⓐ 가상 원의 반지름

100

ⓒ 원과 외접하는 다각형
원과 다각형의 면이 만남

ⓑ 원과 내접하는 다각형
원과 다각형의 꼭지점이 만남

② 다각형의 한 쪽면을 지정해서 작도하는 방법

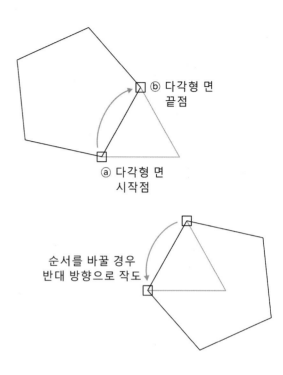

ⓑ 다각형 면
끝점

ⓐ 다각형 면
시작점

순서를 바꿀 경우
반대 방향으로 작도

SKETCH

유형(Type)에 따른 SKETCH 물체의 차이

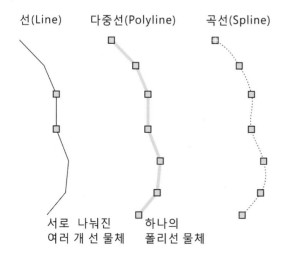

선(Line)   다중선(Polyline)   곡선(Spline)

서로 나눠진   하나의
여러 개 선 물체   폴리선 물체

증분(Increment)에 따른 SKETCH 물체의 차이

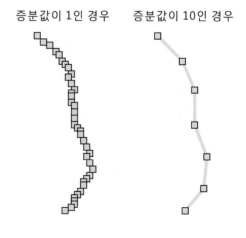

증분값이 1인 경우   증분값이 10인 경우

명령: *RECtang* Enter

첫 번째 구석점 지정 또는 [모따기(C)/고도(E)/모깎기(F)/두께(T)/폭(W)]: *0,0*   <u>첫 점 원점 지정</u>

다른 구석점 지정 또는 [영역(A)/치수(D)/회전(R)]: *A*   <u>면적(Area) 옵션</u>

현재 단위에 직사각형 영역 입력 〈100.0000〉: *100*   <u>100mm^{2}로 지정</u>

[길이(L)/폭(W)] 〈길이〉를 기준으로 직사각형 치수 계산: *L*   ⓐ X 방향 길이

직사각형 길이 입력 〈20.0000〉: *5*   길이 5mm

...

[길이(L)/폭(W)] 〈길이〉를 기준으로 직사각형 치수 계산: *W*   ⓑ Y 방향 폭

직사각형 폭 입력 〈20.0000〉: *5*   길이 5mm

L E S S O N

POLygon – 다각형 그리기

11-2

POLygon(다각형) 명령은 아주 간단한 지정으로 정다각형을 그려주는 명령어이다. 정다각형 그리기는 기존의 다른 명령어로도 그릴 수는 있지만 그 과정이 매우 복잡하기 때문에 캐드에서는 최소한의 지정만으로 정다각형을 쉽게 그리는 방법을 POLygon 명령으로 제공한다. 정다각형을 그리는 방법은 크게 다음의 두가지 방법으로 나눌 수 있다.

① 면 수 > 중심점 > 다각형에 접하는 원의 반지름 > 내접(Inscribed)/외접(Circumscribed) 선택

왼편의 그림에서 회색 원은 다각형을 그리기 위한 ⓐ 가상의 원을 뜻한다. 이 원에 ⓑ 내접하는 다각형은 그 꼭짓점이 가상의 원과 만나며, ⓒ 외접하는 다각형은 그 면의 중심점이 가상의 원과 만난다. 다음의 명령 예제는 원과 내접하는 ⓑ 크기의 정오각형이 작도된다.

명령: *POLygon* Enter

면의 수 입력 〈5〉: *5*   <u>다각형 면 수 5개 지정</u>

다각형의 중심을 지정 또는 [모서리(E)]:   <u>다각형의 중심점 지정</u>

옵션을 입력 [원에 내접(I)/원에 외접(C)] 〈C〉: *I*   <u>원에 내접 옵션</u>

원의 반지름 지정: *100*   <u>접하는 원 반지름</u>

② 면 수 > 모서리(Edge) 옵션 > 모서리의 첫 번째 끝점 > 모서리의 두 번째 끝점

왼편 그림과 같이 임의의 면(하나의 Line)을 다각형의 한 변으로 지정할 수 있다. 정다각형을 그릴 때 한 변에 대한 정보가 도면에 나와 있다면 모서리(Edge) 옵션을 이용해서 비교적 간편하게 다각형을 그릴 수 있다. 만일 다각형이 반대방향으로 그려질 경우 시작 점과 끝 점의 위치를 바꾸거나 MIrror 명령으로 뒤집으면 된다.

캐 드 명 령

명령: *POLygon* Enter	
면의 수 입력 〈5〉: *5*	다각형 면 수 5개 지정
다각형의 중심을 지정 또는 [모서리(E)]: *E*	모서리(Edge) 옵션
모서리의 첫 번째 끝점 지정:	ⓐ 모서리 시작점
모서리의 두 번째 끝점 지정:	ⓑ 모서리의 끝점

L E S S O N 11-3

SKETCH – 스케치(자유 세그먼트)

SKETCH 명령은 브러쉬 드로잉 프로그램처럼 마우스를 클릭하여 움직이면 그대로 선이 그려지는 명령이다. 주로 등고선이나 자유곡선을 타블렛 같은 장비를 이용해서 그릴 때 자주 사용한다. 이 명령으로 그리는 선에는 선(Line)과 다중선(Polyline), 곡선(Spline) 등 세 가지 유형(Type)이 있다. 그 외 SKETCH 명령은 증분(Increment)과 공차(Tolerance) 옵션을 제공한다. 증분은 각 점들의 간격을 뜻하며 공차는 곡선을 그릴 때 커서와 실제 찍히는 점 사이의 허용 오차(0.0~1.0)를 뜻한다.

캐 드 명 령

명령: *SKETCH* Enter	
유형 = 선 증분 = 1.0000 공차 = 0.5000	현재 스케치 설정
스케치 지정 또는 [유형(T)/증분(I)/공차(L)]: *T*	그리기 또는 설정 변경 옵션
스케치 유형 입력 [선(L)/폴리선(P)/스플라인(S)] 〈선〉: *P*	ⓐ Polyline 유형 선택
스케치 지정 또는 [유형(T)/증분(I)/공차(L)]: Enter	ⓑ
스케치 지정: Enter	ⓒ 도면에 스케치 작도
3개의 폴리선이(가)(95개의 모서리들과(와) 함께) 기록됨.	ⓓ

ⓐ 유형(Type) 옵션을 통해 **SKETCH** 선 방식을 바꾼다. 여기서는 현재 선(Line) 방식에서 다중선(Polyline) 유형으로 교체해 준다.

ⓑ 유형(T), 증분(I), 공차(L) 등을 바꿀 수 있는 상태에서 Enter 키를 누르면 옵션 변경은 종료된다. 물론 이 단계에서 도면에 드로잉 작업을 하여도 된다.

ⓒ 원하는 스케치 드로잉 작도를 마쳤다면 Enter 키를 눌러 작업을 종료한다.

ⓓ 그려진 선들의 개수와 모서리(세그먼트, 면) 정보를 표시한다.

선(Line) 유형으로 만들면 각 마디는 연결된 것처럼 보이지만 실제는 서로 다른 Line 물체로 만들어진다. 반면 다중선(Polyline) 유형으로 만들면 겉보기 모습은 같지만 각 마디가 모두 연결된 하나의 물체로 만들어진다. 곡선(Spline) 유형으로 만들면 각 마디는 직선이 아닌 스플라인으로 만들어진다. 증분값은 작아질수록 실제 그려진 괘적에 근접하게 되며 더 촘촘한 마디를 가지게 된다.

SOlid

SOlid로 만든 삼각형

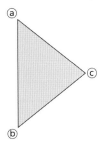

SOlid로 만든 사각형

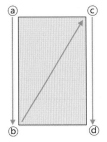

SOlid로 만든 연속 사각형

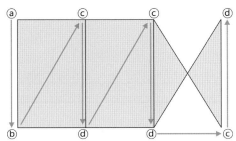

DOnut

ⓐ 길이#1을 16mm
지정

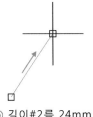

ⓑ 길이#2를 24mm
지정

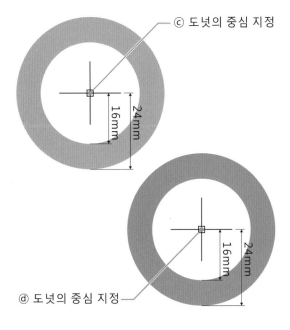

ⓒ 도넛의 중심 지정

ⓓ 도넛의 중심 지정

FILL

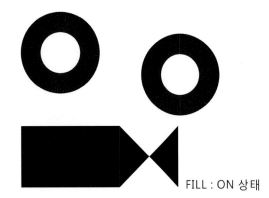

FILL : ON 상태

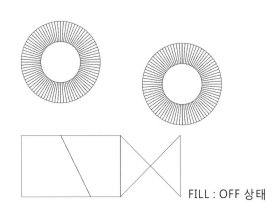

FILL : OFF 상태

LESSON 11-4

SOlid – 채워진 삼각형/사각형 그리기

SOlid 명령은 면으로 구성된 삼각형 또는 사각형 물체를 작도한다. 사각형보다 더 많은 면을 가진 다각형을 작도하기 위해서는 삼각형 또는 사각형으로 쪼개 작도한다. 이러한 불편함 때문에 면을 칠하기 위해서는 SOlid 명령보다는 Hatch 명령을 더 많이 사용한다.

캐드명령

명령: *SOlid* Enter
첫 번째 점 지정: — ⓐ 삼각형의 첫 째점 지정
두 번째 점 지정: — ⓑ 두 번째 점 지정
세 번째 점 지정: — ⓒ 세 번째 점 지정
네 번째 점 지정 또는 〈종료〉: Enter — ⓓ 삼각형 작도 종료

위와 같이 세 개의 점만 지정하고 네 번째 점 지정 대신 Enter 키를 눌러 작도를 종료하면 왼쪽 그림과 같은 삼각형이 바로 그려지게 된다. 반면 네 번째 점을 지정하면 사각형이 그려진다.

LESSON 11-5

DOnut – 도넛 그리기

캐드명령

명령: *DOnut* Enter
도넛의 내부 지름 지정 〈0.5000〉: 두 번째 점을 지정: — ⓐ 도면에서 길이 지정
도넛의 외부 지름 지정 〈1.0000〉: 두 번째 점을 지정: — ⓑ 도면에서 길이 지정
도넛의 중심 지정 또는 〈종료〉: — ⓒ 도넛 위치 지정
도넛의 중심 지정 또는 〈종료〉: — ⓓ 도넛 위치 지정 반복

LESSON 11-6

FILL – 채우기

SOlid와 DOnut 등의 명령어로 그려지는 속이 채워진 물체의 채우기 상태를 켜거나 끌 수 있다. 단, 상태가 변한 후 REgen 명령을 실행해야 결과가 반영된다.

Fillet

Fillet 물체 선택 방향에 따른 변화

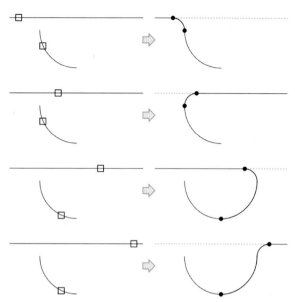

원에 적용한 Fillet 명령

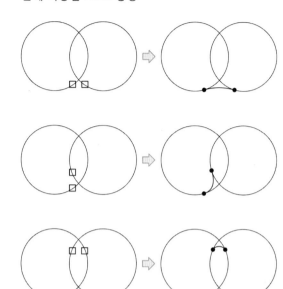

원과 호는 Fillet 명령에 의해 TRim 되지 않는다. 호는 EXtend만 되며, 원은 변하지 않는다.

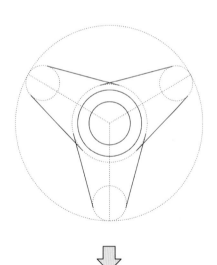

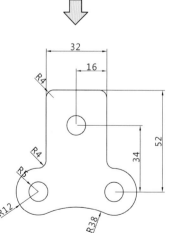

Fillet 명령의 Polyline 옵션

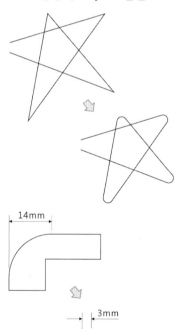

Fillet – 모서리 라운드 만들기(모깎기)

Fillet 명령어는 물체의 모서리를 둥글게 깎아준다. Fillet은 거의 대부분의 물체(호와 원, 타원, 선, 다중선, 스플라인 등)에 적용 가능하다. Fillet > Polyline 옵션을 사용하지 않을 때는 보통 두 물체를 선택하는 방향에 따라 다양한 모깎기가 된다. 왼쪽 그림에서 주의할 점은 TRim(잘려나가는) 되거나 EXtend(늘려지는) 되는 물체의 특징이다. Fillet 명령은 경우에 따라 Fillet > Trim 옵션이 켜져 있을 때 직선을 잡아 늘리거나 잘라낸다. 그러나 호나 원는 결코 잘라내지 않고 그 연장선에서 Fillet이 이루어진다.

캐드 명령

명령: *Fillet* [Enter]
현재 설정: 모드 = 자르기 않기, 반지름 = 0.0000
첫 번째 객체 선택 또는 [명령 취소(U)/폴리선(P)/반지름(R)/자르기(T)/다중(M)]: *R*
모깎기 반지름 지정 ⟨0.0000⟩: *20*　　　　　　　　　　　　　　　　　ⓐ
첫 번째 객체 선택 또는 [명령 취소(U)/폴리선(P)/반지름(R)/자르기(T)/다중(M)]: *T*
자르기 모드 옵션 입력 [자르기(T)/자르지 않기(N)] ⟨자르지 않기⟩: *T*　　ⓑ
첫 번째 객체 선택 또는 [명령 취소(U)/폴리선(P)/반지름(R)/자르기(T)/다중(M)]:　ⓒ
두 번째 객체 선택 또는 Shift 키를 누른 채 선택하여 구석 적용 또는 [반지름(R)]:　ⓓ

ⓐ Fillet > Radius 옵션을 선택하여 모깎기의 반지름을 20mm로 지정
ⓑ Fillet > Trim 옵션을 선택하여 자르기(Trim) 상태로 변경
ⓒ Fillet이 될 한 쪽 물체 선택
ⓓ Fillet이 될 다른 한 쪽 물체 선택

Fillet > Polyline 옵션은 다중선으로 작도한 물체, 예를 들면 사각형(RECtang), 다중선(PLine), 다각형(POLygon) 등의 물체에 한 번의 클릭으로 모든 모서리를 둥글게 다듬는다. 또한 가지 특징으로는 호를 포함하고 있는 다중선의 경우는 기존의 호를 Fillet의 반지름에 맞게 변경한다. Fillet 명령의 재미있는 기능 중 하나는 Fillet > Radius 옵션 값이 0.0으로 설정되어 있을 때 다음과 같이 평행한 두 선을 클릭하면 이들을 연결하는 호를 자동으로 작성해 준다.

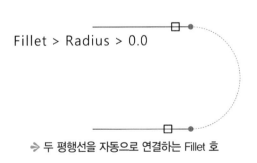

Fillet > Radius > 0.0

➔ 두 평행선을 자동으로 연결하는 Fillet 호

CHAmfer

① 거리1, 거리2 만큼 모따기

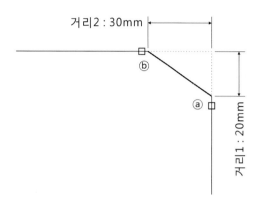

② 거리와 각도로 모따기

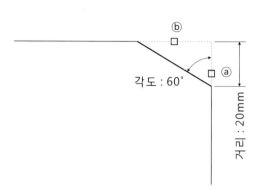

PLine을 CHAmfer하는 Polyline 옵션

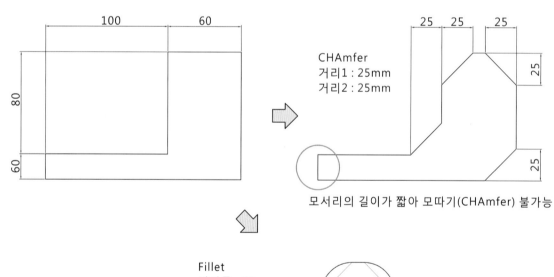

CHAmfer
거리1 : 25mm
거리2 : 25mm

모서리의 길이가 짧아 모따기(CHAmfer) 불가능

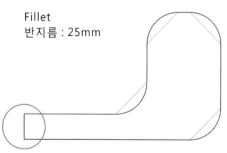

Fillet
반지름 : 25mm

모서리의 길이가 짧아 모깎기(Fillet) 불가능

CHAmfer – 모서리 깎은 면 만들기(모따기)

CHAmfer 명령은 Fillet 명령과 비슷한 사용법으로 동작한다. Fillet은 모서리를 지정된 반지름에 따라 둥글게 깎아주는 반면 CHAmfer 명령은 지정된 길이나 각도에 따라 모서리를 직선으로 따낸다. 또한 이 두 명령어는 서로 동일한 잘라내기(Trim) 옵션 변수(시스템 변수 TRIMMODE)를 공유한다.

① 두 개의 거리값으로 모따기

> **캐 드 명 령**
>
> 명령: *CHAmfer* `Enter`
> (자르기 모드) 현재 모따기 거리1 = 10.0000, 거리2 = 20.0000
> 첫 번째 선 선택 또는 [명령 취소(U)/폴리선(P)/거리(D)/각도(A)/자르기(T)/메서드(E)/다중(M)]:   ⓐ
> 두 번째 선 선택 또는 Shift 키를 누른 채 선택하여 구석 적용 또는 [거리(D)/각도(A)/메서드(M)]:   ⓑ

ⓐ 모서리를 이루는 첫 번째 선을 선택한다. 이 물체가 잘리는 위치는 거리1(10mm) 만큼이다.
ⓑ 모서리를 이루는 두 번째 선을 선택한다. 이 물체가 잘리는 위치는 거리2(20mm) 만큼이다.

② 한 개의 거리값과 각도값으로 모따기

> **캐 드 명 령**
>
> 명령: *CHAmfer* `Enter`
> (자르기 모드) 현재 모따기 거리1 = 10.0000, 거리2 = 20.0000
> 첫 번째 선 선택 또는 [명령 취소(U)/폴리선(P)/거리(D)/각도(A)/자르기(T)/메서드(E)/다중(M)]: *A*
> 첫 번째 선의 모따기 길이 지정 〈10.0000〉: *20*
> 첫 번째 선으로부터 모따기 각도 지정 〈14〉: *60*

위와 같이 거리값과 각도값으로 모따기를 하면 첫 번째 선택한 선분 방향 ⓐ에서 20mm 만큼 따지게 되며 이때 경사각은 60°가 된다.

마지막으로 CHAmfer 명령에도 Polyline(폴리선, 다중선) 옵션이 존재하는데 왼쪽 그림과 같이 모따기 길이보다 짧은 모서리인 경우는 모따기가 적용되지 않는다. 이것은 Fillet의 반지름(Radius)에도 동일하게 적용되어 모서리의 길이가 반지름보다 작은 경우 모깎기는 적용되지 않는다.

TRim, BReak 명령 예제

EXP-011-03.dwg

완성도면 및 치수

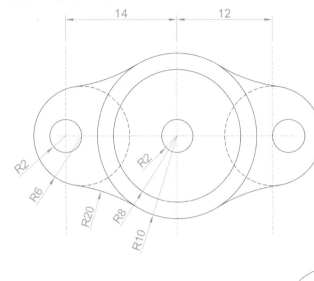

① 중심선 및 기준물체 작도

R20으로
두 지점
Fillet

② BReak 명령

BReak > F > ⓐ > ⓑ

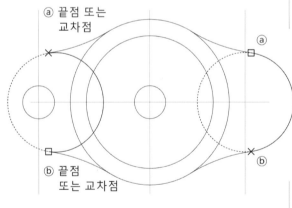

ⓐ 끝점 또는
교차점

ⓑ 끝점
또는 교차점

③ MIrror 명령

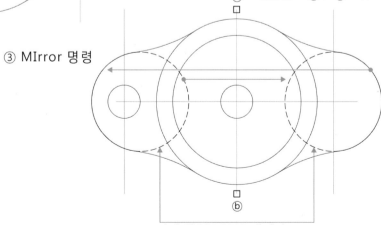

ⓐ   MIrror > ⓐ > ⓑ > N

ⓑ

숨은선(HIDDEN) 레이어

MEMO

01

초급 2차원 평면 작도

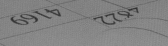

글자 작도의 모든 것

도면은 도형으로만 그릴 수 있는 것은 아니다. 도면에 기재하는 글자 역시 도면의 중요한 요소 중 하나이다. 캐드에서 제공하는 글자의 작도는 매우 다양하며 이 기능은 후에 치수 표시에도 많이 활용된다.

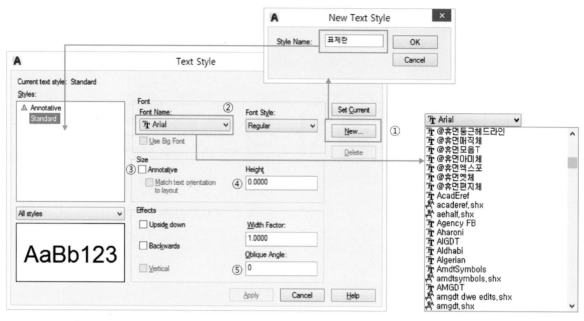

STyle(문자 프로파일 설정 대화상자)

DText 명령의 Justify 옵션

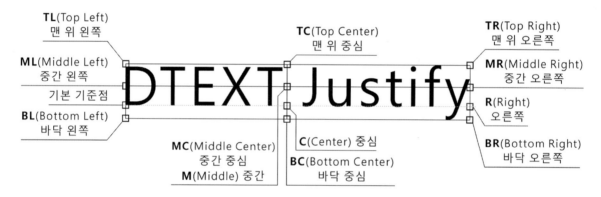

TL(Top Left) 맨 위 왼쪽
ML(Middle Left) 중간 왼쪽
기본 기준점
BL(Bottom Left) 바닥 왼쪽
MC(Middle Center) 중간 중심
M(Middle) 중간
TC(Top Center) 맨 위 중심
C(Center) 중심
BC(Bottom Center) 바닥 중심
TR(Top Right) 맨 위 오른쪽
MR(Middle Right) 중간 오른쪽
R(Right) 오른쪽
BR(Bottom Right) 바닥 오른쪽

DText 명령의 Justify > Align 옵션

Align 옵션은 지정한 두 지점 안에 글자가 꽉 차도록 크기를 자동으로 변경한다.

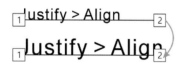

DText 명령의 Justify > Fit 옵션

Fit 옵션은 지정한 두 지점 안에 글자가 꽉 차도록 좌우 폭을 자동으로 변경한다.

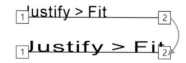

STyle – 폰트 및 글자 크기 등 문자 프로파일 설정 `12-1`

보통의 워드 프로세서는 문자의 크기나 폰트를 바꿀 때는 바꿀 문자열을 선택하고 폰트 또는 크기를 바꿔주면 되었다. 그러나 캐드에서는 문자를 입력하기 전 스타일(Style)이라는 문자 형식을 미리 지정해 주고 문자를 입력할 때 어떤 스타일을 사용할지 선택해 주어야 한다. 이렇게 스타일을 사용하면 같은 부류(주석, 표제부, 치수문자 등)의 문자들을 외형 스타일을 한번에 바꿔줄 수 있다. 먼저 다음의 문자 스타일 대화상자 아이콘은 홈 탭과 주석 탭에서 모두 사용할 수 있다.

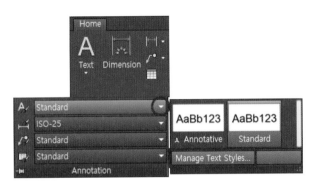

➡ 홈 탭 > 주석 패널 > 문자 스타일 관리

➡ 주석 탭 > 문자 패널 > 특성 아이콘

물론 위의 아이콘보다 명령창에서 **STyle**(단축키 `S` `T`) 명령어를 사용하는 것을 더 권장한다. 이 명령을 실행하면 왼쪽 그림과 같은 대화상자가 열리고 기본적으로 등록되어 있는 Standard(표준) 문자 스타일을 볼 수 있다. 이 표준 문자 스타일을 수정해서 사용해도 되지만 가급적이면 현재 도면에 적당한 이름의 스타일을 새로 등록해 사용할 것을 더 권한다.

① **프로파일 새로 만들기** : 새로운 프로파일을 등록할 때 사용한다. 왼쪽 그림과 같이 이 버튼을 클릭하면 스타일 이름을 지정하는 간단한 대화상자가 나오고 여기에 기재한 이름을 쓰면 새 이름의 스타일이 등록된다. 이제 새롭게 등록한 스타일의 세부 사항을 하나씩 설정하면 된다.

② **글꼴 이름** : 문자 스타일의 가장 대표적인 속성인 폰트를 지정한다. 폰트 이름 앞에 '@'이 있으면 문자열은 90° 회전한 세로쓰기가 된다. 한글 도면이라면 폰트는 가급적 한글 이름 폰트를 사용하는 것이 한글 표시 및 출력에 적합하다.

③ **주석 축척 사용** : 문자에 크기를 배율로 지정할 수 있는 주석 축척(Annotative) 사용 여부를 결정한다. 이것을 사용하면 스타일 이름 앞에 🔥 모양의 아이콘이 생기게 된다. 이것은 스케일 자의 단면을 뜻하며 실제 크기에 별도의 주석 축척을 추가로 사용한다는 의미가 된다. 주석 축척에 대해서는 나중에 알아본다.

④ **문자의 높이** : 문자의 높이를 현재 단위로 지정할 수 있다. 만일 높이를 '0.0'으로 지정하면 미지정 상태가 되고 문자 입력 명령 DText 또는 MText를 입력할 때마다 문자의 높이를 입력 받도록 한다.

⑤ **기울기 각도** : 문자열의 각도를 뜻한다. 이 역시 보통 '0'으로 입력한다.

LESSON

DText – 한 줄 단위로 문자 입력

12-2

한 줄 단위로 문자열을 입력할 수 있다. Enter 키를 누를 때마다 줄이 바뀌며 새로운 문자열을 입력할 수 있다. Enter 키를 연속으로 두 번 누르면 DText 명령이 종료된다.

> **캐드 명령**
>
> 명령: *DText* Enter
> 현재 문자 스타일: "표제란" 문자 높이: 10.0000 주석: 아니오
> 문자의 시작점 지정 또는 [자리맞추기(J)/스타일(S)]:   ⓐ 문자열의 시작점 지정
> 높이 지정 〈10.0000〉:   ⓑ 문자열의 높이 지정
> 문자의 회전 각도 지정 〈0〉:   ⓒ 문자열의 기울기 각도 지정

ⓐ 문자열의 시작 지점을 도면에서 지정할 수 있다. 물론 시작 지점을 좌표값으로도 지정할 수 있다. 만일 커서를 통한 위치 지정 대신 단순히 '@'라고 입력하면 도면에서 최종적으로 지정한 위치에 글자가 놓이게 된다.

ⓑ 글자의 높이 지정 역시 숫자 단위로 입력해도 되며 위에서 지정한 기준점에서 거리를 떨어뜨려 커서로 지정할 수도 있다.

ⓒ 마지막으로 문자열의 기울기 각도를 지정한다. 각도를 지정하고 나면 도면에는 문자 입력을 위한 커서 **A**가 나타나며 문자를 넣을 준비가 완료된다. 한 줄의 문자 입력이 끝나고 Enter 키를 누르면 줄이 바뀌면서 새로운 문자열을 입력할 수 있다. 이렇게 입력한 새로운 줄은 새로운 문자열 물체가 되며 Enter 키를 연속으로 두 번 누르면 DText 명령은 끝나게 된다.

DText 명령을 입력하면 Justifiy(끝점 맞추기) 옵션과 Style(스타일) 옵션이라는 두 가지 옵션이 제공된다. 스타일 옵션은 전 장에서 알아본 문자의 Style(스타일, 프로파일)을 바꿔줄 때 사용하고 끝점 맞추기 옵션은 문자의 위치 기준점을 바꿔줄 때 사용한다. 기본적으로 문자열의 기본 기준점은 왼쪽 그림과 같이 왼쪽 정렬의 대문자 영역 하단이 된다. 이들은 다음과 같이 12가지의 기준점으로 새로 지정해 줄 수 있다.

캐드명령

문자의 시작점 지정 또는 [자리맞추기(J)/스타일(S)]: J   문자열 끝점 맞추기
옵션 입력 [정렬(A)/맞춤(F)/중심(C)/중간(M)/오른쪽(R)/좌상단(TL)/상단중앙(TC)/우상단(TR)/좌측중간(ML)/중앙중간(MC)/우측중간(MR)/좌하단(BL)/하단중앙(BC)/우하단(BR)]:

자리맞추기(Justify) 옵션에는 위치 지정 옵션 12가지 외에도 정렬(Align)과 맞춤(Fit) 옵션이 제공된다. 이 옵션은 작도자가 지정한 두 점 사이의 거리에 딱 들어맞도록 문자의 크기를 자동으로 조절해 준다. Align(정렬) 옵션은 문자의 전체 크기를 자동으로 조절하고 Fit(맞춤) 옵션은 문자의 좌우 폭을 자동으로 조절해 준다.

MText

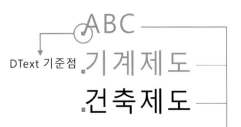

DText 기준점

DText 명령으로 만든 3줄의 문자열은
세 개의 물체로 각각 따로 선택할 수 있다.

MText 기준점

가로 폭 설정

세로 길이 설정

MText 명령으로 만든 3줄의 문자열은
하나의 물체로 한 번에 모두 선택된다.

MText 편집을 위한 탭과 컨트롤 위젯

특수문자

→ 스타일 선택 패널

→ 폰트 설정 패널
스타일과는 무관

→ 단락 설정 패널
행 간격, 정렬 등

편집 종료 버튼 ←

→ MText의 자리맞추기(Justify) 옵션 위치

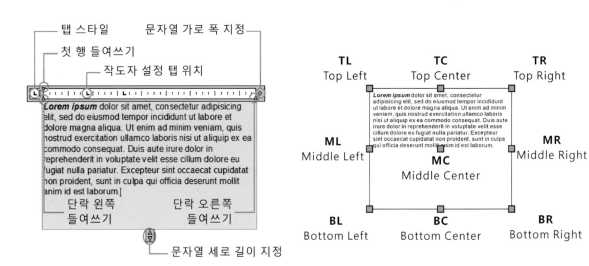

탭 스타일   문자열 가로 폭 지정

첫 행 들여쓰기

작도자 설정 탭 위치

단락 왼쪽
들여쓰기

단락 오른쪽
들여쓰기

→ 문자열 세로 길이 지정

TL
Top Left

TC
Top Center

TR
Top Right

ML
Middle Left

MC
Middle Center

MR
Middle Right

BL
Bottom Left

BC
Bottom Center

BR
Bottom Right

MText의 열(Columns) > 정적(Static) 옵션

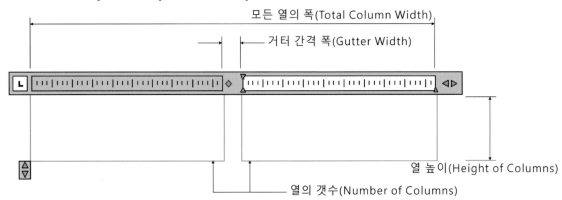

모든 열의 폭(Total Column Width)

거터 간격 폭(Gutter Width)

열 높이(Height of Columns)

열의 갯수(Number of Columns)

MText – 문단 문자 입력

DText 명령으로 입력하는 문자열은 줄 바꿈을 할 때마다 새로운 문자열 물체가 만들어진다. 즉, 세 줄의 문자열을 입력하면 세 개의 문자열 물체가 따로 만들어진다. 이렇게 각 줄마다 따로 물체를 만드는 기능 대신 여러 줄의 문자를 하나의 물체로 만들때는 MText 명령을 사용한다. MText 명령으로 물체를 만들면 왼쪽 그림과 같은 다양한 위젯이 나타나면서 간단한 편집기처럼 다양한 폰트 모양과 줄간격, 단락 설정이 가능해진다.

캐 드 명 령

명령: *MText* Enter 또는 단축키 T
현재 문자 스타일: "Standard" 문자 높이: 2.5 주석: 아니오
첫 번째 구석 지정: ⓐ 문단의 기준점 지점
반대 구석 지정 또는
[높이(H)/자리맞추기(J)/선 간격두기(L)/회전(R)/스타일(S)/폭(W)/열(C)]: *J*   ⓑ
자리맞추기 입력 [좌상단(TL)/상단중앙(TC)/우상단(TR)/좌측중간(ML)/중앙중간(MC)/우측중간(MR)/좌하단(BL)/하단중앙(BC)/우하단(BR)] 〈좌상단(TL)〉: *MC*

ⓐ 단계에서 지정하는 도면 상의 위치는 문단 문자의 기준점이 된다.
ⓑ 단계에서 지정하는 반대 구석으로 문단 문자의 폭(Width)와 열(Columns)을 동적 상태로 지정한다. 만일 자리맞추기(Justify) 옵션을 사용하면 문단의 정렬 기준 위치를 왼쪽 그림과 같이 바꿀 수 있다.

캐 드 명 령

반대 구석 지정 또는 [높이(H)/자리맞추기(J)/선 간격두기(L)/회전(R)/스타일(S)/폭(W)/열(C)]: *C*
열 유형 입력 [동적(D)/정적(S)/열 없음(N)] 〈동적(D)〉: *S*
총 폭 지정: 〈200〉: *200*
열 수 지정: 〈2〉: *2*
거터 폭 지정: 〈12.5〉: *10*
열 높이 지정: 〈25〉: *30*

위와 같이 MText 명령에서 두 번째 구석을 지정하기 전에 Columns > Static 옵션을 지정하면 왼쪽 그림 같이 컬럼의 수와 폭, 간격 등을 상세히 지정할 수 있다.

SCALETEXT

기본 기준점(Left)를 기준으로 10mm 높이를 20mm로 확대

기본 기준점을 오른쪽(Right)으로 변경하고 10mm 높이를 20mm로 확대

비율(Scale) 옵션을 선택했을 때 현재 비율에 대한 상대값으로 확대/축소

비율(Scale) > 참조(Reference) 옵션을 통해 다른 물체와 크기 맞추기

JUSTIFYTEXT – 쓰여진 문자의 기준점 변경

12-4

JUSTIFYTEXT 명령은 문자 물체의 기준점을 원하는 지점으로 바꿀 때 사용한다. 전 장의 DText 명령의 Justify 옵션에서 알아본 것처럼 문자 물체의 기준점은 모두 12개가 있다. 그러나 기준점의 표현법으로 보면 MC(Middle Center)와 M(Middle)은 같은 지점을 가지고 있으며 기본 기준점 L(Left)가 JUSTIFYTEXT 명령에 추가되어 있다.

캐드명령

명령: *JUSTIFYTEXT* `Enter`
객체 선택: 1개를 찾음   기준점을 바꿔줄 문자 물체를 선택
객체 선택: `Enter`   선택 종료
자리맞춤 옵션 입력
[왼쪽(L)/정렬(A)/맞춤(F)/중심(C)/중간(M)/오른쪽(R)/좌상단(TL)/상단중앙(TC)/우상단(TR)/좌측중간(ML)/중앙중간(MC)/우측중간(MR)/좌하단(BL)/하단중앙(BC)/우하단(BR)] 〈왼쪽〉:

JUSTIFYTEXT 명령 옵션 종류는 총 13개이지만 문자 물체의 기준점은 실제 12개만 존재한다.

SCALETEXT – 글자 크기를 조절

12-5

SCALETEXT 명령은 문자의 높이(Height)를 변경시키는 명령으로 이전에 알아본 SCale 명령과 유사하지만 문자 높이 변경을 위해 몇 가지 기능이 추가된 명령이다.

캐드명령

명령: *SCALETEXT* `Enter`
객체 선택: 1개를 찾음   기준점을 바꿔줄 문자 물체를 선택
객체 선택: `Enter`   선택 종료
축척하기 위한 기준 점 옵션 입력
[기존(E)/왼쪽(L)/중심(C)/중간(M)/오른쪽(R)/좌상단(TL)/상단중앙(TC)/우상단(TR)/좌측중간(ML)/중앙중간(MC)/우측중간(MR)/좌하단(BL)/하단중앙(BC)/우하단(BR)] 〈중심〉: *R*   ⓐ
새 모형 높이 또는 [용지 높이(P)/객체 일치(M)/축척 비율(S)] 지정 〈10〉: *20*   ⓑ
1 객체 변경됨

ⓐ 문자의 높이를 변경할 때 기준점을 지정한다. 문자는 이 기준점을 기준으로 크기가 늘었다 줄었다 하기 때문에 이 지점은 이동하지 않는다.

ⓑ 이제 선택한 문자의 변경할 높이값을 지정한다. 위에서는 단순히 단위로 지정하였지만 객체 일치(Match) 옵션을 사용하면 다른 문자의 높이와 같게 맞출 수도 있다. 또한 축척 비율(Scale) 옵션을 사용하면 현재 높이에 대한 상대적인 값으로 높이를 변경할 수 있다. 즉, 새 높이값 대신 축척 비율(Scale) 옵션을 지정하고 '2' 값을 지정하면 현재 크기에 2배, 반대로 '0.5' 값을 지정하면 현재 크기의 절반으로 줄어든다. 다음은 축척 비율(Scale) > 참조(Reference) 옵션을 사용해서 길이를 모르는 다른 도형과 문자의 높이를 맞추는 예제이다.

캐드 명령

새 모형 높이 또는 [용지 높이(P)/객체 일치(M)/축척 비율(S)] 지정 〈10〉: *S*
축척 비율 지정 또는 [참조(R)] 〈1〉: *R*
참조 길이 지정 〈1〉:　　　　　　　　　　　　ⓐ 변경할 문자의 기준 길이 첫 번째 점을 선택
두 번째 점을 지정:　　　　　　　　　　　　　ⓑ 변경할 문자의 기준 길이 두 번째 점을 선택
새 길이 지정:　　　　　　　　　　　　　　　ⓒ 새 기준 길이의 첫 번째 점을 선택
두 번째 점을 지정:　　　　　　　　　　　　　ⓓ 새 기준 길이의 두 번째 점을 선택
1 객체 변경됨

PRoperties – 글자 속성 관리자

12-6

우리는 지난 6강에서 물체의 속성 관리기를 열어주는 PRoperties 명령을 알아보았다. 이 명령은 보통 선(Line) 같은 물체의 속성(두께, 스케일, 모양 등)을 바꿔주는 데 사용하였다. 이제 문자 물체를 선택하고 속성 관리기를 열어주면 오른쪽과 같은 문자 관련 속성이 나타나는 것을 볼 수 있다.

가장 눈에 띄는 속성으로는 문자 물체에 실제 쓰여 있는 글자 (여기서는 'AutoCAD 한글판')가 있다. 속성 관리기에서 이 부분을 선택하고 내용을 바꿔주면 문자 물체의 글자가 바뀌게 된다. 다음에는 이 문자 물체가 사용하고 있는 스타일과 정렬 방식, 높이, 회전값 등을 볼 수 있다. 속성 관리기를 띄우기 위해서는 명령 PRoperties를 사용해도 되지만 간단히 단축키 C H 또는 Ctrl + 1 을 사용하는 것이 더 편리하다. 문자 물체의 특성 중 하나는 마지막 기타 부분에 있는 문자를 상하(거꾸로) 또는 좌우(반대로) 방향으로 뒤집는 속성이다. 이 속성을 바꿔주는 것으로 문자를 쉽게 MIrror 명령을 적용한 것처럼 뒤집을 수 있다.

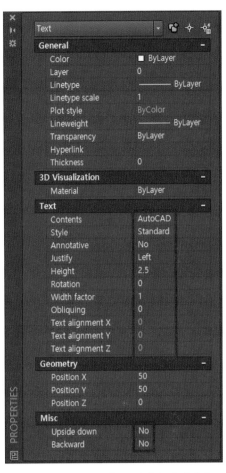

→ 문자 물체를 선택한 상태의 속성 관리기

ddEDit – 글자만 수정

12-7

DText 또는 MText로 만든 문자에 쓰인 글을 편집할 때 사용하는 명령이다. ddEDit 명령을 실행하고 문자를 선택하면 각각 다음과 같이 글자를 수정할 수 있도록 물체가 변하게 된다. 수정이 끝나면 문자 물체의 외부를 클릭하여 수정을 마칠 수 있다.

→ DText와 MText 로 만든 물체에 적용한 ddEDit 명령어

ddEDit 명령은 한 번 실행하여 여러 개의 문자 물체를 변경할 수 있다. 더 이상 변경할 물체가 없다면 단순히 [Enter] 키를 눌러 명령을 종료할 수 있다. 이 명령은 취소(Undo) 옵션도 제공하는데 [U] 키를 누르면 한 단계씩 수정이 취소된다.

Hint● 한자 및 특수문자 입력

컴퓨터 활용에 익숙한 사용자라면 어렵지 않게 사용할 수 있지만 그렇지 않은 경우라면 가끔 한자나 특수문자를 어떻게 입력해야 할지 모르는 경우가 있다. 문자 입력창에서 한자나 특수문자를 입력하기 위해서는 키보드에서 '한자' 키를 이용하면 된다. 한글이 완성된 상태에서 한자 키를 누르면 한자 입력창이 뜨고 자음만 입력한 상태에서 한자키를 누르면 특수문자 입력창이 뜬다. 주로 도면 작성에 많이 사용하는 특수문자는 자음 'ㄷ'과 'ㅎ'으로 다음과 같은 특수문자를 가지고 있다.

→ 한글이 완성된 상태에서 누른 한자키와 자음만 입력한 상태에서 누른 한자키

'ㄷ': + − < = > ± × ÷ ≠ ≤ ≥ ∞ ∴ ♂ ♀ ∠ ⊥ ⌒ ∂ ∇ ≡ ≒ ≪ ≫ √ ∽ ∝ ∵ ∫ ∬ ∈ ∋ ⊆ ⊇ ⊂ ⊃ ∪ ∩ ∧ ∨ ￢ ⇒ ⇔ ∀ ∃ ∮ Σ ∏
'ㅎ': A B Γ Δ E Z H Θ I K Λ M N Ξ O Π P Σ T Y Φ X Ψ Ω α β γ δ ε ζ η θ ι κ λ μ ν ξ ο π ρ σ τ υ φ χ ψ ω

QTEXT – 글자 단순 박스

다소 사양이 낮은 PC에서 많은 문자가 포함된 도면을 그리다 보면 도면의 작도 및 보기가 많이 불편한 경우가 발생한다. 문자는 많은 요소 물체와 커브를 가지고 있기 때문에 다른 도면 요소보다 복잡해서 처리에 많은 시간이 소요된다. **QTEXT** 명령은 문자를 간단히 사각형 박스로 표시하여 PC가 도면을 그리는 시간을 줄여준다. 또한 도면을 가출력(시험용 출력)할 때 잉크를 절약하고 출력시간을 줄여준다. 이 명령은 기존의 물체 모양을 변경하기 때문에 REgen 명령을 실행하여야 실제 그 변화를 볼 수 있다.

캐드명령

명령: *QTEXT* `Enter`
모드 입력 [켜기(ON)/끄기(OFF)] 〈끄기〉: *ON*   QTEXT 기능을 켜면 간단 표시 활성화
명령: *REgen* `Enter`   QTEXT 기능은 REgen을 실행해야 보임
모형 재생성 중.

02

중급 2차원 평면 작도

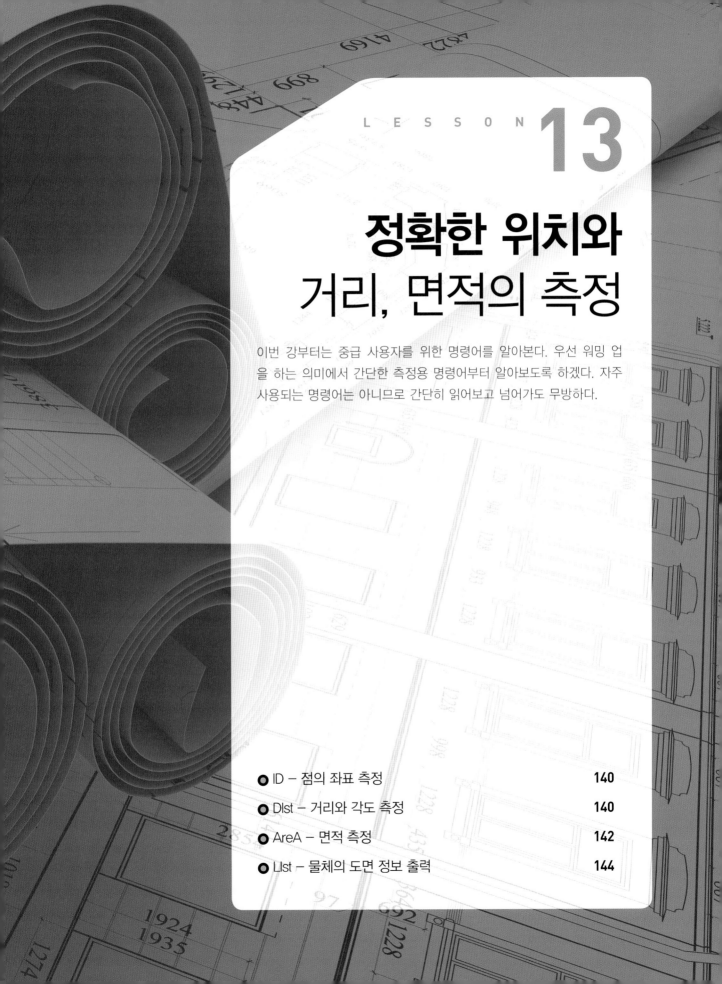

정확한 위치와 거리, 면적의 측정

이번 강부터는 중급 사용자를 위한 명령어를 알아본다. 우선 워밍 업을 하는 의미에서 간단한 측정용 명령어부터 알아보도록 하겠다. 자주 사용되는 명령어는 아니므로 간단히 읽어보고 넘어가도 무방하다.

ID – 점의 좌표 측정

13-1

선택한 점의 좌표를 절댓값으로 알려준다. 물론 객체 스냅(OSnap) 기능이 켜져 있어 물체의 위치 점에 커서가 자동으로 들러붙게 하면 커서 좌표창에 정확한 좌표가 나타나기 때문에 굳이 ID 명령어를 별도로 사용할 필요는 없다. 그러나 과거에 많이 사용하던 측정용 명령어 중 가장 기초적인 명령어이기 때문에 알아보도록 한다.

> **캐드 명령**
>
> 명령: *ID* `Enter`
> 점 지정: 도면에서 위치점 지정
> X = 170.0000   Y = 180.0000   Z = 0.0000

DIst – 거리와 각도 측정

13-2

다음의 그림과 같이 커서로 지정하는 두 점 사이의 거리와 각도, dx(X 좌표의 변위), dy(Y 좌표의 변위), dz(Z 좌표의 변위)를 표시해 준다.

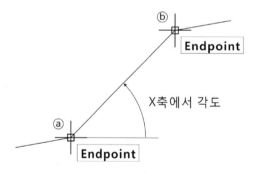

→ DIst 명령으로 지정한 두 점 사이의 거리 측정

명령: *DIst* `Enter`
첫 번째 점 지정: ⓐ 첫 번째 지점 지정
두 번째 점 또는 [다중 점(M)] 지정: ⓑ 두 번째 지점 지정
거리 = 42.4264, XY 평면에서의 각도 = 45, XY 평면으로부터의 각도 = 0
X증분 = 30.0000, Y증분 = 30.0000,   Z증분 = 0.0000

DIst 명령은 단순히 두 점 사이의 거리와 각도만 보여주지만 위의 다중 점(Multiple) 옵션을 사용하면 좀 더 다양한 정보를 얻을 수 있다.

두 번째 점 또는 [다중 점(M)] 지정: *M*   다중(Multiple) 옵션 선택
다음 점 또는 [호(A)/길이(L)/명령 취소(U)/합계(T)] 지정 〈합계〉: *A*
호의 끝점 또는
[각도(A)/중심(CE)/방향(D)/선(L)/반지름(R)/두 번째 점(S)/명령 취소(U)] 지정: *CE*
호의 중심점 지정: 측정할 호의 중심점 지정
호의 끝점 지정 또는 [각도(A)/길이(L)]:   호의 끝점 지정
거리 = 64.7656
호의 끝점 또는 [각도(A)/중심(CE)/닫기(CL)/방향(D)/선(L)/반지름(R)/두 번째 점(S)/명령 취소(U)] 지정:

L E S S O N

AreA – 면적 측정

13-3

AreA 명령은 그 이름과 같이 지정한 점들을 연결하는 모양의 면적을 계산해 준다. 만일 면적을 알고자 하는 지점에 이미 물체가 그려져 있다면 단순히 이 물체를 지정해 주기만 하면 된다. 단, 하나의 물체(PLine, RECtang, POLygon 등)로 그려져야 하며 열려 있어도 관계없이 면적을 계산할 수 있다.

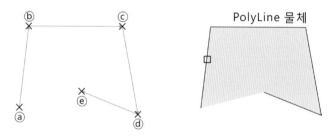

> 물체가 없을 때 면적 측정과 기존의 PLine 물체의 면적 측정

캐드명령

명령: *AreA* `Enter`
첫 번째 구석점 지정 또는 [객체(O)/면적 추가(A)/면적 빼기(S)] 〈객체(O)〉:   ⓐ
다음 점 또는 [호(A)/길이(L)/명령 취소(U)] 지정: ⓑ
다음 점 또는 [호(A)/길이(L)/명령 취소(U)] 지정: ⓒ
다음 점 또는 [호(A)/길이(L)/명령 취소(U)/합계(T)] 지정 〈합계〉:   ⓓ
다음 점 또는 [호(A)/길이(L)/명령 취소(U)/합계(T)] 지정 〈합계〉:   ⓔ
다음 점 또는 [호(A)/길이(L)/명령 취소(U)/합계(T)] 지정 〈합계〉: `Enter`
영역 = 3700.0000, 둘레 = 280.2703

두 번째는 객체(Object) 옵션을 사용해서 이미 그려진 물체의 면적을 측정하는 방법이다.

캐드명령

명령: *AreA* `Enter`
첫 번째 구석점 지정 또는 [객체(O)/면적 추가(A)/면적 빼기(S)] 〈객체(O)〉: *O*
객체 선택: 하나의 물체를 선택
영역 = 3700.0000, 둘레 = 280.2703

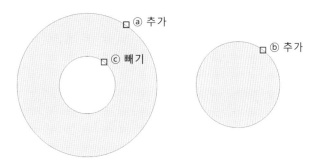

→ 영역에 추가(Add) 또는 빼기(Subtract)

영역 계산은 중간에 도형을 추가하거나 뺄 수 있다. 이렇게 하면 영역의 총합이 자동으로 계산되어 표시된다. 위 그림과 같이 추가된 영역은 녹색으로 표시되고 뺀 영역은 갈색으로 표시된다.

캐드명령

명령: *AreA* Enter
첫 번째 구석점 지정 또는 [객체(O)/면적 추가(A)/면적 빼기(S)] 〈객체(O)〉: **A**   추가 모드
첫 번째 구석점 지정 또는 [객체(O)/면적 빼기(S)]: **O**
(추가 모드) 객체 선택: ⓐ
영역 = 7853.9816, 원주 = 314.1593, 전체 면적 = 7853.9816
(추가 모드) 객체 선택: ⓑ
영역 = 2827.4334, 원주 = 188.4956, 전체 면적 = 10681.4150
(추가 모드) 객체 선택: Enter   추가 모드 종료
영역 = 2827.4334, 원주 = 188.4956, 전체 면적 = 10681.4150
첫 번째 구석점 지정 또는 [객체(O)/면적 빼기(S)]: **S**   빼기 모드
첫 번째 구석점 지정 또는 [객체(O)/면적 추가(A)]: **O**
(빼기 모드) 객체 선택: ⓒ
영역 = 1256.6371, 원주 = 125.6637, 전체 면적 = 9424.7780
(빼기 모드) 객체 선택: Enter   빼기 모드 종료
영역 = 1256.6371, 원주 = 125.6637, 전체 면적 = 9424.7780

L E S S O N

LIst – 물체의 도면 정보 출력

13-4

LIst 명령은 선택한 물체에 대한 색상과 레이어, 선의 형태, 위치, 길이, 각도, 면적 등의 정보를 별도의 윈도우 창으로 보여준다. 현재는 더 많은 정보를 보여주는 PRoperties 명령을 더 많이 사용한다. 한 번의 LIst 명령을 통해 여러 개의 물체를 선택해서 정보를 볼 수 있다.

AutoCAD 2021 버전의 개선 사항(동영상 참고)

▶ 유틸리티 패널의 길이분할 > 빠른 작업 아이콘을 선택하면 객체에 마우스를 가져다 대기만 하면 근처의 모든 측정값이 빠르게 표시된다.

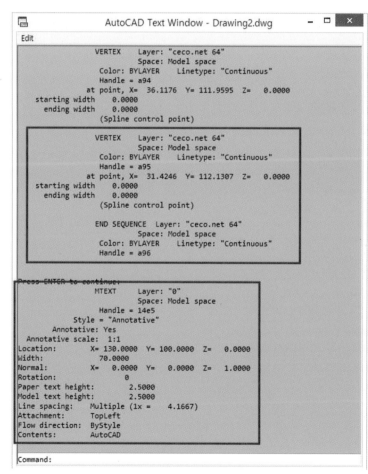

→ LIst 명령을 통해 열리는 정보창

MEMO

02

중급 2차원 평면 작도

중급 사용자들의 필수 명령어

1부에서는 기초적이지만 작도작업의 대부분을 차지하는 실용적인 명령어들에 대해 알아보았다. 이제 2부에서는 자주 사용되지는 않지만 조금 복잡한 도면 작성을 위해 꼭 필요한 명령어를 알아보도록 하겠다. 이들 명령어를 익숙하게 사용할 수 있는지 여부가 초급 사용자와 중급 사용자를 나누는 분기점이 된다.

PLine

Line 명령으로 그린 물체

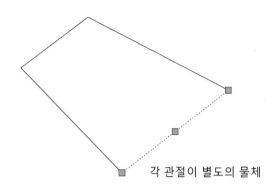

각 관절이 별도의 물체

PLine 명령으로 그린 물체

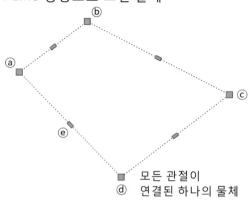

모든 관절이
연결된 하나의 물체

거리(Length) 옵션으로 같은 방향 늘리기

반폭(Halfwidth), 폭(Width) 옵션

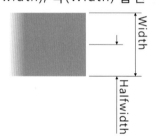

호(Arc) 옵션을 통한 곡선 관절

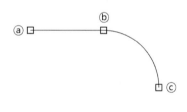

폭(Width) 옵션을 이용한 전자부품의 작도

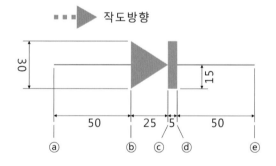

호(Arc)와 폭(Width) 옵션을 이용한 화살표 작도

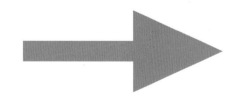

PLine – 여러 개의 선 또는 호로 만든 단일 물체

지금까지 사용한 Line 또는 Arc 명령은 각 관절(Segment)별로 서로 다른 각각의 물체를 만들었다. PLine(PolyLine) 명령은 Line 명령과 비슷하게 동작하지만 모든 관절이 하나의 물체로 묶여서 만들어진다는 중요한 차이점이 있다. 또한 중간에 Arc 관절로 바꿔 작도가 가능하며 선 두께도 조절이 가능하다. 가장 간단한 PLine 예제를 알아보고 그 다음 자세한 옵션 기능에 대해 알아보도록 한다.

PLine 명령은 특별한 옵션을 선택하지 않으면 겉보기 사용은 Line 명령과 동일하다. 먼저 간단한 옵션인 길이 (Length)와 폭(Width), 반폭(Halfwidth)은 왼쪽 그림을 통해 쉽게 이해할 수 있다. 폭과 반폭에는 시작과 끝을 따로 지정할 수 있다. 다음 예제는 이들 옵션을 이용해서 전자 부품 다이오드 기호를 작도한다.

캐드명령

```
명령: PLine Enter
시작점 지정:                                                        ⓐ 도면에서 시작점 지정
현재의 선 폭은 0.0000임
다음점 지정 또는 [호(A)/반폭(H)/길이(L)/명령 취소(U)/폭(W)]:        ⓑ 길이 50 리드선
다음점 지정 또는 [호(A)/닫기(C)/반폭(H)/길이(L)/명령 취소(U)/폭(W)]: W
시작 폭 지정 〈0.0000〉: 30
끝 폭 지정 〈30.0000〉: 0
다음점 지정 또는 [호(A)/닫기(C)/반폭(H)/길이(L)/명령 취소(U)/폭(W)]: L
선의 길이 지정: 25                                                 ⓒ
다음점 지정 또는 [호(A)/닫기(C)/반폭(H)/길이(L)/명령 취소(U)/폭(W)]: H
시작 반–폭 지정 〈0.0000〉: 15
끝 반–폭 지정 〈15.0000〉: 15
다음점 지정 또는 [호(A)/닫기(C)/반폭(H)/길이(L)/명령 취소(U)/폭(W)]: L
선의 길이 지정: 5                                                  ⓓ
다음점 지정 또는 [호(A)/닫기(C)/반폭(H)/길이(L)/명령 취소(U)/폭(W)]: W
시작 폭 지정 〈30.0000〉: 0                                         리드선을 위한 폭 0.0 설정
끝 폭 지정 〈0.0000〉: Enter
다음점 지정 또는 [호(A)/닫기(C)/반폭(H)/길이(L)/명령 취소(U)/폭(W)]: L
선의 길이 지정: 50                                                 ⓔ 길이 50 리드선
다음점 지정 또는 [호(A)/닫기(C)/반폭(H)/길이(L)/명령 취소(U)/폭(W)]: Enter
```

PLine > Arc 옵션

기본적인 PLine의 직선과 호의 탄젠트 연결

⟵⟶ 직선 탄젠트

⟵◉ 호 탄젠트

PLine의 호 탄젠트 변경 옵션

① PLine > Arc > CEnter 옵션으로
　호의 중심 지정

② PLine > Arc > Direction 옵션으로
　호의 탄젠트 지정

③ PLine > Arc > Second pt 옵션으로
　호의 두 번째 점 지정

PLine > Arc를 이용한 예제

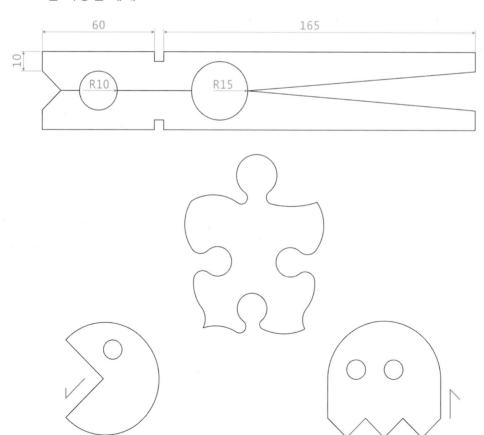

이제 마지막으로 PLine 명령의 호(Arc) 옵션에 대해 간략히 알아본다. 호 옵션의 내부 옵션은 전 강에서 알아본 것처럼 매우 다양하기 때문에 여기서는 간단히 PLine에서 사용하는 호의 특성에 대해서만 알아보겠다. 기본적으로 PLine에서 사용하는 호는 바로 전 관절의 탄젠트(접선)에 따라 연장된다. 이것은 우리가 호를 그릴 때 연속(Continue) 옵션을 사용하는 것과 같기 때문에 호의 끝점 하나만 지정하면 호가 바로 작도된다.

캐 드 명 령

명령: *PLine* [Enter]
시작점 지정: ⓐ 도면에서 시작점 지정
현재의 선 폭은 0.0000임
다음점 지정 또는 [호(A)/반폭(H)/길이(L)/명령 취소(U)/폭(W)]:   ⓑ 첫 번째 직선 작도
다음점 지정 또는 [호(A)/닫기(C)/반폭(H)/길이(L)/명령 취소(U)/폭(W)]: *A*   호 옵션 입력
호의 끝점 지정 또는   ⓒ 다음 관절 지정
[각도(*A*)/중심(*CE*)/닫기(CL)/방향(*D*)/반폭(H)/선(L)/반지름(*R*)/두 번째 점(*S*)/명령 취소(U)/폭(W)]:

이 예제에서는 먼저 직선을 한 마디 긋고 다음 호로 관절을 만들어 간다. PLine에서 사용하는 호는 이전 관절 탄젠트를 연장하기 때문에 이전 관절과 부드럽게 연결되는 것을 볼 수 있다. 단, 위에서 볼드체로 쓰인 호의 각도(A), 중심(CE), 방향(D), 반지름(R), 두 번째 점(S) 옵션을 이용하면 탄젠트 연결 각도는 바뀌게 된다.

왼쪽 그림과 같이 첫 마디로 그은 직선의 탄젠트와 접하는 호의 탄젠트는 같은 값을 가지기 때문에 꺾이지 않고 부드럽게 연결된다. 호에서 선으로 관절 형식을 바꿀 때에도 동일하게 부드럽게 연결된다. 이제 PLine > Arc에서 제공하는 몇가지 옵션을 가지고 선과 꺾이면서 접하는 호를 작도하는 방법을 알아본다.

① PLine > Arc > CEnter 옵션 : 그려줄 호의 중심을 지정한다.
② PLine > Arc > Direction 옵션 : 그려줄 호의 탄젠트를 지정한다.
③ PLine > Arc > Second pt 옵션 : 그려줄 호를 지나는 두 번째 점을 지정한다.

호와 섞이는 PLine을 작도할 때는 불룩한 호가 많다면 폴리선은 시계 반대 방향을 따라 작도하는 것이 편리하다. 이러한 규칙은 절대적인 것은 아니며 여러 분들의 작도 습관과 그리는 도면의 종류에 따라 바뀔 수 있다. 그러나 작도자가 나름대로 터득한 습관과 규칙을 알고 있다면 훨씬 쉽게 작도해 나갈 수 있다.

왼쪽 그림의 예제는 작도를 위해 꼭 필요한 예제는 아니지만 한 번씩 연습 삼아 해보길 권한다. 보통의 작도자는 선과 호를 별도로 작도한 후에 PEdit > Join 옵션을 통해 하나로 합치는 방식으로 더 선호한다. PLine 작도 상태에서 Arc 세그먼트를 연결하여 직접 작도하는 것은 쉽지 않은 작업이기 때문에 실무에서는 많이 활용되지는 않는다.

PEdit

Line과 PLine에 적용한
PEdit > Width > 4 옵션

PEdit 명령의 닫기(Close)/열기(Open) 옵션

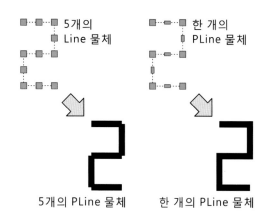

5개의 PLine 물체   한 개의 PLine 물체

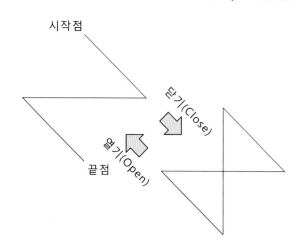

PEdit 명령의 결합(Join) 옵션

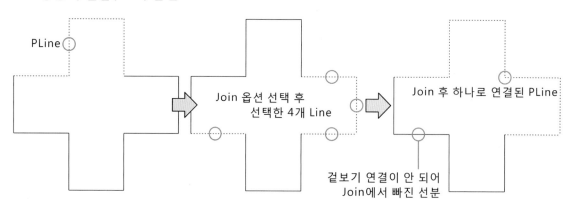

PEdit 명령의 맞춤(Fit)과 스플라인(Spline) 옵션

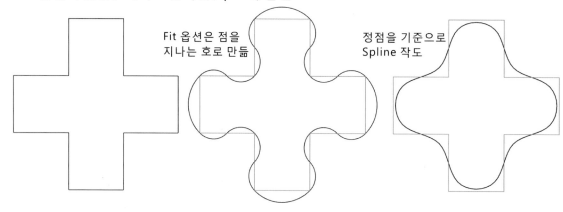

PEdit – PLine 물체 수정

PEdit 명령은 폴리선 편집(Poly Line Edit)의 약자로 PolyLine 물체를 수정하는 데 사용한다. 주로 PEdit 명령은 Line 또는 Arc 물체를 PLine 방식으로 바꾸고 기존 PLine 물체에 연결(Join)시키는 데 더 많이 사용한다. 먼저 왼쪽 그림과 같이 5개의 Line 물체와 한 개의 PLine 물체에 각각 다음과 같은 PEdit > 폭(Width) 옵션을 적용해 선을 두껍게 만들었다.

캐 드 명 령

명령: *PEdit* Enter
폴리선 선택 또는 [다중(M)]: *M*   ⓐ 다중 선택 M 옵션
객체 선택: 반대 구석 지정: 5개를 찾음
객체 선택: Enter   물체 선택 종료
선, 호 및 스플라인을 폴리선으로 변환 [예(Y)/아니오(N)]? 〈Y〉 Enter   ⓑ
옵션 입력 [닫기(C)/열기(O)/결합(J)/폭(W)/맞춤(F)/스플라인(S)/곡선삭제(D)/선종류작성(L)/
반전(R)/명령 취소(U)]: *W*   선 두께 변경
전체 세그먼트에 대한 새 폭 지정: *8*   선 두께 지정

ⓐ 먼저 여러 개의 Line 물체를 선택하기 때문에 다중(Multiple) 옵션을 선택한다. 만일 다중 옵션 대신 물체를 선택하면 PEdit 명령은 하나의 물체만 가지고 작업을 수행한다.

ⓑ PEdit 명령으로 선택한 물체는 먼저 폴리선(PLine) 방식으로 바꿔 주어야 한다. 만일 선택한 물체가 위처럼 단순한 선분이라면 바꿔줄지 여부를 물어본다. 여기선 간단히 Enter 키를 눌러 선택한 Line 물체를 PLine 형식으로 바꾼다. 다음은 간단히 폭(Width) 옵션을 선택하고 선 두께를 8로 늘려주면 된다.

왼쪽 그림의 5개의 Line 물체는 PEdit 명령 후에 PLine으로 변경되었지만 각각 별도의 PLine으로 바뀌었다. 겉보기에는 연결된 것 같지만 이들은 모두 각각 별도의 물체이다. 두께가 두꺼워졌지만 연결지점 모서리를 보면 각 선분이 떨어져 있다는 것을 알 수 있다. PEdit 명령에서 제공하는 다양한 옵션은 각각 다음과 같은 역할을 한다.

- 닫기(Close) : 선택한 폴리선의 시작점과 끝점이 서로 떨어져 있을 때 이들을 서로 연결하여 도형을 닫아준다. 폴리선은 닫기(Close) 옵션을 사용해서 닫아야 실제 닫힌 것으로 인식된다. 겉보기로 닫힌 것은 캐드에서는 열린 폴리선으로 인식한다.
- 열기(Open) : 선택한 폴리선의 시작점과 끝점의 연결을 끊어 도형이 열리게 바꿔준다.
- 결합(Join) : 선택된 폴리선을 기준으로 겉보기로 연결된 다른 폴리선을 연결하여 준다.
- 폭(Width) : 폴리선의 두께를 변경한다.
- 맞춤(Fit) : 폴리선 선분을 지정된 정점을 통과하는 스플라인과 유사한 곡선으로 바꿔준다.
- 스플라인(Spline) : 폴리선에 지정된 정점을 조정점(CV)으로 사용하는 스플라인 모양으로 바꿔준다.
- 곡선 삭제(Decurve) : 폴리선에서 곡선(호, 스플라인 등) 요소를 제거하여 직선으로 바꿔준다.
- 선 종류 작성(Ltypegen) : 폴리선의 점을 기준으로 선의 패턴을 생성한다.
- 반전(Reverse) : 정점의 순서를 반대로 만들어준다.

Hint • PEdit > Join(결합) 옵션의 제약

PEdit 명령을 통해 결합(Join)되는 선분에는 몇 가지 제약이 따른다. 기본적으로 모두 겉보기로 연결되어야 하며 하나의 시작점과 하나의 끝점을 가져야 한다. 이런 조건을 좀 더 풀어서 나열하면 다음과 같다.

- 선분의 끝점과 끝점이 서로 같은 위치의 점(겉보기 연결)이어야 한다.
- 선분이 서로 꼬여 교차하는 것은 관계없다.
- 호와 선분은 결합이 가능하다.
- 호와 원은 결합이 불가능하다.
- 선이 교차만 되고 끝점의 위치가 다르면 결합되지 않는다.
- 끝점이 세 개 이상이면 결합이 불가능하다.

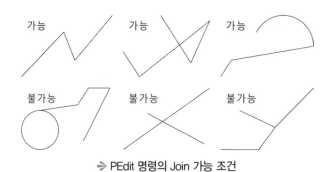

→ PEdit 명령의 Join 가능 조건

eXplode – PLine, POLygon 관절 단위 물체로 분해 `14-3`

PEdit 명령의 Join 옵션은 Line 또는 Arc 물체를 서로 붙여 하나의 PLine으로 바꿔주었다. eXplode 명령은 반대로 PLine 물체를 개별적인 Line과 Arc로 모두 분해해 준다. 한 가지 특이한 것은 PLine의 모든 두께값도 손실되고 보통의 0.0 두께의 가는 물체로 바뀌게 된다.

캐드 명령

명령: *eXplode* `Enter` 또는 단축키 `X`
객체 선택: 1개를 찾음   ⓐ 도면에서 복합 물체를 선택
객체 선택: `Enter`
이 폴리선을 분해하면 폭 정보가 손실됩니다.   ⓑ
UNDO 명령으로 복구할 수 있습니다.

ⓐ eXplode 명령을 실행시키고 도면에서 분해할 PLine 물체를 선택한다. 한 번의 분해 명령에 여러 개의 PLine 물체를 분해할 수 있다. 물체의 선택이 완료되면 단순히 `Enter` 키를 눌러 선택을 종료한다.

ⓑ 분해할 물체의 선택이 끝나면 폴리선의 두께 정보가 없어진다는 경고와 함께 PLine 물체는 각 마디마다 다른 물체인 Line 또는 Arc 물체로 변하게 된다.

SPLine

메서드(Method) > 맞춤(Fit) 방식

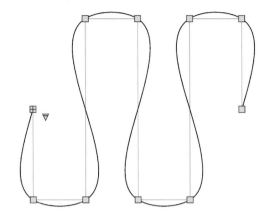

메서드(Method) > CV(Control Vertices) 방식

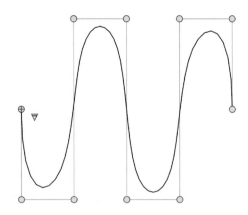

맞춤(Fit) 방식에서 매듭(Knots) 설정값에 따른 곡률 변화, 현(C)/제곱근(S)/균일(U)

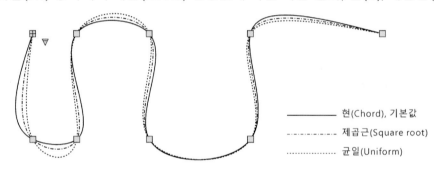

———— 현(Chord), 기본값

—·—·— 제곱근(Square root)

··········· 균일(Uniform)

CV 방식에서 각도(Degree) 값에 따른 곡률 변화

왼쪽 버튼으로 점 선택 후
오른쪽 버튼으로 메뉴 열기

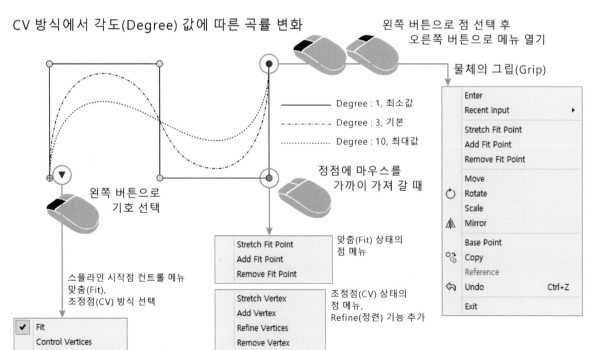

———— Degree : 1, 최소값

—·—·— Degree : 3, 기본

··········· Degree : 10, 최대값

물체의 그립(Grip)

Enter
Recent Input ▶
Stretch Fit Point
Add Fit Point
Remove Fit Point
Move
Rotate
Scale
Mirror
Base Point
Copy
Reference
Undo   Ctrl+Z
Exit

정점에 마우스를
가까이 가져 갈 때

왼쪽 버튼으로
기호 선택

Stretch Fit Point
Add Fit Point
Remove Fit Point

맞춤(Fit) 상태의
점 메뉴

스플라인 시작점 컨트롤 메뉴
맞춤(Fit),
조정점(CV) 방식 선택

Stretch Vertex
Add Vertex
Refine Vertices
Remove Vertex

조정점(CV) 상태의
점 메뉴,
Refine(정련) 기능 추가

✔ Fit
Control Vertices

SPLine – 자유 곡선 그리기

SPLine 명령은 지정하는 점을 기준으로 NURBS 곡선을 작도해준다. NURBS 곡선은 B-스플라인의 일종이지만 지정점이 곡선을 통과한다는 차이가 있어 원하는 곡선을 작도하는 데 한결 편리하다. AutoCAD의 최근 버전에서는 SPLine 명령에 메서드(Method) 옵션을 통해 맞춤(Fit) 형식과 CV 조절점(Control vertices) 형식으로 전환이 가능하다. 기본 상태는 맞춤 방식으로 NURBS 방식을 뜻하며 CV 방식은 간단한 B-스플라인 방식 곡선을 만들어낸다.

왼쪽 그림은 NURBS 방식과 B-스플라인 방식의 차이를 보여주고 있다. 그림에 나온 흐린 회색의 직선은 작도자가 지정한 점을 연결한 것으로 가상의 선에 불과하다. NURBS 방식(Fit 방식)은 지정한 점을 모두 지나는 곡선을 만들고 B-스플라인 방식(CV 방식)은 시작점과 끝점만 지나는 곡선을 만든다.

그 외에 스플라인의 커브를 조절하는 세부 옵션으로 맞춤(Fit) 방식에서는 매듭(Knots) 설정을 현(Chord)/제곱근(Square root)/균일(Uniform) 중 하나를 선택하여 사용할 수 있다. 기본은 현(Chord) 방식이 선택되어 있다. CV(Control Vertices) 방식에서는 각도(Degree) 값을 1부터 10까지 설정할 수 있다. 값이 1에 가까울수록 직선에 가까우며 반대로 10에 가까워질수록 곡률이 커져 지정점에서 멀어지게 된다.

Hint ● **캐드 화면에 배경 이미지 붙이기**

SPLine 곡선은 정확한 치수로 작도되는 캐드 작업에서는 자주 사용되지 않을 것 같지만 특정 분야에서는 많이 애용되고 있다. 예를 들어 SPLine을 사용하면 등고선을 쉽게 작도할 수 있다. 이런 방식 작도를 위해 바탕이 될 이미지를 ATTACH 명령으로 도면에 깔아주어야 한다. ATTACH 명령이 동작하면 이미지를 고를 파일 선택 상자가 나타나고 다시 다음 그림과 같은 배치와 축척 대화상자가 나타난다.

➡ 삽입 탭 > 참조 패널 > 부착 아이콘　　　➡ 이미지 첨부를 위한 배치/축척 설정 대화상자

위의 대화상자처럼 삽입 위치와 축척을 화면에서 지정할 수도 있고 그 아래 있는 입력창을 이용해 직접 수치로 지정해 줄 수도 있다. 이렇게 배치된 이미지를 따라 SPLine 작업을 하면 쉽게 이미지를 도면화할 수 있다. 물론 이렇게 배치된 이미지는 외부 윤곽선을 클릭하면 다시 선택할 수 있지만 만일 별도로 고정하고 싶다면 후에 알아볼 레이어(LAyer) 기능을 이용하면 된다.

그립(Grip) 상태에서 편집

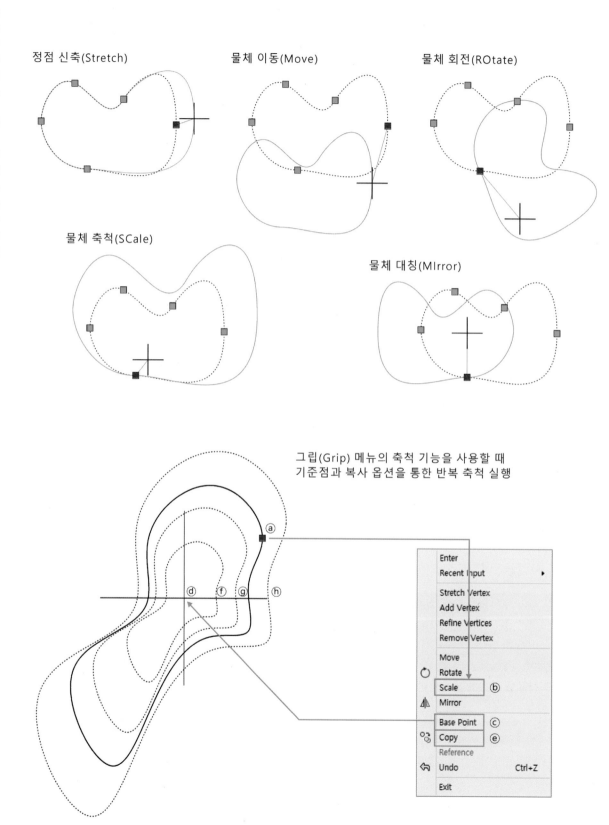

정점 신축(Stretch)

물체 이동(Move)

물체 회전(ROtate)

물체 축척(SCale)

물체 대칭(MIrror)

그립(Grip) 메뉴의 축척 기능을 사용할 때
기준점과 복사 옵션을 통한 반복 축척 실행

| Enter |
| Recent Input ▶ |
| Stretch Vertex |
| Add Vertex |
| Refine Vertices |
| Remove Vertex |
| Move |
| Rotate |
| Scale ⓑ |
| Mirror |
| Base Point ⓒ |
| Copy ⓔ |
| Reference |
| Undo   Ctrl+Z |
| Exit |

SPlineEdit – 스플라인 편집하기

SPLine 물체를 편집하기 위해서는 SPlinEdit 명령을 사용할 수 있다. 다음 명령 예제와 같이 SPlinEdit 명령은 하나의 스플라인을 선택해서 처음 생성할 때의 옵션과 같은 기능을 제공한다.

캐 드 명 령

명령: *SPlinEdit* `Enter` 또는 단축키 `S` `P` `E`
스플라인 선택: <u>도면에서 스플라인 선택</u>
옵션 입력 [닫기(C)/결합(J)/맞춤 데이터(F)/정점 편집(E)/폴리선으로 변환(P)/반전(R)/명령 취소(U)/종료(X)] 〈종료〉:

그러나 대부분의 작도자들이 스플라인을 편집하는 방법으로 왼쪽 그림과 같은 그립 (Grip) 기능을 더 많이 이용한다. 그립이란 물체를 선택하여 물체를 구성하고 있는 점이 사각형 박스로 보이고 물체 역시 점선으로 표시되는 상태를 뜻한다. 그립 상태의 메뉴는 먼저 정점을 마우스 왼쪽 버튼으로 선택하여 붉게 만들고 이를 다시 오른쪽 버튼으로 열리는 메뉴를 뜻한다.

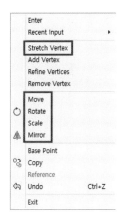

→ 점을 선택한 후 오른쪽 버튼으로 열리는
그립 메뉴

캐 드 명 령

명령: <u>물체의 정점 선택 후 그립 메뉴 켜기</u>
** 신축(*Stretch*) ** 신축점 지정 또는 [기준점(B)/복사(C)/명령 취소(U)/종료(X)]:
** 이동(*Move*) ** 이동점 지정 또는 [기준점(B)/복사(C)/명령 취소(U)/종료(X)]:
** 회전(*ROtate*) ** 회전 각도 지정 또는 [기준점(B)/복사(C)/명령 취소(U)/참조(R)/종료(X)]:
** 축척(*SCale*) ** 축척 비율 지정 또는 [기준점(B)/복사(C)/명령 취소(U)/참조(R)/종료(X)]:
** 대칭(*MIrror*) ** 두 번째 점 지정 또는 [기준점(B)/복사(C)/명령 취소(U)/종료(X)]:
** 신축(*Stretch*) ** 신축점 지정 또는 [기준점(B)/복사(C)/명령 취소(U)/종료(X)]:

그립 메뉴가 열리면 위와 같이 명령창에 '** 신축 **' 명령이 나타난다. 이때 `Space` 키를 누르면 위와 같이 명령이 반복적으로 전환된다. 이들 명령어는 메뉴에서 조금 다른 특징이 있는데 왼쪽 그림과 같이 신축(Stretch) 명령은 선택한 점에만 영향을 미치고 나머지 네 개의 명령은 모든 점, 즉 전체 물체에 영향을 미친다.

이제 위의 명령어를 기반으로 그립 기능을 이용해 간단한 지형을 그려 보도록 하겠다. 그립 기능에서 축척(SCale) 명령으로 기존에 그린 등고선을 작게 또는 크게 하며 등고선 가운데 지점을 기준으로 축척되어야 하므로 기준점을 설정하고 복사 설정도 켜는 방법을 알아본다.

캐드명령

```
명령:                                                                        ⓐ
** 신축 ** 신축점 지정 또는 [기준점(B)/복사(C)/명령 취소(U)/종료(X)]: _scale      ⓑ
** 축척 ** 축척 비율 지정 또는 [기준점(B)/복사(C)/명령 취소(U)/참조(R)/종료(X)]: _base    ⓒ
기준점 지정:                                                                   ⓓ
** 축척 ** 축척 비율 지정 또는 [기준점(B)/복사(C)/명령 취소(U)/참조(R)/종료(X)]: _copy    ⓔ
** 축척 (다중) **
축척 비율 지정 또는 [기준점(B)/복사(C)/명령 취소(U)/참조(R)/종료(X)]: 0.5          ⓕ
** 축척 (다중) **
축척 비율 지정 또는 [기준점(B)/복사(C)/명령 취소(U)/참조(R)/종료(X)]: 0.8          ⓖ
** 축척 (다중) **
축척 비율 지정 또는 [기준점(B)/복사(C)/명령 취소(U)/참조(R)/종료(X)]: 1.3          ⓗ
** 축척 (다중) **
축척 비율 지정 또는 [기준점(B)/복사(C)/명령 취소(U)/참조(R)/종료(X)]: Enter
```

ⓐ 먼저 등고선에 있는 기준 물체의 점을 하나 선택한 후 마우스 오른쪽 버튼으로 그립 메뉴를 동작시킨다.

ⓑ 그립 메뉴에서 축척(SCale) 명령을 선택한다. 또는 그립 상태가 되었기 때문에 Space 키를 눌러 명령창에서 축척(SCale) 명령이 나타나게 한다.

ⓒ 다시 그립 메뉴를 띄워 기준점(Base point) 변경을 선택한다. 또는 명령창에서 B 키를 눌러 기준점 변경 옵션을 선택한다.

ⓓ 기준점 변경 옵션에 따라 도면에서 새로운 기준점을 지정한다. 기준점을 변경하지 않으면 모든 그립의 동작은 현재 선택한 정점이 기준점이 된다.

ⓔ 다시 그립 메뉴를 띄워 복사(Copy) 항목을 선택한다. 또는 명령창에서 C 키를 눌러 복사 옵션을 켠다.

ⓕ 이제 축척의 비율을 지정한다. 커서를 통해 도면에서 지정할 수도 있지만 정확한 비율을 지정하기 위해 명령창에 축척 비율을 직접 입력한다.

ⓖ 축척 비율은 반복적으로 입력하여 다른 크기 물체를 계속 만들 수 있다. 원하는 축척 작업이 완료되면 마지막으로 Enter 키를 눌러 그립 명령을 종료한다.

그립(Grip) 기능을 사용할 때는 가급적 불필요한 스냅 기능을 꺼두어야 한다. 특히 객체 스냅(Object Snap) 기능은 잘 인식되지 않지만 엉뚱하게 동작해 잘못된 결과를 만드는 경우가 많다.

MEMO

02

중급 2차원 평면 작도

도면의 설정

14강에서는 중급 사용자를 위한 복잡한 그리기 명령을 알아보았다. 이번 강에서는 중급 사용자를 위한 도면의 준비작업에 대해 알아보겠다. 초급 사용자 단계에서는 도면의 크기, 단위 등을 설정하였다. 이제 중급 단계에서는 도면의 레이어(LAyer)를 설정하는 방법을 알아본다. AutoCAD에서 다루는 레이어 개념은 다른 프로그램의 레이어와 크게 다르지 않기 때문에 쉽게 이해하고 사용할 수 있다.

L E S S O N

LAyer – 도면의 준비 작업

2강에서 알아본 도면의 준비 작업은 LIMITS 명령을 사용해서 도면의 크기를 지정하였다. 또한 필요시 STARTUP 변수를 '1'로 지정하여 좀 더 세부적인 도면 설정(단위, 정밀도, 각도 등)을 할 수 있었다. 이제 이번 강에서는 도면의 레이어(LAyer) 설정에 대해 알아보도록 한다. 다른 그리기 프로그램을 다뤄본 경험이 있다면 레이어의 개념에 대해서는 이미 알고 있을 것이다. 캐드의 레이어 개념도 다른 프로그램의 레이어 개념과 크 게 다르지 않다. 다만 레이어 단위로 분류되는 물체의 종류와 분류법이 조금 다를 수 있다.

레이어란 투명한 여러 장의 비닐에 나눠 그린 도면을 하나로 합쳐 보 이도록 하는 기능을 뜻한다. 오른쪽 그림을 보면 가장 위 레이어는 중심선(Center) 방식으로 그려진 기준선들만 그려진 것을 알 수 있 다. 두 번째 레이어는 실제 물체를 그리기 위한 다른 부가적인 물체 를 그린 것을 알 수 있다. 마지막으로 세 번째 레이어는 실선으로 그 린 실제 작도하고자 하는 물체의 단면을 그렸다. 이 세 장의 도면은 합쳐져서 완성된 도면이 되기도 하며 활용 용도에 따라 원하는 레이 어만 켜서 볼 수도 있다.

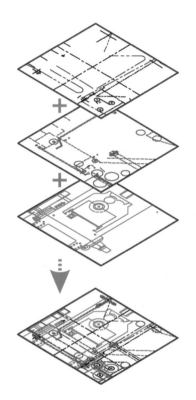

도면을 이와 같이 서로 나눠 그리면 한 레이어에 그린 도면을 한꺼번 에 통제하는 것이 편리해진다. 즉, 레이어의 도면을 보이거나 숨기는 기능과 잠금/해제 하는 등의 기능을 쉽게 통제할 수 있다. 또한 하나 의 레이어에 그려진 도면의 색상과 선 두께, 선 유형 등을 한번에 변 경할 수 있는 것 역시 큰 장점 중 하나이다. 우리가 지금까지 제작한 도면은 레이어가 필요 없을 정도로 간단한 도면이었지만 이제부터 는 최소한 두 개 이상의 레이어로 작업하는 연습을 할 것이다.

➜ 세 장의 레이어가 합쳐져 만들어지는 도면

먼저 레이어를 관리하기 위한 도구 패널에 대해 알아보겠다. 다음 그림과 같이 홈 탭에 도면층(LAyer) 패널에 는 레이어를 관리하기 위한 여러 가지 도구들이 준비되어 있다. 이 패널에는 상당히 많은 도구 아이콘이 있지 만 이 교재에서는 가장 많이 사용하는 중요한 기능에 대해서만 알아보도록 한다.

→ 홈 탭 > 도면층(LAyer) 패널

→ 홈 탭 > 특성(PRoperties) 패널

그리고 이전에 **LineType** 명령어를 알아보면서 살펴본 특성(PRoperties) 패널도 다시 함께 살펴본다. 이번에는 특성 패널을 직접 조작하는 것이 아니라 특성 패널이 자동으로 변경되는 모습을 주의하여 살펴보아야 한다. 위의 특성 패널에는 선의 색상, 선의 두께, 선의 종류 등에 '도면층별' 또는 'By Layer'라고 표시된 것을 볼 수 있다. 이것은 선의 속성들이 레이어가 정해준 특성을 따른다는 것을 뜻한다. 물론 이렇게 레이어 특성을 따르지 않고 강제로 속성을 다르게 지정할 수도 있지만 실제 작업에서 이런 행동은 '할 수 있는 반칙'과도 같기 때문에 권장하지는 않는다.

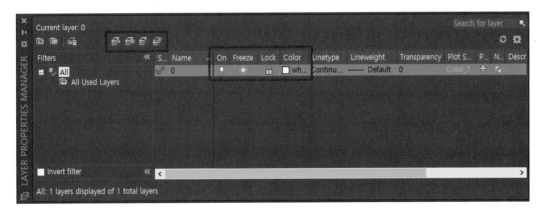

→ LAyer 명령을 동작시켰을 때 레이어 관리 대화상자와 기본 '0' 레이어

먼저 명령창에 **LAyer** 명령을 입력하면 위와 같은 대화상자가 나타난다. 이 대화상자에서 왼쪽은 특정 레이어만 표시하도록 하는 필터(거름장치)가 표시된다. 보통 복잡한 도면이 아니라면 레이어 필터는 굳이 사용할 필요가 없기 때문에 이 교재에서는 레이어 필터는 다루지 않는다. 대화상자의 오른쪽 부분이 실제 레이어가 표시되는 부분이며 기본적으로 이름 '0'이라는 레이어가 만들어져 있다. '0' 레이어는 삭제가 불가능하기 때문에 도면에 최소한 하나의 레이어가 포함되도록 해주며 블록(Block)을 작도할 때 사용한다. 우리는 지금까지 모든 작도를 은연중에 '0' 레이어에서 하였지만 이제부터는 별도의 레이어를 만든 후에 작도하도록 한다.

레이어 이름 앞에 상태 칸에는 현재 레이어에 체크 표시가 되어 있다. 레이어 이름 뒤로는 레이어가 켜졌는지, 동결되었는지, 잠겼는지 등의 레이어의 속성 정보가 표시되어 있다. 이제 위 그림에 표시된 레이어 생성 버튼과 속성 정보 아이콘 등에 대해 알아본다.

① ② ③ ④

➜ 레이어 생성/삭제 버튼

⑤ ⑥ ⑦ ⑧

➜ 레이어 상태 아이콘

① **새 레이어 만들기(Alt + N)** : 새 레이어를 만들어준다. 새로 만드는 레이어의 속성은 현재 선택된 레이어의 속성을 따라 만든다.

② 새 레이어를 만들고 기존의 레이어는 동결시킨다.

③ **레이어 삭제(Alt + D)** : 선택된 레이어를 삭제한다. 단, 처음 레이어(이름 '0'), 현재 레이어, 물체가 그려진 레이어, 외부 참조에 연결된 레이어 등은 삭제되지 않는다.

④ **현재 레이어(Alt + C)** : 선택된 레이어를 현재 레이어로 설정한다. 단, 동결된 레이어와 외부 참조에 연결된 레이어는 현재 레이어로 설정할 수 없다.

⑤ **켜기 속성** : 레이어는 켜고 끌 수 있다. 켠다는 것은 레이어에 그려진 물체를 보이게 하는 것으로 시각적인 특징을 설정한다.

⑥ **동결 속성** : 동결 속성은 켜기 속성과 잠금 속성을 합친 것으로 물체를 보이지 않게 하고 선택과 수정이 불가능하게 만든다 단, 현재 레이어는 동결이 불가능하다.

⑦ **잠금 속성** : 물체는 보이지만 선택이 되지 않는다. 완성된 도면으로 더 이상 수정할 필요 없을 때 사용하면 편리하다. 단, 잠겨 있더라도 객체 스냅(Object Snap) 기능을 통해 참조는 가능하다.

⑧ **색상 속성** : 레이어의 색상은 곧 레이어에 그려지는 모든 물체의 선 색상이 된다. 레이어 색상을 바꾸면 레이어 위에 그려진 모든 물체 색상을 한번에 바꿀 수 있다.

Hint • **레이어의 켜기/끄기 기능의 함정**

간혹 켜기 속성을 조작할 때 주의할 점이 있다. 켜기 속성은 끈 상태로 설정하여도 현재 레이어로 선택되어 있으면 보이지는 않지만 그리기가 가능하다. 만일 이 상태에서 보인지 않는다고 그리기 작업을 해선 안 된다. 나중에 이 레이어를 다시 켜게 되면 의미 없는 물체가 쓰레기처럼 그려져 있을 수 있다.

캐드에서 물체를 선택할 때 현재 레이어가 아니면 클릭 또는 윈도우/크로싱 동작으로 물체를 선택할 수 없다. 그러나 특이하게 Ctrl+A를 누르면 다른 레이어의 물체도 전체 선택이 가능하다는 점이다. 심지어는 꺼진 레이어의 물체도 선택되어 파란색 선택 그립이 보이게 된다. 이렇게 선택이 되었다면 보이지 않더라도 수정 명령어로 이동이나 복사, 삭제가 가능하게 된다. 이 과정에서 자칫 숨겨 놓았다고 생각한 물체를 지워 버리는 사고가 발생할 수 있기 때문에 주의가 필요하다. 숨길 레이어는 켜기/끄기 속성보다 동결 속성을 이용하는 것이 안전하다.

이 외에도 레이어의 속성 정보에는 선 종류(LineType), 선 가중치(선 두께), 플롯 스타일(출력 펜), 플롯(출력 여부) 등이 포함되어 있다. 레이어 대화상자에는 이 외에도 수많은 기능이 있지만 우선 가장 기본적이고 가장 많이 사용하는 기능에 대해서만 알아보았다. 보다 더 복잡한 레이어 대화상자 기능에 대해 알아보기보다는 실무에서 레이어를 어떤 단위로 나누는 것이 관례이고 더 편리한지를 알아두는 것이 더 중요하다.

간단한 레이어의 실무 예제

선종류 관리자(LineType Manager)를 통해
중심(CENTER)과 숨은선(HIDDEN)을 적재(Load)

━━━━━━━ 실선 : 외형/단면선
　　　　　　　치수/보조선, 해칭선

┈┈┈┈┈┈ 파선 : 숨은선

─·─·─·─·─·─ 일점쇄선 : 중심선

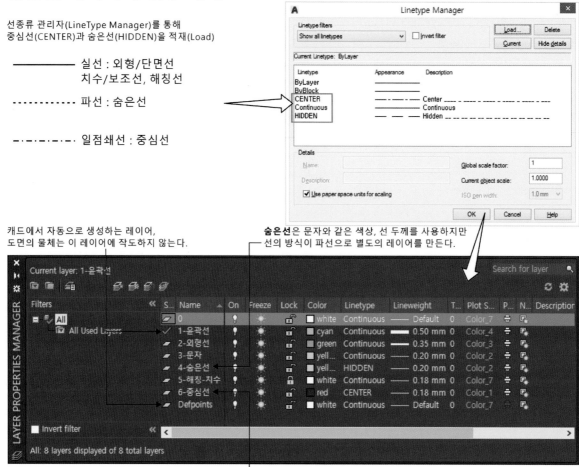

캐드에서 자동으로 생성하는 레이어,
도면의 물체는 이 레이어에 작도하지 않는다.

숨은선은 문자와 같은 색상, 선 두께를 사용하지만
선의 방식이 파선으로 별도의 레이어를 만든다.

중심선은 치수선과 두께만 같고 색상과
방식이 다르기 때문에 별도의 레이어를 만든다.

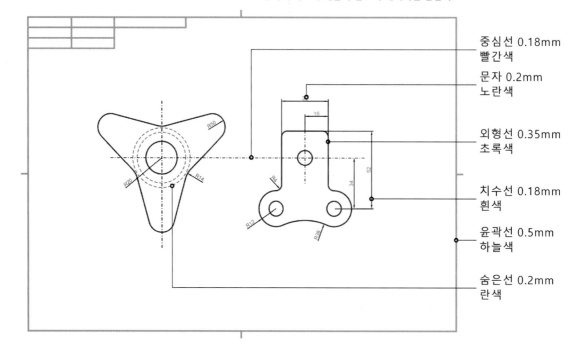

중심선 0.18mm
빨간색

문자 0.2mm
노란색

외형선 0.35mm
초록색

치수선 0.18mm
흰색

윤곽선 0.5mm
하늘색

숨은선 0.2mm
란색

평범한 도면의 레이어

이번 장에서는 전 장에서 알아본 레이어 기능을 이용해 가장 간단한 실무 환경에 적용해 보는 연습을 한다. 도면 작도에서 가장 많이 사용하는 선은 실선, 파선, 일점쇄선 등으로 실제 모양은 왼쪽 그림과 같다. 물론 가장 많이 사용하고 중요한 선은 실선이다. 이 실선은 굵은선과 중간선, 가는선 등으로 나누는데 실제 선의 두께는 다음 표와 같이 다양하게 설정할 수 있다. 정확한 선의 두께는 도면의 크기에 따라 적당한 비율로 정하는데 여기서 제시하는 기준들이 절대적인 것은 아니다. 이제 각 선의 용도를 하나씩 알아보도록 한다.

명칭	굵기	용도 명칭
실선	굵은선(0.3~0.8mm)	외형선, 단면선, 파단선
	중간선(0.2~0.3mm)	치수선, 치수보조선, 지시선
	가는선(0.1~0.15mm)	해칭선
파선	중간선(0.2~0.3mm)	숨은선
일점쇄선	가는선(0.1~0.15mm)	중심선

- 외형선 : 실제 물체를 그릴 때 사용, 도면에서 가장 많이 사용하는 보편적인 선이다.
- 단면선 : 물체가 보는 시점에서 잘려나가 그 단면을 표현할 때 사용, 보통 단면선의 내부는 해칭(단면 재료 표현) 한다.
- 파단면 : 도면의 한계 때문에 전체를 표현할 수 없을 때 중간을 끊어 생략하는 표현
- 치수보조선 : 물체에서 치수선까지 인출하여 끌고나온 선
- 지시선 : 지시, 기호 등을 나타내기 위해 인출한 선
- 해칭선 : 절단면 내부에 재료를 표현할 때 채우는 선
- 숨은선 : 작도할 물체를 보는 시점에서 물체에 보이지 않는 부분을 표현
- 중심선 : 도형의 중심축을 가상으로 표현하는 선 또는 움직이는 물체의 중심 궤적을 표현

이제 전산응용 기계제도 기능사 실기문제에 출제된 문제의 펜 두께 규정을 보면서 레이어를 어떻게 나누어야 할지 알아보도록 하겠다. 다음의 규정에는 선 두께와 색상만 지정되어 있고 어떤 선을 사용할지는 기술되어 있지 않다. 이런 경우는 보통의 제도 통칙을 따르면 된다.

선굵기	색상	용도
0.50mm	하늘색(Cyan)	윤곽선
0.35mm	초록색(Green)	외형선, 개별주석 등
0.20mm	노란색(Yellow)	치수문자, 일반주석, 숨은선 등
0.18mm	흰색(White), 빨강(Red)	해칭, 치수선, 치수보조선, 중심선 등

XLine

① 두 점을 지정

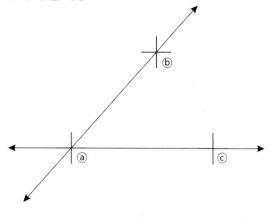

② 수평(Horizontal) 옵션

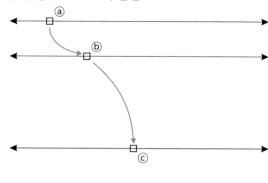

③ 수직(Vertical) 옵션

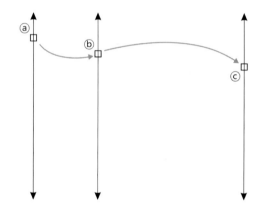

④ 각도(Angle) 옵션

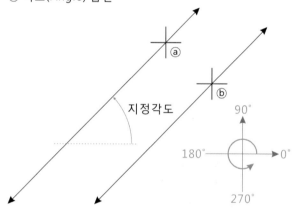

⑤ 이등분(Bisect) 옵션

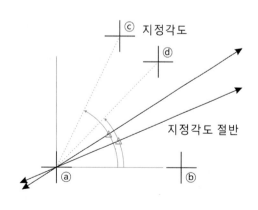

⑥ 간격띄우기(Offset) 옵션

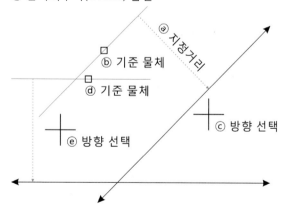

제도 통칙에 따르면 숨은선은 파선으로, 중심선은 일점쇄선으로 그려야 한다. 따라서 위의 네 가지 구분은 숨은선과 중심선이 따로 지정되어야 하기 때문에 총 6개의 레이어를 정의하는 것이 편리하다.

왼쪽 그림과 같이 AutoCAD가 기본적으로 생성하는 레이어 '0'과 치수선을 사용할 때 나타나는 'Defpoints' 레이어를 제외한 나머지 6 레이어에 각 물체를 배치한다. 기존에 다른 레이어에 그려진 물체를 원하는 레이어로 이동시킬 때는 물체를 선택하고 홈 탭 > 도면층(LAyer) 패널에서 현재 물체의 레이어를 다른 레이어로 선택해 주면 된다. 오른쪽 그림에서는 중심선 레이어에 그려진 현재 선택한 물체를 윤곽선 레이어로 이동시키는 장면을 보여주고 있다.

→ 홈 탭 > 도면층 탭, 선택한 물체의 레이어 이동

L E S S O N

XLine – 양방향 무한대선

15-3

물체를 작도하는 초기 단계에서 기준선이나 중심선, 물체를 스케치할 때 가끔 화면을 벗어난 영역까지 선을 길게 그어야 할 때가 있다. 이럴 때마다 화면을 다시 줌아웃하여 끝점을 지정하거나 늘리는 방법은 조금 불편하거나 실수를 유발할 수 있다. 이런 이유로 캐드에서는 무한대선 즉 XLine 명령을 제공한다. 작도자의 습관에 따라 거의 사용하지 않는 경우도 있지만 보통의 경우라면 작도 시작단계에서 Line 명령보다 XLine을 더 많이 사용한다.

① 도면에 두 점을 지정하여 무한대선을 작도하는 방법

캐드 명령

명령: *XLine* `Enter`
점을 지정 또는 [수평(H)/수직(V)/각도(A)/이등분(B)/간격띄우기(O)]:   ⓐ 첫 번째 점 지정
통과점을 지정: ⓑ 통과점 지정
통과점을 지정: ⓒ 통과점 지정
통과점을 지정: `Enter`   무한대선 명령 종료

XLine 명령을 실행하면 한번에 여러 개의 무한대선을 작도할 수 있다. 위의 예제에서는 ⓐ점과 ⓑ점을 통과하는 무한대선과 ⓐ점과 ⓒ점을 통과하는 무한대선 두 개를 작도한다. XLine 명령은 처음 지정하는 ⓐ점을 공통적으로 통과하는 무한대선을 여러 개 작도할 수 있다.

ⓐ 무한대선이 통과하는 첫 번째 지정점을 도면에서 지정한다. 이 명령 단계에서 그려지는 모든 무한대선은 이 점을 공통적으로 통과하게 된다.

ⓑ 무한대선이 통과할 두 번째 지정점을 지정한다. 이 단계에서 하나의 무한대선이 그려진다.

ⓒ 무한대선이 통과할 또 다른 지정점을 지정한다. 이때 그려지는 무한대선은 ⓑ 지점과는 무관하게 ⓐ 지점과 ⓒ 지점을 통과한다.

② **수평(Horizontal)** 또는 ③ **수직(Vertical)** 옵션을 사용하면 수평선과 수직선을 한 점만 지정하는 방법으로 작도할 수 있다. 수평 또는 수직이라는 조건이 있기 때문에 한 점만 지정하면 무한대선이 그려진다.

> **캐 드 명 령**
>
> 명령: *XLine* `Enter`
> 점 지정 또는 [수평(H)/수직(V)/각도(A)/이등분(B)/간격띄우기(O)]: *H*   또는 수직(V) 옵션
> 통과점을 지정: ⓐ 통과점 지정
> 통과점을 지정: ⓑ 통과점 지정
> 통과점을 지정: ⓒ 통과점 지정

④ **무한대선의 각도를 지정하여 그리는 방법**

> **캐 드 명 령**
>
> 명령: *XLine* `Enter`
> 점을 지정 또는 [수평(H)/수직(V)/각도(A)/이등분(B)/간격띄우기(O)]: *A*
> X선의 각도 입력 (0) 또는 [참조(R)]: *45*   무한대선의 각도 지정
> 통과점을 지정: ⓐ 통과점 지정
> 통과점을 지정: ⓑ 통과점 지정

각도가 지정되었기 때문에 이 무한대선을 통과하는 점 하나만 지정하면 하나의 무한대선을 작도할 수 있다. 물론 각도의 기준은 도면의 오른쪽 방향이 0°가 되며 시계 반대 방향으로 각도값이 증가하게 된다. 이것은 캐드의 시작마법사(STARTUP) 단계에서 설정할 수 있다. 이 XLine 명령으로 그려지는 무한대선은 모두 같은 기울기 각도값을 가지게 된다.

⑤ 지정각도의 이등분(Bisect) 각으로 그리는 방법

명령: *XLine* Enter
점 지정 또는 [수평(H)/수직(V)/각도(A)/이등분(B)/간격띄우기(O)]: *B*
각도 정점 지정:　　　　　　　　　　　　　　　　　　ⓐ 각도지정의 중간점
각도 시작점 지정:　　　　　　　　　　　　　　　　　ⓑ 각도의 시작점
각도 끝점 지정:　　　　　　　　　　　　　　　　　　ⓒ 각도의 끝점
각도 끝점 지정:　　　　　　　　　　　　　　　　　　ⓓ 각도의 끝점

이등분 옵션은 세 개의 점으로 지정한 각도를 다시 이등분하여 무한대선을 그려주는 기능을 한다. 먼저 지정하는 점 ⓐ는 각도의 중간점(꼭짓점)으로 이 명령에서 그려지는 모든 무한대선은 이 점을 지난다. 다음 단계에서는 각도의 시작점 ⓑ를 지정한다. 각도의 시작점은 한 번만 입력할 수 있다. 마지막으로 각도의 끝점 ⓒ를 지정한다. 끝점은 여러 개를 지정할 수 있다.

⑥ 지정한 물체로 부터 특정 거리가 떨어진 오프셋(Offset) 무한대선

명령: *XLine* Enter
점 지정 또는 [수평(H)/수직(V)/각도(A)/이등분(B)/간격띄우기(O)]: *O*
간격띄우기 거리 지정 또는 [통과점(T)] 〈통과점〉: *50*　　　ⓐ 물체와 떨어질 지정거리
선 객체 선택:　　　　　　　　　　　　　　　　　　　ⓑ 기준물체 지정
간격띄우기할 방향 지정:　　　　　　　　　　　　　　ⓒ Offset 방향 지정
선 객체 선택:　　　　　　　　　　　　　　　　　　　ⓓ 기준물체 지정
간격띄우기할 방향 지정:　　　　　　　　　　　　　　ⓔ Offset 방향 지정

마지막으로 간격띄우기(Offset)를 지정하여 작도하는 방법을 알아보겠다. 이 옵션을 선택하면 먼저 떨어질 거리값을 지정한다. 이 값은 한 번 지정하면 현재 XLine 명령 동안에는 지속적으로 유지된다. 이제 기준이 될 물체를 선택하고 떨어질 방향을 지정하면 하나의 무한대선이 그려진다. 다시 다른 물체를 선택하고 방향만 지정하면 또 다른 무한대선을 작도할 수 있다. 전장의 왼쪽 그림에서 지정거리는 한 번만 입력할 수 있지만 물체와 방향 지정은 반복하면서 여러 개의 무한대선을 작도할 수 있다.

간격띄우기(Offset) 옵션의 기준 물체는 Line 물체와 같은 단순 물체뿐만 아니라 RECtang 또는 POLygon 같은 다중 물체도 사용할 수 있다. 이들 물체를 선택할 때는 모든 물체의 면이 선택된 것처럼 보이지만 실제는 작도자가 선택한 무한대선의 기준선 마디만 선택된다.

L E S S O N

RAY – 한방향 무한대선

15-4

XLine으로 만드는 양방향 무한대선은 편리하기는 하지만 나중에 도면을 정리하다 보면 불필요한 부분이 양쪽으로 생겨 불편한 경우가 종종 있다. 이런 경우 한방향으로만 무한대선을 만드는 **RAY** 명령을 많이 사용한다. **RAY** 명령은 캐드에서 제공되는 명령어중 옵션이 없는 최고로 간단한 명령중 하나로 단순히 하나의 기준점과 통과점을 지정하기만 하면 무한대선이 그려진다.

캐드명령

명령: *RAY* `Enter`
시작점을 지정: ⓐ 기준점 지정
통과점을 지정: ⓑ 통과점 지정
통과점을 지정: ⓒ 통과점 지정
통과점을 지정: ⓓ 통과점 지정
통과점을 지정: ⓔ 통과점 지정

위 명령에서 지정하는 ⓐ 기준점은 이 명령에서 그리는 모든 **RAY** 무한대선이 통과하는 기준점이 된다. 이후 지정하는 ⓑ, ⓒ, ⓓ, ⓔ 통과점을 각각 지나는 무한대선이 하나씩 그려진다.

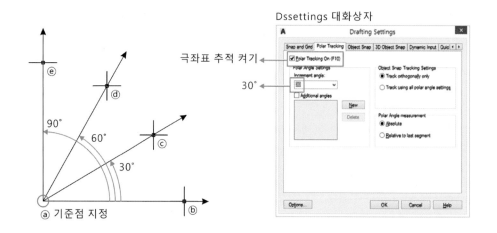

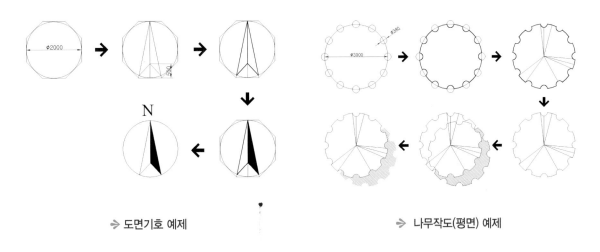

➡ 도면기호 예제　　　　　　　　　　　　➡ 나무작도(평면) 예제

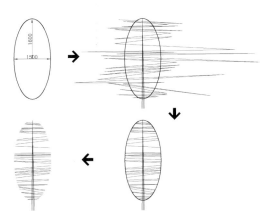

➡ 나무작도(입면) 예제

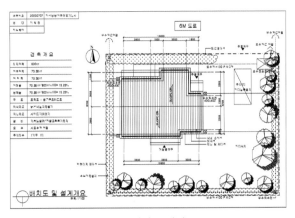

➡ 배치도 예제

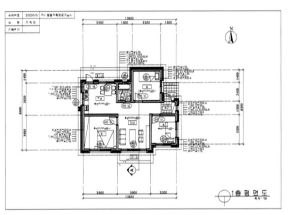

➡ 평면도 예제

PART

AutoCAD & SketchUp

02

중급 2차원 평면 작도

LESSON

16

블록 명령어

도면을 작도하면서 반복적으로 자주 사용하는 모듈과 같은 물체를 위해 캐드에서는 블록 관련 명령어를 제공한다. 이 기능을 이용하면 블록을 만들고 도면에 삽입하고 따로 파일로 저장할 수 있다. 그리고 최근 추가된 디자인센터의 기능에 대해서도 알아본다.

Block 만들기

@ 물체 선택 후 Block 실행

Insert 블록 삽입

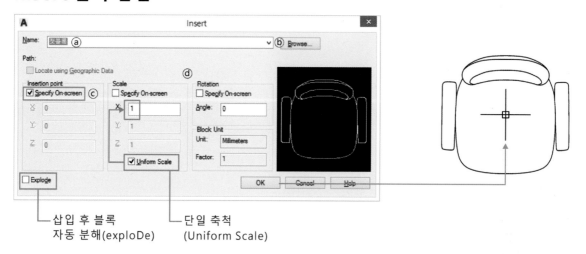

— 삽입 후 블록
  자동 분해(exploDe)

— 단일 축척
  (Uniform Scale)

Wblock 블록 저장

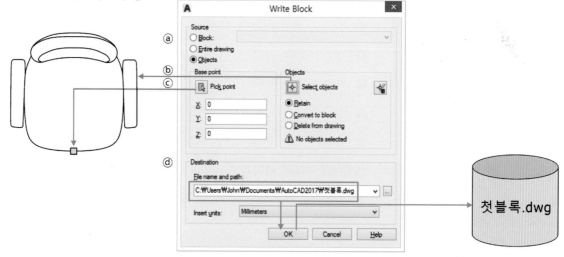

첫블록.dwg

Block – 블록 만들기

가끔 도면에 작도된 물체를 하나로 묶어 관리하면 편리할 때가 있다. 이전에 알아본 PEdit 명령은 하나의 PolyLine 물체처럼 겉보기로 연결된 물체만 묶을 수 있다는 절대적인 한계가 있다. 서로 연결되지 않은 물체를 묶어주기 위해 7강에서 알아본 Group(그룹, 묶기)과 UNGROUP(언그룹, 풀기) 명령이 있지만 그룹된 물체를 복사한 후 편집하거나 그룹을 풀면 예상하지 못한 현상이 종종 발생한다. 여러 가지 이유로 캐드에서는 PolyLine 방식으로 물체를 묶거나 Group 명령으로 묶는 방식은 잘 사용하지 않는다. 대신 이제부터 알아볼 Block(블록) 명령으로 물체를 묶고 관리하며 다른 도면과 블록 정보를 교환한다.

먼저 블록 물체를 만드는 Block 명령에 대해 알아보겠다. 홈 탭 > 블록(Block) 패널 > 작성(Block) 아이콘을 사용할 수도 있다. 그 옆에 있는 보다 큰 삽입(Insert) 아이콘은 기존에 만들어 놓은 블록을 도면에 추가할 때 사용한다. Block 명령은 미리 물체를 선택하여도 되고 반대로 명령을 실행하고 나중에 물체를 선택할 수도 있다.

→ 작성(Block) 아이콘

ⓐ 물체를 선택하고 Block 명령을 실행하면 블록 대화상자 상단에 간단한 물체 그림이 아이콘처럼 그려진다.

ⓑ 물체를 선택하지 않고 Block 명령을 실행하면 대화상자에 현재 '선택된 객체가 없음(No objects selected)'이 표시된다. '객체 선택(Select objects)' 버튼을 누르면 대화상자가 잠시 사라지고 도면에서 물체를 선택할 수 있게 된다.

ⓒ 기준점(Base point)의 선택점(Pick point) 버튼을 누르면 다시 대화상자가 잠시 사라지면서 선택한 물체의 기준점을 지정할 수 있게 된다. 이 기준점은 나중에 물체를 도면에 삽입할 때 블록의 원점이 된다. 보통은 물체의 왼쪽 하단이나 물체의 중앙을 지정한다.

ⓓ 물체를 블록으로 변환하면서 유지(Retain)를 선택하면 블록은 만들어지지만 현재 선택한 물체는 그대로 개별 물체 상태로 놔두게 된다. 즉, 그대로 현재 상태를 유지한다. 블록으로 변환(Convert to block)을 선택하면 현재 선택한 물체는 블록으로 전환된다. 마지막 삭제(Delete)를 선택하면 현재 선택한 물체는 블록으로 등록되면서 도면에서 삭제된다.

ⓔ 마지막으로 각 블록에는 적절한 이름을 지정해 주어야 한다. 단순 Group 명령을 사용할 때는 이름을 지정하지 않아도 되었지만 Block 명령에서는 반드시 이름을 지정하여야 한다. 이 이름은 다시 블록을 불러올 때 유용하게 사용된다.

Hint • **블록 제작을 위한 레이어 'O'**

블록을 만들때는 반드시 기본 레이어 'O'에서 만들어 주어야 한다. 만일 블록을 다른 레이어에서 만들면 나중에 이 물체를 다시 불러올 때 레이어 정보와 그외 불필요한 정보까지 함께 들어오게 되면서 충돌 또는 이상 현상이 발생할 수 있다. 이런 이유로 AutoCAD는 레이어 'O'을 항상 도면에 포함시키고 블록 제작과 블록 삽입의 기반 레이어로 활용하고 있다.

L E S S O N

Insert – 블록 삽입

16-2

이제 전 단락에서 제작한 블록을 도면에 삽입해 보겠다. Insert 명령을 입력하면 전장의 왼쪽 그림과 같은 삽입용 대화상자가 나타난다. 삽입 작업은 단순하고 직관적이기 때문에 쉽게 이해할 수 있다.

ⓐ 먼저 이 화살표(플라이 아웃) 부분을 클릭하면 현재 도면에서 사용하는 블록 이름이 펼쳐진다. 현재는 전장에서 만든 '첫블록'만 등록되어 있을 것이다.

ⓑ 불러오기(Browse) 버튼은 다른 도면 파일(*.dwg)을 블록 방식으로 불러올 때 사용한다.

ⓒ 현재 도면 위에 블록을 올려 놓을 위치를 지정한다. 여기서 지정하는 위치는 블록의 기준점(Base point)이된다. 기본적으로 '화면상에 지정(Specify On-screen)' 체크상자가 켜져 있는데 이는 대화상자가 닫히고 나서 커서로 도면 위에 위치를 지정한다는 뜻이다. 이 체크상자를 끄면 하단에 X, Y, Z 좌표값을 직접 입력하여 지정할 수 있다.

ⓓ 축척(Scale)은 블록 크기를 현재 도면에 어떤 비율로 가져올지를 결정한다. 기본값은 X, Y, Z축으로 모두 1.0이 지정되어 있다. 이것은 본래 블록 크기 그대로 가져온다는 뜻이 된다.

ⓔ 로테이션, 회전(Rotation)은 블록이 도면에 놓일 때의 회전 값을 뜻한다. 물론 회전의 중심은 블록 물체의 기준점(Base point)이 된다.

AutoCAD 2021 버전의 개선 사항(동영상 참고)

▶ 과거에는 블록 삽입(Insert) 명령으로 블록 삽입을 위한 대화 상자가 나타났으나 2021 버전부터는 라이브러리 패널로 통합되었다. 이 패널은 삽입 > 삽입 > 라이브러리의 블록으로 실행한다. 이 패널에는 더 빠른 액세스를 위해 가장 최근에 사용한 5개의 블록 라이브러리(폴더 또는 도면 파일)를 표시하는 최근 탭과 현재 도면 탭이 있다. 추가로 다른 폴더/도면의 블록을 쉽게 지정할 수 있는 라이브러리 탭이 있다.

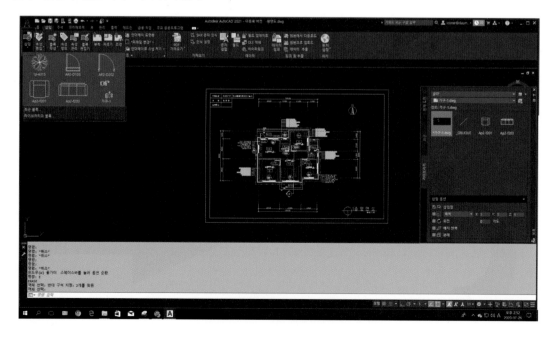

Wblock – 블록 저장

Wblock 명령은 만들어 놓은 블록을 다른 도면에서 사용할 수 있도록 별도 파일로 저장한다. 이 명령은 자체적으로 블록을 만드는 기능이 포함되어 만들어 놓은 블록뿐만 아니라 현재 선택한 개별 물체들 또는 전체 도면을 블록 파일로 저장할 수 있다.

Wblock 명령을 실행시키면 왼쪽 그림과 같은 블록 저장용 대화상자가 나타난다. 가장 중요한 선택은 ⓐ에 있는 원본(Source)의 방식이다. 여기에는 세 가지 방식 나누어져 있는데 현재 도면에 정의된 블록(Block) 중 하나를 저장하는 방법과 전체 도면(Entire drawing)을 블록으로 저장하는 방법, 마지막으로 현재 선택된 물체(Objects)를 블록으로 저장하는 방법이 있다.

ⓐ에 있는 원본(Source) 항목에서 블록(Block)을 선택하면 ⓑ 객체(Objects)와 ⓒ 기준점(Base point) 항목은 설정이 불가능해진다. 블록은 그 자체에 기준점과 어떤 물체로 구성되었는지 이미 지정되어 있기 때문이다. 블록을 파일로 저장할 때는 단순히 블록의 이름과 저장할 파일의 위치, 이름만 지정하면 된다.

원본(Source) 항목에서 전체 도면(Entire drawing)을 선택하여도 ⓑ와 ⓒ 항목은 설정이 불가능해진다. 전체 도면을 블록으로 저장하는 것이기 때문에 특별히 물체를 선택할 필요가 없기 때문이다. 이때 기준점은 좌표의 원점$(0, 0, 0)$이 된다.

마지막으로 원본(Source) 항목에서 물체(Objects)를 선택하면 현재 선택한 물체가 블록으로 저장된다. 만일 선택한 물체가 없다면 ⓑ의 객체 선택(Select objects) 버튼으로 물체를 선택하면 된다. 그리고 ⓒ 기준점의 선택점(Pick point) 버튼을 눌러 현재 선택한 물체의 기준점을 지정한다. 모든 설정이 끝나고 마지막 ⓓ 확인 버튼을 누르면 블록은 파일로 저장한다.

ADCenter - 디자인센터

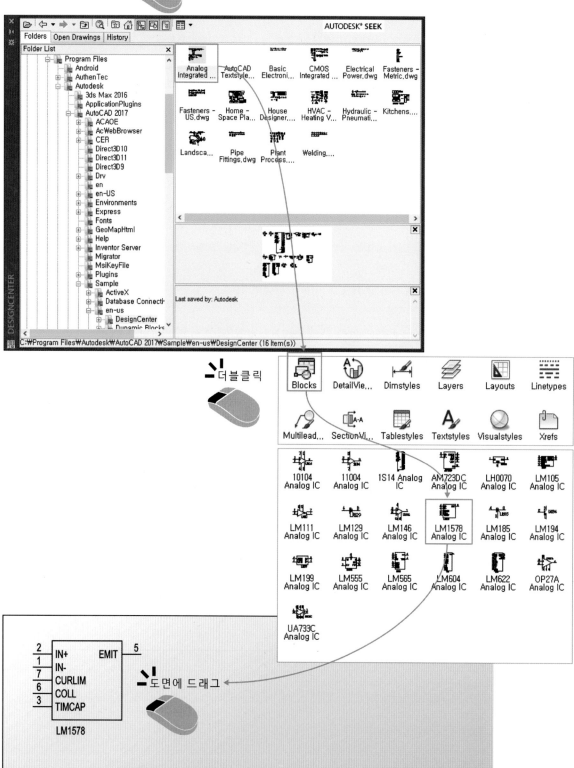

ADCenter – Design Center(디자인센터)

Block, Insert, Wblock 명령은 오랜 시간 동안 도면의 블록 기능을 잘 수행해 주었다. 그러나 사용자들이 한 폴더에 도면을 많이 저장하고 블록도 점점 많이 만들면서 도면 파일과 블록 파일 사이에 혼동이 발생하였다. 도면 파일과 블록 파일은 서로 호환성을 위해 모두 확장자를 *.dwg 형태로 사용하기 때문에 서로 구분하려면 사용자가 도면 이름을 주의 깊게 주어야 했다. 그러나 네트워크 작업 환경에서 많은 사람들이 공동작업에 참여하면서 도면 이름의 규칙도 깨지기 쉽게 되었다.

AutoCAD는 이런 문제를 해결하기 위해 디자인센터(Design Center)라는 도구를 2004 버전부터 제공하기 시작했다. 거창한 이름 때문에 무언가 복잡한 도구 같지만 실제는 아주 간단한 탐색기에 지나지 않는다. 디자인센터를 동작시키는 명령 ADCenter(또는 단축키 Ctrl + 2)를 입력하면 왼쪽 그림과 같은 디자인센터 팔레트가 나타난다.

디자인센터 팔레트는 윈도우 탐색기와 비슷한 모양으로 왼쪽에 폴더들의 트리 구조 또는 이 폴더에 포함된 파일이 표시된다. 이때 폴더가 선택되었으면 오른편엔 선택한 폴더에 포함된 파일들이 미리보기(Preview) 방식으로 나타난다. 만일 파일이 선택되었으면 오른편엔 선택한 도면 파일에 포함된 요소들(블록, 레이어, 스타일 등)이 나타난다. 이제 이들 요소를 더블 클릭으로 선택하고 도면에 드래그하면 현재 도면에 간단히 Insert 된다. 디자인센터를 활용하면 굳이 Wblock 명령으로 도면의 블록을 별도 파일로 만들지 않아도 쉽게 다른 파일에서 불러와 쓸 수 있다.

LESSON

PUrge – 무용 자료 삭제

16-5

무용 자료란 사용하지 않는(無用) 자료를 뜻한다. 도면을 작도하면서 블록을 삽입하고 레이어와 타일 등을 지정하다 보면 가끔 정의만 해 놓고 사용하지 않는 경우가 발생한다. 이런 무용 자료는 쓸데 없이 도면 파일 크기를 늘리기 때문에 삭제하는 것이 올바른 관리법이지만 무용 자료를 찾기 위해서는 많은 수작업 검사가 필요하다. 이런 귀찮은 작업을 간단하게 해결해 주는 것이 PUrge 명령이다. 이 명령을 실행하면 다음과 같은 대화상자가 나타난다.

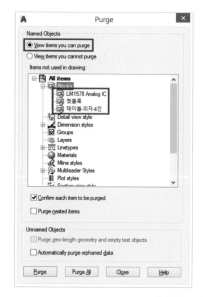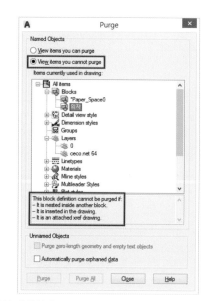

➜ PUrge 명령의 대화상자

① **소거할 수 있는 항목 표시(View Items You Can Purge)** : 아래 트리뷰 리스트에 도면에서 제거할 수 있는 객체를 표시한다.

② **제거할 각 항목 확인(Confirm Each Item to Be Purged)** : 각 항목을 제거할 때 한 항목마다 확인 대화상자를 표시한다. 한 항목을 제거할 때마다 나타나는 확인 대화상자가 귀찮다면 이 체크박스를 끄고 모두 소거(Purge All) 버튼을 클릭한다.

③ **내포된 항목 제거(Purge Nested Items)** : 여기서 제거하는 각 객체들은 서로 포함하거나 참조가 가능하다. 이 옵션을 선택하면 다른 객체에 내포가 되어 있더라도 사용되지 않았다면 함께 제거한다.

④ **이름 없는 객체(Unnamed Objects)** : 길이가 없는 선, 호, 폴리선 등을 제거한다. 글자가 없는 공백만으로 이루어진 문자 물체도 제거한다.

⑤ **소거할 수 없는 항목 표시(View Items You Cannot Purge)** : 아래 트리뷰 리스트에 도면에서 제거할 수 없는 객체를 표시한다. 트리뷰에서 객체를 선택하면 하단에 삭제가 불가능한 이유가 표시된다.

BEdit – 블록 편집기

16-6

한 번 만든 블록을 수정, 편집하기 위해 BEdit 명령을 제공한다. 이 명령은 명령창에 입력하여도 되고 패널 아이콘을 이용할 수도 있다. 또는 블록을 정의할 때 다음 그림과 같이 하단에 있는 '블록 편집기에서 열기(Open in block editor)' 체크상자를 켜두면 블록을 만든 후 자동으로 블록 편집기가 열리게 된다.

➜ 블록편집(BEdit) 아이콘

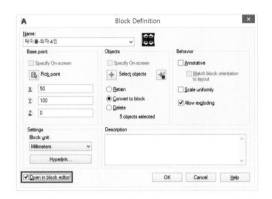

➜ 블록 만들기 대화상자에서 블록 편집기 열기

BEdit 명령이나 아이콘으로 편집기를 열면 어떤 블록을 편집할지 선택해 주어야 한다. 이 명령은 특이하게 블록을 미리 선택하고 명령을 입력하여도 선택한 블록을 명사(Noun)로 인식하지 않고 다음과 같은 대화상자로 편집할 블록을 선택하게 된다. 편집이 완료되면 '블록 저장(Save Block Definition)' 버튼으로 편집된 내용을 저장하고 '블록 편집기 닫기(Close Block Editor)' 버튼으로 편집을 종료하면 된다. 이때 사용한 '블록 저장'은 파일로 저장하는 것이 아니라 변경된 내용을 실제 블록 정의에 반영하는 것을 뜻한다. 만일 저장을 하지 않고 블록 편집기를 닫으면 편집한 내용은 실제 블록에 반영되지 않고 사라지게 된다.

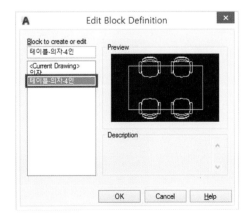

➜ 편집할 블록 선택 대화상자

➜ 편집한 블록의 저장 및 편집기 닫기 버튼

동적블록(Dynamic Block)

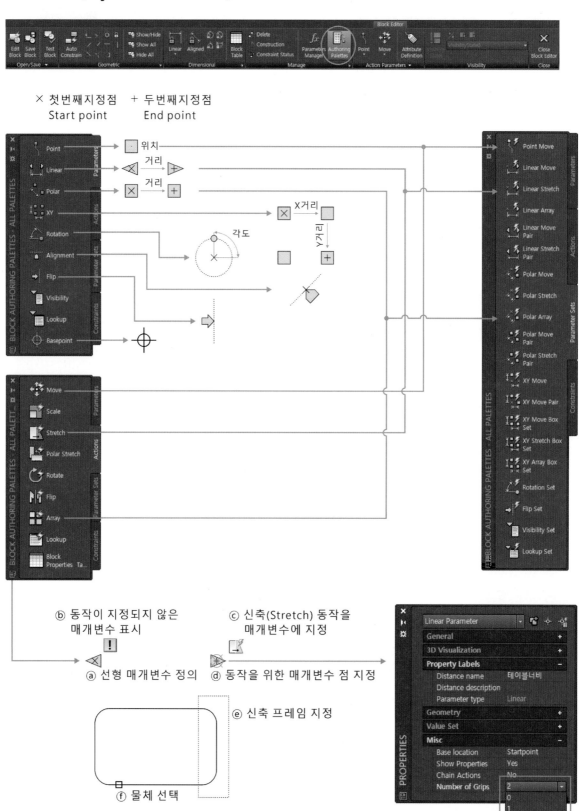

× 첫번째지정점   + 두번째지정점
Start point   End point

ⓑ 동작이 지정되지 않은   ⓒ 신축(Stretch) 동작을
  매개변수 표시   매개변수에 지정

ⓐ 선형 매개변수 정의   ⓓ 동작을 위한 매개변수 점 지정

ⓔ 신축 프레임 지정

ⓕ 물체 선택

매개변수의 그립수 선택

블록 편집기는 보통의 캐드 도면 작도처럼 선을 긋고 수정할 수 있는데 이러한 모든 편집 내용은 도면에서 사용한 모든 블록에 영향을 미치게 된다.

AutoCAD 2006 버전부터는 동적 블록(Dynamic Block)이라는 기능이 추가되었다. 기존의 블록은 도면에 삽입한 후 위치와 크기, 회전 각도만 바꿀 수 있기 때문에 그 외에 다른 변화를 주기 위해서는 블록을 분해(eXplode)하여야 했다. 이에 반해 동적 블록은 미리 지정한 변화에 따른 변화 동작을 지정할 수 있다. 즉, 블록 물체에 변수(위치, 각도, 길이 등)를 부여하고 이 변수값의 변화에 적절한 동작을 프로그램화할 수 있다.

이제 제작 팔레트(Authoring Palettes)를 이용하여 간단한 동적 블록을 직접 제작하여 보도록 하겠다. 내용은 보편적인 실무나 기능사 시험에서는 활용되지 않기 때문에 선택적으로 학습하면 된다. 그러나 동적 블록은 가장 두드러진 개선 사항이며 매우 편리한 도구이기 때문에 익혀 둔다면 틀림없는 차별화 능력을 제공할 것이다.

LESSON

동적 블록(Dynamic Block)의 작도   16-7

동적 블록은 기본적으로 다음과 같은 제작 순서를 가지게 된다. 이러한 순서는 절대적인 것은 아니기 때문에 그때그때 필요한 단계를 추가하고 반복할 수 있다. 다만 이러한 작업을 나열하는 것은 제작 작업에 대한 기본적인 이해를 돕기 위한 것이다.

① **블록 제작 계획 수립** : 블록의 동적 요소(이동, 신축, 축척, 배열 등)의 여부와 동작 계획 수립
② **블록의 초기 도형 작도** : 기본적으로 보일 블록의 상태를 작도
③ **매개변수(Parameter) 추가** : 동작의 기초가 되는 매개변수 또는 매개변수 세트를 추가하고 작도한 물체에 연결한다.
④ **동작(Action) 추가** : 원하는 동작을 추가하고 매개변수에 연결한다.
⑤ **블록 테스트** : 블록을 시험하여 원하는 동작이 구현되었는지 검사한다.

동적 블록을 위해 새로 추가된 작업은 매개변수(Parameter)와 동작(Action)의 지정이다. 매개변수의 지정점은 마치 프로그램의 변수처럼 사용된다. 또한 이 변수의 지정점은 나중에 블록 물체를 클릭하였을 때 그립이 나타나면서 그 값을 변경할 수 있다. 동작은 매개변수와 물체를 연결하는 역할을 하면서 매개변수 값이 바뀌었을 때 물체를 어떻게 변경할지 지정한다. 즉, 완성된 블록에서 작도자가 매개변수 값을 변화시키면 동작이 발생하면서 물체를 변경하게 되는 것이 동적 블록의 기본 개요가 된다. 먼저 AutoCAD에서 제공하는 매개변수에 대해 알아보자.

▼ 매개변수에 연결할 수 있는 동작

매개변수(Parameter)	동작(Action)	설정 내용
Point(점)	Move, Stretch	위치 지정, 좌표값
Linear(선형)	Move, Scale, Stretch, Array	시작점과 끝점 지정, 거리값
Polar(원형)	Move, Scale, Stretch, Polar stretch, Array	시작점과 끝점 지정, 거리값
XY	Move, Scale, Stretch, Array	시작점과 끝점 지정, X축과 Y축의 거리값
Rotation(회전)	Rotate	원점, 반지름, 기본 회전값 지정
Alignment(정렬)	없음	기준점과 방향 지정, 직교 또는 접선으로 정렬
Flip(반전)	Flip	기준점과 끝점 지정, 반사(Mirror) 동작
Base point(기준점)	없음	위치 지정, 블록의 새로운 기준점

이 매개변수들은 물체와 연관 없이 도면 어디에나 지정할 수 있다. 그러나 추후 블록 동작의 이해를 돕기 위해 가급적 물체의 연관 위치에 지정한다. 이렇게 지정한 매개변수는 연결 가능한 동작을 이용해 물체와 연결된다. 다음은 각 동작에 연결할 수 있는 매개변수를 분류한 표이다. 이 표는 위의 표와 내용은 동일하지만 매개변수와 동작의 위치를 바꿔 재분류한 것이다.

▼ 동작에 연결할 수 있는 매개변수

	Point	Linear	Polar	XY	Rotation	Flip
Move(이동)	○	○	○	○		
Scale(축척)		○	○	○		
Stretch(신축)	○	○	○	○		
Polar stretch(원형 신축)			○			
Rotate(회전)					○	
Flip(반전)						○
Array(배열)		○	○	○		

이제 가장 기본적인 신축 동작을 구현하기 위한 매개변수(Parameter) ↔ 동작(Action) ↔ 물체 사이의 연결에 대해 알아보겠다.

ⓐ 먼저 선형(Linear) 매개변수를 도면 임의 위치에 지정한다.
ⓑ 위의 매개변수는 아직 동작(Action)이 연결되지 않았기 때문에 그림과 같은 노란 경고 마크가 나타난다. 선형 매개변수는 시작점과 끝점 두 개로 지정되기 때문에 두 개의 동작을 지정점에 각각 연결할 수 있다.
ⓒ 신축 동작을 클릭하고 매개변수를 지정한다. 이렇게 매개변수를 지정한 후에도 매개변수의 점을 다시 지정하여야 한다.
ⓓ 선형 매개변수는 두 개의 점으로 지정되었다. 이것은 이 변수가 두 개의 그립을 가진다는 뜻이 된다. 여기서는 끝점(End point)을 선택하였다.
ⓔ 신축(Stretch) 동작에 영향받을 프레임을 지정한다. 이것은 Stretch 명령에서 객체를 지정하는 크로싱(Crossing) 프레임과 같은 역할을 한다.
ⓕ 이제 마지막으로 동작에 영향받을 물체를 지정한다. 주의할 것은 ⓔ 단계에서 지정하는 프레임은 물체를 지정하는 것이 아니라 영향받을 점의 영역을 지정하는 것이다.

동적블록으로 구성한 문 작도

ⓐ 블록으로 작도한 문과 문틀

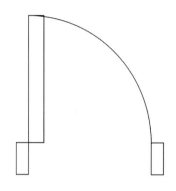

ⓑ 매개변수(Parameter)의 추가

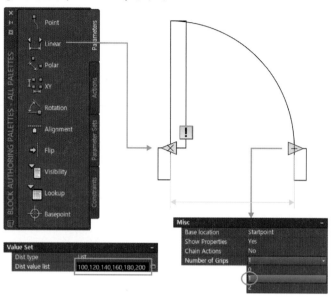

ⓒ 동작(Action)의 추가
ⓓ 신축(Stretch) 동작 추가
ⓔ 축척(Scale) 동작 추가

ⓕ 신축(Stretch) 동작 다시 추가

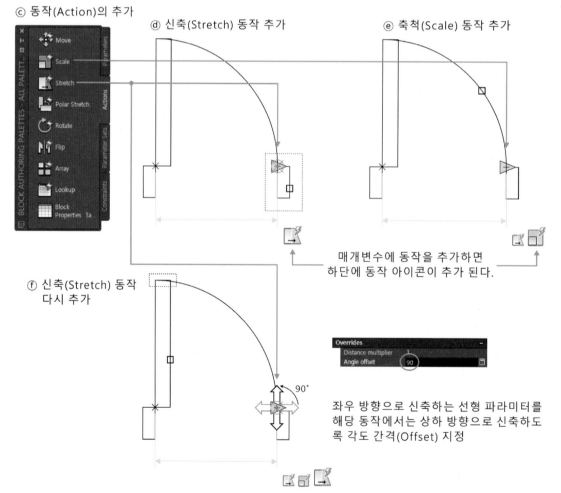

매개변수에 동작을 추가하면
하단에 동작 아이콘이 추가 된다.

좌우 방향으로 신축하는 선형 파라미터를
해당 동작에서는 상하 방향으로 신축하도
록 각도 간격(Offset) 지정

이제 간단한 예제를 통해 기초적인 동적 블록을 만들어 보도록 하겠다. 간단한 예제이지만 매개변수(Parameter)와 동작(Action), 그리고 물체의 조합에 대해 가장 중요한 내용을 알 수 있는 중요한 예제이다.

ⓐ 먼저 캐드의 기본 도면 상태에서 문과 문틀을 작도하고 Block 명령으로 블록을 만들어 준다. BEdit 명령으로 블록 편집기를 열어준다. 일반 블록의 작도는 캐드 도면에서도 가능하지만 동적 블록 요소는 블록 편집기에서만 지정이 가능하다.

ⓑ 작도한 블록을 블록 편집기에서 열고 제작 팔레트(Authoring Palettes)에서 원하는 매개변수(Parameter)를 도면에 추가한다. 이번 문 블록에서 사용하는 변수는 선형(Linear) 매개변수 하나만 사용하여 문의 폭을 늘렸다 줄였다 하도록 한다. 이 매개변수의 레이블은 편의상 '문폭'이라고 정한다.

이 매개변수를 선택한 상태에서 특성(Properties) 창을 열어 왼쪽 그림과 같이 그립 수를 1로 줄여준다. 이렇게 하면 시작점의 그립이 사라지고 끝점의 그립만 조정 가능하게 남는다. 또한 매개변수 값 설정에서 거리 유형을 리스트(목록) 방식으로 바꿔준 후 거리 값을 100, 120, … 등으로 입력하여 준다.

ⓒ 마지막으로 동작(Action)을 추가하여 준다. 우리가 도면을 작도하면서 사용하는 좌표값, 거리값 등을 매개변수(Parameter)라 생각하고 이것을 실제 작도에 사용하는 명령어를 동작(Action)이라고 생각하면 된다. 동작은 매개변수와 물체를 연결하는 역할을 수행한다.

ⓓ 가장 먼저 신축(Stretch) 동작을 이용해 오른쪽 문틀을 문폭에 따라 늘렸다 줄였다 하는 동작을 추가한다. 사용할 매개변수 점과 영역, 물체는 왼쪽 그림과 같다.

ⓔ 두 번째로 문폭에 따라 문 궤적의 크기를 축척(Scale)한다. 문폭의 값에 따라 궤적이 커지거나 작아지기 때문에 신축(Stretch) 동작 대신 축척(Scale) 동작을 사용해야 한다. 이 동작은 지정이 편리한데 사용할 매개변수와 물체를 지정해 주기만 하면 된다. 축척 동작은 매개변수의 시작점이 기준점이 되며 끝점이 축척값이 된다.

ⓕ 마지막으로 문을 크게 또는 작게 하는 신축(Stretch) 동작을 추가한다. 여기서 한 가지 문제는 현재 사용하는 문폭 매개변수가 좌우(X축)로 값이 변한다는 점이다. 반면 문을 신축 시키기 위해서는 상하(Y축)로 값이 변해야 한다. 이를 위해 또 하나의 매개변수를 지정해 줄 수도 있지만 이것은 불필요하며 일관성을 해치는 요인이 되기도 하다. 이 문제를 해결하기 위해 매개변수 특성에는 그 변화값을 회전시킬 수 있다. 왼쪽 그림과 같이 마지막 신축 동작에 적용하는 매개변수 값은 시계 반대 방향으로 90도 회전한 후 적용시켜 상하로 그 값이 변하게 한다.

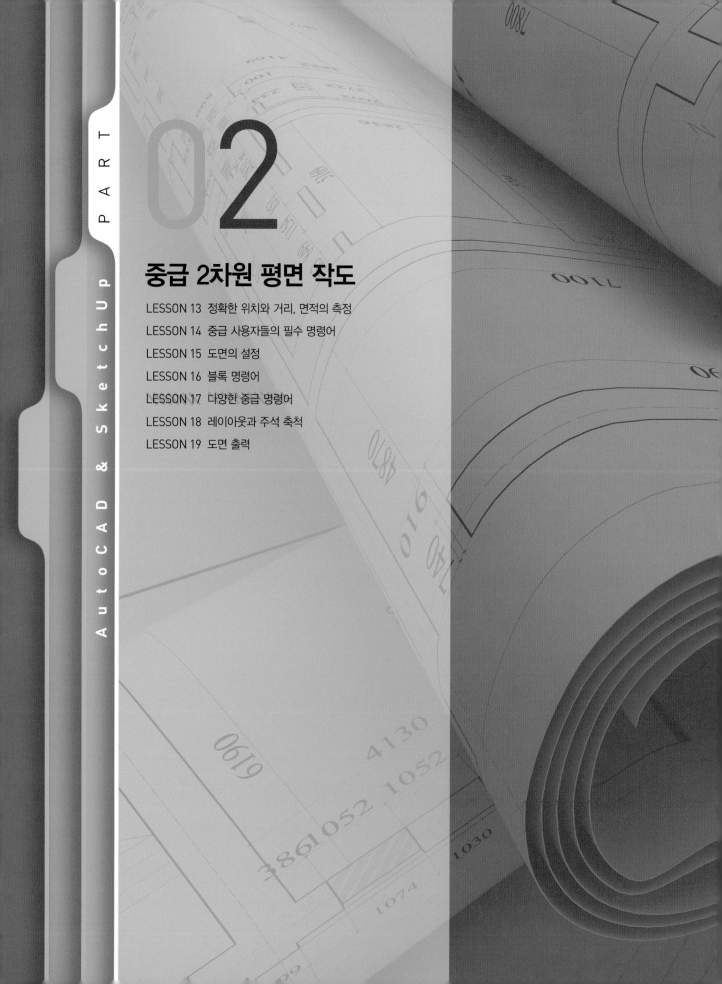

PART

AutoCAD & SketchUp

02

중급 2차원 평면 작도

LESSON 17

다양한 중급 명령어

이번 강에서 알아보는 명령어는 보다 편리하게 도면을 작도하기 위한 중급 명령어로, 엄밀히 말하면 꼭 필요한 명령어는 아니다. 그러나 이 명령어를 사용하지 않고 표나 치수선을 작도한다면 관리가 거의 불가능한 도면이 만들어진다. 기본적인 필수 명령어는 아니지만 실무를 이행하기 위해서는 거의 필수 명령어만큼 중요한 명령어이다.

TABLE

TABLE 명령 대화상자

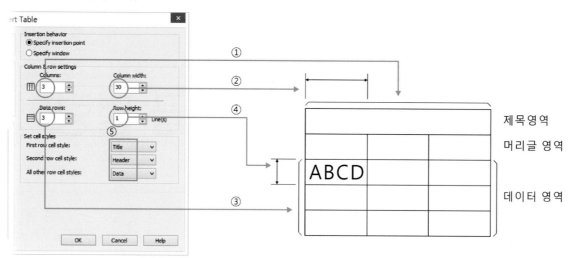

제목영역

머리글 영역

ABCD

데이터 영역

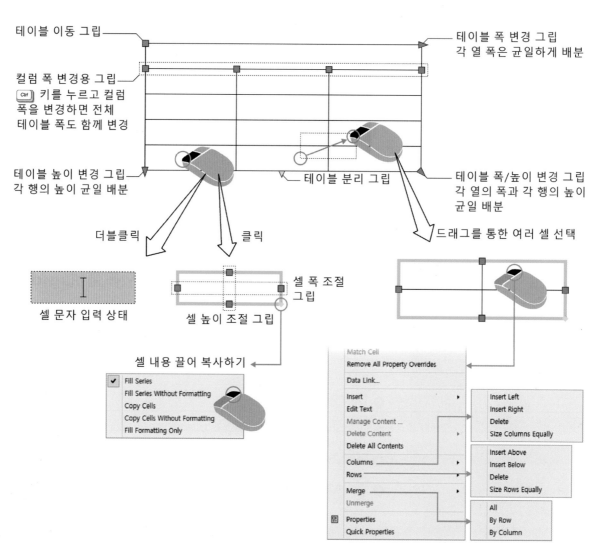

테이블 이동 그립

테이블 폭 변경 그립
각 열 폭은 균일하게 배분

컬럼 폭 변경용 그립
Ctrl 키를 누르고 컬럼
폭을 변경하면 전체
테이블 폭도 함께 변경

테이블 높이 변경 그립
각 행의 높이 균일 배분

테이블 분리 그립

테이블 폭/높이 변경 그립
각 열의 폭과 각 행의 높이
균일 배분

더블클릭

클릭

드래그를 통한 여러 셀 선택

셀 문자 입력 상태

셀 높이 조절 그립

셀 폭 조절
그립

셀 내용 끌어 복사하기

Fill Series
Fill Series Without Formatting
Copy Cells
Copy Cells Without Formatting
Fill Formatting Only

Match Cell
Remove All Property Overrides
Data Link...
Insert
Edit Text
Manage Content ...
Delete Content
Delete All Contents
Columns
Rows
Merge
Unmerge
Properties
Quick Properties

Insert Left
Insert Right
Delete
Size Columns Equally

Insert Above
Insert Below
Delete
Size Rows Equally

All
By Row
By Column

TABLE – 테이블 만들기

도면을 작도하다 보면 가끔 표를 작도할 필요가 있다. 예전에는 캐드에서 표를 작도하려면 Line과 RECtang 명령을 사용하였다. 그러나 이렇게 작도한 표는 글자의 크기가 변하거나 내용이 늘거나 줄면 그에 따라 표의 길이와 위치도 따라서 변경시켜 주어야 했다. 그러나 이런 방법은 정확성과 신속성 모두에 좋지 않은 결과가 가지게 되었다.

이런 문제를 해결하기 위해 2005 버전부터는 도표를 작성하기 위한 전용 명령어 TABLE이 제공된다. TABLE 명령을 동작시키면 다음과 같은 대화상자가 나타난다. 대화상자 대신 명령창에 프롬프트 형식으로 테이블을 만들고자 한다면 -TABLE 명령을 사용하면 된다(캐드 명령어는 앞에 '-'을 붙이면 대화상자가 생략된 프롬프트 형식으로 실행된다).

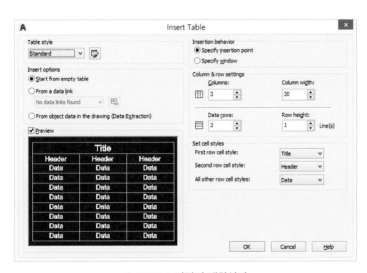

→ TABLE 명령의 대화상자

우선 왼쪽 상단에 테이블 스타일(Table style)을 선택해 주는 리스트 상자가 있다. 기본적으로 Standard(표준) 방식이 기본적으로 표시되어 있는데 여기서는 이 표준 방식만 사용하기로 하겠다. 그 아래에는 표 안에 포함될 자료 방식을 지정한다. 빈 테이블(Empty table)로 놔 두면 각각의 칸에 작도자가 직접 그 값을 입력하게 되고 데이터 링크(Data link)를 사용하면 외부 파일에서 그 값을 인용해 올 수 있다. 마지막 방법은 현재 도면에서 데이터를 추출(Data Extraction)하는 방법이다.

표를 도면에 삽입하는 방법에는 삽입 점(Insertion point) 지정과 창(Window) 지정 방식이 있다. 삽입 점 지정 방식은 마우스 클릭으로 표의 왼쪽 상단 위치를 지정하는 방법이다. 창 지정 방식은 마우스 드래그로 영역을 지정하는 방법이다. 이제 왼쪽 그림에서 대화상자의 설정에 대해 알아보도록 한다.

① **열(Columns)** : 표에 열 수를 지정한다.

② **열 폭(Column width)** : 각 열의 폭을 단위로 지정한다. 각 열은 지정한 폭으로 균등하게 나눠진다. 만일 위에서 창(Window) 지정을 선택하면 창의 폭을 열 수로 나눠 열 폭은 자동으로 계산된다.

③ **데이터 행(Data rows)** : 표에 데이터 셀이 채워질 행의 수를 지정한다. 기본 표에서는 데이터 셀이 세 번째 줄부터 놓이게 된다. 즉, 표의 전체 줄 수는 지정한 데이터 행 수에서 두 줄(제목 줄과 머리글 줄)이 더해진 것이다. 만일 위에서 창 지정을 선택하면 데이터 행 수는 윈도우의 높이에 따라 자동으로 지정된다.

④ **행 높이(Row height)** : 한 칸에 들어갈 문자의 줄 수를 지정한다. 한 줄의 높이는 칸에 들어갈 문자의 높이(크기)에 따라 결정된다.

⑤ **셀 스타일(Cell styles)** : 첫째 행, 둘째 행 그리고 나머지 행의 스타일 방식을 지정한다. 만일 어떠한 스타일에 관계없이 단순한 도표를 원한다면 세 가지 모두를 데이터(Data) 방식으로 지정하면 가장 간단한 도표가 된다. 캐드는 최소 세 줄 이상 테이블을 만든다.

테이블 대화상자가 닫히면 ABC 열(Column) 이름과 123 행(Row) 이름이 나타나면서 각 칸에 자료를 입력할 준비가 된다. 만일 이때 선택을 풀었다가 다시 표를 선택하면 다양한 표 조절용 그립이 나타나게 된다. 각 그립의 용도는 이전 페이지 왼쪽 그림의 중간 부분에 제시되어 있다. 테이블의 왼쪽 최상단의 그립은 테이블 위치를 이동시킬 때 사용한다. 테이블의 폭/높이 변경 그립은 약간 긴 삼각형 모양으로 표시되며, 이것을 이동하면 테이블의 폭 또는 높이가 변하게 된다. 또한 테이블의 각 셀의 높이와 폭 역시 변경된 크기에 따라 균일하게 나눠지게 된다.

재미있는 것은 각 컬럼의 폭을 각각 조절할 수 있는 그립은 있지만 각 행의 높이를 각각 조절하는 그립은 없다는 점이다. 이것은 셀 내부의 글자 크기에 따라 셀 높이는 자동으로 변경되기 때문이다. 다른 방법을 사용하면 행 높이의 개별적인 조절은 가능하지만 예쁜 도표를 위해서는 가급적 사용하지 않는 것이 좋다.

도표의 각 셀을 더블클릭하면 문자를 입력할 수 있다. 대신 셀을 한 번만 클릭하면 셀의 개별적인 폭과 높이 조절용 그립이 나타난다. 그러나 이들 그립을 조절한다고 해서 선택한 셀 크기만 변하는 것은 아니다. 셀의 높이를 변경하면 그 셀이 위치한 행의 모든 셀의 높이가 변하고 셀의 폭을 변경하면 그 셀이 위치한 열의 모든 셀의 폭이 변하게 된다. 셀 선택 상태에서 나타나는 오른쪽 아래 다이아몬드 그립은 셀의 내용을 다른 셀로 복사하는 기능을 한다. 이 그립을 끌어서 다른 셀에 드래그 하면 현재 셀의 내용이 그대로 복사된다.

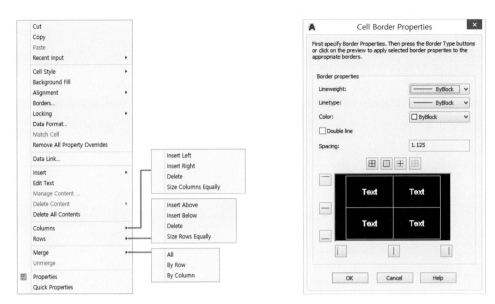

→ 셀 선택 상태에서 마우스 오른쪽 버튼 메뉴와 경계(Borders) 대화상자

마지막으로 셀 드래그 방식으로 여러 셀을 한번에 선택할 수 있다. 또는 Shift 키를 이용해서 여러 셀을 선택할 수도 있다. 여러 셀을 선택한 상태에서 마우스 오른쪽 버튼을 누르면 위와 같은 메뉴가 나타난다. 이 메뉴에는 여러 다양한 기능이 있지만 여기서는 간단히 열(Columns), 행(Rows), 병합(Merge), 그리고 경계(Borders) 기능에 대해서만 알아보도록 하겠다.

경계(Borders) 항목을 선택하면 현재 셀의 경계선을 켜거나 끌 수 있는 옵션 대화상자가 나타난다. 위-중간-하단-좌-중간-우 등 개별 경계선 버튼은 경계선을 켜는 기능만 하기 때문에 중앙에 있는 모든 경계 켜기 또는 외부 경계만 켜기, 내부 경계만 켜기, 모든 경계 끄기 버튼으로 우선 선택을 한 후 개별 경계선 버튼을 이용한다.

열(Columns)과 행(Rows) 메뉴 항목에 나오는 삽입 기능은 선택한 셀을 중심으로 왼쪽(Left), 오른쪽(Right), 위(Above), 아래(Below)의 열 또는 행을 추가해 준다. 반대로 삭제(Delete) 항목은 선택한 셀이 포함되는 열 또는 행을 통째로 제거한다.

마지막으로 병합(Merge) 항목은 선택한 여러 개의 셀을 하나의 셀로 합쳐주는 기능을 한다. 만일 합쳐질 셀에 문자가 입력되어 있다면 첫 번째 셀에 있는 내용만 남고 나머지 셀의 내용은 지워지게 된다. 병합된 셀은 반대로 병합해제(Unmerge)를 선택하면 다시 나눠지게 된다.

Hatch

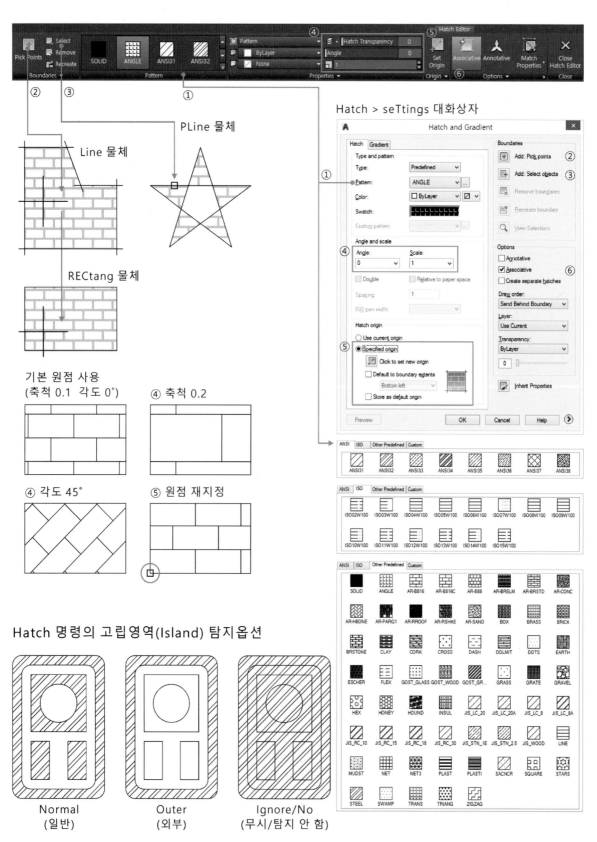

Hatch > seTtings 대화상자

PLine 물체

Line 물체

RECtang 물체

기본 원점 사용
(축척 0.1 각도 0°)

④ 축척 0.2

④ 각도 45°

⑤ 원점 재지정

Hatch 명령의 고립영역(Island) 탐지옵션

Normal
(일반)

Outer
(외부)

Ignore/No
(무시/탐지 안 함)

198

Hatch – 해치(칸막이 출입구, 내부 칠하기)

Hatch(해치, 칸막이의 작은 출입구) 명령은 막힌 도형 내부를 지정한 패턴(Pattern)으로 채우는 명령이다. 물론 패턴뿐만 아니라 단순한 색상(Solid) 또는 그라데이션(Gradient)으로 채우는 것도 가능하다. Hatch 명령의 사용법은 AutoCAD 인터페이스가 패널 방식으로 바뀌면서 그 사용법이 조금 변경되었다. Hatch 명령을 실행하면 왼쪽 그림과 같이 상단 패널이 전환된다. 과거에 사용하던 대화상자를 사용하기 위해서는 첫 번째 옵션으로 설정(seTtings)을 입력하면 된다.

① **패턴(Pattern)의 선택** : 해치에 사용할 패턴을 선택한다. 패턴은 ANSI(미국표준)와 ISO(국제표준), 미리 정의(Predefined) 등으로 나눠 있으며 사용자가 지정한 패턴도 등록하여 사용할 수 있다.

② **선택점 추가(Add : Pick Points)** : 해치 패턴을 넣어줄 도형 내부 점을 선택한다. 이때 지정한 점의 내부는 서로 다른 물체로 둘러 있어도 관계없다.

③ **선택 추가(Add : Select Boundary Objects)** : 해치 패턴을 채워줄 경계 도형을 선택한다. 경계 물체는 여러 개를 선택하여 닫힌(Closed) 해치 구역을 지정해 줄 수도 있고 왼쪽 그림과 같이 하나의 닫힌 물체를 선택하여 해치 구역을 지정할 수도 있다.

④ **각도와 축척(Angle/Scale)** : 해치 도형의 크기와 각도를 지정한다.

⑤ **원점 설정(Specified origin)** : 해치 패턴의 원점을 지정하여 패턴의 위치를 조절한다.

⑥ **연관(Assiciative)** : 경계 물체가 변경될 때 해치가 따라 변경될지 여부를 결정한다.

Hatch 명령에서 마지막으로 살펴 볼 옵션(Option)으로는 고립영역(Island)에 대한 부분이다. 고립영역이란 한 물체 내부에 또 다른 닫힌 공간이 있는 도형을 뜻한다. 한 물체 안에 또 다른 닫힌 공간이 존재 하는 복잡한 도형은 보통 블록 물체에서만 만들어진다.

① **일반 고립영역 탐지(Normal Island Detection)** : 지정한 내부에서 경계가 탐색되면 해치를 멈추고, 그 내부에서 또 다시 경계가 탐색되면 다시 해치를 하는 방식이다.

② **외부 고립영역 탐지(Outer Island Detection)** : 가장 외부의 영역만 해치한다. 보통은 이 옵션을 기본으로 사용한다.

③ **고립영역 탐지 무시(Ignore Island Detection)** : 지정한 점 또는 물체의 내부에 대한 경계 탐색을 하지 않고 선택한 물체 또는 지점의 내부를 모두 채우게 된다.

다양한 치수선

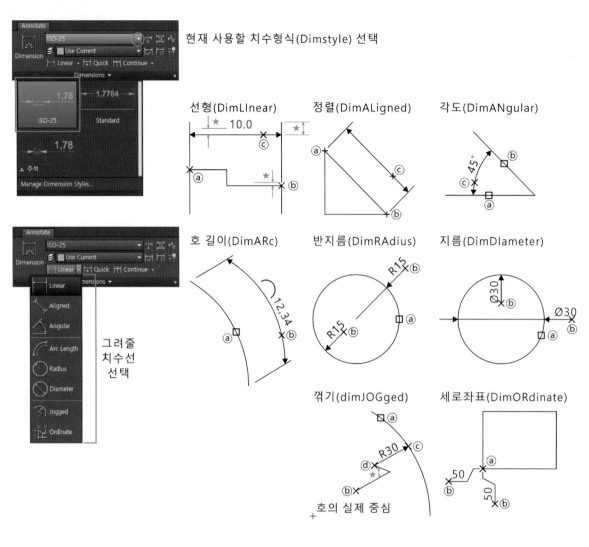

현재 사용할 치수형식(Dimstyle) 선택

선형(DimLInear)

정렬(DimALigned)

각도(DimANgular)

그려줄
치수선
선택

호 길이(DimARc)

반지름(DimRAdius)

지름(DimDIameter)

꺾기(dimJOGged)

세로좌표(DimORdinate)

호의 실제 중심

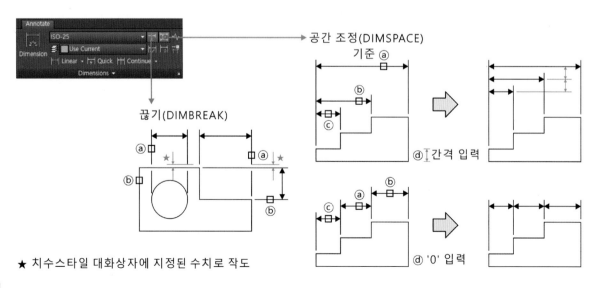

공간 조정(DIMSPACE)

기준 ⓐ

ⓓ 간격 입력

끊기(DIMBREAK)

ⓓ '0' 입력

★ 치수스타일 대화상자에 지정된 수치로 작도

여러 가지 치수 그리기

왼쪽 그림과 같이 주석(Annotate) 탭의 치수(Dimensions) 패널에 있는 현재 치수 스타일을 선택해 준다. 치수 스타일에 대해서는 다음 단원에서 자세히 알아보기로 하고 여기서는 우선 기본 상태인 ISO(국제표준)-25 방식을 사용한다. 그 왼쪽에는 자주 사용하는 치수 아이콘이 선택되어 있다. 먼저 가장 많이 사용하는 선형 (DimLInear) 치수는 왼쪽 그림과 같이 세 개의 위치 지정으로 그려진다. 실제 치수 지점 ⓐ와 ⓑ를 지정한 후에 치수선이 떨어질 거리 ⓒ를 지정하면 된다. 그림에서 '★'로 표시된 간격은 스타일 지정 값 중 하나로, 치수 문자와 치수선의 간격(Offset from dim line), 물체와 치수보조선이 떨어진 거리(Offset from origin), 치수보조선이 치수선을 지나 연장된 거리(Extend beyond dim lines) 등이 있다. 이들 값은 나중에 알아볼 Dimstyle 명령 대화 상자를 통해 조절할 수 있다.

선형 치수가 수평 또는 수직 치수만을 표시하는 반면 정렬 (DimALigned) 치수선은 지정한 두 지점의 실제 거리를 표시한다. 만일 지정한 두 점이 수평선 또는 수직선 상에 놓여있지 않다면 정렬 치수선은 비스듬히 경사지게 표시된다. 오른쪽 그림과 같이 두 지점의 치수를 기입할 때 선형 치수 또는 정렬 치수에 따라 두 치수 모두 동일하게 ⓐ와 ⓑ 지점을 사용하지만 그 결과는 서로 다르게 나타난다.

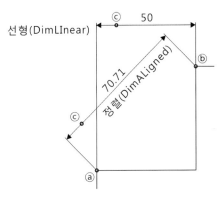

➔ 선형 치수와 정렬 치수의 차이

지름(DimDIameter)과 반지름(DimRAdius) 치수의 표시는 먼저 원 이나 호 물체를 선택하고 치수를 표시할 위치를 지정하면 된다. 꺾기(dimJOGged) 치수는 호의 중심이 꽤 멀리 있거나 도면 외부로 벗어났을 때 반지름을 짧게 표시하기 위해 사용한다.

치수 끊기(DIMBREAK) 명령은 치수선 또는 치수보조선이 다른 물체와 교차할 때 구분을 위해 짧게 끊어주는 역할을 한다. 먼저 끊어질 치수를 선택하고 다음엔 교차하는 물체를 선택해 주면 된다. 끊어지는 간격 역시 치수 스타일에 미리 지정되어 있다.

공간조정(DIMSPACE) 명령은 서로 다른 높이의 치수들을 일정한 간격이나 같은 높이로 조정해 주는 명령이다. 먼저 기준이 되는 치수선을 선택하고 다음은 높이가 조절될 치수선을 선택한다. 선택이 완료되면 원하는 치수선의 간격 값을 입력한다. 도면에서 치수를 나란히 작성할 때는 기준선(Baseline) 방식과 연속(Continue) 방식이 있다. 기준선 방식은 한 지점에서 모든 치수가 시작되며 연속 방식은 치수가 끝나는 지점에서 다른 치수가 연결되어 시작된다. 보통 기준선 방식의 치수는 간격 값을 주어 서로 일정하게 떨어지도록 작성하고 연속 방식의 치수는 간격 값으로 '0'을 입력하여 모두 같은 높이가 되도록 조절한다.

다양한 치수선

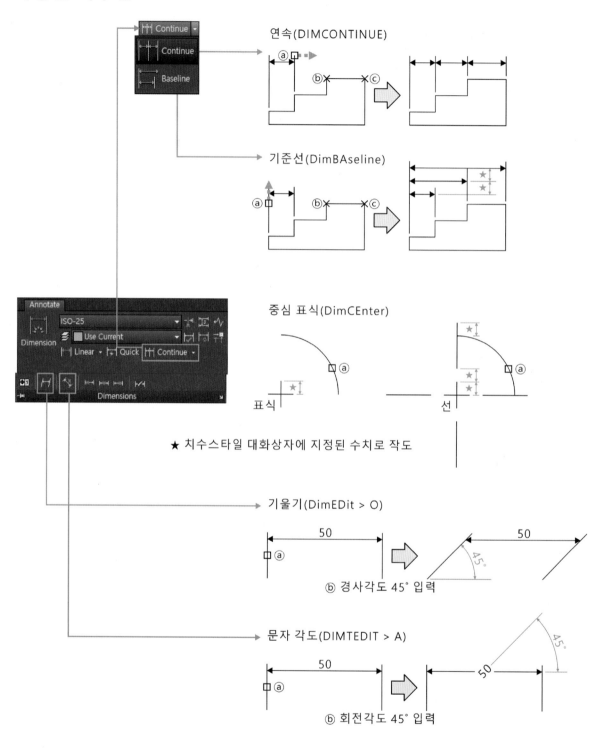

연속(DIMCONTINUE)

기준선(DimBAseline)

중심 표식(DimCEnter)

표식

선

★ 치수스타일 대화상자에 지정된 수치로 작도

기울기(DimEDit > O)

50

50

45°

ⓑ 경사각도 45° 입력

문자 각도(DIMTEDIT > A)

50

50

45°

ⓑ 회전각도 45° 입력

방금 전에 알아본 공간조정(DIMSPACE) 명령은 임의로 작성된 연속된 여러 개의 치수에 적용하여 치수를 예쁘게 정리하는 데 사용한다. 반면 연속(DIMCONTINUE) 치수와 기준선(DimBAseline) 치수는 처음 작도할 때부터 정리된 형태로 연속적인 치수를 가장 편리하게 작도해 준다. 먼저 연속(DIMCONTINUE) 방식은 한쪽 끝에 미리 작성된 치수 물체를 선택한다. 여기서 치수 물체를 선택하는 방향이 중요하다. 왼쪽 그림에서는 치수선의 ⓐ 오른쪽 방향을 선택하였기 때문에 그 다음에 작성되는 치수들은 모두 오른쪽 방향에 놓이게 된다. 먼저 치수선을 선택한 후에는 ⓑ 지점을 선택하면 즉시 새로운 치수선이 나란히 그려진다. 왼쪽 그림에서는 첫 번째 치수선을 선택한 후에 두 개의 지점을 선택하여 새로운 두 개의 치수선을 나란히 추가하였다.

기준선(DimBAseline) 치수선 역시 기준이 되는 치수선이 먼저 그려져 있어야 한다. 그러나 연속(DIMCONTINUE) 치수는 선택한 지점의 증가 치수가 표시되는 대신 기준선 치수는 언제나 기준 지점으로 부터의 거리가 표시된다는 차이가 있다. 기준선 치수를 작도할 때도 먼저 미리 작성된 치수 물체를 먼저 선택한다. 주의할 점은 이때는 치수선의 ⓐ 왼쪽 방향을 선택했다는 점이다. 즉, 치수선의 왼쪽 방향 지점이 기준 위치가 된다. 이제부터 선택하는 ⓑ 지점의 치수는 기준 위치에서 떨어진 거리를 치수선으로 작도한다. ⓒ 지점 역시 기준 위치에서 떨어진 거리를 치수선으로 작도한다.

중심 표식(DimCEnter) 명령은 원 또는 호의 중심 위치에 표식 또는 선 방식으로 표시를 한다. 선 방식은 표식에 추가로 연장선을 그려준다. 표식의 크기, 표식과 연장선 사이의 거리, 연장선의 추가 길이 등은 모두 같은 값을 가지며 치수 스타일에서 지정할 수 있다. 사용하는 방법은 중심을 표시할 원이나 호를 선택해 주기만 하면 된다. 한 가지 주의할 점은 지금까지 사용한 모든 치수 명령은 치수 물체를 그려주었지만 중심 표식 명령은 단순한 Line 형태로 표식을 그린다는 점이다.

기울기 명령은 DimEDit 명령을 실행하면서 자동으로 경사(Oblique) 옵션을 선택한다. 이 명령은 치수선이 다른 물체에 겹칠 때 옆으로 빗겨 그릴 때 사용한다. 문자 각도 명령은 DIMTEDIT 명령을 실행하면서 자동으로 각도(Angle) 옵션을 선택한다. 두 명령 모두 X축의 양의 방향을 0°로 기준을 삼는다. 이들 명령을 실행하였을 때 나타나는 옵션은 다음과 같다.

캐 드 명 령

명령: *DimEDit* `Enter`
치수 편집의 유형 입력 [홈(H)/새로 만들기(N)/회전(R)/기울기(O)] 〈홈(H)〉: *O*
객체 선택: 치수 물체를 선택

...

명령: *DIMTEDIT* `Enter`
치수 선택: 치수 물체를 선택
치수 문자에 대한 새 위치 또는 다음을 지정 [왼쪽(L)/오른쪽(R)/중심(C)/홈(H)/각도(A)]: *A*

Dimstyle 대화상자

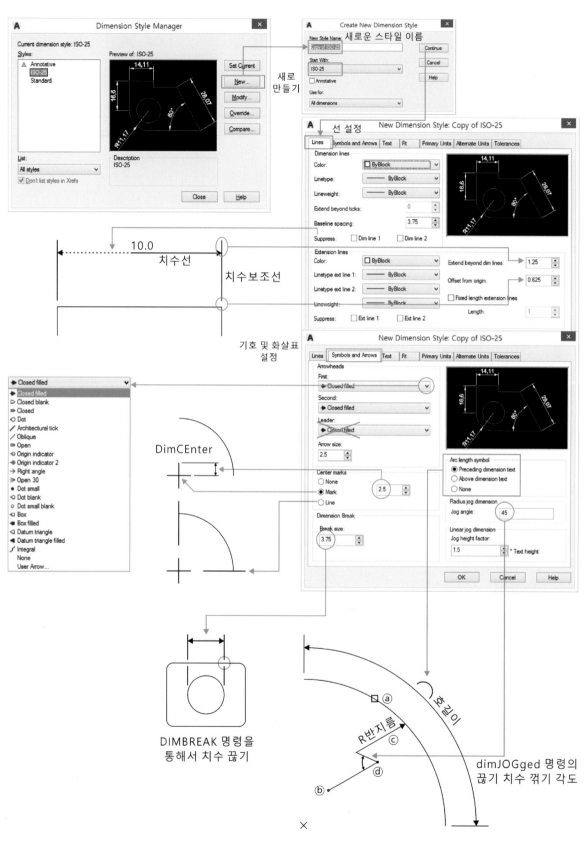

새로운 스타일 이름

새로 만들기

선 설정

치수선

치수보조선

기호 및 화살표 설정

DimCEnter

DIMBREAK 명령을 통해서 치수 끊기

R반지름

dimJOGged 명령의 끊기 치수 꺾기 각도

Dimstyle – 치수 스타일

캐드에서 제공하는 기본 치수 스타일(ISO-25)은 잘 동작하지만 상황에 따라 몇 가지 수정해야 할 부분이 있다. 예를 들어 국내 도면과 가장 큰 차이점은 소수점의 표기가 쉼표(Comma)로 된다는 점이다. 이런 문제 때문에 기본 치수 스타일을 수정해 줄 필요가 있다. 먼저 Dimstyle 명령을 실행하여 치수 스타일 대화상자를 열고 새로 만들기(New)를 선택한다. 새 치수 스타일 작성에서 새 스타일 이름을 지정하고 시작(Start with)에는 새 스타일의 기본 바탕 스타일을 선택한다. 왼쪽 그림에서는 ISO-25 스타일을 수정하여 새 스타일 '사본 ISO-25'을 만들어 준다.

치수 스타일 대화상자는 선(Lines), 기호 및 화살표(Symbols and Arrows), 문자(Text), 맞춤(Fit), 1차 단위(Primary Units), 대체 단위(Alternate Units), 공차(Tolerances) 탭으로 구성되어 있다. 먼저 선 탭에는 치수선과 치수보조선에 대한 설정이 제시되어 있다. 그 다음 기호 및 화살표 탭에서는 치수선과 지시선의 화살표 모양과 크기를 설정할 수 있다. 또는 중심 표식(DimCEnter) 방법과 크기, 치수 끊기(DIMBREAK)의 간격 등을 설정할 수 있다. 그 외의 설정은 왼쪽 그림을 보면 쉽게 이해할 수 있다.

한 가지 주의할 점은 기호 및 화살표(Symbols and Arrows) 탭의 화살촉(Arrowheads) 섹션에서 지시선(Leader) 화살촉은 현재 버전에서 실제 사용하지 않는다는 점이다. 과거 버전에서는 지시선(Leader) 설정이 치수선(Dimension) 내부에서 이루어졌지만 최근 버전에서는 지시선 설정이 오른쪽 그림과 같이 별도의 패널로 분류되었기 때문이다. 주석(Annotate) 탭 > 지시선(Leaders) 패널에

→ 주석(Annotate) 탭 > 지시선(Leaders) 패널

는 지시선을 그리고 추가하며 제거할 수 있는 아이콘들이 준비된다. 그리고 이 패널 하단에는 현재 지시선 설정을 바꿀 수 있는 지시선 관리자 버튼(MLeaderStyle)이 따로 배치되어 있다. 이를 통해 지시선 스타일을 편집할 수 있기 때문에 치수 스타일 관리자의 지시선 속성은 의미가 없어지게 되었다.

Dimstyle 대화상자

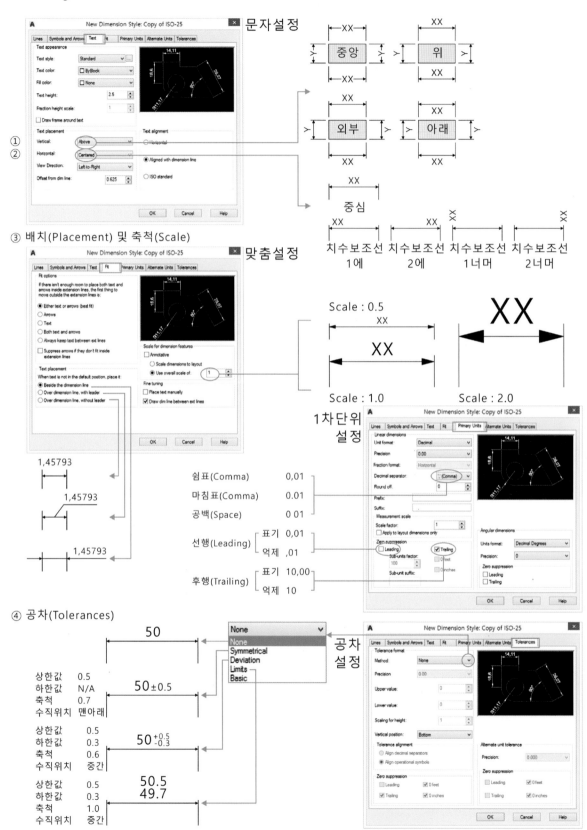

문자설정

① Vertical: Above
② Horizontal: Centered

중앙 / 위 / 외부 / 아래

③ 배치(Placement) 및 축척(Scale)

맞춤설정

치수보조선 1에 / 치수보조선 2에 / 치수보조선 1너머 / 치수보조선 2너머

중심

Scale : 0.5
Scale : 1.0
Scale : 2.0

1차단위 설정

1,45793

쉼표(Comma)   0,01
마침표(Comma)   0.01
공백(Space)   0 01

선행(Leading)   [표기 0,01
                 [억제 ,01

후행(Trailing) [표기 10,00
                 [억제 10

④ 공차(Tolerances)

공차 설정

None
None
Symmetrical
Deviation
Limits
Basic

50

상한값 0.5
하한값 N/A
축척   0.7
수직위치 맨아래

50±0.5

상한값 0.5
하한값 0.3
축척   0.6
수직위치 중간

$50^{+0.5}_{-0.3}$

상한값 0.5
하한값 0.3
축척   1.0
수직위치 중간

50.5
49.7

문자(Text) 탭에서 가장 먼저 설정해야 할 항목은 아마도 폰트에 관련된 문자 스타일(Text style) 항목이 될 것이다. 캐드의 기본 문자 설정 시 한글이나 특수 문자 표기에 문제가 발생할 수 있다. 문자 스타일의 설정은 지난 12강에서 알아 보았으므로 여기서는 문자 배치(Text placement) 섹션에 있는 수직(Vertical), 수평(Horizontal) 항목에 대해 알아본다.

① 수직 항목은 기본값이 위(Above)로 되어 있고 이때 문자는 도면을 보는 시점을 기준으로 치수선의 위쪽과 왼쪽에 놓이게 된다. 반대 옵션은 아래(Below)가 되며 문자는 치수선의 아래쪽과 오른쪽에 놓이게 된다. 만일 치수 글자가 지나치게 물체와 가까워진다면 외부(Outside) 옵션을 사용하여 치수가 언제나 치수선 외부로 놓이게 할 수 있다. 그러나 이런 표기법은 표준은 아니며, 아주 특수한 상황에서만 사용해야 한다.

② 수평 항목은 치수 문자가 치수선의 좌우 방향으로 어디에 놓일지를 결정한다. 기본 값은 중심(Centered)으로 치수선 가운데 놓인다. 왼쪽 그림과 같이 치수 보조선 1에(At Ext Line1) 옵션을 선택하면 지정한 보조선 방향으로 문자를 옮긴다. 치수보조선 1 너머(Over Ext Line1) 옵션을 선택하면 보조선 위쪽으로 문자가 세워진다.

③ 배치(Placement) 및 축척(Scale) 탭에서 중요한 설정은 왼쪽 그림과 같은 축척(Scale)의 설정이다. 현재 설정하는 치수설정이 주석축척을 사용하지 않는다면 주석(Annotative)을 꺼두고 치수설정에 적용할 전체 축척을 설정한다. 이 값은 치수설정 창에서 지정한 모든 치수에 적용하여 배수축척으로 사용한다. 이 값을 0.5로 하면 모든 설정 크기는 절반으로 줄어들고, 반대로 2로 하면 모든 설정 크기는 두 배 커지게 된다. 이것은 기본적으로 지정한 LIMITS (420,297mm, A3 용지) 크기가 커지거나 작아질 때 간단하게 치수설정을 크게 또는 작게 변경한다.

④ 공차(Tolerances) 탭에는 설계 치수에서 허용되는 가공오차를 도면에 표시한다. 기본적인 상태에서는 공차를 표시하지 않는 것으로 되어 있지만 캐드에서는 대칭(Symmetrical)과 편차(Deviation), 한계(Limits) 등의 방법으로 공차를 표시하는 방법을 제공한다. 대칭이란 공차의 상한값(Upper value)과 하한값(Lower value)이 같은 상황을 뜻한다. 이런 경우는 간단하게 '±' 기호를 이용해 최대한 간단하게 표기한다. 두 번째로 편차 방법은 상한값과 하한값이 다를 때 상한값은 본채 치수에서 '+'로 표기하고 하한값은 '-'로 표기하는 방법을 뜻한다. 이런 표시는 두 줄에 걸쳐 하기 때문에 공차의 축척을 줄여 표기하는 것이 관례이다. 마지막으로 한계 표기 방법은 간단하게 실제 치수에 공차 상한값을 더한 값과 공차 하한값을 뺀 값을 두 줄로 표기하는 방법을 뜻한다.

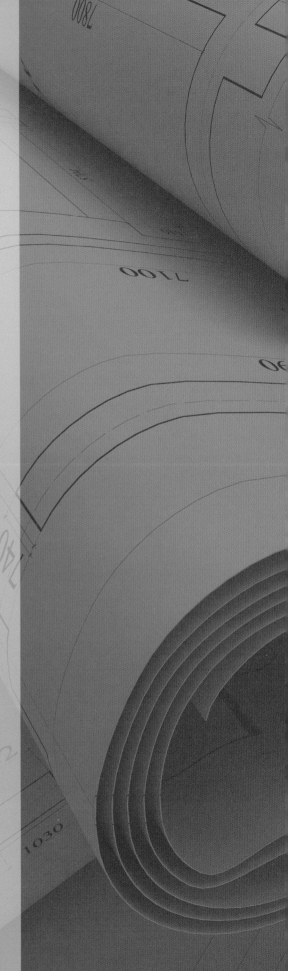

PART

02

중급 2차원 평면 작도

AutoCAD & Sketchup   PART

레이아웃과
주석 축척

작도한 물체를 실제 도면에 출력하기 위해서는 레이아웃이라는 개념을
사용할 수 있다. 이 기능이 반드시 필요하지는 않지만 도면의 작도와
출력의 끝까지 걸쳐진 넓은 개념이기 때문에 캐드를 제대로 공부할 독
자라면 꼭 익혀둘 것을 권한다.

LayOut - 배치

모형(Model)과 배치(Layout)의 연관 관계

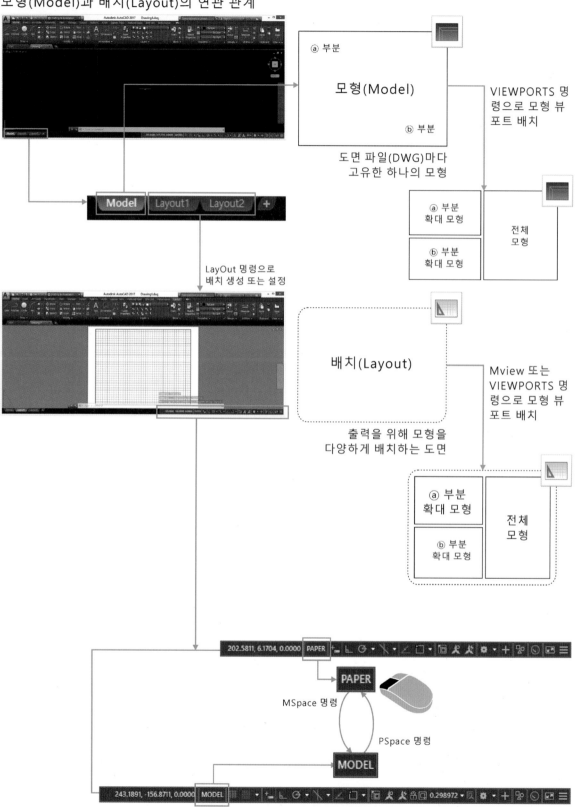

모형(Model)

ⓐ 부분

ⓑ 부분

VIEWPORTS 명령으로 모형 뷰포트 배치

도면 파일(DWG)마다
고유한 하나의 모형

ⓐ 부분
확대 모형

ⓑ 부분
확대 모형

전체
모형

Model · Layout1 · Layout2 · +

LayOut 명령으로
배치 생성 또는 설정

배치(Layout)

Mview 또는
VIEWPORTS 명령으로 모형 뷰포트 배치

출력을 위해 모형을
다양하게 배치하는 도면

ⓐ 부분
확대 모형

ⓑ 부분
확대 모형

전체
모형

202.5811, 6.1704, 0.0000 PAPER

PAPER

MSpace 명령

PSpace 명령

MODEL

243.1891, -156.8711, 0.0000 MODEL   0.298972

LayOut - 배치 만들기

지금까지 우리가 사용한 도면은 모형(Model)이라는 탭에서 작도한 것이다. 모형이란 출력과는 관계없이 실제 우리가 작도하는 물체 위주로 도면을 그린 것이다. 모형의 중요한 특성은 각 도면 파일마다 하나의 모형 탭만 존재하고 이 탭은 삭제도 불가능하다는 것이다. 이제 왼쪽 그림과 같은 캐드 화면에서 도면 하단 왼쪽에 있는 탭을 보도록 한다. 이곳에는 모형 외에 배치(Layout) 탭이 존재한다.

이 배치(Layout) 탭은 모형을 종이에 출력하기 전, 실제 출력할 모양을 다양한 방법으로 배치하는 데 사용한다. 예를 들면 왼쪽 그림과 같이 작도한 물체 전체를 화면 한쪽에 배치하고 ⓐ, ⓑ 특정 부분을 확대해서 각각 다른 쪽에 배치(Layout)하여 출력할 수 있다. 이렇게 배치된 도면은 한 장의 출력만으로 전체 모형과 원하는 부분의 확대 모형을 한번에 출력할 수 있다는 장점을 가지고 있다. LayOut 명령은 이러한 배치를 새로 만들거나 수정하는 데 사용한다. 또는 배치 탭 위에서 마우스 오른쪽 버튼을 누르면 오른쪽 그림과 같은 메뉴가 나타나 보통의 LayOut 명령이 제공해 주는 대부분의 일을 실행할 수 있다.

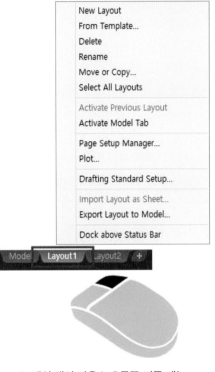

→ 배치 탭의 마우스 오른쪽 버튼 메뉴

캐 드 명 령

명령: *LayOut* Enter
배치 옵션 입력 [복사(C)/삭제(D)/새로 만들기(N)/템플릿(T)/이름바꾸기(R)/저장(SA)/설정(S)/?] 〈설정〉:

LayOut > 설정(Set) > [배치이름] 옵션을 선택하면 입력한 [배치이름]을 현재 레이아웃 배치로 만들어 준다. 이것은 간단히 배치 탭을 마우스로 클릭하는 것과 같은 동작을 한다. LayOut > 복사(Copy) > [원본배치이름] > [만들배치이름] 옵션을 선택하면 원본 배치와 똑같은 배치를 하나 더 만들어 준다. LayOut 명령의 중요한 기능 중 하나는 배치의 형태를 템플릿 파일(*.dwt)로 저장해 다른 도면 파일에서 이 템플릿(Template) 파일만 불러와 다시 사용할 수 있게 한다는 것이다. 배치를 템플릿 형태로 저장하는 명령은 LayOut > 저장(SAveas) 옵션이고, 불러오는 명령은 LayOut > 템플릿(Template) 옵션이다.

LESSON

ViewPORTS – 모형 뷰포트 자동 배치하기

18-2

현재 선택한 배치 위에 모형을 배치하는 명령에는 ViewPORTS 명령과 MView 명령이 있다. 이 중 ViewPORTS 명령은 자주 사용하는 배치 형태를 오른쪽 그림과 같이 미리 준비해서 간단한 선택만으로 모형을 배치한다. ViewPORTS 명령은 모형 탭에서도 사용하기 때문에 현재 탭이 모형 (Model) 탭인지 배치(Layout) 탭인지 주의하여 사용한다.

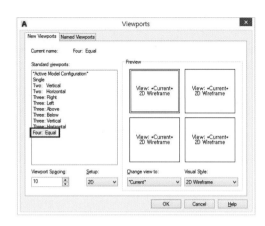

→ ViewPORTS 명령의 대화상자

먼저 위 대화상자의 왼쪽 표준 뷰포트(Standard viewports)에서 원하는 모형 개수와 배열 방식을 선택하면 오른쪽 미리보기(Preview)에 개략적인 모형 배치가 나타난다. 하단의 뷰포트 간격(Viewport Spacing)은 각 모형의 간격을 지정할 수 있다. 설정(Setup)에서는 2차원 도면 또는 3차원 도면을 선택할 수 있다. 기본 2D로 설정해 놓으면 다음에 선택할 뷰(View)에서 현재(Current) 뷰만을 선택할 수 있다. 현재 뷰라면 모형을 작도하면서 사용한 뷰를 뜻하는데 기본 상태에서는 평면도(Top)로 물체를 위에서 바라보는 모습이 된다. 우리가 작도한 도면이 2차원의 평면이라면 배치에서도 역시 평면도로 표시하게 되고 중심과 줌 비율만 달라지게 된다. 반면 설정에서 3D를 선택하면 다음에 선택할 뷰에서 다음과 같은 다양한 보기 뷰를 선택할 수 있게 된다.

평면도(위에서 보기, Top)와 저면도(바닥에서 보기, Bottom), 정면도(앞에서 보기, Front), 배면도(뒤에서 보기, Back)와 함께 다양한 등각투영도를 제공해 주고 있다. 이와 함께 비주얼 스타일(Visual Style) 방식에서는 기본 와이어 프레임(Wireframe)과 함께 숨겨진 선 제거(Hidden), 음영처리(Shaded) 등 다양한 보는 방법을 선택할 수 있다. 3차원 도면을 작도하기 전까지는 이들은 모두 기본 상태로 두고 단순히 모형 뷰포트의 개수와 배열 방식만 선택하면 된다.

→ 3차원 설정 상태에서 뷰 변경 위치와 비주얼 스타일

LESSON

MView – 모형 배치하기

18-3

MView 명령은 수동으로 뷰포트를 지정해 주며 배치 탭에서만 동작한다.

> **캐드명령**
>
> 명령: *MView* `Enter`
> 뷰포트 구석 지정 또는
> [켜기(ON)/끄기(OFF)/맞춤(F)/음영플롯(S)/잠금(L)/객체(O)/다각형(P)/복원(R)/도면층(LA)/2/3/4]
> 〈맞춤(F)〉: `Enter`

MView 명령을 실행하고 단순히 `Enter` 키를 누르면 기본 옵션인 맞춤(Fit)이 실행되면서 현재 배치에서 설정 가능한 가장 큰 뷰포트가 자동으로 생성된다. MView 명령을 실행하고 배치 도면에서 두 개의 지점을 지정하면 사각형이 그려지면서 그 내부에 뷰포트가 만들어진다.

뷰포트의 켜기(ON), 끄기(OFF) 기능은 활성화 여부를 조작하는 것으로 뷰포트가 비활성화되면 뷰포트 내부에는 모형이 그려지지 않는다. 뷰포트의 잠금(Lock) 기능은 뷰포트 내부의 모형 공간의 줌이나 팬 기능을 잠가주는 기능을 한다. 그러나 뷰포트 자체의 이동이나 편집 등은 가능하다.

MView > 객체(Object) 옵션은 배치에 그려진 임의의 물체를 뷰포트 처럼 사용하는 기능이다. 배치 도면에도 물체를 그릴 수 있는데 이것은 모형을 그리는 것이 아니라 뷰포트를 작도하는 것이다. 마지막으로 MView > 2/3/4 옵션은 배치 도면을 지정한 숫자로 나눠 주는 기능을 한다. 수직 분할을 할지 수평 분할을 할지는 그 후에 추가로 주어지는 옵션에서 선택해 주면 된다.

LESSON

PSpace MSpace – 모형과 배치 도면 사이의 이동

18-4

PSpace와 MSpace 명령은 배치(Layout) 도면에서만 사용하는 명령으로 모형(Model) 도면에서는 동작하지 않는다. 배치 도면에서의 작도, 편집 기능은 우선적으로 출력을 위한 표제란과 뷰포트를 그리거나 삭제 또는 편집하는 데 사용하지만 경우에 따라서는 모형(Model) 공간으로 들어가서 모형 자체를 편집할 수 있다. 이렇게 배치 도면 상태에서 모형 공간(Model Space)을 편집할지 배치 공간(Paper Layout Space)을 편집할지를 결정하는 것이 PSpace와 MSpace 명령이다.

한 도면에 적용된 다양한 축척 비율의 문제점

세가지 축척이 적용된 배치 도면(Paper Layout)

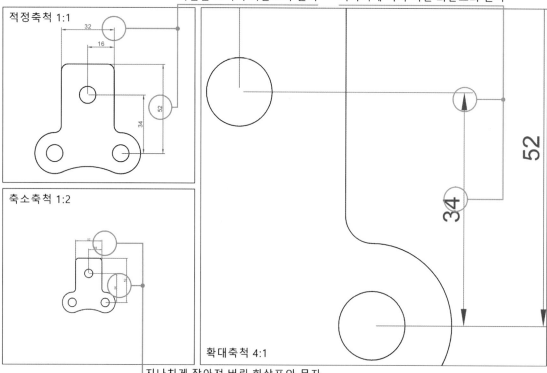

적정축척 1:1

축소축척 1:2

확대축척 4:1

적절한 크기의 화살표와 문자   지나치게 커져 버린 화살표와 문자

지나치게 작아져 버린 화살표와 문자

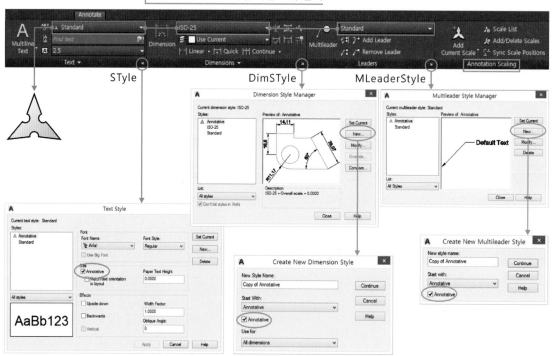

STyle   DimSTyle   MLeaderStyle

주석 물체

주석(Annotative) 물체란 부가적인 설명이 추가된 물체를 뜻한다. 주로 주석이란 포스트 잇 같은 간단한 메모 장에 짧은 설명을 추가하는 것을 뜻한다. 이 기능은 AutoCAD 2008에서 추가되기 시작하여 아직 보편적으로 사용되는 기술은 아니지만 그간 수 많은 전문가와 일선에서 끊임없이 그 필요성이 요구된 기능이다. 캐드에서 주석(Annotative)이란 사전적 의미의 간단한 설명을 뜻하는 것이 아니라 물체의 부가적인 축척 사양을 정의하 는 것을 뜻한다.

지금까지 이 교재를 읽은 독자들은 물체에 대한 부가적인 축척이란 용어가 다소 어색하게 느껴질 것이다. 왜 냐하면 캐드에서는 오로지 1:1 실척만을 사용한다고 강조하였기 때문이다. 도면의 작도는 1:1로 한다. 그러나 도면을 출력할 때는 1:1로 출력할 수 없다. 왜냐하면 물체의 크기와 도면의 크기가 꼭 적당하게 일치하지는 않 기 때문이다. 도면의 작도는 1:1로 하더라도 출력을 위해서는 물체를 용지에 맞도록 작게 또는 크게 다시 계산 해 주어야 한다. 이때 문자의 크기나 치수선 등 반자동으로 작도된 물체들 역시 그 크기가 다시 계산된다.

그러나 만일 배치 도면(Paper Layout)에서 다양한 축척을 사용한다면 왼쪽 그림과 같은 문제가 발생할 수 있다. 도면의 좌측 위 뷰포트에는 1:1의 실제 축척으로 출력하였기 때문에 문자와 치수선 등은 적절한 비율로 그려 졌다. 그러나 좌측 하단의 뷰포트는 1:2의 축소 비율을 사용하고 있기 때문에 문자와 치수선이 너무 작게 그려 졌다. 반대로 오른쪽 뷰포트는 4:1의 확대 비율을 사용했기 때문에 문자와 치수선이 너무 커지게 되었다.

문자와 치수선을 일종의 물체라고 생각하면 왼쪽 그림과 같이 출력된 도면이 자연스럽게 보일 수 있다. 그러 나 이러한 도면은 제도 통칙 관점으로는 잘못 출력된 도면이다. 이러한 문제를 해결하기 위해 AutoCAD에서는 주석형(Annotative) 물체를 2008 버전부터 지원하고 있다. 주석형 물체는 왼쪽 그림과 같이 스케일자 단면 모 양의 아이콘이 그려진다. 주석 속성을 가질 수 있는 물체로는 문자와 치수, 해치, 공차, 지시선, 블록, 속성 등으 로 모두 캐드에서 반자동으로 그려지는 물체이다.

주석(Annotate) 탭을 선택하면 왼쪽 그림과 같이 문자(Text) 섹션과 치수(Dimensions) 섹션, 지시선(Leaders) 섹 션 등에서 현재 스타일을 주석(Annotate) 물체로 선택해 줄 수 있다. 여기서 주석 물체란 그냥 단순히 주석 속성 을 가진 스타일이라고 생각하면 된다. 먼저 문자에 주석 속성을 부여하려면 왼쪽 그림과 같이 **STyle** 명령으로 문자 스타일 대화상자를 열고 크기(Size) 지정 칸에 주석(Annotative) 속성을 선택해주기만 하면 된다. 반면 치수 와 지시선은 스타일을 처음 만들 때 새 스타일 대화상자에서 주석(Annotative) 속성을 선택해주어야 한다.

한 가지 주의할 점은 치수와 지시선이 주석 속성을 가지게 되면 치수와 지시선에서 사용하는 문자 스타일(Text style)에 또 다시 주석 속성을 가질 필요는 없다는 것이다. 여기서는 공통적으로 표준(Standard) 스타일 문자를 사용하도록 하겠다.

주석 물체의 축척 지정

모형 공간에서 주석 객체 축척 등록

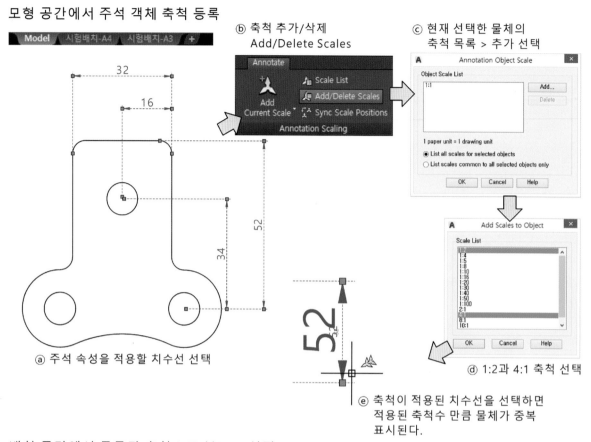

ⓐ 주석 속성을 적용할 치수선 선택

ⓑ 축척 추가/삭제
Add/Delete Scales

ⓒ 현재 선택한 물체의
축척 목록 > 추가 선택

ⓓ 1:2과 4:1 축척 선택

ⓔ 축척이 적용된 치수선을 선택하면
적용된 축척수 만큼 물체가 중복
표시된다.

배치 공간에서 등록된 축척으로 뷰포트 설정

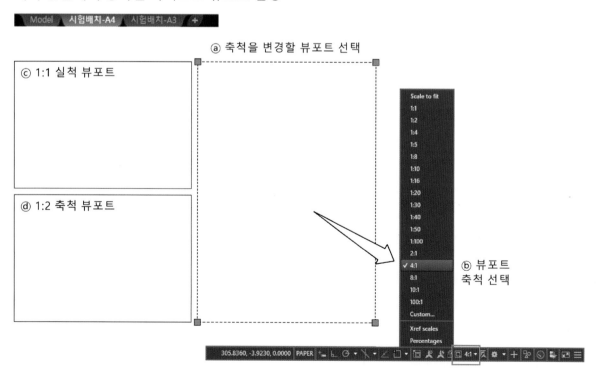

ⓐ 축척을 변경할 뷰포트 선택

ⓒ 1:1 실척 뷰포트

ⓓ 1:2 축척 뷰포트

ⓑ 뷰포트
축척 선택

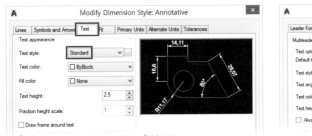

주석형 치수와 주석형 지시선의 표준 문자 스타일

이제 주석 속성을 가지는 치수 스타일을 만들었으면 도면에서 사용한 치수선을 모두 선택하여 새로 만든 주석 스타일로 바꿔준다.

ⓐ 이제 왼쪽 그림과 같이 모형(Model) 탭에서 치수선을 모두 선택하여 축척을 추가할 준비를 한다. 여기서 축척을 추가한다는 것은 현재 선택한 물체가 배치 도면에 어떤 비율로 보여질지를 지정하는 것이다.

ⓑ 주석 치수선이 선택된 상태에서 주석(Annotate) 패널에서 주석 축척 (Annotation Sccaling) 섹션의 축척 추가/삭제(Add/Delete Scales) 버튼을 누른다. 이 기능은 OBJECTSCALE 명령으로 대신할 수 있다. 그 버튼 옆에 있는 현재 축척 추가(Add Current Scale) 버튼은 현재 도면에서 사용하는 축척만을 간단히 추가하는 반면, 축척 추가/삭제 버튼은 다양한 축척을 한번에 추가 또는 삭제할 수 있는 대화상자를 열어준다.

주석 패널 > 주석 축척 섹션

ⓒ 기본적으로 주석 물체는 1:1 실척으로 표시되기 때문에 객체 축척 리스트에는 1:1 비율이 표시된다. 이제 주석 지시선이 배치 도면에서 표시될 축척을 추가(Add) 버튼을 눌러 추가해 주면 된다.

ⓓ 여기서는 1:2의 축척과 4:1의 배척을 추가한다. 대화창에 나열된 축척 리스트에서 사용할 축척을 선택하면 된다. 이때 Shift 키나 Ctrl 키를 사용하여 여러 개의 축척을 한번에 추가해 줄 수 있다.

ⓔ 주석 물체에 다중 축척이 추가되었다면 물체를 선택하였을 때 왼쪽 그림처럼 여러 크기의 물체가 표시된다. 또한 커서를 물체 가까이 가져가면 커서 오른편에 주석 아이콘이 표시된다. 주석 아이콘이 한 개가 표시되면 현재 물체는 단순히 주석 속성을 가지는 물체란 뜻이고 두 개가 표시되면 현재 주석 물체에는 다중 축척이 지정되어 있다는 뜻이 된다.

이제 모형 도면의 물체 치수선은 1:1, 1:2, 4:1 축척으로 표시되는 속성을 가지게 되었다. 배치(Layout) 도면 탭을 클릭하여 세 개의 뷰포트에 축척을 지정한다. 왼쪽 그림과 같이 배치 도면 편집 상태(PSapce)에서 ⓐ 각각의 뷰포트를 선택하고 ⓑ 도면 설정 버튼에 있는 뷰포트 축척(Viewport Scale)을 각각의 뷰포트에 맞게 지정한다.

02

중급 2차원 평면 작도

LESSON

19

도면 출력

이제 2차원 작도 중급 과정에서 마지막으로 도면을 출력하는 방법에 대해
알아본다. 도면을 출력하는 방법으로는 종이에 출력하는 방법과 벡터 형식
파일이나 이미지 형식 파일로 출력하는 다양한 방법이 있다.

출력 준비 작업

PLOT 명령, 출력 대화상자

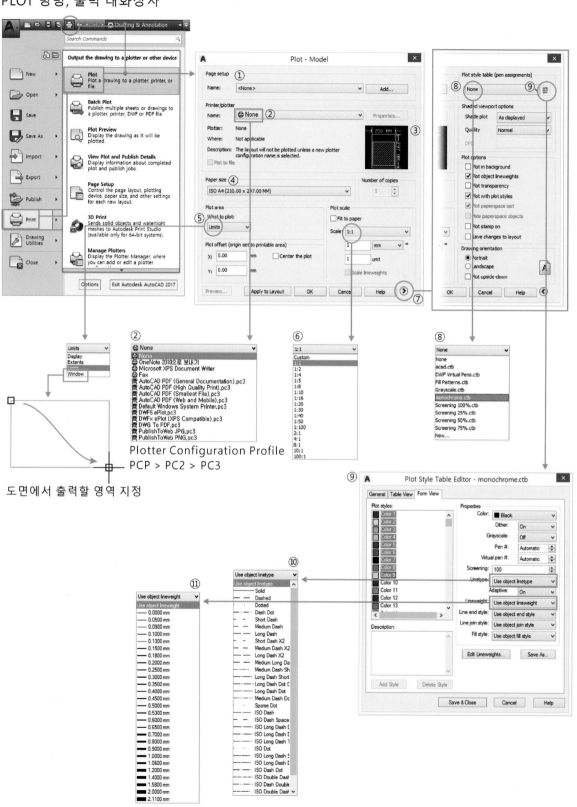

Plotter Configuration Profile
PCP > PC2 > PC3

도면에서 출력할 영역 지정

PLOT – 출력 대화상자

다른 프로그램에 비해 캐드의 출력은 조금 복잡하다. 다른 프로그램에서는 단순히 프린터 드라이브를 설치하고 용지를 선택한 후 출력을 누르면 간단하게 해결되지만 캐드의 출력은 펜 두께와 선 축척 등 복잡한 요소가 많다. 그러나 이렇게 복잡해 보이는 요소들도 어떤 측면에서는 캐드만의 장점이고 능력이기 때문에 꼭 숙지하고 잘 활용할 수 있어야 한다.

먼저 출력 명령인 PLOT(단축키 Ctrl + P)를 통해 왼쪽 그림과 같은 출력 대화상자를 열어준다.

① 현재 출력 설정에 이름을 지정하고 저장할 수 있는 기능을 제공한다.

② 프린터/플로터의 선택은 단순히 현재 설치된 프린터/플로터를 선택하는 것 이외에 다양한 외부 파일 출력 기능을 제공한다. 이 섹션에서는 프린터 드라이브 외에 *.PC3라는 형식의 파일을 선택할 수 있다. AutoCAD R14 이전 초기 버전에서는 *.PCP(Plotter Configuration Profile)라는 확장자를 사용하였고 그 후 PC2 형식에서 현재의 PC3 형식으로 변화하였다. PC3 형식의 출력을 선택하면 DWF와 PDF, JPG, PNG 등의 외부 파일로 출력하는 기능을 제공한다. 여기에 TIFF 또는 EPS 등 새로운 파일 형식을 출력하는 PC3 드라이브를 추가하는 방법은 다음 장에서 PLOTTERMANAGER 명령을 통해 알아본다.

③ 출력 한계에서는 현재 선택한 용지에서 출력을 시행하면 출력 영역이 어떻게 놓이는지를 표시하고 있다. 윗부분과 오른편이 굵고 붉게 칠해진 것은 출력 영역이 한계를 넘는다는 경고 표시이다. 이런 경우 축척을 변경하거나 더 큰 용지를 선택하여 출력 한계를 넘지 않게 하여야 한다.

④ 용지 선택에서는 출력에 사용할 용지를 선택하는 기능과 외부 출력 파일의 해상도를 결정할 수 있다.

⑤ 플롯 영역은 도면에서 출력 부분을 선택하는 기능을 하며 다음에서 선택할 수 있다.

　ⓐ 범위(Extents) : 도면에 그린 모든 물체를 출력한다. 물체가 LIMITS 영역을 넘더라도 출력에 포함된다.

　ⓑ 윈도우(Window) : 사용자가 지정한 윈도우 크기만큼만 출력한다. 윈도우 출력 부분을 선택하면 출력 대화상자가 잠시 닫히면서 도면에서 윈도우 영역을 지정할 수 있도록 해준다.

　ⓒ 배치(Layout) : 현재 도면 상태가 배치(Layout)일 경우 사용된다. 현재 배치 도면이 출력된다.

　ⓓ 한계(Limits) : 현재 도면 상태가 모형(Model)일 경우 도면 LIMITS 영역 내부의 물체만 출력된다.

　ⓔ 화면표시(Display) : 현재 모형 또는 배치에서 사용하는 뷰포트를 출력한다.

⑥ 플롯 축척은 모형의 크기와 출력 용지 사이의 축척을 뜻한다. 한 가지 주의할 점은 출력 용지에는 절대적 여백이 존재하기 때문에 출력 공간은 용지 크기보다 약간 더 작다는 점이다. 만일 모형 물체의 한계(LIMITS) 영역을 0,0>420,297로 지정하고 A3(420×297mm) 용지에 출력한다면 이론적으로 실척 1:1 출력을 할 수 있지만 용지의 여백 때문에 실제 사용 가능 축척은 1:1.093으로 계산되어 약간 작게 출력된다. 출력 축척 값은 용지에 맞춤(Fit to paper) 기능으로 자동 계산이 가능하지만 실무에서는 이런 어중간한 값을 쓰기보다는 ⑥에 나열된 정확한 축척비를 더 많이 사용한다.

레이어의 색상과 가중치(두께), 그리고 CTB

① 레이어(LAyer)에서 물체 색상과 선 두께 지정

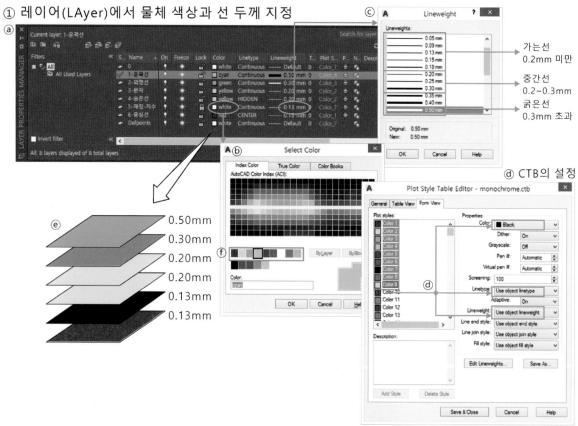

가는선
0.2mm 미만

중간선
0.2~0.3mm

굵은선
0.3mm 초과

ⓓ CTB의 설정

0.50mm
0.30mm
0.20mm
0.20mm
0.13mm
0.13mm

② 레이어(LAyer)에서 물체 색상만 지정하고 CTB에서 색상으로 선 두께 지정

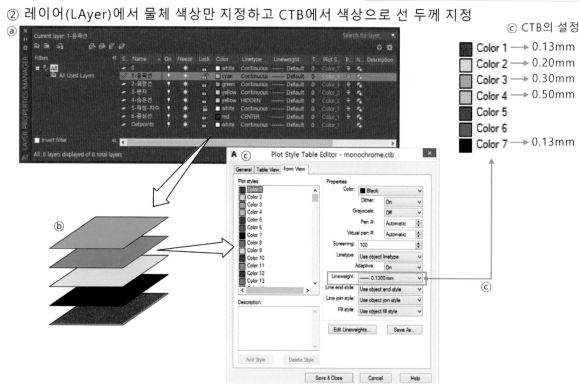

ⓒ CTB의 설정

Color 1 → 0.13mm
Color 2 → 0.20mm
Color 3 → 0.30mm
Color 4 → 0.50mm
Color 5
Color 6
Color 7 → 0.13mm

⑦ 오른쪽으로 열리는 추가 옵션 버튼에는 보다 다양한 출력 옵션을 볼 수 있다. 이들 중 가장 많이 사용하는 옵션은 ⑧ 펜 지정(Pen Assignment)이다. 이것은 도면에서 지정한 각 색깔 선을 실제 출력에서 어떻게 그릴지를 결정한다. 이렇게 선의 색상으로 실제 출력할 선의 특성을 지정한 파일을 *.CTB(Color-dependent plot style TaBle)라고 하고 최대 256가지의 색상 선의 속성을 지정할 수 있다.

⑨ 스타일 테이블 편집 대화상자가 열린 상태에서 색상을 선택한 후 ⑩ 선의 종류나 ⑪ 가중치(두께)를 변경하면 된다. 전 페이지 그림에서는 색상#1~9까지 복수 선택을 한 상태에서 선의 종류나 가중치는 모두 객체 선 종류(가중치) 사용으로 설정되어 있다. 이것은 도면 레이어에서 정의한 선의 종류나 두께를 그대로 출력에 사용하고 색상만을 검정으로 바꿔 출력한다는 뜻이다.

작도에서 보통 사용하는 선의 색상은 레이어가 아무리 많아도 색상#1~9 정도이다. 이것이 가능한 이유는 보통 도면에서 굵은 선, 중간 선, 가는 선 등 세 가지 선만 사용하고 선의 형식 역시 실선, 점선, 일점 쇄선 등만 사용하기 때문이다. 왼쪽 그림에서 LAyer 명령으로 각 레이어의 색상을 지정하는 대화상자 ⓕ 부분의 색상이 색상#1~9이다.

우리는 지난 15강에서 레이어에 대해 알아보면서 선의 색상과 가중치(두께)를 설정하는 방법에 대해 알아보았다. 이미 레이어에서 정의된 선 두께를 왜 다시 출력 CTB에서 지정하는 것일까? CTB에는 레이어의 선 두께를 그대로 사용하는 설정이 있고 별도로 각 색상 별로 선 두께를 다시 지정하는 설정이 있다. 다음은 경우에 따라 어떤 방식을 사용해야 하고 각각의 장단점은 무엇인지 알아본다.

① 레이어에서 물체 색상과 선 두께를 모두 지정하는 방법

이 방법은 사용 중인 레이어 수가 많지 않을 때 적합하다. 보통 간단한 도면의 경우 LAyer 명령을 실행하면 레이어 설정 대화상자가 ⓐ와 같이 나타난다. 이 방법에서는 ⓓ CTB에서 선 속성을 새로 정하지 않고 각 레이어의 형식을 그대로 사용한다. 즉, 그려줄 선의 특성이 도면 ⓔ 레이어 차원에서 이미 지정되어 있다. 이 방법은 선의 특성을 바꿔줄 때 각 레이어에서 직접 설정하고 화면으로 쉽게 확인할 수 있다. 레이어가 비교적 많지 않을 때 손쉽게 관리할 수 있다.

② 레이어에서 물체 색상만 지정하고 실제 출력 두께는 CTB에서 지정하는 방법

그러나 레이어가 수십 장으로 늘어나면 얘기는 달라진다. 도면을 출력하였을 때 외형선이 너무 굵어 선 두께를 조금 얇게 바꿔주어야 할 경우 선 두께가 레이어에 지정되어 있다면 외형선이 포함된 모든 레이어의 선 두께를 바꿔 주어야 한다. 이것은 매우 비효율적인 작업이 된다. 왼쪽 그림에서 사용한 레이어 대화상자 ⓐ를 보면 각 레이어의 색상만 지정되고 선 두께는 기본 상태로 유지한다. 이렇게 지정한 레이어를 색상별로 나누면 ⓑ와 같이 5개의 레이어로 압축할 수 있다. 이제 PLOT 명령으로 출력 대화상자를 열고 CTB 설정창을 열어 ⓒ 와 같이 색상별 선 가중치를 설정한다. 이 방법은 업무량이 많은 실무에서 사용하는 방법으로 선 색상은 곧 선 두께를 지정하는 것과 같다. 단점으론 선의 두께를 캐드 화면에서는 확인할 수 없다는 점이다.

출력기 관리자

PLOTTERMANAGER 명령

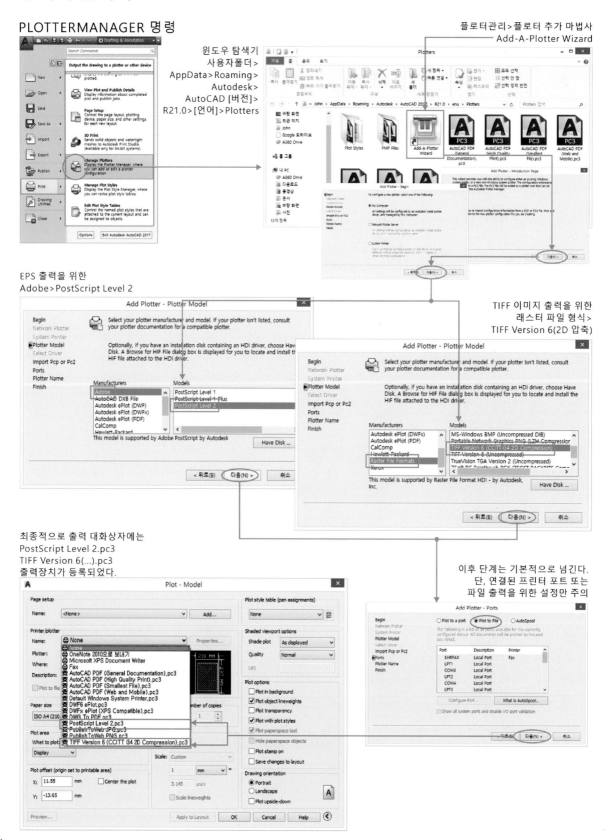

윈도우 탐색기
사용자폴더>
AppData>Roaming>
Autodesk>
AutoCAD [버전]>
R21.0>[언어]>Plotters

플로터관리>플로터 추가 마법사
Add-A-Plotter Wizard

EPS 출력을 위한
Adobe>PostScript Level 2

TIFF 이미지 출력을 위한
래스터 파일 형식>
TIFF Version 6(2D 압축)

최종적으로 출력 대화상자에는
PostScript Level 2.pc3
TIFF Version 6(...).pc3
출력장치가 등록되었다.

이후 단계는 기본적으로 넘긴다.
단, 연결된 프린터 포트 또는
파일 출력을 위한 설정만 주의

본격적인 출력에 앞서 캐드에 기본적으로 설치된 출력기 파일에 대해 알아보겠다. 이것은 PLOT 명령 대화상자에서 사용 가능한 프린터/플로터(Printer/plotter)를 선택하는 목록 버튼을 클릭하면 알 수 있다. 기본 상태에서는 오른쪽 그림과 같이 여섯 가지 PC3 파일과 Fax, MS XPS Document Writer 등이 설치된 것을 볼 수 있다. 이제 여기에 추가적인 프린터/플로터용 PC3 파일을 추가하여 보다 다양한 방법으로 출력하는 방법을 알아본다. 예제로 추가할 출력 방식은 무손실 이미지 압축법인 TIFF 방식 출력과 벡터 형식 도면 출력법인 EPS(Encapsulated PostScript) 방식 출력이다.

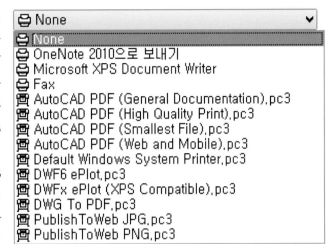

→ PLOT 대화상자의 프린터/플로터 선택

먼저 PLOTTERMANAGER 명령을 통해 출력기 관리자를 열어준다. 이 출력기 관리자는 별다른 것이 아닌 그저 플로터용 PC3 파일이 모여있는 폴더가 열릴 뿐이다. 위치는 사용자폴더의 AppData > Roaming > Autodesk > AutoCAD [버전] > [릴리즈번호] > [언어] > Plotters이며 이곳에는 플로터 추가 마법사(Add-A-Plotter Wizard) 프로그램의 링크가 있다. 이 프로그램을 더블 클릭하여 동작시키면 왼쪽 그림과 같은 설치 과정이 나타나고 기본적인 설치절차를 따르면 원하는 드라이브를 선택하는 대화상자가 나타난다.

여기서는 EPS 출력을 위해서 'Adobe > PostScript Level 2'를 선택하고 설치를 종료하면 PLOT 대화상자의 프린터/플로터 선택에 'PostScript Level 2.pc3' 파일이 추가된 것을 볼 수 있다. 이 출력 드라이브를 이용하면 캐드 도면을 EPS 형식으로 출력하여 일러스트나 기타 다른 벡터 그래픽 프로그램에서 쉽게 활용할 수 있다. 이제 다시 PLOTTERMANAGER 명령으로 출력기 관리자를 열고 같은 과정을 통해 '래스터 파일 형식 > TIFF Version 6(2D 압축)'을 선택한 후 설치를 종료한다.

위와 같은 과정을 통해 여러분이 작도한 도면을 EPS 벡터 그래픽 형식이나 TIFF 이미지로 출력한 후 다른 프로그램에서 자유롭게 도입(Import)하여 사용할 수 있다.

도면의 출력

PLOT 명령, 출력 작업 절차

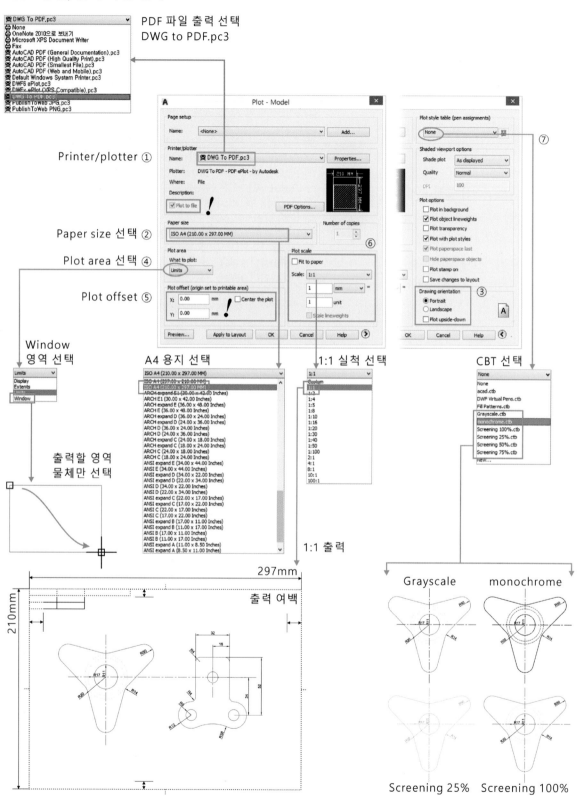

PDF 파일 출력 선택
DWG to PDF.pc3

Printer/plotter ①

Paper size 선택 ②

Plot area 선택 ④

Plot offset ⑤

Window
영역 선택

출력할 영역
물체만 선택

A4 용지 선택

1:1 실척 선택

1:1 출력

CBT 선택

297mm

210mm

출력 여백

Grayscale

monochrome

Screening 25%

Screening 100%

PLOT – 출력 작업

이제 시험 출력용 도면 파일을 열어 실제 출력 작업 절차에 대해 알아본다. 이 도면 파일은 한계(LIMITS)가 0,0>297,210으로 지정되어 있으며 이 크기는 A4 용지 크기와 같다. 이제 이 도면을 A4(297×210mm) 용지에 출력 작업을 순서대로 진행하면서 출력 작업에서 발생할 수 있는 문제점에 대해 알아보도록 한다.

먼저 출력에 사용할 ① 프린터/플로터(Printer/plotter)를 선택한다. 여기서는 종이를 절약하기 위해 PDF 파일 출력을 선택하였다. 여기서 주의할 점은 '파일에 플롯(Plot to file)' 옵션 체크이다. 이 체크 상자를 켜면 출력 내용이 프린터로 나가는 것이 아니라 파일로 저장된다. DWG to PDF.pc3 옵션은 자동으로 '파일에 플롯' 옵션이 켜지면서 출력 파일 이름을 지정할 대화상자가 나타난다.

두 번째로 출력에 사용할 ② 종이 크기(Paper size)로 ISO A4(297×210mm)를 지정하였다. 용지의 방향에 따라 A4 용지를 210×297mm로 지정하는 옵션도 있지만 이렇게 용지를 가로, 세로로 구분하는 경우는 대부분 플로터나 전문적인 출력기기에 국한된 옵션이기 때문에 어떤 방향의 용지를 선택하더라도 큰 차이는 없다.

③ 도면 방향(Drawing orientation)은 세로(Portrait)와 가로(Landscape) 두 가지 중 선택할 수 있는데 용지 선택에 따라 또는 프린터/플로터의 자동 방향 인식에 따라 달라질 수 있기 때문에 미리보기(Preview) 기능을 통해 선택 방향을 확인하여야 한다.

⑤ 플롯 간격(Plot offset)은 출력 영역이 종이의 한쪽 끝에서 얼마나 떨어질지를 지정하며, ② 종이 방향과 ③ 도면 방향에 따라 오른쪽 그림과 같이 달라진다. 보통은 물체를 종이 한가운데에 출력하기 때문에 플롯의 중심(Center the plot) 체크를 켜기만 하면 된다. XY 방향이 설정에 따라 달라지는 것 같지만 물체의 모형 공간의 좌표축을 기준으로 생각하면 이해할 수 있을 것이다.

④ 플롯 대상(Plot area)은 모형 공간에서 출력할 부분을 지정하는 옵션으로 모형 전체를 다 출력하기 위해서는 한계(LIMITS)를 선택하면 편리

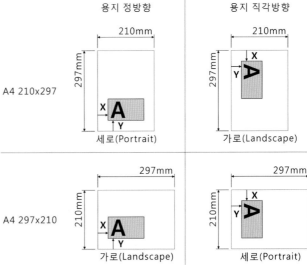

→ A4 용지의 플롯 간격(Plot offset) 설정

하지만 실무에서는 윈도우(Window) 옵션을 더 많이 사용한다. 모든 출력에는 상하좌우로 약간의 출력 여백이 존재하기 때문에 출력 용지와 같은 크기의 모형을 1:1 축척으로 출력하면 상하좌우가 잘려나가게 된다. 여기서는 윈도우(Window) 옵션을 선택하고 모형 공간에서 실제 출력할 물체만 포함하도록 윈도우 영역을 선택한다.

실무 입장에서 보면 ⑥ 플롯 축척(Plot scale)은 출력에서 가장 중요한 설정이 될 수 있다. 그냥 간단하게 '용지에 맞춤(Fit to paper)'을 선택하면 컴퓨터가 자동으로 축척을 계산해 주지만 이것은 실무 제도 통칙에 위배되는 결과를 만든다. 제도 통칙에는 축척의 비율이 2:1, 1:1, 1:2 등 정수 비율만을 사용해야 하는데 자동 맞춤을 사용하면 축척 비가 보통 1:1.093과 같이 소수점으로 계산된다. 적절한 축척비를 선택하는 방법을 간단하게 표현하면 종이 영역 안에 들어가면서 가장 크게 그려지는 비율을 선택하면 된다. ④ 플롯 대상에서 우리는 전체 도면을 선택하지 않고 내부에 그려진 물체만을 선택하였기 때문에 이들 물체는 1:1로 출력할 수 있다. 만일 플롯 대상을 전체 한계로 지정하고 1:1 출력을 사용하면 전장의 그림과 같이 외곽 표제부가 출력 여백에 걸려 출력이 안 된다.

그렇다면 도면의 윤곽선과 표제부를 포함해서 출력하는 적절한 방법은 무엇일까? 여기에는 두 가지 방법이 있다. 하나는 윤곽선과 표제부를 처음 작도할 때 적절한 출력 여백을 고려하여 도면의 한계 안에 작게 그리는 방법이 있다. 이 방법은 매우 간단하지만 모형 공간안에 출력을 고려한 작도를 한다는 점에서 모형 공간의 독립성이 떨어지게 된다.

두 번째 방법은 모형 공간에 물체만 작도하고 윤곽선과 표제부를 배치(LayOut) 공간에서 작도하는 방법이다. 처음엔 다소 번거롭더라도 모형 정보와 출력 정보가 완전히 분리되기 때문에 제도 통칙을 가장 잘 유지할 수 있다는 장점이 있다.

마지막으로 ⑦ '플롯 스타일 테이블'은 도면에서 사용한 색상 선을 출력에서 어떻게 표현할지를 결정한다. 흑백으로 출력할 때는 그림과 같이 주로 회색레벨(Grayscale) 또는 모노(Monochrome) 방식을 사용한다. 회색레벨은 색상 선을 회색조로 변환하여 그 밝기만을 표현하도록 하지만 모노 방식은 모든 색상을 단순히 검정색으로 표현한다. 스크린(Screening)은 색상 정보를 그대로 표현하지만 그 뒤 비율값으로 투명도를 지정할 수 있다.

MEMO

03

3차원 공간 작도

평면에서
공간으로 확장

지금까지 우리가 작도한 도면은 XY 2차원 평면 위에 그려졌다. 이제 이 평면에 Z축이 더해져 공간으로 도면이 확장되면서 3차원 물체를 작도해 보도록 하겠다.

3차원 좌표계를 위한 높이 값 Z

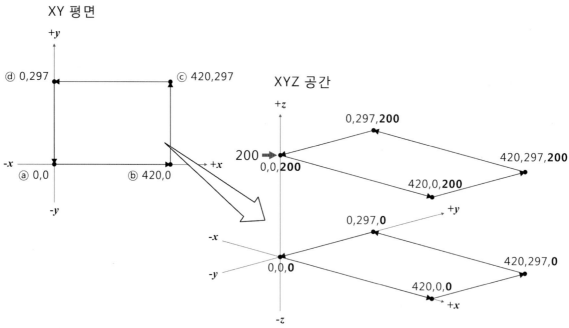

XY 평면

+y

ⓓ 0,297   ⓒ 420,297

-x

ⓐ 0,0   ⓑ 420,0

-y

+x

XYZ 공간

+z

0,297,**200**

200 →   420,297,**200**

0,0,**200**   420,0,**200**

+y

0,297,**0**

-x

-y   0,0,**0**   420,297,**0**

420,0,**0**

+x

-z

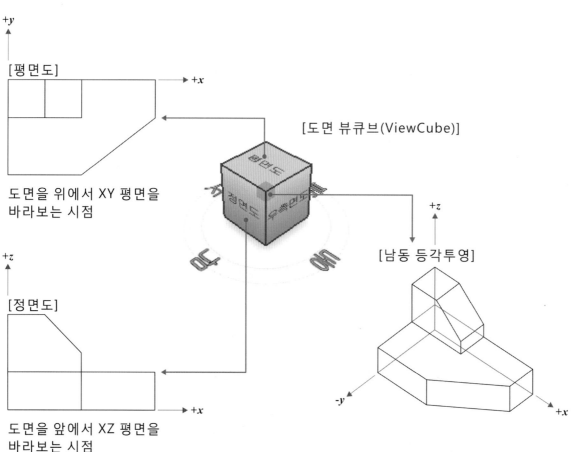

+y

[평면도]

+x

도면을 위에서 XY 평면을
바라보는 시점

[도면 뷰큐브(ViewCube)]

[남동 등각투영]

+z

+z

[정면도]

+x

도면을 앞에서 XZ 평면을
바라보는 시점

-y

+x

Z축의 추가

우리는 지금까지 왼쪽 그림과 같은 XY 평면을 도면 영역으로 작도하였다. 평면 도면에서 어떤 점의 위치를 지정할 때는 두 개의 좌표값, 즉 X값과 Y값을 사용하면 되었다. 그러나 XYZ 공간에서 한 지점을 지정하기 위해서는 세 개의 좌표값, 즉 X값, Y값과 Z값을 사용해야 한다.

위에서 내려다 보는 XY 평면도로 보면 하나의 사각형 도형으로 보이지만 보는 시점을 회전하면 두 개의 사각형이 그려져 있는 것을 볼 수 있다. 하나는 Z값이 0인 바닥 위치에 그려져 있고 다른 하나는 Z값이 200인 위쪽에 그려져 있다. 바닥 사각형의 좌표값과 위쪽 사각형의 좌표값을 비교하면 다음과 같다.

	ⓐ 점	ⓑ 점	ⓒ 점	ⓓ 점	닫는 점
바닥 사각형	0,0,0	420,0,0	420,297,0	0,297,0	0,0,0
바닥 사각형(간단표기)	0,0	420,0	420,297	0,297	0,0
위쪽 사각형	0,0,**200**	420,0,**200**	420,297,**200**	0,297,**200**	0,0,**200**

보통 기본 상태에서 Z값을 지정하지 않으면 UCS(User Coordinate System, 사용자 좌표계)가 놓인 '0' 값을 가지게 된다. 이것은 바닥 XY 평면에 작도하는 것을 뜻한다. 반면 Z값을 지정하면 평면을 벗어나 원하는 공간 지점을 자유롭게 지정할 수 있다. 이렇게 Z값을 지정하는 것만으로 XY 작도 평면은 XYZ 작도 공간으로 확장된다.

평면에서 작도할 때는 도면을 상하좌우로 이동하는 Pan 명령과 확대/축소하는 Zoom 명령만으로 적당한 보기 상태를 유지할 수 있었다. 그러나 3차원 공간에 그려진 물체를 확인하기 위해서는 보다 다양한 보기 방법이 필요하게 된다. 여기서는 우선 뷰큐브(ViewCube) 사용법을 간단하게 알아본다. 뷰큐브는 도면 오른쪽 위에 있는 정육면체 물체로, 간단한 클릭만으로 도면을 보는 방향을 다양하게 설정할 수 있다. 먼저 6개의 면 중 하나를 클릭하면 물체를 평면으로 바라보는 직교 좌표계 보기가 된다. 여기에는 평면도, 저면도, 정면도, 배면도, 좌측면도, 우측면도 등이 있다. 이번 장에서는 가장 간단한 평면도(XY 평면)와 정면도(XZ 평면)를 사용하도록 하겠다.

뷰큐브의 꼭짓점 부분을 클릭하면 도면이 등각투영도(Isometric)로 설정된다. 등각투영도란 X/Y/Z축이 서로 120° 간격을 두고 그려진 도면을 뜻한다. 뷰큐브는 8개의 꼭짓점을 가지며 8방향의 등각투영도를 제공하지만 여기서는 뷰큐브의 오른쪽 아래 꼭짓점인 남동 등각투영도(SE Isometric)만 사용하도록 하겠다.

① 공간작도예제

[평면도]　　　　[정면도]

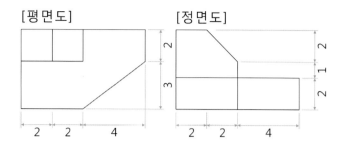

ⓐ 밑판 작도　　　　ⓑ @0,0,2 기둥 작도　　　　ⓒ 밑판 복사

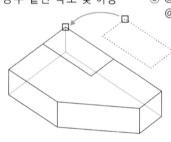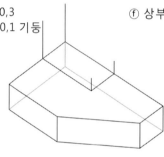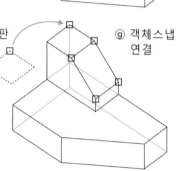

ⓓ 상부 밑판 작도 및 이동　ⓔ @0,0,3 @0,0,1 기둥　ⓕ 상부 상판　ⓖ 객체스냅 연결

② 공간작도예제

[평면도]　　　　[정면도]

ⓐ 밑판 작도　ⓑ @0,0,2 @0,0,5 기둥 작도

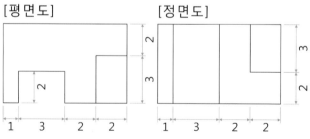

ⓒ 상판 작도 및 이동

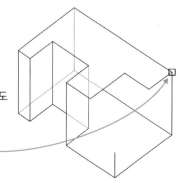

ⓔ 객체스냅 연결

ⓓ @0,0,-3 기둥 작도

XYZ 공간작도 예제

① 첫 번째 물체를 작도하기 위해서는 먼저 XY 평면에 ⓐ 하부 밑판을 작도한다. 밑판의 치수는 평면도를 참고하면서 Line 또는 PLine 명령을 이용한다.

   ⓑ 하부의 밑판과 상판을 연결하는 기둥선을 작도한다. 이 선은 Line 명령으로 각 꼭짓점을 객체스냅으로 정하고 끝점은 상대좌표값 @0,0,2로 지정한다.

   ⓒ CoPy 명령으로 작도한 밑판을 복사한다. 도형을 선택하고 기준점을 지정할 때는 객체스냅으로 꼭짓점을 정확히 선택한다. 복사점을 지정할 때도 객체스냅으로 기둥의 다른 쪽 끝을 지정하여 복사한다. 여기서는 정확한 치수를 알고 있기 때문에 복사점을 @0,0,2로 지정하여도 된다.

   ⓓ 상부의 밑판을 작도한다. 처음부터 정확한 Z값을 지정하여 그릴 수도 있지만 더 간단히 작도하기 위해 단순히 XY 평면 위에 그린다. Move 명령으로 작도한 도형을 선택하고 객체스냅 기능을 이용해 상판 위에 올려 놓는다. 이동점을 기둥 위 끝으로 지정하여 이 도형을 Z축으로 높이 2 만큼 올린다.

   ⓔ Line 명령으로 상부의 기둥선을 작도한다. 짧은 쪽은 각 끝점에서 @0,0,1 만큼 떨어지고 긴 쪽은 @0,0,3 만큼 떨어진다. 주의할 점은 Line의 첫 점을 잡아줄 때 그냥 지정하면 XY 평면 위에만 지정할 수 있기 때문에 Z값이 '0'으로 지정된다. 반드시 객체스냅 기능을 켜고 ⓓ에서 작도한 물체 꼭짓점을 선택한다.

   ⓕ 마지막으로 ⓓ와 같은 방법으로 상부의 상판을 작도하고 이동시킨다.

   ⓖ 남은 세 개의 선을 객체 스냅 기능으로 연결한다.

② 두 번째 물체를 작도하기 위해서는 먼저 XY 평면에 ⓐ 밑판을 작도한다.

   ⓑ 밑판과 상판을 연결하는 기둥선을 작도한다. 기둥은 Z축으로 5만큼 올라가기 때문에 Line의 첫 점은 밑판의 꼭짓점을 지정하고 끝점은 @0,0,5로 지정한다. 짧은 기둥은 끝점을 @0,0,2로 지정한다.

   ⓒ 상판을 XY 평면 바닥에 작도하고 기둥 끝점으로 이동시킨다.

   ⓓ 상판에서 기둥과 연결되지 않은 세 개의 꼭짓점에 아래로 내려가는(@0,0,-3) 기둥 세 개를 작도한다.

   ⓔ 객체 스냅 기능을 이용해 남은 끝점을 연결한다.

> **Hint** • **UCS 평면을 벗어나는 객체스냅**
>
> 보통의 커서는 현재 UCS(User Coordinate System, 사용자 좌표계)가 지정된 평면 위에서만 이동된다. 그러나 객체스냅 기능을 통해 어떤 점에 커서가 스냅될 때 이 평면을 벗어나는 경우가 있다.
>
> 이때 주의할 점은 이렇게 UCS 평면을 벗어난 지점에 물체를 그려줄 때 Line 명령은 잘 그려지지만 PLine 물체는 그려지지 않는다는 점이다. 캐드에서 그려지는 물체 중 UCS 평면을 벗어나 3차원 공간에 자유롭게 그려지는 물체가 있고 또 다른 물체는 현재 UCS 평면 위나 UCS에 평행한 평면에만 그려지는 물체가 있다. 3차원 공간에 자유롭게 그려지는 대표적인 물체는 Line과 SPLine, 3dPoly 등이 있고 평면에만 그려지는 대표적인 물체는 PLine과 RECtang, POLygon 등이 있다.

ViewPORTS - 모형(Model)공간의 분할

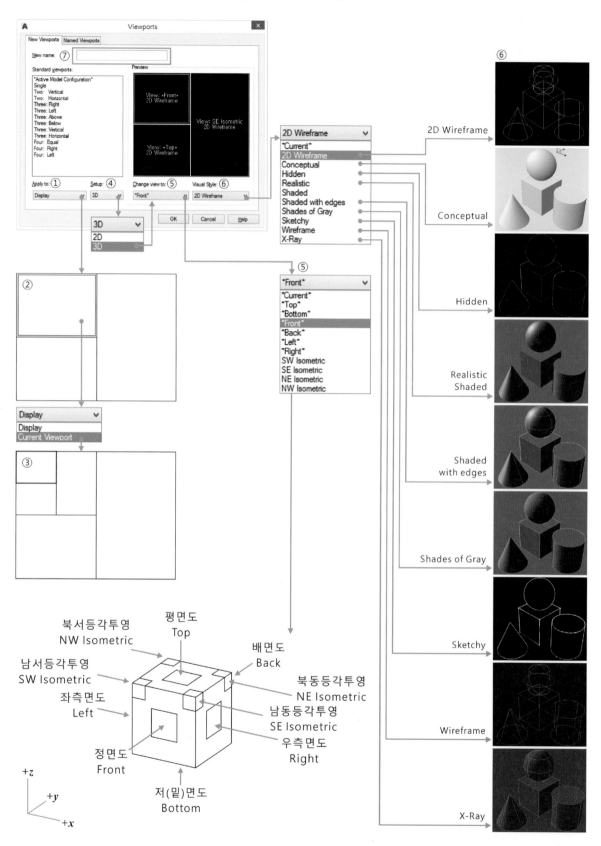

ViewPORTS – 뷰포트 나누기

지난 18강에서 우리는 출력을 위한 배치(Layout)에 관해 알아보면서 ViewPORTS 명령을 알아보았다. 이 명령은 배치 탭에 뷰포트를 자동으로 배치하고 설정하는 기능을 제공한다. 이번 강에서는 ViewPORTS 명령을 모형(Model) 공간에서 사용하는 방법에 대해 알아보겠다.

왼쪽 그림과 같이 모형(Model) 탭에서 동작시킨 ViewPORTS 명령 대화상자는 배치(Layout) 탭과 유사하게 보인다. 다만 왼쪽 하단에 뷰포트 간격 대신 ① 적용 위치(Apply to) 항목이 있다. 여기에는 화면표시(Display)와 현재 뷰포트(Current Viewport) 두 가지를 선택할 수 있다. 화면표시(Display)를 선택하면 대화상자의 설정이 도면 전체에 적용되고, 현재 뷰포트(Current Viewport)를 선택하면 대화상자의 설정이 도면에서 선택한 뷰포트를 다시 나누게 된다. 처음 뷰포트를 나눌 때는 이 항목은 화면표시(Display) 상태로 고정되어 있지만 ② 상태로 나눠진 모형 도면은 세 개의 뷰포트를 가지기 때문에 이 항목을 변경할 수 있다.

④ 설정(Setup) 항목은 도면이 2차원 평면 도면인지 3차원 공간 도면인지를 지정하는 기능을 가진다. 2차원 상태(2D)에서는 뷰 변경 위치(Change view to)를 언제나 현재(Current) 상태만 지정할 수 있다. 반면 설정을 3차원(3D) 상태로 변경하면 각 뷰포트의 시점을 왼쪽 그림과 같이 다양하게 바꿔줄 수 있다.

⑤ 뷰 변경 위치(Change view to) 항목은 각 뷰포트가 도면을 바라보는 방향을 결정해 준다. 우리가 지금까지 작도한 XY 평면은 평면도(Top)로 불리운다. 같은 XY 평면이지만 다른 방향에서 바라본 뷰는 저면도 또는 밑면도(Bottom)라고 한다. 뷰큐브(ViewCube)가 정육면체이기 때문에 도면을 바라보는 방향은 6개가 된다. 여기에 위쪽 방향을 중심으로 한 등각투영(Isometric) 뷰 네 방향이 추가되고 있다. 등각투영이란 각 축으로부터 모두 45° 회전한 위치에서 바라보는 뷰를 뜻하며 뷰큐브의 각 꼭짓점 위치에서 바라보는 뷰가 된다.

⑥ 비주얼 스타일(Visual Style)에서는 물체의 렌더링 스타일을 지정해 줄 수 있다. 우리가 지금까지 작도한 모든 도면은 선으로만 이루어졌기 때문에 아직 렌더링 방식은 의미가 없다. 선으로 작도한 도면은 면이 없기 때문에 경우에 따라서는 아무것도 보이지 않게 된다.

마지막으로 현재 도면에 구성된 뷰포트 상태를 이름을 지정하여 저장하는 방법을 알아본다. 뷰포트 구성을 마치고 다시 ViewPORTS 명령 대화상자를 열어준다. 활성 모형 구성(Active Model Configuration)을 선택하면 현재 도면의 뷰포트 상태가 나타난다. ⑦ 새 이름(New name)에 이름을 입력하고 확인을 누르면 현재 뷰포트 구성이 저장된다. 이것을 명명된 뷰포트(Named Viewports)라고 하고 이것은 언제든지 다시 불러와 모형 도면을 구성할 수 있다.

3dFace - 3각/4각 면 만들기

4각면 만들기

4각면 > 3각면 만들기

다각형면 나눠서 만들기

EDGE 명령으로 불필요한 모서리 지우기

3dFace – 3각/4각 면 만들기

3dFace 명령은 자주 사용되지 않지만 와이어(Wireframe, 선) 작도법을 사용하였을 때는 편리하게 낱개 면을 만들어 줄 수 있다. 3dFace 명령의 사용법은 지난 11강에서 알아본 SOlid 명령과 비슷하지만 많이 다르다. SOlid 명령은 2차원 명령으로 같은 평면에 있는 점들만 연결할 수 있다. 그러나 3dFace 명령은 작도 평면에 관계없이 공간에 있는 모든 점을 연결할 수 있다. 또 한 가지 중요한 차이점은 연결 순서이다. SOlid 명령은 나비 모양으로 꼬이는 순서대로 선택해야 하는데 3dFace 명령은 점들 둘레를 돌아가는 순서로 점들을 선택한다.

왼쪽 그림의 첫 번째 예제는 서로 붙은 세 개의 사각형에 면을 만들어 주었다. 각 점을 선택하는 순서를 주의 깊게 보아야 한다. ⓐ~ⓓ까지는 어렵지 않게 선택할 수 있지만 두 번째 사각면은 이전 사각면의 마지막 두 끝점 ⓒ, ⓓ 점을 다시 첫 번째와 두 번째 점으로 활용하고 ⓔ, ⓕ 점을 세 번째와 네 번째 점으로 사용한다. 첫 번째 사각면만 네 개의 점을 지정하고 다음 사각면 부터는 추가로 두 개의 점만 더 지정하면 된다.

두 번째 예제는 삼각면의 작도이다. 먼저 ⓐ~ⓓ 지정으로 사각면을 만들고 ⓔ 점만 지정하고 [Enter] 키를 누르면 이전 점 ⓒ, ⓓ와 ⓔ 점으로 만들어지는 삼각면을 만든다. 한가지 아쉬운 것은 캐드에서 한 번의 3dFace 명령으로 연속된 삼각면 작도는 권장하지 않는다는 점이다. 만일 여러분이 연속된 삼각면을 작도하고자 한다면 그만큼 3dFace 명령을 반복 실행하는 것을 권한다.

마지막 예제에서는 다각형을 채우는 방법에 대해 다루고 있다. 다각형을 채우기 위해서는 이것을 사각형 또는 삼각형으로 나눠야 한다. 3dFace 명령의 특성을 이해하는 독자라면 채우기를 쉽게 나눠 두 번의 3dFace 명령으로 윗면을 채워 넣을 수 있을 것이다.

이렇게 작도한 다각면에는 불필요한 모서리 세 개가 보일 것이다. 이런 모습이 싫다면 EDGE 명령을 통해 작도한 물체의 모서리를 안 보이게 할 수 있다. 단순히 EDGE 명령을 실행하고 지워줄 모서리를 선택만 해주면 된다. 이렇게 지워진 모서리는 면의 속성(PRoperties, 단축키 [Ctrl] + [1])을 통해 숨김 상태가 된 것을 확인할 수 있다. 한 가지 아쉬운 것은 필자가 원고를 작성하는 시점에도 모서리 숨기기 기능은 약간의 오류가 있어 숨김 상태가 되더라도 비주얼 스타일에 따라 그대로 표시되는 문제가 남아있다.

솔리드 모델과 메시 모델

3D 모델링 작업공간(3D Modeling Workspace)

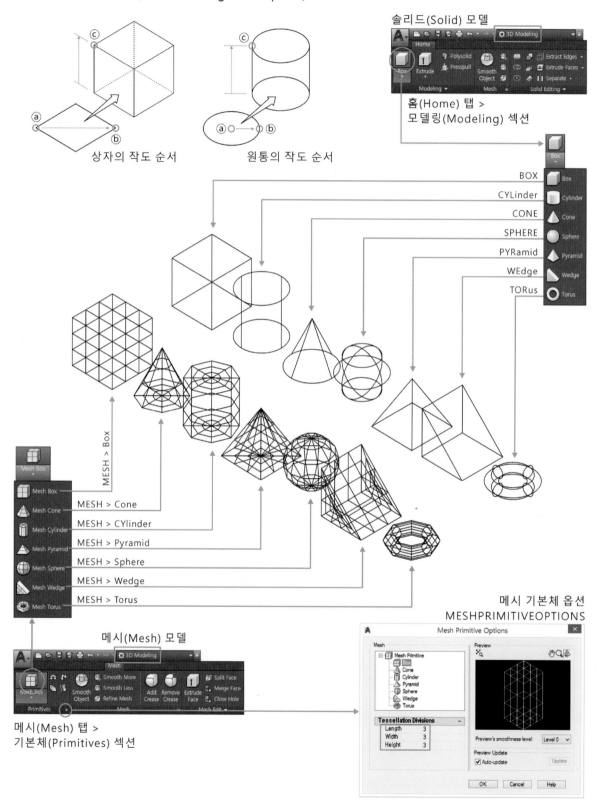

상자의 작도 순서

원통의 작도 순서

솔리드(Solid) 모델

홈(Home) 탭 >
모델링(Modeling) 섹션

BOX

CYLinder

CONE

SPHERE

PYRamid

WEdge

TORus

MESH > Box

MESH > Cone

MESH > CYlinder

MESH > Pyramid

MESH > Sphere

MESH > Wedge

MESH > Torus

메시(Mesh) 모델

메시(Mesh) 탭 >
기본체(Primitives) 섹션

메시 기본체 옵션
MESHPRIMITIVEOPTIONS

솔리드 모델과 메시 모델

물체를 선으로 작도하고 각 면을 3dFace 명령으로 채우는 작업은 꽤 귀찮고 성가신 작업이다. 캐드에서는 이런 수고를 덜기 위하여 몇 가지 기초가 되는 물체(Primitives, 기본체)를 쉽게 작도하는 기능을 제공하고 있다. 먼저 본격적인 3차원 작도를 위해 작업공간(Workspace)을 3D 모델링(3D Modeling)으로 선택한다. 주의 깊게 보아야 할 것은 패널에서 홈(Home) 탭과 메시(Mesh) 탭에 비슷해 보이는 두 종류의 기능이 있다는 점이다. 먼저 홈 탭 > 모델링(Modeling) 섹션에 있는 기능은 솔리드 모델 형식으로 물체를 만들고, 메시 탭 > 기본체 (Primitives) 섹션에 있는 기능은 메시 모델 형식으로 물체를 만든다.

여기서 솔리드 모델이란 속이 꽉 찬 형태의 물체를 뜻하고 메시 모델이란 속이 비어 있는 물체를 뜻한다. 오른쪽 그림은 구를 두 개 만들고 상단을 자른 모습을 보여주고 있다. 여기서 솔리드 물체는 자른 후에 내부가 메꿔져 있지만 메시 모델은 자른 후에 내부가 비어 있는 것을 볼 수 있다. 또한 솔리드 모델은 물체가 완전한 곡선으로 최적화되어 가장 단순히 표시되는 반면 메시 모델은 작은 조각으로 나눠진 패치(Patch)가 그물처럼 얽혀 구성된다. 이들은 eXplode 명령을 통해 분해가 가능하며, 각각의 패치는 3차원 면으로 만들어진다.

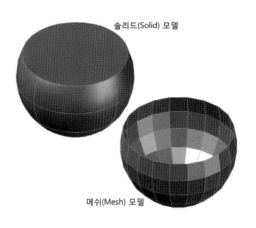

솔리드(Solid) 모델

메쉬(Mesh) 모델

➔ 솔리드 모델과 메시 모델의 차이

캐드에서는 우선 쉽게 만들 수 있는 7가지 기본 모형을 제공한다. 주의할 점은 솔리드 모델에서는 각 모양별로 서로 다른 명령(BOX, CYLinder, CONE, SPHERE, PYRamid, WEdge, TORus)을 사용하지만 메시모델은 공통적으로 MESH 명령을 사용하고 각각 다음과 같은 옵션으로 모양을 선택한다.

캐 드 명 령

명령: *MESH* Enter
현재 설정된 부드럽기 정도: 0
옵션 입력 [상자(B)/원추(C)/원통(CY)/피라미드(P)/구(S)/쐐기(W)/토러스(T)/설정(SE)] 〈구〉:

솔리드와 메시 모델의 명령어 체계와 물체의 속성은 다르지만 도면 위에서 각 물체를 작도하는 방법과 순서는 같다. 먼저 상자를 작도할 때는 밑면 ⓐ 한쪽 끝과 ⓑ 다른쪽 끝을 지정하고 마지막으로 ⓒ 높이를 지정한다. 원통과 원추는 바닥 면 ⓐ 중심과 ⓑ 반지름을 지정하고 같은 방법으로 ⓒ 높이를 지정한다.

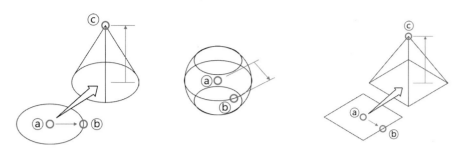

→ 원추, 구, 피라미드의 작도 순서

구는 ⓐ 중심과 ⓑ 반지름을 지정하고 피라미드는 ⓐ 밑면의 중심과 ⓑ 밑변의 절반 길이를 지정하며 ⓒ 높이를 지정한다. 쐐기는 상자와 같이 밑면의 ⓐ 한쪽 끝과 ⓑ 다른 쪽 끝을 지정하고 마지막으로 ⓒ 높이를 지정한다. 마지막 토러스(도넛)는 ⓐ 중심과 ⓑ 전체 도넛의 반지름을 지정하고 도넛의 ⓒ 굵기 반지름을 지정한다.

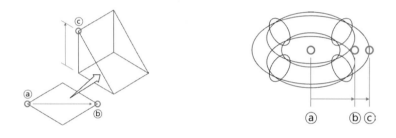

→ 쐐기, 토러스 작도 순서

약간 특이한 것은 보통 물체들은 반지름 또는 밑변의 절반 길이를 지정하는 방식이지만 상자와 쐐기 물체는 밑면의 대각선 길이를 지정한다는 점이다. 이것은 상자와 쐐기는 밑면의 가로, 세로 길이가 서로 다른 직사각형으로 지정할 수 있기 때문이다. 반면 원통이나 원추, 피라미드 등은 밑면이 정사각형 또는 정원으로 작도된다는 제약이 있기 때문에 반지름으로 지정한다.

메시 물체의 각면이 몇 개의 변으로 분할될지는 메시 기본체 옵션(MESHPRIMITIVEOPTIONS 명령) 버튼을 누르면 확인된다. 이 대화상자에는 메시 방식의 7개 기본체가 있고 각 물체를 선택하면 다듬기 분할 수(Tessellation Divisions)를 지정해 줄 수 있다.

THickness, ELEVation – 두께와 높이 속성

THickness와 ELEVation 명령은 자주 사용하는 명령은 아니지만 경우에 따라서는 유용하게 활용할 수 있기 때문에 간단하게 알아보도록 한다. 이 명령은 도형을 그리는 명령이 아니라 현재 도면에 적용할 두께(Thickness)와 높이(Elevation) 값을 지정한다. 물체의 두께(THickness) 속성이란 Z축 방향으로 물체가 늘어나는 것을 뜻한다. 보통 상태에서 두께는 '0' 값이지만 이 값을 설정하고 직선을 그리면 Z축 방향으로 늘어난 사각형이 자동으로 그려진다. 다음 그림은 두께값을 설정하고 직선 세 마디를 그린 모습이다.

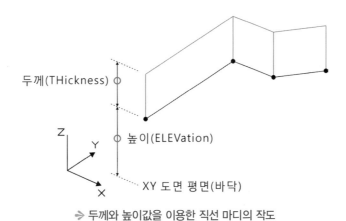

➔ 두께와 높이값을 이용한 직선 마디의 작도

높이(ELEVation) 값은 물체를 그릴 때 XY 평면에서 Z축 방향으로 얼마나 올라와 작도하는지를 결정한다. 즉, 도면 평면을 Z축으로 올려주는 기능을 한다. 두께와 높이값은 캐드의 환경 변수값이기도 하지만 물체를 그리는 동시에 물체의 속성값으로 설정된다. 즉, 어떤 물체의 속성창을 열어보면 다음과 같이 두께와 높이값을 볼 수 있고 변경도 가능하다.

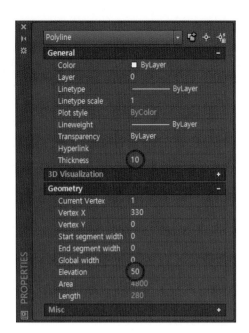 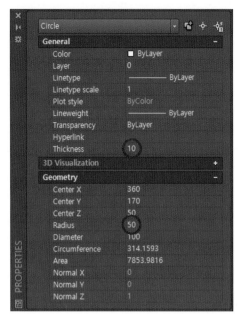

PROPERTIES

→ 선과 원의 두께, 높이 속성

위 물체는 높이(ELEVation) 값으로 50, 두께(THickness) 값으로 10을 지정하고 폴리라인(PolyLine)과 원 (Circle)을 그렸을 때 물체의 속성을 표시한 것이다. 주의할 점은 폴리라인 물체에는 높이 속성이 있지만 원 물 체는 높이 속성 대신 좌표값 Z에 높이값이 적용되었다.

MEMO

03

3차원 공간 작도

LESSON 21

경계와 영역

이번 강에서는 작도된 물체를 기반으로 경계 선이나 영역 면을 추출하는 명령에 대해 알아보겠다. 이 명령들은 매우 단순하며 이해하기 쉽다. 특히 전 강의 면 만들기 내용을 보충하는 의미에서 익히면 쉽게 이해할 수 있다.

BOundary 명령

ⓐ 원, 사각형, 육각형으로 만든 기본 도형

ⓑ TRim, eXplode 명령으로 불필요한 부분 제거

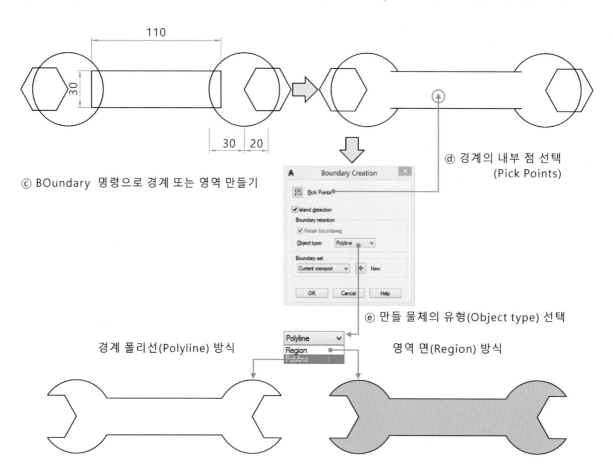

ⓒ BOundary 명령으로 경계 또는 영역 만들기

ⓓ 경계의 내부 점 선택
(Pick Points)

ⓔ 만들 물체의 유형(Object type) 선택

경계 폴리선(Polyline) 방식

영역 면(Region) 방식

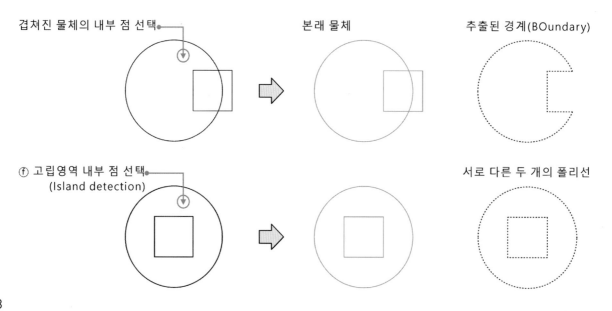

겹쳐진 물체의 내부 점 선택

본래 물체

추출된 경계(BOundary)

ⓕ 고립영역 내부 점 선택
(Island detection)

서로 다른 두 개의 폴리선

BOundary – 경계 선 만들기

BOundary 명령은 경계를 추출하여 폴리선 물체를 만들어 준다. 내부적인 동작은 Hatch 명령과 매우 유사하다. BOundary 명령은 여러 개의 물체들의 사이에서 내부를 지정하면 닫힌 경계선 물체를 새로 만들어 준다. 이 명령은 간단하게 닫힌 내부만 클릭해 주면 이 내부를 구성하는 하나의 폴리라인(PolyLine) 또는 영역(REGion)을 자동으로 만들어 준다.

BOundary 명령에 한 가지 제약이 있다면 물체들이 한 평면 위에 있어야 한다는 점이다. 이런 점에서 2차원 명령으로 다뤄야 하지만 영역 면을 구성하고 그 사용처가 3차원 공간 작도에서 많이 응용되기 때문에 3차원 명령으로 분류하였다. 이제 왼쪽 그림을 보면서 이 명령의 사용 방법과 특성을 알아본다.

ⓐ 먼저 원, 사각형, 육각형 등으로 구성된 기본 물체를 작도한다. 이 물체는 볼트를 돌리기 위한 공구 스패너를 작도하는 과정이다. 이 상태는 손잡이 부분이 사각형으로 나눠져 있어 하나의 경계선 추출이 어렵기 때문에 ⓑ 원을 사각형으로 TRim하고 사각형은 eXpolde하여 불필요한 좌우 변 부분을 제거한다. ⓒ BOundary 명령을 동작시켜 대화상자를 열어준다. ⓓ 점 선택(Pick Points) 버튼을 누르면 대화상자가 사라지면서 도면에서 물체의 내부 점들을 지정할 수 있게 된다.

ⓔ 물체의 유형(Object type)에서는 만들어지는 물체를 폴리선 또는 영역으로 지정할 수 있다. 폴리선(Polyline)은 모서리선만 있는 물체가 되고 영역(Region)은 넓이를 가지는 면이 만들어진다. 주의할 것은 BOundary 명령은 본래 물체를 그대로 유지하면서 새로운 물체를 그 위에 만든다는 점이다. 마지막으로 ⓕ 고립영역 탐지(Island detection) 기능은 선택한 영역 내부에 고립된 또 하나의 영역이 존재하는지를 검사한다. 만일 이러한 고립영역이 탐지되면 이를 위해 또 하나의 별도 영역 또는 경계를 만들어 준다.

REGion 명령

BOundary 명령

경계 내부 지정

⊙ 원본 물체 유지
⊙ 겹치는 부분 잘림
⊙ 여러 물체에 의해 경계 구성

REGion 명령

영역으로 만들 물체 지정

⊙ 원본 물체 제거
⊙ 다른 물체에 의해 겹쳐도 무관
⊙ 물체 하나마다 하나의 영역 구성

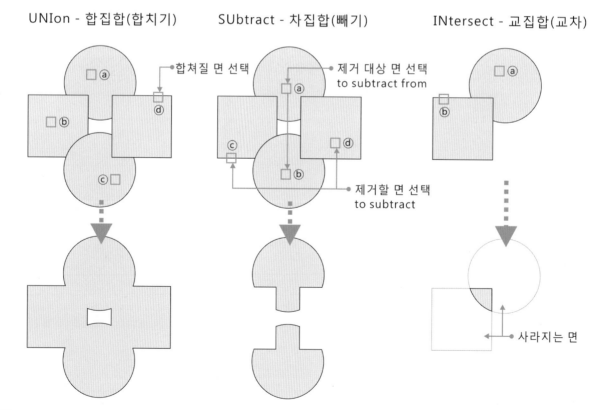

UNIon - 합집합(합치기)

합쳐질 면 선택

ⓐ
ⓑ
ⓒ
ⓓ

SUbtract - 차집합(빼기)

제거 대상 면 선택
to subtract from

ⓐ
ⓑ
ⓒ
ⓓ

제거할 면 선택
to subtract

INtersect - 교집합(교차)

ⓐ
ⓑ

사라지는 면

REGion – 영역 면 만들기

21-2

REGion 명령은 전 단원에서 알아본 BOundary 명령과 겹쳐지는 내용이 있지만 다른 점도 있다. BOundary 명령은 선으로 만든 경계 또는 면 영역을 선택적으로 만들고 REGion 명령은 면 영역을 만들지만 몇 가지 중요한 차이점이 있다.

- BOundary 명령은 영역의 내부를 지정하지만 REGion 명령은 영역을 이루는 물체를 지정한다.
- BOundary 명령은 원본 물체를 그대로 두지만 REGion 명령은 원본 물체를 제거한다.
- BOundary 명령은 여러 물체로 구성된 영역을 만들지만 REGion 명령은 선택한 물체 하나로 구성된 영역을 만든다.
- BOundary 명령은 다른 물체와 겹치는 부분이 잘려 나가지만 REGion 명령은 다른 물체와 겹치더라도 잘려 나가지 않는다.

REGion 명령은 BOundary 명령만큼 많이 사용되지는 않지만 경우에 따라서는 유용하게 쓰일 수 있다. 왼쪽 그림에서 BOundary 명령은 물체의 내부를 선택하여 탐색을 진행하면서 물체와 만나는 모서리를 추출해 닫힌 경계를 만들어 간다. 반면 REGion 명령은 물체를 선택하여 그 물체를 간단하게 면으로 전환해 버린다. 왼쪽 그림에서는 명령을 실행한 후에 각 물체를 조금씩 움직여 새로 만든 물체와 기존의 물체를 비교하였다.

영역의 합집합, 차집합, 교집합

21-3

면 영역(Region)으로 만든 물체는 합치거나 빼주거나 교차시킬 수 있다. 합집합과 교집합은 단순히 연산할 영역들을 순서에 관계없이 선택해 주기만 하면 된다. 단, 차집합은 빼주는 연산이기 때문에 영역을 선택하는 순서가 중요하다.

먼저 UNIon(합집합) 명령은 실행 후 간단히 합칠 영역 ⓐ~ⓓ를 선택하면 된다. 실행 결과는 겹쳐지는 부분이 합쳐져 하나의 영역으로 만들어진다.

SUbtract(차집합) 명령은 실행 후 먼저 제거 대상(Objects to subtract from) 영역을 선택한다. 왼쪽 그림에서는 ⓐ, ⓑ 두 개의 영역을 선택하고 [Enter] 키를 눌러 선택을 종료한다. 다음은 제거할(Objects to subtract) 영역을 선택한다. 왼쪽 그림에서는 ⓒ, ⓓ 두 개의 영역을 선택하고 [Enter] 키를 눌러 선택을 종료한다. 결과적으로 (ⓐ+ⓑ)-(ⓒ+ⓓ)의 영역이 만들어진다. 차집합을 만들 때는 제거 대상 물체인지 제거할 물체인지를 구분하여 선택해 주어야 한다.

마지막 INtersect(교집합) 명령은 선택한 모든 영역에 공통적으로 포함되는 교차 영역을 만들어 준다. 여기서 예제는 간단하게 원 ⓐ와 사각형 ⓑ 두 개로만 이루어진 영역을 사용하였다. 교집합은 이 두 개의 영역에 모두 포함되는 교차 결과를 만들고 나머지 영역은 사라지게 된다.

MEMO

03

3차원 공간 작도

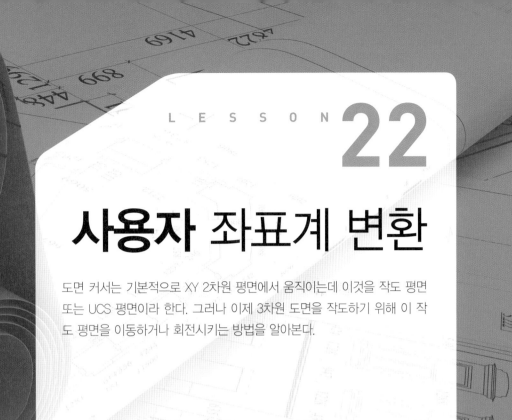

사용자 좌표계 변환

도면 커서는 기본적으로 XY 2차원 평면에서 움직이는데 이것을 작도 평면 또는 UCS 평면이라 한다. 그러나 이제 3차원 도면을 작도하기 위해 이 작도 평면을 이동하거나 회전시키는 방법을 알아본다.

UCS(User Coordinate System)

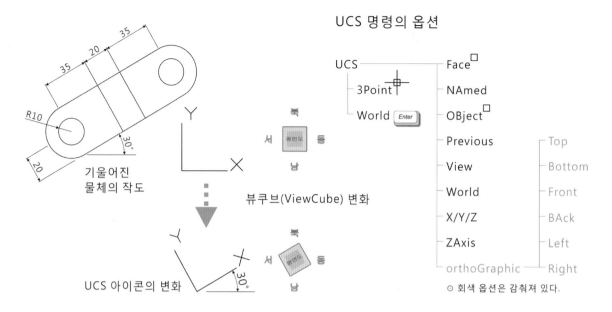

UCS 명령의 옵션

```
UCS ─────────── Face □
  ├ 3Point       NAmed
  └ World [Enter] OBject □
                  Previous ─── Top
                  View ─────── Bottom
                  World ────── Front
                  X/Y/Z ────── BAck
                  ZAxis ────── Left
                  orthoGraphic ─ Right
```

◎ 회색 옵션은 감춰져 있다.

기울어진
물체의 작도

뷰쿠브(ViewCube) 변화

UCS 아이콘의 변화

UCS > 3Point 옵션

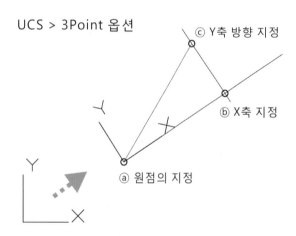

ⓒ Y축 방향 지정

ⓑ X축 지정

ⓐ 원점의 지정

UCS > World

UCS > OBject/Face

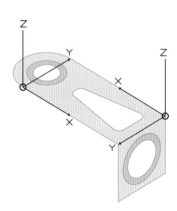

UCS > X/Y/Z

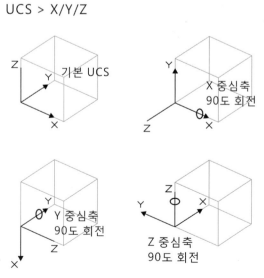

기본 UCS

X 중심축
90도 회전

Y 중심축
90도 회전

Z 중심축
90도 회전

UCS – 사용자 좌표계 시스템

우리는 지금까지 X축과 Y축으로 이루어진 평면(간단히 XY 평면)을 기준으로 작도하였다. 이 XY 평면의 좌표 시스템은 마치 모눈종이처럼 수평과 수직 방향으로 촘촘하게 좌표값을 지정할 수 있다. 그러나 만약 왼쪽 그림의 위에 있는 예제와 같이 수평 방향에서 30° 기울어진 물체를 작도한다면 어떻게 해야 할까? 이 문제를 해결하기 위해서는 두 가지 방법이 있다. 하나는 평평한 상태로 작도한 후에 기울어질 부분만 선택하여 회전시키는 방법이다. 두 번째는 좌표계 자체를 30° 기울여서 작도하는 방법이다. 물체를 수평/수직으로 작도한 후에 ROtate 명령으로 회전시키는 방법은 이미 알아보았으므로 이 단원에서는 좌표계를 기울이는 방법에 대해 알아본다.

도면 왼쪽 아래 보이는 좌표계 아이콘은 현재 UCS(User Coordinate System) 좌표계를 표시하며 같은 이름의 UCS 명령을 통해 다양한 방법으로 원점과 좌표축의 방향을 다시 설정할 수 있다. 이제 이 UCS 명령을 이용해서 UCS 좌표계를 원하는 방향으로 설정하는 방법을 알아보자.

UCS 명령을 입력하면 기본적으로 3점 입력(3Point) 옵션을 통해 UCS를 지정할 수 있다. UCS > 3Point를 사용할 때 첫 번째 점 ⓐ는 새 UCS의 원점을 뜻한다. 두 번째 점 ⓑ에는 X축이 놓이게 된다. 마지막 세 번째 점 ⓒ는 Y축의 방향(X축의 위 또는 아래)을 지정한다.

캐드 명령

명령: *UCS* `Enter`
현재 UCS 이름: *표준*
UCS의 원점 지정 또는 [면(F)/이름(NA)/객체(OB)/이전(P)/뷰(V)/
표준(W)/X(X)/Y(Y)/Z(Z)/Z축(ZA)] 〈표준〉:   도면에 3Point의 원점 지정

두 번째로 많이 사용하는 UCS 명령의 옵션은 World이다. 이것은 UCS를 초기 상태(WCS, World Coordinate System)로 돌려 놓는다. 이 옵션은 World(단축키 `W`)를 입력하여도 되지만 디폴트 옵션은 〈표준〉이기 때문에 그냥 간단히 `Enter` 키를 입력하면 된다.

그 다음으로 많이 사용하는 옵션이 객체(OBject)와 면(Face)이다. 이 옵션을 선택하면 도면 커서를 가까이 가져간 지점에서 가장 가까운 정점이 원점이 되며 그 다음으로 가까운 정점이 X축이 된다. OBject 옵션은 대개 2차원 평면 위의 그려진 선 물체에 사용하고 Face 옵션은 면을 이루는 물체에 사용할 수 있다.

마지막 옵션은 X/Y/Z축을 기준으로 UCS를 원하는 각도(기본값은 90°)만큼 회전하는 옵션이다. UCS > X > 90 순서로 입력하게 되면 X축은 변하지 않지만 나머지 Y축과 Z축이 X축을 중심으로 90° 회전하게 된다. 이 옵션은 주로 OBject/Face 옵션 후에 정확히 원하는 방향을 향하도록 조정하는 데 사용된다.

UCS의 다양한 관리기능

UCS 아이콘의 메뉴 기능

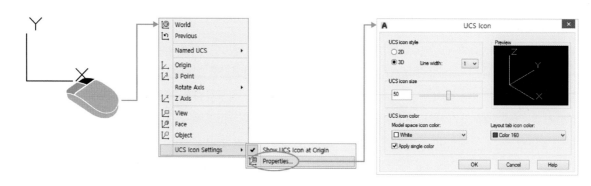

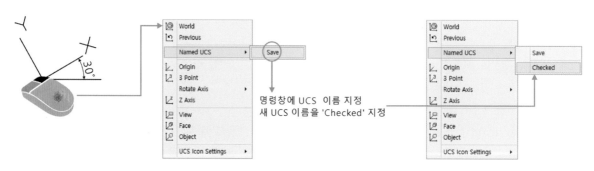

명령창에 UCS 이름 지정
새 UCS 이름을 'Checked' 지정

UCSMAN - UCS 관리자 열기

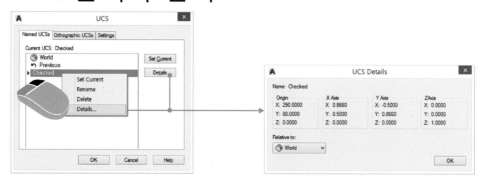

UCS > orthoGraphic

─ Top(평면도)

─ Bottom(저면도)

─ Front(정면도)

─ BAck(배면도)

─ Left(좌측면도)

─ Right(우측면도)

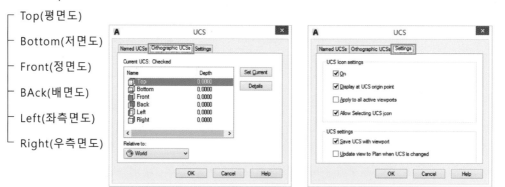

UCSMAN – UCS 관리자

왼쪽 그림과 같이 UCS 아이콘 위에서 마우스 오른쪽 버튼을 누르면 다양한 UCS 기능 메뉴가 나타난다. 이 메뉴에는 전 단원에서 알아본 UCS 명령의 다양한 옵션이 거의 다 나타나 있다. 이 메뉴의 가장 아래를 보면 UCS 아이콘 설정 기능(UCS Icon Settings > Properties)이 있다. 이것은 UCS 아이콘의 크기, 굵기, 형식 등을 다양하게 변경할 수 있는 대화상자를 열어준다.

UCS 아이콘의 오른쪽 버튼 메뉴 기능에서 또 하나의 특별한 기능은 명명된 UCS의 저장(Named UCS > Save) 기능이다. 이것은 현재 UCS에 이름을 지정하여 저장할 수 있는 기능이다. UCS를 저장하면 자주 사용하는 UCS 상태를 매번 새로 설정하는 것이 아니라 저장된 UCS를 불러와 사용할 수 있는 장점이 있다.

UCSMAN 명령을 입력하면 UCS 관리자(UCS Manager) 대화상자가 나타난다. UCS 관리자에는 표준(World) UCS가 기본적으로 나타나고 UCS가 변경되었다면 이전(Previous) UCS와 현재 변경된 UCS가 오른쪽 그림처럼 미지정(Unnamed) UCS라는 이름으로 나타난다. 왼쪽 그림에서는 UCS 아이콘 메뉴로 30도 회전한 UCS를 'Checked'라고 저장하였기 때문에 오른쪽 그림과는 조금 다르게 표시된다.

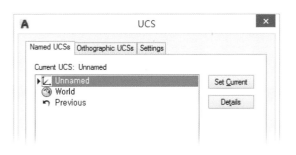

→ UCSMAN 명령의 대화상자

UCS 관리자의 또 다른 탭에는 직교(Orthographic) UCS와 설정(Settings) 기능이 있다. 직교 UCS탭에는 평면도(Top)와 저면도(Bottom), 정면도(Front), 배면도(Back), 좌측면도(Left), 우측면도(Right)를 위한 UCS가 미리 지정되어 있으며 이것은 UCS 명령의 orthoGraphic 옵션과 동일하게 동작한다. 마지막으로 설정(Settings) 탭에는 UCS를 저장할 때 사용하는 다양한 옵션이 준비되어 있다.

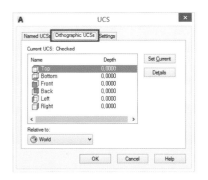 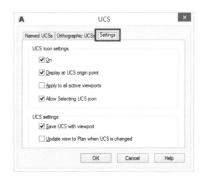

→ UCSMAN 대화상자의 직교 UCS와 설정 탭

철제 의자 뼈대 그리기

뷰포트, UCS 준비

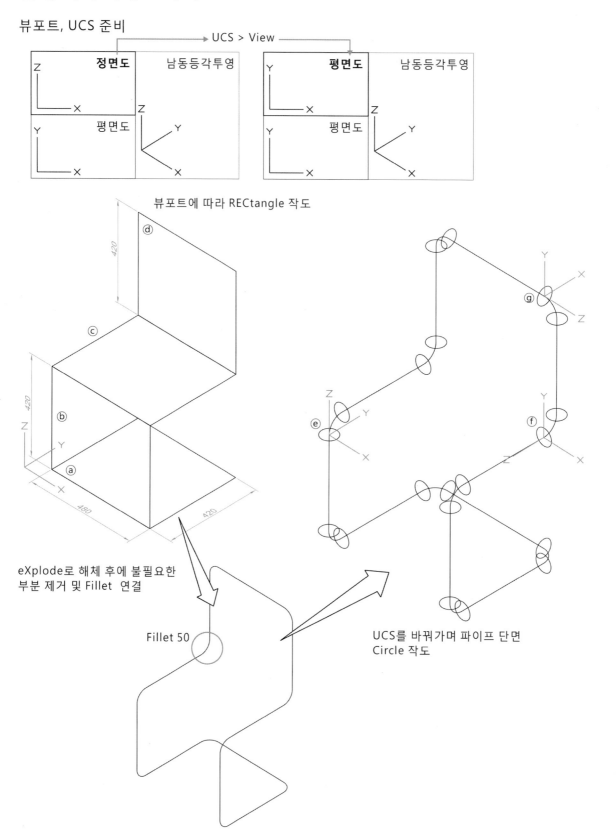

UCS > View

정면도   남동등각투영

Z
X

평면도

Z
Y
X

평면도   남동등각투영

Y
X

평면도

Z
Y
X

뷰포트에 따라 RECtangle 작도

ⓓ

420

ⓒ

420

Z

ⓑ

Y

ⓐ

X

480   420

eXplode로 해체 후에 불필요한
부분 제거 및 Fillet 연결

Fillet 50

ⓖ

Y
X
Z

ⓔ

Z
Y
X

ⓕ

Y
X
Z

UCS를 바꿔가며 파이프 단면
Circle 작도

UCS 예제 – 간단한 의자 작도

이번에는 그 동안 배운 명령을 활용해서 3차원 물체를 작도해 보도록 한다. 먼저 ViewPORTS 명령으로 도면을 왼쪽 그림과 같이 나눠준다. 왼쪽 상단은 정면도(Front), 왼쪽 하단은 평면도(Top), 오른쪽은 남동등각투영(SE Isometric)을 각각 지정한다. 뷰포트를 이렇게 배치하는 것은 단지 다양한 각도에서 물체를 볼 수 있게 하기 위해서이다.

캐드는 기본적으로 XY 평면에서만 작도되기 때문에 정면도 평면(XZ 평면)에서 작도하려면 UCS > View 명령을 실행해야 한다. 왼쪽 그림에서 정면도가 평면도로 바뀌면서 UCS가 변한 것을 볼 수 있다.

이제 왼쪽 아래 뷰포트에서 ⓐ RECtangle > 0,0 > @480,420 명령으로 의자 바닥을 작도한다. 현재 뷰포트를 왼쪽 위(실제 XZ 정면도)로 바꾸고 ⓑ RECtangle > 0,0 > @480,420 명령으로 의자의 앞쪽에 세워진 판을 작도한다. 의자에 실제 앉는 방석 부분은 바닥판을 그대로 끌어올려 복사하면 된다. 이를 위해 오른쪽 등각투영 뷰포트를 선택한다. ⓒ CoPy 명령으로 바닥판을 복사할 때 주의할 점은 기준점과 복사 위치의 정확한 지정이다. ⓓ 등받이 부분도 같은 방법으로 ⓑ에서 작도한 사각형을 복사한다. 작도한 네 개의 사각형을 eXplode 명령으로 분해하고 불필요한 부분을 모두 제거한다. 또한 모서리 부분을 Fillet(반지름 50) 명령으로 부드럽게 다듬어 준다.

지금까지 작도한 것은 철제 의자의 파이프 중심선에 불과하다. 이제 이 중심선에 부피를 주기 위한 파이프 단면인 원을 작도하도록 하겠다. 이 원의 반지름은 30으로 지정한다. 먼저 UCS가 WCS와 같은 기본 상태에서 작도할 수 있는 원을 작도한다. 왼쪽에 있는 정면도나 평면도 뷰포트에서는 겹치는 지점이 발생하기 때문에 오른쪽의 등각투영 뷰포트에서 작도한다.

기본 UCS 상태에서 작도할 수 있는 원은 ⓔ와 같이 XY 평면과 같은 방향으로 그려져 있어야 한다. 이런 원은 모두 8개가 존재한다. 먼저 하나만 그리고 나머지는 CoPy 명령으로 복사하면 된다. 복사할 때는 원의 중심점을 기준점으로 선택하고 목표 지점은 각 선분의 끝점을 선택하면 된다. 다음에 작도할 원은 ⓕ와 같이 XZ 정면도와 같은 방향으로 그려져 있다. 이것을 작도하기 위해서는 UCS를 X축 방향으로 90도 회전(UCS > X > 90)하면 된다. 같은 방법으로 8개의 원을 작도한다. 마지막 원은 UCS를 Y축 방향으로 90도 회전(UCS > Y > 90)하면 된다. ⓖ와 같은 방향의 원은 모두 4개가 존재한다.

이제 철제 의자를 작도하기 위한 준비작업은 모두 끝났다. 이들을 서로 연결하는 작업은 다음 장에서 끝을 맺도록 하겠다.

PART

AutoCAD & SketchUp

03

3차원 공간 작도

다양한
메시 물체 제작

지난 20강에서 기본체라는 간단한 메시 모델 7가지를 작도해 보았다. 이번 강에서는 좀 더 다양한 메시 모델을 작도하는 방법을 알아본다. 주의할 점은 명령에서는 Surface(표면) 물체를 만드는 듯 하지만 실제 만들어지는 물체는 메시 물체라는 점이다.

다양한 메시 모델

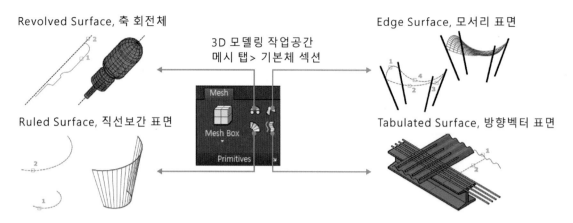

Revolved Surface, 축 회전체

Ruled Surface, 직선보간 표면

3D 모델링 작업공간
메시 탭> 기본체 섹션

Mesh
Mesh Box
Primitives

Edge Surface, 모서리 표면

Tabulated Surface, 방향벡터 표면

REVSURF - 회전체

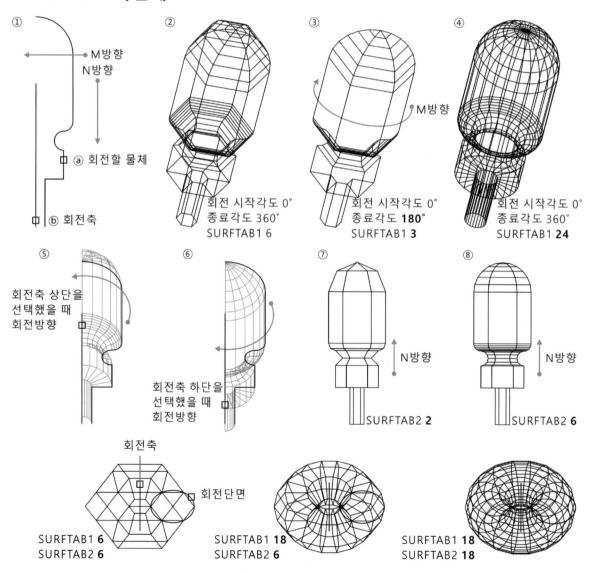

① M방향 / N방향 / ⓐ 회전할 물체 / ⓑ 회전축

② 회전 시작각도 0°
종료각도 360°
SURFTAB1 6

③ M방향
회전 시작각도 0°
종료각도 180°
SURFTAB1 3

④ 회전 시작각도 0°
종료각도 360°
SURFTAB1 24

⑤ 회전축 상단을
선택했을 때
회전방향

⑥ 회전축 하단을
선택했을 때
회전방향

⑦ N방향
SURFTAB2 2

⑧ N방향
SURFTAB2 6

회전축
회전단면

SURFTAB1 6
SURFTAB2 6

SURFTAB1 18
SURFTAB2 6

SURFTAB1 18
SURFTAB2 18

REVSURF – 축 회전 메시

평면 물체를 지정한 축을 중심으로 회전시켜 공간 물체로 만드는 동작을 한다. ①과 같이 물체를 작도하고 REVSURF 명령으로 ⓐ 회전할 물체를 먼저 선택하며 ⓑ 축 물체를 선택한 후에 회전을 시작할 각도(기본 0°)와 끝나는 각도(기본 360°)를 입력하면 ②와 같은 회전체가 작도된다. 이 동작에는 숨어있는 파라미터 SURFTAB1(기본값 6)과 SURFTAB2(기본값 6)가 각각 회전체의 마디 수와 곡선 마디 수를 결정한다. 이 값들이 커질수록 회전체는 곡면에 가까운 물체를 만들어 낸다.

기본적인 상태는 시스템 변수 SURFTAB1과 SURFTAB2 모두 6의 값을 가지고 물체를 0°부터 360°까지 회전하여 회전체를 만든다. 회전체를 만들 때 회전하는 방향을 M 방향이라 하고 SURFTAB1의 값은 M 방향의 마디수를 지정하게 한다. 왼쪽 그림에서는 ②번 물체의 회전 마디 수는 처음 회전할 물체 ⓐ와 새로 생선된 마디 6개가 합쳐져 7개의 회전 마디를 가지는 것을 볼 수 있다. REVSURF 명령은 회전할 물체 폴리선 ⓐ와 회전축 ⓑ를 그대로 유지하고 새로운 물체를 만들어 낸다.

③번 물체는 SURFTAB1 명령으로 값을 3으로 낮추고 REVSURF 명령의 회전 끝 각도를 180°로 변경하여 작도한 결과이다. ④번 물체는 SURFTAB1의 값을 24로 올려 보다 더 부드러운 회전체를 작도한 결과이다. 한번 만들어진 메시 물체의 SURFTAB1과 SURFTAB2 그리고 회전 각도는 나중에 변경할 수 없기 때문에 메시 물체를 제작할 때 원하는 값을 정확히 지정하여야 한다.

REVSURF 명령으로 회전축을 선택할 때 축의 상단을 선택한 경우는 ⑤ 물체와 같이 단면이 윗쪽으로 회전된다. 반대로 축의 하단을 선택한 경우는 ⑥ 물체와 같이 단면이 아래쪽으로 회전된다. 회전축을 선택한 방향에서 바라보았을 때 회전은 시계방향으로 이루어진다.

회전체의 N 방향은 회전축 방향을 뜻한다. 또한 이것은 회전 물체의 작도 평면과 같은 방향이기도 하다. N 방향의 마디수 SURFTAB2는 약간 특이하게 곡선 마디에만 영향을 미친다. ⑦번 물체는 SURFTAB2 값을 2로 낮춘 결과이다. 회전 물체의 직선부분에는 영향이 없지만 곡선 부분은 단순하게 만들어진 것을 볼 수 있다. ⑧번 물체는 SURFTAB2 값을 기본값 6으로 설정하여 생성한 회전체로 곡선 부분에 더 많은 마디가 생성된다.

Hint • **명령어로 인한 혼동**

이번 강에서 알아보는 명령인 REVSURF, EDGESURF, RULESURF, TABSURF 등은 명령어가 ...SURF로 끝나서 꼭 표면, Surface 모델을 만들어주는 듯 하지만 실제 이들 명령으로 만들어지는 물체는 직선으로 만들어진 패치(Patch)로 구성된 메시(Mesh) 모델이다. 실제 서피스(표면, Surface) 모델을 만들어주는 명령어는 다음 강에서 알아볼 REVolve, LOFT, SWEEP, EXTrude 명령 등이 있다.

EDGESURF - 모서리 메시

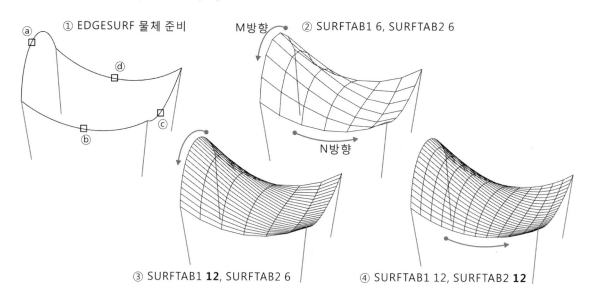

① EDGESURF 물체 준비

M방향

② SURFTAB1 6, SURFTAB2 6

N방향

③ SURFTAB1 **12**, SURFTAB2 6

④ SURFTAB1 12, SURFTAB2 **12**

RULESURF - 직선보간 메시

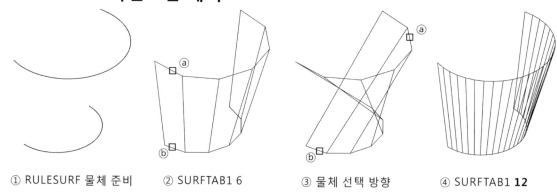

① RULESURF 물체 준비

② SURFTAB1 6

③ 물체 선택 방향

④ SURFTAB1 **12**

TABSURF - 방향벡터 메시

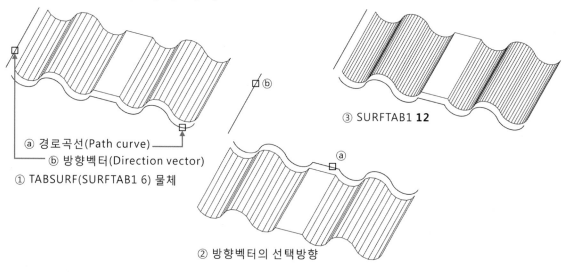

ⓐ 경로곡선(Path curve)

ⓑ 방향벡터(Direction vector)

① TABSURF(SURFTAB1 6) 물체

③ SURFTAB1 **12**

② 방향벡터의 선택방향

L E S S O N

EDGESURF – 모서리 메시 23-2

인접한 네 개의 모서리를 지정하여 이 모서리를 연결하는 메시를 만들어 준다. 이 때 각 모서리를 지정하는 순서나 방향은 크게 중요하지 않지만 첫 번째로 지정한 모서리는 SURFTAB1의 개수만큼 나눠지고 이 모서리와 인접한 모서리는 SURFTAB2 개수만큼 나눠진다.

왼쪽 그림의 ①과 같은 순서로 모서리를 지정하였다면 모서리 ⓐ는 SURFTAB1의 개수만큼 나눠지고 이 모서리와 인접한 모서리 ⓑ와 ⓓ가 SURFTAB2의 개수만큼 나눠진다.

②번 물체는 SURFTAB1과 SURFTAB2가 모두 6인 기본 상태에서 EDGESURF 물체를 만든 결과이다.

③번 물체는 SURFTAB1을 12로 변경한 후이며 ④번 물체는 SURFTAB2도 12로 변경한 후이다.

L E S S O N

RULESURF – 직선보간 메시 23-3

두 개의 모서리를 연결하는 면을 만들어 준다. 이 물체는 직선과 곡선 요소에 관계없이 SURFTAB1 값만큼 마디수가 나눠진다. RULESURF 물체는 작도법이 어렵지 않지만 물체를 선택하는 방향에 주의하여야 한다. 왼쪽 그림에서 ②번 물체는 모두 한 방향으로 선택하여 물체가 평평하게 만들어졌지만 ③번 물체는 서로 교차하는 방향으로 선택하여 물체가 꼬이게 만들어졌다. RULESURF 물체는 SURFTAB2 값에 영향받지 않는다.

L E S S O N

TABSURF – 방향벡터 메시 23-4

TABSURF 물체는 경로곡선(Path curve)을 방향벡터(Direction vector)에 따라 늘려 물체를 생성한다. 여기서 방향벡터는 여러 개 점으로 구성되어 있더라도 첫 점과 끝 점 사이의 벡터로만 동작한다. 주의할 점은 방향벡터를 선택하는 방향에 따라 ①과 ②와 같이 서로 반대 방향으로 물체가 생성될 수 있다. 경로곡선에서 가까운 방향으로 방향벡터를 선택하면 물체는 방향벡터 방향으로 만들어지며, 반대로 먼 방향으로 방향벡터를 선택하면 물체는 방향벡터와 반대방향으로 만들어진다.

다양한 메시 서피스 활용 예제

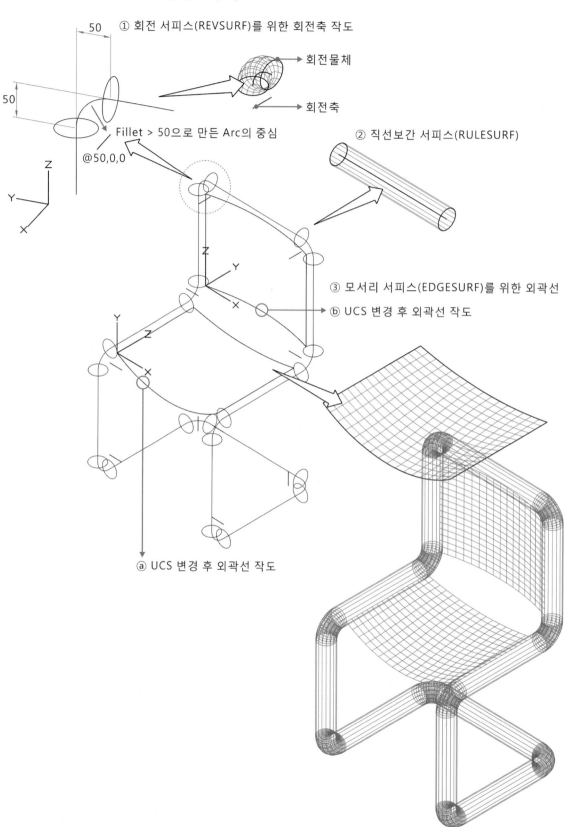

① 회전 서피스(REVSURF)를 위한 회전축 작도

50

50

회전물체

회전축

Fillet > 50으로 만든 Arc의 중심

@50,0,0

② 직선보간 서피스(RULESURF)

③ 모서리 서피스(EDGESURF)를 위한 외곽선

ⓑ UCS 변경 후 외곽선 작도

ⓐ UCS 변경 후 외곽선 작도

메시 모델 예제 – 간단한 의자 작도

23-5

전 강에서 작도한 UCS 예제 중 간단한 의자 작도를 이번 강에서 완성하도록 한다. 이번 강에서 알아본 다양한 메시 명령 중 REVSURF와 RULESURF, EDGESURF 명령을 이용해서 의자를 완성한다.

먼저 전 강에서 작도한 예제에서 메시 모델을 작도하기 위한 가이드 물체를 작도하도록 한다. 90° 각도를 두고 꺾인 모서리 부분의 두 개의 원을 연결할 때는 REVSURF 명령을 사용해서 연결한다. 그러나 아직 회전축이 없기 때문에 왼쪽 그림과 같은 방법으로 회전축을 작도한다. 먼저 객체스냅 기능을 이용해 Fillet으로 생성된 호의 중심을 선택한다. 만일 그림과 같이 UCS가 배치되었다면 Line의 두 번째 위치를 @50,0,0으로 지정하면 회전축이 작도된다. 이런 방법으로 회전축을 작도한다면 UCS 변경 없이 완성할 수 있다.

EDGESURF 물체를 만들기 위한 네 개의 모서리를 작도할 때는 UCS를 변경해 주어야 한다. 호 또는 라인의 시작과 끝점은 객체스냅 기능으로 선택할 수 있지만 호의 중간점을 선택하려면 UCS 평면을 이동하는 것이 편리하다. 왼쪽 그림에 각 모서리에 적합한 UCS 설정을 표시하였다. 이제 작도된 가이드 선 또는 호를 이용해서 의자를 메시 물체로 만들어준다.

다양한 메시 서피스 활용 예제

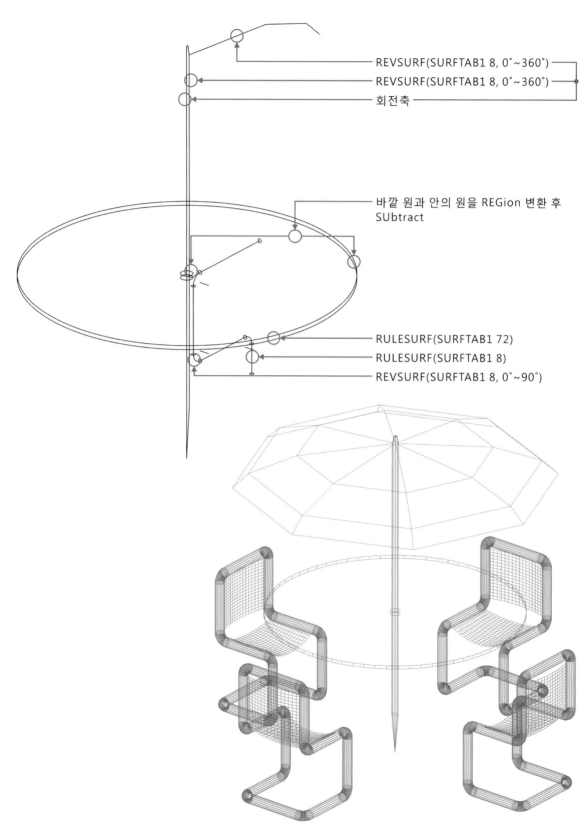

REVSURF(SURFTAB1 8, 0˚~360˚)

REVSURF(SURFTAB1 8, 0˚~360˚)

회전축

바깥 원과 안의 원을 REGion 변환 후
SUbtract

RULESURF(SURFTAB1 72)

RULESURF(SURFTAB1 8)

REVSURF(SURFTAB1 8, 0˚~90˚)

LESSON

메시 모델 예제 – 파라솔과 의자 작도 23-6

이번 강에서는 왼쪽 그림과 같은 힌트만 주어진 상태에서 파라솔을 작도해 보도록 한다. 자세한 작도법은 동영상 강의에 있지만 가급적 힌트 그림만 보고 작도하도록 권장한다. 그리고 전 강에서 작도한 의자를 블록으로 끌어와서 ARray 명령을 통해 예쁘게 배치해 보도록 한다.

AutoCAD & SketchUp

0**3**

3차원 공간 작도

솔리드 모델

지난 20강에서 간단한 솔리드 기본체 7가지를 알아보았다. 이번 강에서는
좀 더 다양한 솔리드 모델을 작도하는 방법을 알아본다.

와이어프레임 모델

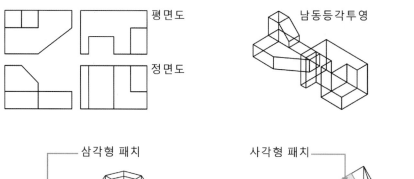

평면도

정면도

남동등각투영

메시 모델

삼각형 패치

사각형 패치

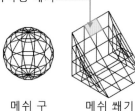

메쉬 상자   메쉬 원추   메쉬 원통   메쉬 피라미드   메쉬 구   메쉬 쐐기   메쉬 토러스

REGion(영역) 물체의 불리언 연산

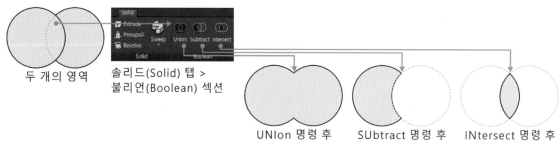

두 개의 영역

솔리드(Solid) 탭 >
불리언(Boolean) 섹션

UNIon 명령 후   SUbtract 명령 후   INtersect 명령 후

솔리드(Solid) 물체의 불리언 연산

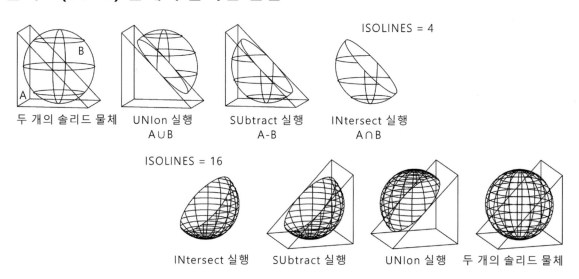

두 개의 솔리드 물체

UNIon 실행
A∪B

SUbtract 실행
A-B

ISOLINES = 4

INtersect 실행
A∩B

ISOLINES = 16

INtersect 실행   SUbtract 실행   UNIon 실행   두 개의 솔리드 물체

솔리드 모델의 특성

캐드에서 작도하는 물체는 크게 세 가지 형식으로 분류할 수 있다. 이제 지금까지 알아본 작도 명령 위주로 각각 어떤 형식의 물체를 만드는지 알아보도록 하겠다.

① **와이어프레임(Wireframe) 모델 :** 선으로만 작도되는 모든 물체(선, 원, 호, 폴리선 등)를 뜻한다. 주로 2차원 평면 작도 또는 3차원 작도를 위한 가이드 선을 작도할 때 사용한다. 선으로만 작도되기 때문에 렌더링을 통해 보이는 면(Face)은 없다.

② **메시(Mesh) 모델 :** 3dFace와 MESH, REVSURF, EDGESURF, RULESURF, TABSURF 명령으로 작도된 물체를 뜻한다. eXplode 명령을 이용하면 작은 면으로 분해되는데 이를 패치(조각, Patch)라 하고 이 패치는 3dFace로 작도한 면과 유사한 성질을 가지고 있다. 면으로만 구성되어 있기 때문에 합집합, 차집합, 교집합 등의 연산이 불가능하다.

③ **솔리드(Solid) 모델 :** 가장 간단하게는 BOundary > Region이나 REGion으로 작도한 면을 뜻하며 3차원 모형으로는 BOX와 CYLinder, CONE, SPHERE, PYRamid, WEdge, TORus 명령으로 작도한 물체를 뜻한다. eXplode 명령으로 분해하면 작은 조각 대신 가장 효율적인 면(REGion)으로 분해된다. 솔리드 모델은 평면 REGion과 같이 합집합, 차집합, 교집합 등의 연산이 가능하다.

캐드에서는 세 가지 모델 모두를 적절하게 사용하는 것이 중요하다. 세가지 모델은 서로 배타적인 작도법이 아니라 상호 보완적인 작도법이라고 이해하여야 한다. 마지막으로 캐드에서는 서피스(Surface)라는 모델을 제공한다. 이것은 스플라인(조절곡선, Spline)으로 이루어진 패치를 작도하는 모델 방식이며 후에 좀 더 자세히 알아보겠다.

솔리드 모델의 합집합, 차집합, 교집합

솔리드 모델 역시 REGion과 동일한 불리언(Boolean) 연산이 가능하다. 왼쪽 그림에서는 솔리드 쐐기(WEdge)와 구(SPHERE)를 서로 겹치게 작도하였고 이 두 개의 물체에 불리언 연산 명령을 실행한 결과를 각각 나란히 배치하였다. 한가지 주의할 점은 솔리드 모델은 매우 단순하게 와이어 프레임으로 표시된다는 점이다. 왼쪽 그림과 같이 구는 오로지 5개의 원만으로 표시되고 있다. 솔리드 물체를 표시할 때 사용하는 마디 수는 물체를 만들 때 ISOLINES 값에 의해 결정된다. 이 변수의 기본값은 4이며 최소 0부터 최대 2,047까지 정해줄 수 있다. 이 값이 커지면 솔리드 모델을 표시하는 곡선 수가 늘어나게 된다.

EXTrude - 돌출

EXTrude 불가능 폴리선
자체교차 폴리선 겹치는 폴리선 다양한 UCS

EXTrude 가능 폴리선

UCS

단면에 따른 결과물의 차이

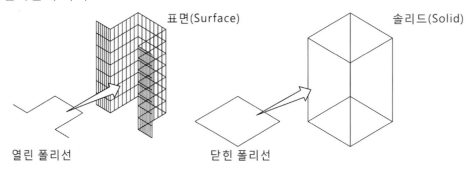

표면(Surface) 솔리드(Solid)

열린 폴리선 닫힌 폴리선

테이퍼 각도(Taper angle) 설정

원형 경로(Path)를 통한 돌출

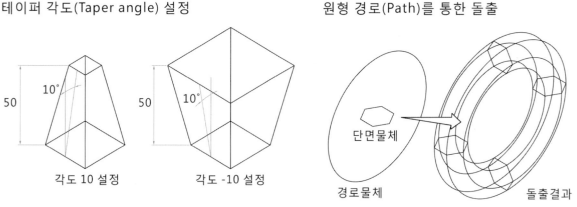

50 10°

50 10°

각도 10 설정 각도 -10 설정

단면물체

경로물체 돌출결과

경로(Path)를 통한 돌출

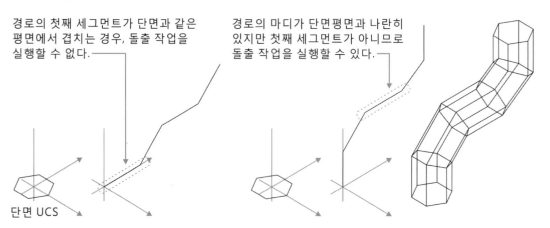

경로의 첫째 세그먼트가 단면과 같은
평면에서 겹치는 경우, 돌출 작업을
실행할 수 없다.

경로의 마디가 단면평면과 나란히
있지만 첫째 세그먼트가 아니므로
돌출 작업을 실행할 수 있다.

단면 UCS

EXTrude – 돌출

물체를 직각 방향이나 다양한 경로를 통해 돌출시키는 명령으로 단면에 따라 결과 물체의 형식도 다양하다. 또한 EXTrude 명령은 한번에 여러 개의 물체에 적용할 수 있기 때문에 꼭 물체가 폴리라인 형식으로 하나로 합쳐져 있어야 할 필요는 없다. 단면이 닫힌 경우 EXTrude 명령은 솔리드(Solide) 물체를 만들며 단면과 경로 물체는 사라진다. 반면 단면이 열린 경우 EXTrude 명령은 서피스(Surface) 물체를 만들며 단면과 경로 물체는 그대로 남아있게 된다. EXTrude 명령이 만든 물체는 단면 물체가 놓인 위치에 만들어진다.

먼저 EXTrude 명령이 불가능한 단면은 왼쪽 그림과 같이 하나의 물체이면서 서로 교차한 경우이다. 또는 꼭 교차하지는 않더라도 정점이 중간에 만나 내부를 형성하여도 EXTrude 명령은 불가능해진다. 마지막으로 하나의 물체가 여러 UCS를 형성하여도 EXTrude 명령 실행은 불가능해진다. 왼쪽의 정육면체는 각 면에 따라 서로 다른 UCS를 형성하기 때문에 어떤 방향으로 돌출해야 할지 결정할 수 없다. 보통의 EXTrude 명령은 단면의 직각 방향, 즉 단면 UCS의 Z축 방향으로 돌출작업을 행한다.

캐 드 명 령

명령: **EXTrude** `Enter`
현재 와이어프레임 밀도: ISOLINES=4, 닫힌 윤곽 작성 모드 = 솔리드
돌출할 객체 선택 또는 [모드(MO)]: 1개를 찾음　　　　　　　　　　　　　도면에서 단면 물체 지정
돌출할 객체 선택 또는 [모드(MO)]: `Enter`
돌출 높이 지정 또는 [방향(D)/경로(P)/테이퍼 각도(T)/표현식(E)] ⟨50.0000⟩: *50*

왼쪽 그림에는 하나는 열린 폴리선, 다른 하나는 닫힌 폴리선이 그려져 있고 두 물체 모두에 동일하게 50 크기만큼 돌출 작업을 실행하였다. 먼저 열린 폴리선을 돌출시킨 결과는 표면(Surface) 물체를 만들고 닫힌 폴리선을 돌출시킨 결과는 솔리드(Solid) 물체를 만들었다. 닫힌 폴리선으로 만들어지는 물체의 형식은 EXTrude > MOde > SUrface 설정으로 바꿔 줄 수 있다.

테이퍼 각도(Taper angle)는 돌출되는 방향으로 물체의 변형 각도를 지정한다. 왼쪽 그림처럼 양의 숫자를 입력하면 단면은 점점 작아지며 반대로 음의 숫자를 입력하면 단면은 점점 커지게 된다. 단면이 좁아지는 경우 서로 겹쳐 두 점이 만나는 지점에서 돌출의 높이는 자동으로 멈추고 제한된다.

마지막으로 높이값 대신 경로(Path) 옵션을 이용해 다양한 관절로 돌출하는 기능을 알아본다. 이 옵션은 단순히 경로(Path) 옵션을 입력하고 경로로 사용할 물체를 선택해 주기만 하면 된다. 단지 왼쪽 그림과 같이 경우에 따라 동작하지 않는 경우가 있다는 점을 주의한다. 먼저 간단한 육각형 단면과 원으로 된 경로를 작도한다. 물론 경로를 작도할 때는 육각형과 직각이 되기 위해 UCS를 회전하고 원을 작도해 주어야 한다.

SWEEP - 스윕, 쓸기

EXTrude > Path와 유사한 SWEEP

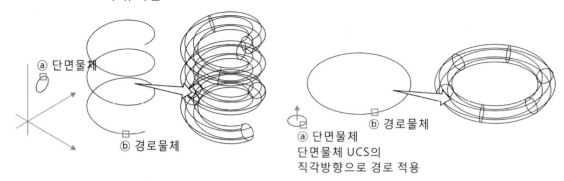

ⓐ 단면물체

ⓑ 경로물체

ⓑ 경로물체

ⓐ 단면물체
단면물체 UCS의
직각방향으로 경로 적용

같은 물체의 다른 작도법 - 벤치 받침 작도

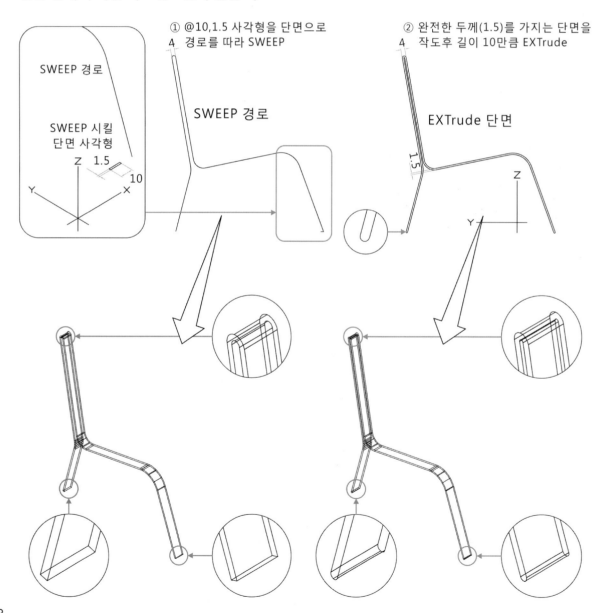

SWEEP 경로

SWEEP 시킬
단면 사각형

Z 1.5

Y

10

X

① @10,1.5 사각형을 단면으로
경로를 따라 SWEEP

SWEEP 경로

② 완전한 두께(1.5)를 가지는 단면을
작도후 길이 10만큼 EXTrude

EXTrude 단면

1.5

Z

Y

SWEEP – 스윕, 쓸기

EXTrude > Path 옵션을 많이 연습한 독자라면 이 명령을 매우 쉽고 빠르게 익힐 수 있다. 실제 이 명령은 내부적으로도 EXTrude > Path 옵션 기능을 거의 그대로 응용하고 있으며 EXTrude 명령이 가지는 기본적인 제약사항들이 적용되지 않기 때문에 더 쉽게 사용할 수 있다. 실제 많은 작도자들은 EXTrude > Path 옵션을 사용하기 보다는 SWEEP 명령 사용을 더 선호한다.

캐드명령

명령: *SWEEP* `Enter`
현재 와이어프레임 밀도: ISOLINES=4, 닫힌 윤곽 작성 모드 = 솔리드
스윕할 객체 선택 또는 [모드(MO)]: 1개를 찾음   ⓐ 도면에서 단면 물체 지정
스윕할 객체 선택 또는 [모드(MO)]: `Enter`
스윕 경로 선택 또는 [정렬(A)/기준점(B)/축척(S)/비틀기(T)]:   ⓑ 도면에서 경로 물체 지정

왼쪽 그림에서는 단면물체로 원을 선택하고 경로로는 HELIX 명령으로 만든 나선을 선택하여 완전한 두께를 가지는 스프링을 작도하였다. 두 번째 SWEEP 명령 예제에서 주의할 점은 단면물체와 경로물체가 모두 같은 평면에 놓여 있다. 이런 경우 EXTrude 명령은 실행이 불가능하지만 SWEEP 명령은 잘 동작한다. 또한 자동으로 단면물체 UCS의 직각방향이 경로와 일치하게 배치된다. EXTrude 명령은 물체가 단면위치에 만들어졌지만 SWEEP 명령은 물체가 경로를 중심으로 만들어진다.

SWEEP 명령은 단순하기 때문에 간단하게 알아보고 작도설계에 중요한 절차에 대해 알아본다. 먼저 왼쪽 그림과 같은 벤치의자 철제 받침을 방금 알아본 EXTrude와 SWEEP 명령을 사용하여 작도하는 방법을 알아본다.

① SWEEP 명령을 사용한 경우는 작은 사각형(@10,1.5)을 철제 받침의 옆모습 경로를 따라 이동시켜 제작한다. 이때 사각형이 이동하면서 부피를 만들기 때문에 경로는 한 줄로 제작하면 된다.
② EXTrude 명령을 사용한 경우는 철제 받침의 옆모습을 작도한 후 X 방향으로 10cm(도면상 치수는 10) 옆으로 돌출시켜 제작한다.

EXTrude 명령을 사용하면 단면의 두께를 모두 작도해야 하는 번거로움이 있지만 물체 끝을 둥그렇게 마감하는 것이 가능해진다. 반면 SWEEP 명령은 한 줄의 단면의 경로만 작도하면 되기 때문에 작도가 편리하다. 마지막으로 벤치 받침의 가장 상단의 커브의 간격을 살펴보자. SWEEP로 작도한 물체는 커브의 간격이 2.5cm 떨어지게 되고 EXTrude로 작도한 물체는 1cm 떨어지게 된다. 왜 이러한 차이가 발생하는지 원인을 알고 있어야 한다.

REVolve - 회전

REVSURF 명령 결과

REVolve 명령 결과

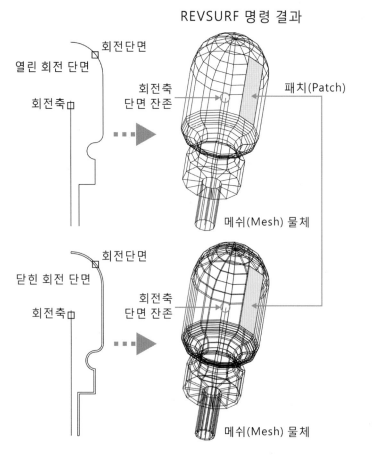

열린 회전 단면
회전단면
회전축
회전축 단면 잔존
패치(Patch)
메쉬(Mesh) 물체

닫힌 회전 단면
회전단면
회전축
회전축 단면 잔존
메쉬(Mesh) 물체

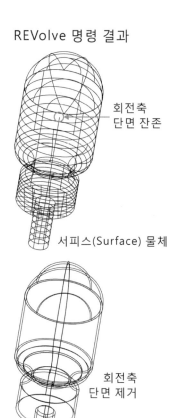

회전축 단면 잔존
서피스(Surface) 물체

회전축 단면 제거
솔리드(Solid) 물체

REVolve 명령 옵션

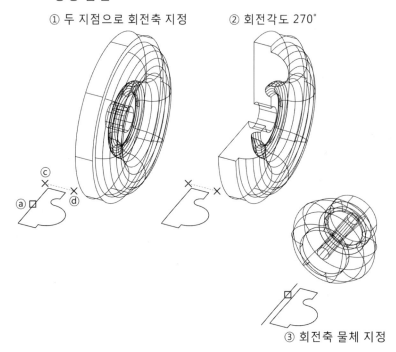

① 두 지점으로 회전축 지정

② 회전각도 270°

③ 회전축 물체 지정

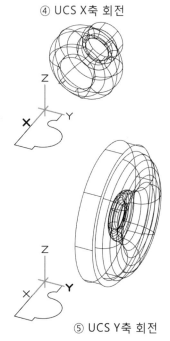

④ UCS X축 회전

⑤ UCS Y축 회전

REVolve – 회전

REVolve 명령은 전 강에서 알아본 REVSURF 명령과 유사하다. 사용법의 차이점이라면 REVSURF 명령은 회전축 물체를 지정해 주었지만 REVolve 명령은 회전축 물체가 아닌 도면 좌표로 지정할 수 있다는 점이다. 이보다 더 큰 차이점은 결과물 측면에서 REVSURF 명령은 메시 물체를 만들었지만 REVolve 명령은 서피스 물체나 솔리드 물체를 만든다는 점이다.

왼쪽 그림은 23강에서 사용한 드라이버 손잡이를 작도하는 과정을 보여주고 있다. 위쪽은 회전 단면이 한 선으로 작도된 열린 단면이고 아래쪽은 회전 단면이 두 줄로 작도된 닫힌 단면이다. 먼저 이 두 물체에 23강 명령 REVSURF을 사용하면 모두 메시(Mesh) 물체를 만들어낸다. 이때 SURFTAB1와 SURFTAB2의 값은 각각 12, 6으로 설정하였다. 메시 물체는 곡면을 작은 패치 조각으로 구성하기 때문에 확대할 경우 곡면의 요철이 두드러져 보인다.

반면 이들 단면에 REVolve 명령을 적용하면 열린 단면은 서피스(Surface) 물체가 만들어지고 닫힌 단면은 솔리드(Solid) 물체가 만들어진다. 주의할 점은 이 강에서 배운 EXTrude, SWEEP, REVolve 명령은 솔리드 물체를 만들 때는 단면과 회전축이 모두 사라진다는 점이다. 서피스와 솔리드 물체 모두 곡면이 곡선(스플라인)으로 구성되기 때문에 이와 같은 예제에는 더 효율적이고 정확한 물체를 작도할 수 있다.

캐드 명령

명령: *REVolve* Enter
현재 와이어프레임 밀도: ISOLINES=8, 닫힌 윤곽 작성 모드 = 솔리드
회전할 객체 선택 또는 [모드(MO)]: 1개를 찾음 · · · · · · · · · · · · ⓐ 단면 물체 선택
회전할 객체 선택 또는 [모드(MO)]: Enter · · · · · · · · · · · · ⓑ 단면 물체 선택 종료
축 시작점 지정 또는 다음에 의해 축 지정 [객체(O)/X/Y/Z] 〈객체(O)〉: · · ⓒ 회전축 한쪽 끝
축 끝점 지정: · ⓓ 회전축 다른 끝
회전 각도 지정 또는 [시작 각도(ST)/반전(R)/표현식(EX)] 〈360〉: Enter · · ⓔ 기본 360°

왼쪽 그림의 예제에서는 ⓐ 물체 하나만 선택하였다. 회전축 시작점 ⓒ와 끝점 ⓓ를 도면에서 지정하여 회전축을 지정한다. 마지막으로 회전각도 ⓔ를 지정한다. 왼쪽 그림에서 ①번 예제는 회전각도를 360°의 기본값을 사용하였고, ②번 예제는 회전각도 270°를 사용하여 전체 회전체의 3/4만 만들어졌다. ③번 예제에서는 회전축을 지정해줄 때 객체(Object) 옵션을 사용하여 미리 작도한 선을 회전축으로 사용하였다.

④번과 ⑤번 예제는 자주 사용하지는 않지만 UCS의 X/Y/Z축을 회전축으로 사용하는 예제이다. 여기서는 UCS > OBject 옵션을 사용하여 단면에 UCS를 인접하게 설정한 후 사용하였다. ④번과 ⑤번 예제에서는 회전축이 물체와 붙어 있어 빈 공간이 없다는 점도 주의하여야 한다.

LOFT - 로프트

① 두 개의 단면만으로 작도한 LOFT ② 경로(Path) 옵션으로 LOFT ③ 가이드(Guide) 옵션으로 LOFT

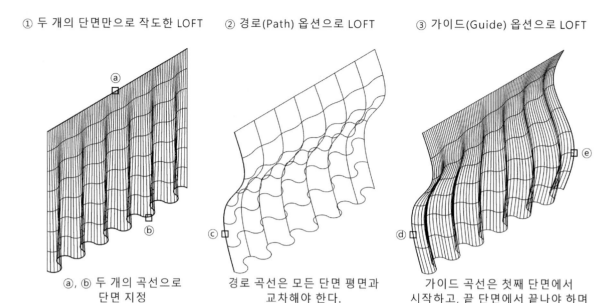

ⓐ, ⓑ 두 개의 곡선으로
단면 지정

경로 곡선은 모든 단면 평면과
교차해야 한다.

가이드 곡선은 첫째 단면에서
시작하고, 끝 단면에서 끝나야 하며
각 횡단면에 모두 교차해야 한다.

① 와이어프레임 모델　② 내부 물체 LOFT　③ 외부 물체 LOFT　④ 외부 SUbtract 내부

① 원본 물체　　　　　　　　　　　　　　　　③ 직선보간(Ruled)

② 부드럽게 맞춤
(Smooth Fit)

④ 닫기(Close)

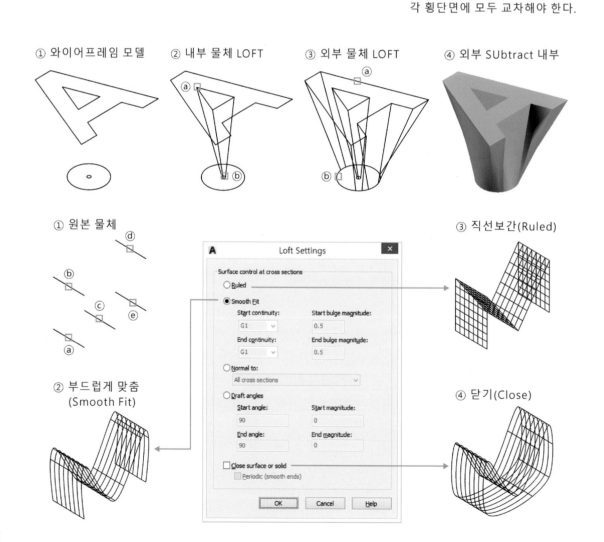

LOFT – 로프트

로프트란 본래 '다락방'이란 사전적 뜻이지만 지붕의 형태에 따라 방 모양이 다양하게 기울어지기 때문에 공학이나 설계에서는 '단면을 따라 모양을 만드는 과정'을 뜻한다. 이 강에서 지금까지 알아본 **EXTrude**와 **SWEEP**, **REVolve** 명령들은 모두 하나의 단면만을 돌출하였고, 경로를 따라 이동하고, 회전시켰다. 반면 이 **LOFT** 명령은 여러 개의 단면을 부드럽게 연결해 주는 물체를 작도한다. 또한 단면이 통과하는 경로(Path)나 단면을 이끌어주는 안내(Guide) 선들을 적용할 수 있다.

캐 드 명 령

명령: *LOFT* `Enter`
현재 와이어프레임 밀도: ISOLINES = 4, 닫힌 윤곽 작성 모드 = 솔리드
올림 순서로 횡단 선택 또는 [점(PO)/다중 모서리 결합(J)/모드(MO)]: 1개를 찾음   ⓐ
올림 순서로 횡단 선택 또는 [점(PO)/다중 모서리 결합(J)/모드(MO)]: 1개를 찾음, 총 2개   ⓑ
올림 순서로 횡단 선택 또는 [점(PO)/다중 모서리 결합(J)/모드(MO)]: `Enter`
2개의 횡단이 선택됨
옵션 입력 [안내(G)/경로(P)/횡단만(C)/설정(S)] 〈횡단만〉: `Enter`

먼저 왼쪽 그림 ①에서 직선 ⓐ와 곡선 ⓑ를 선택하면 커튼 같은 모양이 만들어진다. 다음 ②번 예제는 경로(Path) 옵션에 스플라인 ⓒ를 선택하여 커튼의 모양을 물결치게 만들었다. 경로 옵션에서 선택하는 곡선은 하나만 가능하고 모든 단면 평면과 교차하여야 한다. 마지막 ③번 예제는 안내(Guide) 옵션에 스플라인 ⓓ와 ⓔ를 선택하여 커튼의 물결 모양을 보다 다양하게 만들었다. 가이드 옵션에서는 여러 개의 곡선을 선택할 수 있고 모든 단면에 순서대로 교차하여야 한다.

경로 곡선은 단면과 같은 평면에만 교차하면 되기 때문에 꼭 단면과 만나지 않아도 된다. 다만 단면과 나란히 같은 평면에만 있으면 된다. 그러나 안내 곡선은 첫 번째 단면에서 시작하여 모든 단면을 통과하며 마지막 단면에서 끝나야 한다. 두 번째 예제에서는 두 개의 로프트 물체를 불리언 연산으로 빼서 물체를 만드는 과정을 보여주고 있다.

마지막으로 설정(Settings) 옵션은 왼쪽 그림과 같은 대화상자를 열어 로프트 동작의 다양한 결과를 설정한다. 먼저 ①번의 ⓐ~ⓔ까지의 선을 순서대로 단면 선택을 해준다. ②번은 기본 상태인 부드럽게 맞춤(Smooth Fit)을 선택한 상태이다. ③번 직선보간(Ruled) 옵션은 보간(Interpolate)이라는 의미는 거의 없고 단순히 단면을 직선으로만 연결하는 기능을 한다. ④번 닫기(Close) 옵션은 시작단면과 끝단면을 서로 연결하여 폐쇄된 경로 물체를 제작한다.

03

3차원 공간 작도

솔리드 편집

지금까지 기본체(Primitives)와 함께 다양한 명령으로 솔리드 모델을 만드는 방법을 알아보았다. 이제부터 AutoCAD가 제공하는 솔리드 모델의 여러 편집 명령을 알아본다.

솔리드 물체 편집 명령

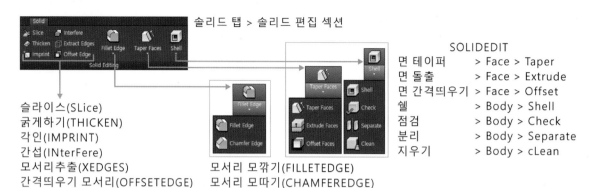

솔리드 탭 > 솔리드 편집 섹션

SOLIDEDIT
면 테이퍼   > Face > Taper
면 돌출   > Face > Extrude
면 간격띄우기 > Face > Offset
쉘   > Body > Shell
점검   > Body > Check
분리   > Body > Separate
지우기   > Body > cLean

슬라이스(SLice)
굵게하기(THICKEN)
각인(IMPRINT)
간섭(INterFere)
모서리추출(XEDGES)
간격띄우기 모서리(OFFSETEDGE)

모서리 모깎기(FILLETEDGE)
모서리 모따기(CHAMFEREDGE)

SLice - 슬라이스, 얇게 썰기

① 두 점으로 절단 평면 지정
ⓐ 잘릴 물체 선택
ⓑ 자를 평면 한쪽 끝
Z
Y——X
ⓓ 남길 방향
ⓒ 자를 평면 다른 끝

② 평면형 물체로 절단 평면 지정
ⓐ 잘릴 물체 선택
ⓑ 자를 평면형 물체 원, 타원, 호, 2D 스플라인/폴리선 등
ⓓ 자르고 남길 방향

THICKEN - 굵게하기(Surface → Solid)

표면(Surface)
⊕ 두께 ⊖ 두께
두께
솔리드(Solid)

IMPRINT - 각인

ⓑ 각인할 폴리선 선택
SOLIDEDIT > Face > Extrude
Taper Faces
Extrude Faces
Offset Faces
ⓐ 솔리드 또는 표면 선택
하나의 솔리드 물체

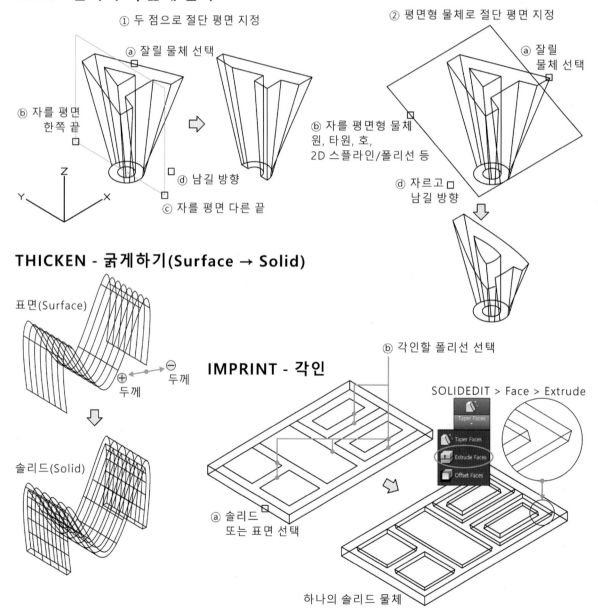

LESSON

솔리드 물체 편집 명령 25-1

지난 강에서는 다양한 솔리드 모델을 제작하는 방법을 알아보았다. 이번 강에서는 제작된 솔리드 모델을 편집하는 다양한 명령어를 알아본다. 먼저 작업공간(Workspace)을 3D 모델링으로 선택하면 솔리드(Solid) 탭의 솔리드 편집(Solid Editing) 섹션에 왼쪽 그림과 같은 다양한 편집 아이콘이 나열된다. 이번 강에서는 왼쪽의 6개 명령과 모서리 관련 명령(FILLETEDGE, CHAMFEREDGE)을 알아보고 다음 강에서는 많은 옵션 기능을 가진 SOLIDEDIT 명령을 알아본다.

LESSON

SLice – 슬라이스, 얇게 썰기 25-2

슬라이스 기능은 솔리드 물체를 잘라내는 기능을 한다. 먼저 SLice 명령을 입력하고 ⓐ 잘릴 물체들을 선택한 후 가상의 칼날(자를) 평면 위 ⓑ, ⓒ 두 개의 점을 지정한다. 마지막으로 자른 후 ⓓ 남길 물체의 방향을 지정한다. 자를 평면은 현재 UCS의 Z축 방향으로 만들어지며 지정한 두 점을 지나가며 물체를 자르게 된다. 자를 평면의 지점을 입력하기 전 평면형 객체(planar Object) 옵션을 선택하면 도면에 이미 그려진 평면형 물체(원이나 타원, 호, 폴리선 등)를 칼날로 활용할 수 있다.

LESSON

THICKEN – 굵게 하기 25-3

THICKEN 명령은 표면(Surface) 물체를 지정한 두께를 가지는 솔리드 물체로 전환시켜 준다. 다소 불규칙한 모양을 가지는 물체를 처음부터 솔리드 형식으로 만들기 어려울 때 먼저 표면 물체 형식으로 제작한 후 THICKEN 명령으로 솔리드 물체로 변환하는 데 사용한다.

LESSON

IMPRINT – 각인 25-4

솔리드 면에 2차원 물체를 모서리로 삽입시키는 기능을 한다. 평면 위에 그려진 와이어 프레임 선들을 솔리드 물체에 새겨 넣어 하나의 솔리드 물체로 합쳐주는 역할을 한다. 평면 물체는 솔리드 물체와 서로 교차해야 하며 가급적 솔리드의 한 평면과 일치하는 평면에 그려진 물체만이 제대로 각인된다.

INterFere - 간섭

① 두 솔리드 물체의 간섭 검사

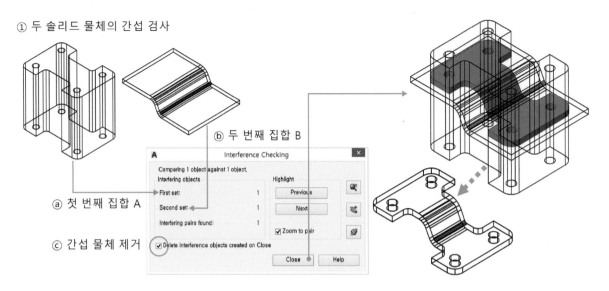

ⓑ 두 번째 집합 B

ⓐ 첫 번째 집합 A

ⓒ 간섭 물체 제거

Interference Checking

Comparing 1 object against 1 object,
Interfering objects

First set: 1
Second set: 1
Interfering pairs found: 1

Highlight
Previous
Next
☑ Zoom to pair

☑ Delete interference objects created on Close

Close   Help

② A 집합만 구성할 경우

③ 상자는 A 집합, 구는 B 집합

④ 상자와 구를 쌍으로 집합 구성

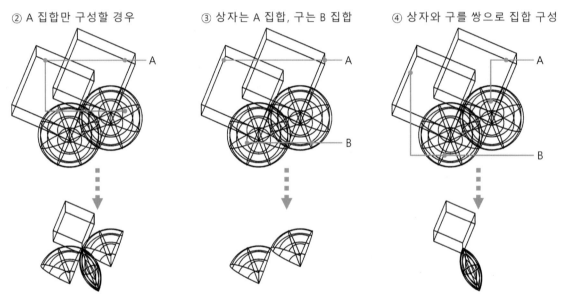

XEDGES - 모서리 추출(Solid → Wireframe)

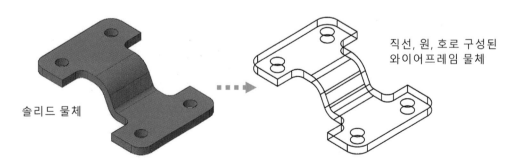

솔리드 물체

직선, 원, 호로 구성된
와이어프레임 물체

LESSON

INterFere – 간섭

INterFere 명령은 불리언 명령의 교집합(INtersect)과 매우 유사한 동작을 한다. 한 가지 차이가 있다면 여러 개의 물체를 마치 한 물체처럼 합쳐 솔리드 집합 A와 솔리드 집합 B의 교집합(겹치는 부분)을 추출하거나 검사할 수 있다. 물론 왼쪽 그림 ①과 같이 집합 A와 B를 선택할 때 물체를 ⓐ, ⓑ 하나씩만 선택하면 간단히 두 물체 사이의 간섭만 검사하게 된다. ⓒ의 생선된 간섭 물체 삭제 옵션을 꺼주면 INterFere 명령 종료 후 간섭 물체를 제거하지 않고 남겨둔다.

②번 예제의 경우 INterFere 명령에서 집합 A에 모든 네 개의 물체(두 개의 상자와 두 개의 구)를 선택해 주고 집합 B는 아무런 집합을 선택하지 않았다. 이렇게 선택한 경우는 특별하게 집합 A를 하나의 물체로 보지 않고 모두 개별적인 물체로 인식하여 겹치는 모든 부분을 추출해낸다.

③번 예제의 경우는 집합 A에 두 개의 상자를 지정하고 집합 B에는 두 개의 구를 지정하였다. 이 경우는 집합 A의 두 개의 상자끼리는 한 물체로 인식되기 때문에 상자끼리 겹치는 부분은 검사하지 않는다. 집합 B의 두 개의 구끼리도 한 물체로 인식된다. 대신 상자 두 개(집합 A)와 구 두 개(집합 B)가 겹치는 부분을 추출한다.

④번 예제는 상자와 구 하나씩을 쌍을 지어 각각 집합 A와 집합 B로 지정하였다.

LESSON

XEDGES – 모서리 추출

XEDGES 명령은 'Extract Edges(모서리 추출)'의 약자로, 솔리드 물체에서 모서리를 추출하는 기능을 한다. 이 명령을 이용하면 솔리드 물체를 간단하게 와이어프레임 물체로 추출해 낼 수 있다. 추출이라는 의미가 있기 때문에 원본 솔리드 물체는 제거되지 않고 그 자리에 그대로 남아있게 된다. 한 가지 주의할 점은 이 명령은 모서리만 추출되기 때문에 곡면은 추출되지 않는다는 한계가 있다. 만일 구에 XEDGES 명령을 실행하면 실행불능 메시지가 나타나고 토러스에 적용하면 한 개의 점만 추출된다. 원통와 원추는 각각 두 개와 한 개의 원만 추출된다. 솔리드 모델에서 모서리란 곡면 연결이 끝나고 법선 벡터가 이산적(Discrete)으로 변하여 각을 형성하는 연결 모서리를 뜻한다.

OFFSETEDGE - 간격띄우기 모서리

솔리드 물체

간격띄우기 모서리(OFFSETEDGE)

ⓐ 솔리드 면 선택
ⓑ 거리 지정

ⓒ 각인(IMPRINT) 명령으로
폴리선을 면에 각인

SOLIDEDIT >
Face > Extrude

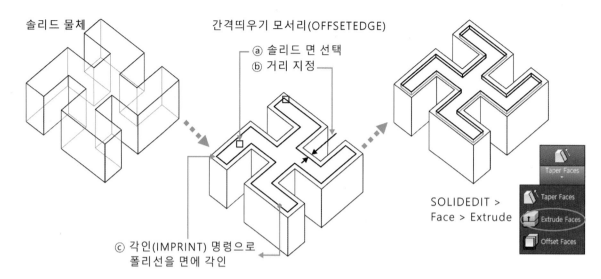

FILLETEDGE - 모서리 모깎기

① 단순 모서리 선택

10

② 루프(Loop) 선택

모서리 선택

다음(Next) 선택

③ 체인(Chain) 선택

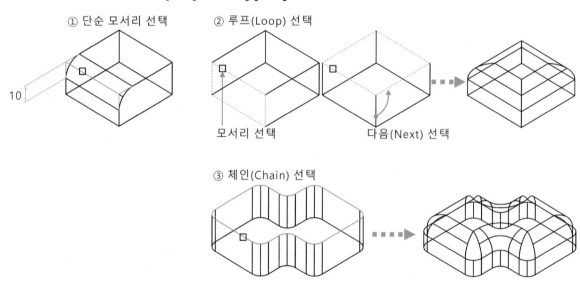

CHAMFEREDGE - 모서리 모따기

10

10

① 단순 모서리 선택

모서리 선택

② 루프(Loop) 선택

다음(Next) 선택

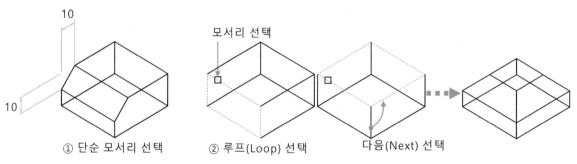

OFFSETEDGE – 간격띄우기 모서리

2차원 작도에서 알아본 **Offset**과 비슷하게 **OFFSETEDGE** 명령은 표면(Surface)이나 솔리드(Solid) 면을 구성하는 모서리를 오프셋(Offset)한다.

왼쪽 그림에서는 솔리드 면 ⓐ를 선택하고 오프셋 물체의 교차점 ⓑ를 지정하면 면 ⓐ의 모양으로 ⓑ 지점을 통과하는 평면 도형이 그려진다. ⓑ 단계에서는 교차점을 지정하는 대신 오프셋할 거리(Distance)를 입력하기도 한다. 하나의 오프셋이 끝나면 다시 ⓐ 단계로 가서 면을 선택할 수 있다. 이렇게 만들어진 물체는 솔리드 물체에 포함되지는 않는다.

FILLETEDGE/CHAMFEREDGE – 모서리 모깎기/모따기

평면에서 사용하는 **Fillet** 명령은 두 물체를 지정하고 이들이 만나는 지점에서 모깎기가 실행되었지만 **FILLETEDGE** 명령은 솔리드 물체의 모서리를 한 번만 선택하면 실행된다. **FILLETEDGE** 명령이 제공하는 또 하나의 특징은 체인(Chain)과 루프(Loop) 옵션을 제공한다는 점이다.

캐 드 명 령

명령: *FILLETEDGE* Enter
반지름 = 1.0000
모서리 선택 또는 [체인(C)/루프(L)/반지름(R)]: *R*
모깎기 반지름 입력 또는 [표현식(E)] 〈1.0000〉: *10*
모서리 선택 또는 [체인(C)/루프(L)/반지름(R)]:
모서리 선택 또는 [체인(C)/루프(L)/반지름(R)]: Enter
1개의 모서리(들)이(가) 모깎기를 위해 선택됨.
모깎기를 수락하려면 Enter 누름 또는 [반지름(R)]: Enter

현재 모깎기 반지름: 1
새로운 반지름 지정 옵션
ⓐ 모깎기 반지름: 10
ⓑ 솔리드 모서리 선택
모서리 선택 완료
임시 모깎기 표시
모깎기 완료

루프(Loop) 옵션을 선택하면 선택한 모서리에 연결된 고리를 자동으로 탐색해 준다. 솔리드 모델은 특성상 하나의 모서리에 두 개의 면에 접하기 때문에 모서리 하나마다 두 개의 루프가 생길 수 있다. 루프 옵션을 선택하면 현재 탐색된 루프는 점선으로 표시되고 다른 루프를 선택하려면 다음(Next) 옵션을 선택하면 된다. 체인(Chain) 옵션은 루프와 유사하지만 선택한 모서리와 접하는 유일한 고리를 자동으로 탐색한다.

03

3차원 공간 작도

SOLIDEDIT
편집 명령

이번 강에서 알아보는 SOLIDEDIT 명령은 솔리드 물체를 편집할 때 가장 많이 사용하는 명령어로, 많은 옵션을 통해 다양한 편집 기능을 제공해 준다.

SOLIDEDIT 명령

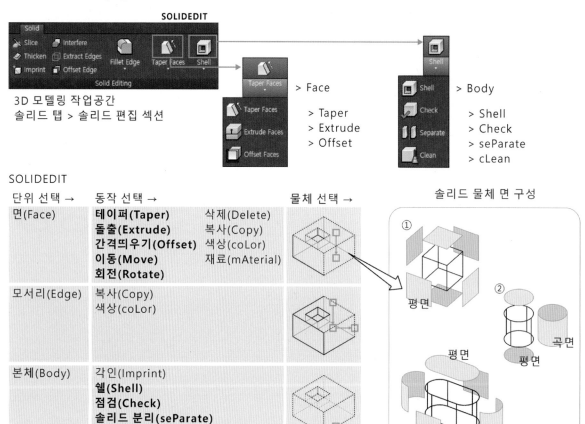

SOLIDEDIT

3D 모델링 작업공간
솔리드 탭 > 솔리드 편집 섹션

> Face
> Taper
> Extrude
> Offset

> Body
> Shell
> Check
> sePate
> cLean

SOLIDEDIT

단위 선택 →	동작 선택 →		물체 선택 →	솔리드 물체 면 구성
면(Face)	테이퍼(Taper) 돌출(Extrude) 간격띄우기(Offset) 이동(Move) 회전(Rotate)	삭제(Delete) 복사(Copy) 색상(coLor) 재료(mAterial)		
모서리(Edge)	복사(Copy) 색상(coLor)			
본체(Body)	각인(Imprint) 쉘(Shell) 점검(Check) 솔리드 분리(sePate) 비우기(cLean)			

SOLIDEDIT > Face > Taper

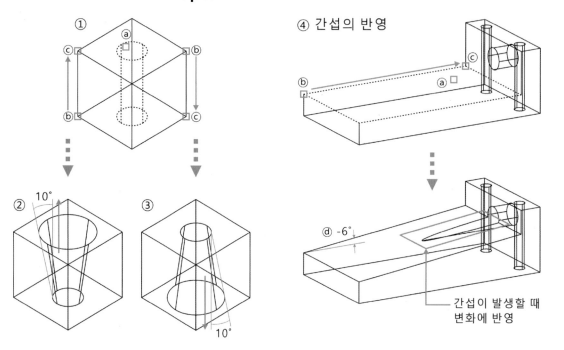

① ④ 간섭의 반영

② 10°

③ 10°

ⓓ -6°

간섭이 발생할 때
변화에 반영

SOLIDEDIT 명령의 옵션 구조　26-1

솔리드 편집에서 마지막으로 알아볼 명령 SOLIDEDIT는 다양한 기능을 하나의 명령에 집약해 놓은 조금 특이한 명령이다. SOLIDEDIT 명령을 실행하면 먼저 편집의 단위를 선택하는 옵션이 나타난다. 편집의 단위란 편집의 대상을 뜻하며 가장 큰 단위는 물체 전체(Body)이고, 그 다음은 면(Face), 가장 작은 단위는 솔리드 물체의 모서리(Edge)이다.

이렇게 편집의 단위를 선택하면 실질적인 편집 동작을 선택하는 옵션이 나타난다. 각 단위마다 제공되는 편집의 동작은 왼쪽 그림과 같다. 마지막으로 단위와 동작이 선택된 후 실제 편집할 물체를 선택한다. 솔리드 물체 전체를 선택하는 것과 모서리를 선택하는 것은 어렵지 않지만 솔리드 면의 선택은 초보자에게 까다로울 수 있다. 잘못된 부분을 선택하고 실행하는 편집 명령은 무시되거나 잘못된 결과를 유발할 수 있다.

먼저 솔리드 모델은 평면과 곡면으로 면이 나눠진다. 전 강 XEDGES 명령을 알아볼 때 곡면 상에 그려진 직선은 모서리가 아니라는 점을 상기하면 쉽게 면의 단위를 이해할 수 있다. 왼쪽 그림에서 ① 상자는 각 평면이 만나는 지점의 직선은 모두 모서리이기 때문에 여섯 개의 면으로 구성된다. 반면 ② 원통는 측면이 모두 곡면으로 구성되었고 상하만 평면으로 구성된다. 마지막 ③번 물체는 평면과 곡면이 조합되어 있다. 이와 같이 솔리드의 면을 이해하기 위해서는 각 모서리가 직선 요소인지 곡선 요소인지를 구분하여야 한다.

SOLIDEDIT > Face > Taper – 솔리드 면 테이퍼　26-2

테이퍼(Taper) 기능은 그동안 돌출이나 다른 명령을 통해 많이 접해보았기 때문에 어렵지 않게 익힐 수 있다. 먼저 테이퍼를 실행할 ⓐ 면을 선택해 준다. 선택이 끝나면 테이퍼 축의 기준점 ⓑ와 ⓒ 두 개의 점을 지정한다. 테이퍼의 축을 지정하는 순서는 중요하며, 왼쪽 그림 ①에서 기준점의 순서를 서로 반대로 지정한 ②와 ③의 경우 테이퍼의 방향이 달라지는 것을 볼 수 있다. 마지막으로 테이퍼 각도를 입력해 주는데 이 값이 양수이면 테이퍼는 안쪽으로 진행되고 반대로 음수이면 바깥쪽으로 진행된다.

테이퍼 동작이 진행하면서 다른 솔리드 물체 요소와 만나게 되면 왼쪽 그림 ④와 같이 새로운 면과 모서리가 간섭에 의해 자동으로 변형되는 경우가 있다. 이러한 동작은 제대로 행해지는 경우도 있고 무시되어 동작하지 않는 경우도 있다.

SOLIDEDIT > Face > Extrude

SOLIDEDIT > Face > Offset

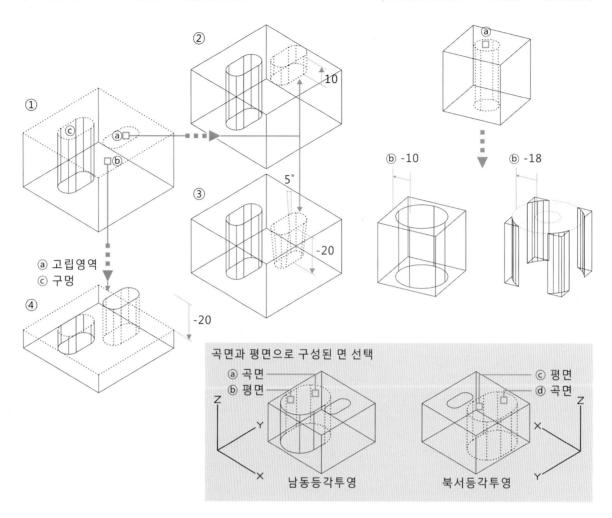

① ② 10 ③ 5° -20 ④ -20

ⓐ 고립영역
ⓒ 구멍

ⓐ
ⓑ -10   ⓑ -18

곡면과 평면으로 구성된 면 선택

ⓐ 곡면
ⓑ 평면

ⓒ 평면
ⓓ 곡면

Z
Y
X
남동등각투영

Z
X
Y
북서등각투영

SOLIDEDIT > Face > Move

SOLIDEDIT > Face > Rotate

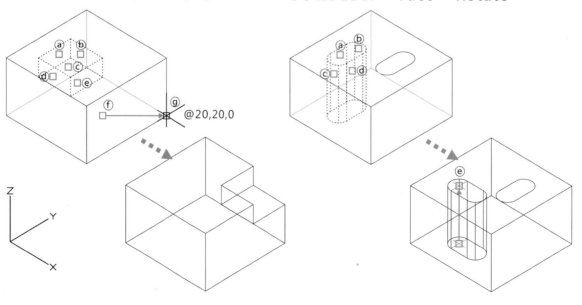

ⓐ ⓑ ⓒ ⓓ ⓔ
ⓕ ⓖ @20,20,0

Z
Y
X

ⓐ ⓑ ⓒ ⓓ

ⓔ

… > Extrude – 솔리드 면 돌출

26-3

돌출(Extrude) 기능은 선택한 면을 그 면의 직각 방향으로 돌출시키는 명령으로, 사용법은 어렵지 않다. ①번 물체와 같은 상태에서 ⓐ 면을 선택하고 +10 값으로 돌출시키면 물체는 ②와 같이 변하게 된다. 반대로 -20 값으로 돌출시키면 물체는 ③과 같이 변하게 된다. 돌출 값을 양으로 주면 면의 법선벡터 방향(물체가 커지는 방향)으로 돌출되고, 반대로 음으로 주면 법선벡터의 반대 방향(물체가 작아지는 방향)으로 돌출된다.

이번에는 ①번 물체와 같은 상태에서 면 ⓑ를 선택하고 돌출 값을 -20으로 입력하였을 때의 변화를 꼭 눈여겨 보길 바란다. 여기서 선택 면 ⓑ 내부에는 독립된 부분 ⓐ와 ⓒ가 있다. ⓐ는 모서리로 둘러 싸이고 면을 구성 하는 고립된 영역(Island)으로 돌출 명령에 의해 영향받지 않는다. 반면 ⓒ는 모서리로 둘러 싸여 있지만 면이 없는 구멍(Hole)이기 때문에 돌출 명령에 의해 영향받게 되고 모서리가 이동하게 된다.

… > Offset – 솔리드 면 간격띄우기

26-4

전 강에서 알아본 OFFSETEDGE 명령은 선택한 면을 구성하는 모서리를 오프셋(Offset)하여 솔리드 물체와는 별도의 폴리선을 만들어주는 명령이었다. 즉, OFFSETEDGE 명령은 솔리드 면의 모서리를 오프셋하여 추출하 는 명령일 뿐 솔리드 물체를 바꾸는 명령은 아니다. 반면 SOLIDEDIT > Face > Offset 명령은 선택한 면을 3차 원적으로 오프셋하여 솔리드 물체의 모양을 바꾼다.

먼저 왼쪽 그림은 상자에 뚫린 내부 면 ⓐ를 선택하고 -10 또는 -18 만큼 오프셋한 결과를 보여준다. 양수 값으 로 오프셋 하면 솔리드가 커지며, 음수 값으로 오프셋하면 솔리드가 작아진다. 오프셋은 왼쪽 그림처럼 경우 에 따라 물체를 여러 개로 나눠 버리기도 하지만 논리적으로는 하나의 물체이고 선택 역시 한번에 모두 된다.

… > Move/Rotate – 면 이동/회전

26-5

지금까지 우리가 실행한 면(Face) 명령들은 모두 한 번의 클릭으로 선택할 수 있는 단순 면으로 구성되었다. 그러나 이제부터 알아볼 SOLIDEDIT 명령의 이동과 회전 옵션은 연관된 모든 면을 선택해 주어야만 정상적

SOLIDEDIT > Body > Shell

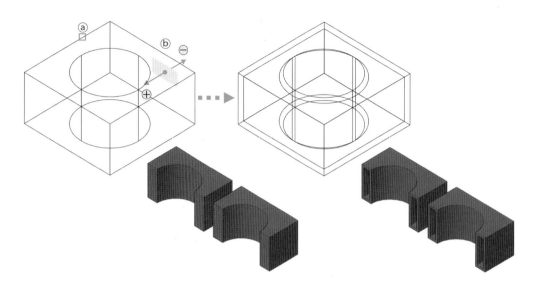

SOLIDEDIT > Body > seParate

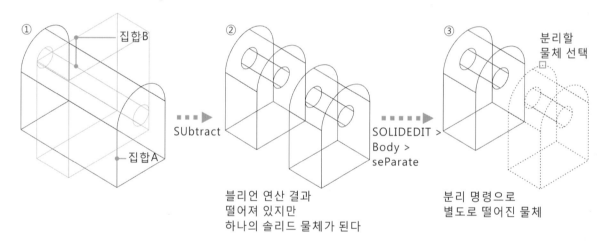

① 집합B / 집합A

SUbtract

블리언 연산 결과
떨어져 있지만
하나의 솔리드 물체가 된다

SOLIDEDIT >
Body >
seParate

③ 분리할
물체 선택

분리 명령으로
별도로 떨어진 물체

물체의 부분 선택

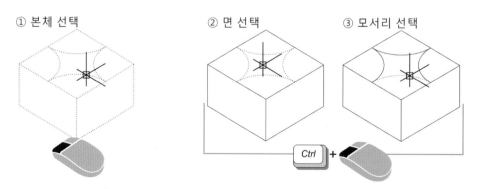

① 본체 선택

② 면 선택

③ 모서리 선택

Ctrl +

으로 실행된다. 먼저 전장 그림에서 곡면과 평면으로 구성된 면을 선택하는 방법을 알아보자. 그림에서 선택하는 면은 상자에 뚫린 구멍으로 윗면과 아랫면이 없고 네 개의 측면으로 구성되어 있다. 먼저 남동 등각투영 (Isometric) 뷰 상태에서 보이는 측면 두 개 ⓐ와 ⓑ를 선택한다. 이 뷰 상태에서는 구멍을 구성하는 두 개의 면만 노출되기 때문에 이들만 선택할 수 있다. 이런 경우 뷰큐브를 이용해 북서 등각투영으로 전환해 주고 반대쪽 면 ⓒ와 ⓓ를 선택해 주어야 한다.

왼쪽 그림의 예제는 상자에 다시 상자 모양으로 음각시킨 물체이다. 이때 파인 면을 선택하기 위해서는 ⓐ~ⓔ 면을 모두 선택하여야 한다. 이동하는 거리와 방향을 지정하는 방법은 일반 Move 명령과 같다. ⓕ와 ⓖ 지점을 지정하여 선택한 면이 이동할 방향과 거리를 지정한다. 음각으로 파인 부분이 이동하면서 물체의 다른 경계 부분도 잘려 나간 것을 볼 수 있다. 회전 동작도 일반 ROtate 명령과 같은 방식으로 지정하기 때문에 어렵지 않게 실행할 수 있다.

L E S S O N

SOLIDEDIT > Body > Shell – 솔리드 본체 쉘   26-6

SOLIDEDIT > Body > Shell 옵션은 재미있는 기능을 수행한다. 기본적으로 솔리드 물체는 닫힌 면으로 구성된 내부가 꽉찬 물체를 만든다. 그러나 경우에 따라서는 일정한 두께를 가지는 속이 빈 솔리드 물체를 만들 필요가 있다. OFFSETEDGES 명령은 모서리를 오프셋하였고, SOLIDEDIT > Face > Offset 명령은 면을 오프셋하였다면 SOLIDEDIT > Body > Shell 명령은 물체 전체를 오프셋한다고 볼 수 있다.

이 명령은 먼저 ⓐ 물체를 선택하고 오프셋 거리 ⓑ를 입력해 주면 모든 면을 일정 간격으로 오프셋한다. 재미있는 것은 내부에 또 하나의 오프셋 면이 생성되면서 생성된 면의 안쪽은 비게 된다는 점이다. 즉, 물체를 껍질 (Shell)만 남기고 속을 파내는 결과를 만들게 된다. 거리 ⓑ값을 양수로 입력하면 물체는 내부로 오프셋되고 음수로 입력하면 물체는 바깥쪽으로 오프셋된다.

L E S S O N

… > seParate – 솔리드 본체 분리

26-7

솔리드 물체를 편집하다 보면 경우에 따라 물체가 두 개 이상으로 나눠지기도 한다. 평면에서 선분 하나를 TRim하여 나누게 되면 선분은 작게 끊어지면서 자동으로 서로 다른 물체가 되지만 솔리드 물체는 편집에 의해 나눠지더라도 논리적으로는 하나의 물체로 인식한다. 이런 경우가 편리할 수도 있지만 경우에 따라서는 따로 분리하여 서로 다른 물체를 만들 필요가 있다.

왼쪽 그림에서 ①번 물체는 집합 A에서 원통 물체와 상자 물체를 집합 B로 하여 A-B 차집합을 만들어 ②번 물체를 제작하였다. ②번 물체는 두 부분으로 나누어져 있지만 하나의 물체로 인식된다. ③번에서 SOLIDEDIT > Body > seParate 명령을 실행하고 분리할 솔리드 본체(Body)를 지정하면 이 물체는 두 개로 분리된다.

L E S S O N

Ctrl 키를 이용한 물체 부분 선택

26-8

평면의 와이어프레임 작도에서는 자주 사용되지 않는 기능이지만 3차원 공간 작도에서 물체의 부분 선택(하위 객체)은 유용하게 쓰일 수 있다. 단순히 솔리드 물체를 선택할 때는 ① 솔리드 물체 위에 커서를 이동시키면 물체 전체가 선택되었지만 경우에 따라서는 솔리드의 특정 면 또는 선만 선택할 필요가 있다. 이럴 때는 Ctrl 키를 누른 상태에서 커서를 물체 위에 올려 놓으면 물체의 하위 객체를 선택할 수 있다. ②번에서는 커서를 선이 아닌 면 위에 가져다 놓았기 때문에 솔리드의 하위 객체 면(Face)이 부분 선택되었다. ③번에서는 커서를 선 위에 가져다 놓아 모서리(Edge)가 부분 선택 되었다.

이런 기능은 솔리드 물체에서 불필요한 면이나 모서리를 제거하는 데 유용하게 쓰인다. 한 가지 주의할 점은 모서리가 있는 상태에서는 면을 제거하여도 모서리에 의해 면이 자동으로 다시 만들어진다는 점이다. 이 동작은 SOLIDEDIT > Body > Check 명령으로 수행되는데 캐드는 솔리드 편집 후에 이 동작을 자동으로 수행하기 때문에 면이 다시 만들어진다. 솔리드 물체에서 불필요한 면을 제거하기 위해서는 먼저 모서리를 제거해 주어야 한다.

MEMO

3차원 공간 작도

표면 모델링

메시 모델과 솔리드 모델의 중간적 성격을 가진 표면(Surface) 모델에 대해 알아본다. 표면 모델은 주로 곡면이 많은 자동차 표면을 작도하는 데 사용된다.

표면(Surface) 물체 만들기

① 새 표면 만들기 명령
② 기존 표면 연장 명령
③ 표면 생성 환경 변수
④ NURBS CV(Control Vertices) 편집 명령
⑤ 평면(선) 작도 도구

SURFNETWORK
PLANESURF
LOFT
EXTrude   **SURFBLEND**
SWEEP   **SURFPATCH**
REVolve   **SURFOFFSET**

SURFACEASSOCIATIVITY: 1
SURFACEMODELINGMODE: 0

SPLine
SURFEXTRACTCURVE
3dPoly
BLEND
PLine
Arc
Line
Circle

표면을 위한 평면(선) 작도 도구

PolyLine(폴리선)

직선과 Arc로 구성, 평면(UCS) 위에만 작도

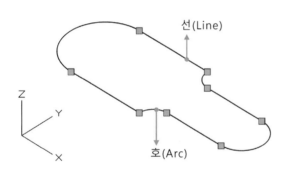

선(Line)

호(Arc)

SPLine(스플라인)

곡선으로 구성, 3차원 공간 작도, CV 또는 Fit 방식

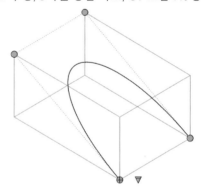

3dPoly

직선으로만 구성, 3차원 공간 작도

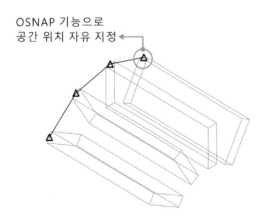

OSNAP 기능으로
공간 위치 자유 지정

BLEND(곡선 혼합)

두 세그먼트(선, 호 등) 사이를 연결

① G1(Tangent 접점) 연결은
   접선 연속성을 유지하는
   스플라인을 만든다.

직선   호
탄젠트   탄젠트

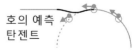

② G2(Smooth 부드럽게) 연결은
   곡률 연속성을 유지하는
   스플라인을 만든다.

호의 예측
탄젠트

304

표면(Surface) 물체 만들기

3D 모델링 작업공간을 선택하고 표면(Surface) 탭을 펼치면 왼쪽 그림과 같은 다양한 도구가 나타난다. 이들은 주로 표면 물체를 만들고 편집하는 데 사용된다. 표면 물체는 메시(Mesh)와 솔리드(Solid)의 중간적 특성을 가지고 있다.

● **메시(Mesh) 모델링 :** 직선으로 만들어진 작은 조각 패치(Patch)로 물체 구성, 물체는 껍데기만 가질 뿐 부피가 없다.

● **표면(Surface) 모델링 :** 곡선 스플라인으로 곡면 구성, 물체는 껍데기만 가질 뿐 부피가 없다. 표면에는 만든 순서에 영향받는 절차(Procedural) 표면과 자유롭게 변형할 수 있는 NURBS 표면이 있다. 일반적으로 메시 또는 솔리드 모형, 절차 표면 등으로 물체를 만들고 필요한 경우 NURBS 표면으로 바꿔 최종 변경을 한다.

● **솔리드(Solid) 모델링 :** 직선 또는 곡선으로 모서리를 구성할 수 있고 부피를 가지며 속이 꽉 찬 체적을 가지고 있다. 블리언 연산(합집합, 교집합, 차집합)을 통해 복잡한 융합 구조를 비교적 쉽게 만들 수 있다.

왼쪽 그림의 표면 탭에는 ①번 새 표면 만들기 아이콘과 ②번 기존 표면 연장 아이콘이 각각 있다. 이 기능을 이용해 새로운 표면을 만들 때 ③번의 두 가지 스위치는 환경 변수 역할을 한다.

표면 연관성(SURFACEASSOCIATIVITY) 스위치를 켜 놓으면 표면을 만들 때 기준으로 사용한 스플라인이나 다른 표면 모서리가 계속 연결되어 있게 된다. 이렇게 연결된 부분은 나중에 이동하거나 변형되면 연결된 표면에 즉시 영향이 반영된다.

두 번째 NURBS 작성(SURFACEMODELINGMODE) 스위치를 켜 놓으면 만들어지는 표면은 NURBS 방식이 되면서 자유 변형용 CV(조절점, Control Vertices)가 만들어진다.

④번 조정 정점 섹션에는 NURBS 표면의 CV를 조정하기 위한 다양한 도구가 준비되어 있다. 이들의 기능은 별도로 논하지 않아도 쉽게 사용할 수 있다. ⑤번에는 다양한 선 작도 도구가 준비되어 있으며 이들의 기능은 대부분 전 강에서 알아 보았다. 이번 강에서는 이들 선 작도 도구가 3차원 공간에서 어떻게 동작하는지 알아보도록 하겠다.

표면을 위한 평면(선) 작도 도구

이들은 스플라인(SPLine CV/Fit), 등각선 추출(SURFEXTRACTCURVE), 3D 폴리선(3dPoly), 곡선 혼합(BLEND), 폴리선(PLine), 호(Arc), 선(Line), 원(Circle), 타원(ELlipse), 점(POint), 직사각형(RECtang), 다각형(POLygon) 등의 명령으로 구성되었으며 대부분 지난 강에서 배운 내용이다.

먼저 왼쪽 그림과 같은 폴리선(PolyLine)은 직선과 호로 구성할 수 있지만 현재 UCS 평면 위에만 작도가 가능하다. 반면 곡선으로 구성된 스플라인(SPLine)은 3차원 공간 안에서 자유롭게 작도할 수 있다. 보통 3차원 공간 위의 특정 지점을 쉽게 선택하기 위해서 매번 UCS를 변경하거나 좌표값을 입력하기보다는 왼쪽 그림과 같이 기준점을 위한 윤곽 물체를 먼저 작도하고 객체스냅(OSNAP) 기능을 정점을 연결해 스플라인을 작도한다. 3D 폴리선(3dPoly)은 폴리선처럼 마디에 호를 사용할 수 없지만 스플라인처럼 3차원 공간 작도가 가능하기 때문에 표면 작도에서 직선 모서리를 구성할 때 많이 사용한다.

곡선 혼합(BLEND) 기능은 두 개의 세그먼트 사이를 연결하는 곡선을 자동으로 생성한다. 그러나 이들을 하나의 곡선으로 합치는 것이 아닌 새로운 곡선 물체를 만들어 겉보기에 연결하는 기능만 한다. 이들을 하나의 물체로 합치기 위해서는 SPlinEdit > Join 명령을 사용한다.

BLEND 명령을 입력하면 연결할 곡선을 선택하기 전 연속성(CONtinuity)을 지정하는 할 수 있는 옵션을 제공한다. 기본 연속성은 접점(Tangent) 방식으로 G1 연속성을 가진다. 여기서 ① G1이란 연결하는 선분의 마지막 접점의 접선을 연속적으로 연결한다는 뜻이다. 전 장의 왼쪽 그림에서 연결하는 호의 탄젠트 ⓐ와 직선의 탄젠트 ⓑ는 새로 만들어지는 마디 양쪽에 그대로 반영한다. 또 다른 옵션 부드럽게(Smooth) 방식은 G2 연속성을 가지는데 ② G2란 연결 부위의 마지막 탄젠트의 변화까지 반영되어 예측된 탄젠트를 새로 만들어지는 마디에 반영한다. 참고로 G0 연결은 두 지점을 최단거리, 즉 직선으로 연결하는 가장 단순한 연결방법이다.

G2 연결은 G1 연결보다 다소 더 복잡하고 결과도 단순하지 않기 때문에 정적인 모형을 만들 때는 G1 연결을 더 많이 사용하는 편이다. G2 연결은 동적인 물체의 이동 경로나 매우 역동적인 모형을 작도할 때 사용한다.

➢ G0 연결과 G1 연결의 차이

마지막으로 알아볼 평면 작도 도구 명령은 SURFEXTRACTCURVE이다. 이 명령은 2013 버전부터 추가되어 아직 널리 사용되지는 않지만 매우 유용한 기능을 제공해 주고 있다. SURFEXTRACTCURVE 명령은 기존 표면 또는 솔리드에서 원하는 위치를 지정하면 이 평면을 지나는 스플라인 또는 폴리선을 자동으로 만들어 준다.

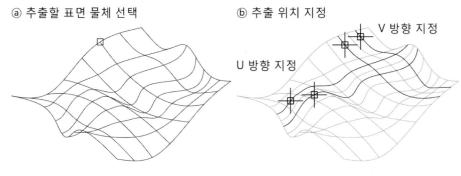

ⓐ 추출할 표면 물체 선택　　ⓑ 추출 위치 지정

V 방향 지정

U 방향 지정

→ SURFEXTRACTCURVE 명령

SURFEXTRACTCURVE > Spline points 옵션을 사용하여 표면 위에 임의의 스플라인을 작도하면 이 표면과 접하는 스플라인을 자동으로 생성해 준다.

표면 물체의 종류

표면 물체 탭의 작성(Create, 새로 만들기) 섹션을 보면 다양한 만들기 명령 아이콘이 준비되어 있다. 한 가지 눈여겨 볼 것은 이들 중 네 가지 만들기 명령(돌출-EXTrude, 스윕-SWEEP, 회전-REVolve, 로프트-LOFT)은 이미 솔리드 모델을 알아보면서 공부한 명령이다. 솔리드 패널에 있는 이들 아이콘을 실행할 때는 단면 프로파일이 열려 있을 때(Open)는 서피스 모델이 만들어지고 단면 프로파일이 닫혀 있을 때(Close)는 솔리드 모델이 만들어졌다.

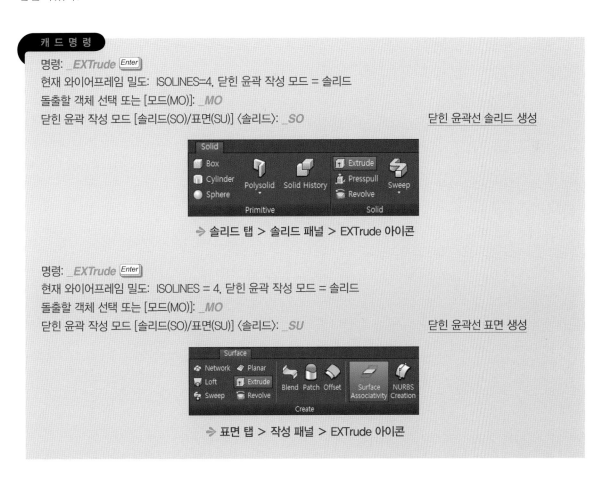

반면 서피스 패널에 있는 이들 아이콘을 실행하면 단면 프로파일이 닫혀 있건 열려 있건 모두 서피스 모델을 만든다. 이것은 두 패널에서 실행하는 아이콘이 명령은 같지만 옵션 선택이 위와 같이 다르기 때문에 서로 다른 결과를 만들어낸다. 이들 네 가지 명령은 솔리드 모델에서 알아보았기 때문에 이번 강에서는 만들기 명령 중 네트워크-SURFNETWORK 명령과 평면형-PLANESURF 명령에 대해 알아본다.

다양한 표면 물체

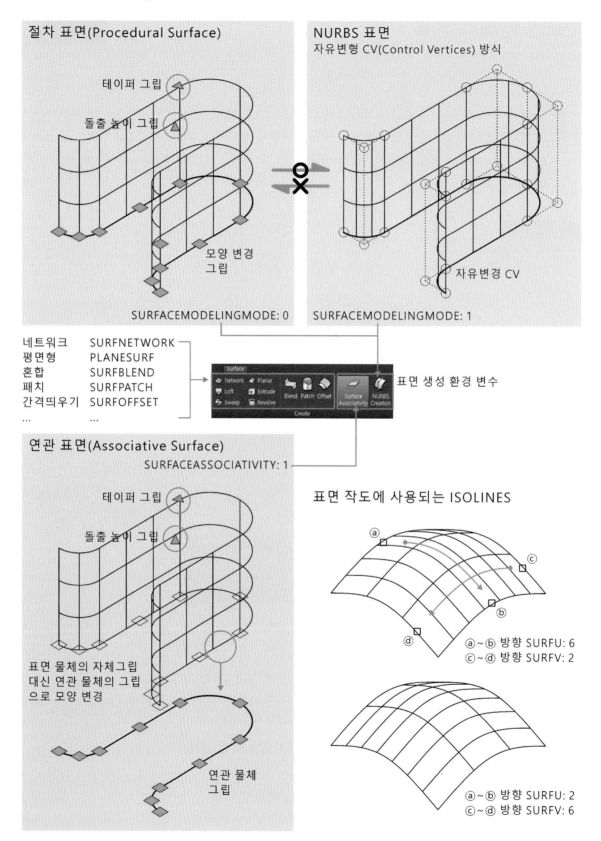

절차 표면(Procedural Surface)

테이퍼 그립

돌출 높이 그립

모양 변경
그립

SURFACEMODELINGMODE: 0

NURBS 표면
자유변형 CV(Control Vertices) 방식

자유변경 CV

SURFACEMODELINGMODE: 1

네트워크   SURFNETWORK
평면형   PLANESURF
혼합   SURFBLEND
패치   SURFPATCH
간격띄우기   SURFOFFSET
...   ...

표면 생성 환경 변수

연관 표면(Associative Surface)
SURFACEASSOCIATIVITY: 1

테이퍼 그립

돌출 높이 그립

표면 물체의 자체그립
대신 연관 물체의 그립
으로 모양 변경

연관 물체
그립

표면 작도에 사용되는 ISOLINES

ⓐ ~ ⓑ 방향 SURFU: 6
ⓒ ~ ⓓ 방향 SURFV: 2

ⓐ ~ ⓑ 방향 SURFU: 2
ⓒ ~ ⓓ 방향 SURFV: 6

먼저 표면 물체는 절차 표면(Procedural Surface)과 NURBS 표면으로 구분할 수 있다. 절차 표면은 언제든지 NURBS 방식으로 변환이 가능하지만 한 번 NURBS로 변형된 표면은 다시 절차 표면으로 되돌릴 수 없다. 절차 표면은 만들어진 방법을 물체가 기억하고 있어 언제든지 이 과정을 수정할 수 있는 상태를 뜻한다. 예를 들어 어떤 물체를 돌출(EXTrude) 명령으로 만들었다면 단면의 모양과 돌출의 높이, 테이퍼 각도 등을 나중에 변경할 수 있다. NURBS 표면은 물체가 만들어진 방법보다는 전체를 구성하는 표면에 고르게 조절점(CV, Control Vertices)을 배치한다. 이 조절점은 물체를 마치 찰흙처럼 자유롭게 변경할 수 있는 기능을 제공한다.

물체를 절차 표면으로 만들려면 환경 변수 NURBS 작성 스위치를 꺼 두거나, SURFACEMODELINGMODE 변수값을 '0'으로 설정하면 된다. 반대로 NURBS 표면으로 만들려면 환경 변수 NURBS 작성 스위치를 켜 두거나 SURFACEMODELINGMODE 변수값을 '1'으로 설정하면 된다.

절차 표면은 표면 연관성 스위치(SURFACEASSOCIATIVITY)에 따라 일반적인 절차 표면이나 연관 표면으로 나눠진다. 연관 표면은 자체적인 그립으로 모양을 변경하는 대신 물체를 만들 때 사용한 스플라인이나 다른 물체의 모서리 그립이 변경될 때 따라서 변경된다. 즉, 연관 표면은 비독립적이며 다른 물체에 종속적인 특징을 가지게 된다.

Hint ● **표면 물체의 ISOLINES, SURFU와 SURFV**

메시 모델은 구성하는 패치(Patch)의 숫자를 지정하기 위해 SURFTAB1, SURFTAB2 시스템 변수를 사용하였다. 솔리드 모델은 겉보기 선의 개수를 지정하기 위해 ISOLINES 시스템 변수를 사용하였다. 이 강에서 알아보는 표면 모델은 겉보기 선의 개수를 지정하기 위해 SURFU와 SURFV 시스템 변수를 사용한다.

여기서 중요한 것은 메시 모델에서 SURFTAB1과 SURFTAB2에 의해 만들어진 패치의 개수는 실제 모형을 구성하는 점과 선, 면의 개수를 결정하지만 솔리드 모델과 표면 모델에서 사용하는 ISOLINES과 SURFU, SURFV에 의해 나눠진 선은 단순히 겉보기 선의 개수라는 점이다. 이 변수의 값을 높여준다고 해서 물체가 더 정교하게 만들어지는 것은 아니다.

또 한 가지 정리하면 ISOLINES 변수의 값은 시스템 환경 변수이기 때문에 이 값을 바꿔주면 언제든지 전체 솔리드 물체의 표시 정밀도는 변하게 된다. 그러나 SURFU와 SURFV 변수 값은 만들어진 물체에 종속된 물체 변수이다. 이런 이유로 현재 SURFU와 SURFV 변수 값을 바꿔주더라도 과거에 만든 표면 물체는 영향받지 않게 된다. 어떤 표면 물체의 표시 정밀도를 바꿔주길 원한다면 물체의 속성(PRoperties) 창을 통해 지정해 주어야 한다.

마지막으로 메시 모델은 M, N 좌표계를 사용하지만 표면 모델은 U, V 좌표계를 사용한다. 이것은 관습에 가까운 것이기 때문에 특별한 차이는 없다. 단지 각 모델 공간에서는 서로 다른 이름의 좌표계를 사용한다는 것만 기억하면 된다.

SURFNETWORK - 네트워크 표면

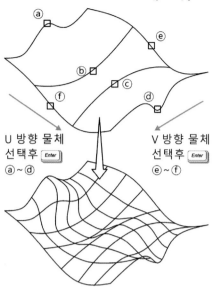

U 방향 물체
선택후 [Enter]
ⓐ~ⓓ

V 방향 물체
선택후 [Enter]
ⓔ~ⓕ

PLANESURF - 평면형 표면

객체(Object) 옵션으로
물체 메꾸는 표면 생성

기본 평면 표면

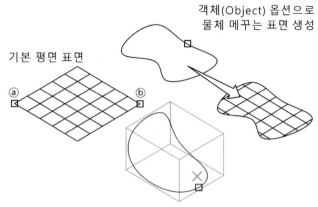

평면에 놓이지 않는 경우는 PLANESURF 표면 생성 불가
(Non-planar)

SURFBLEND - 혼합 표면

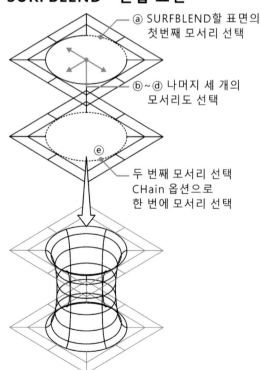

ⓐ SURFBLEND할 표면의
첫번째 모서리 선택

ⓑ~ⓓ 나머지 세 개의
모서리도 선택

두 번째 모서리 선택
CHain 옵션으로
한 번에 모서리 선택

SURFPATCH - 패치 표면

한 평면에 놓이지 않는 경우
(non-planar) 표면 생성 가능

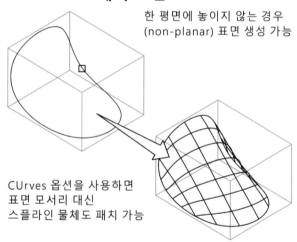

CUrves 옵션을 사용하면
표면 모서리 대신
스플라인 물체도 패치 가능

SURFOFFSET - 간격 띄우기 표면

원본 표면

Flip
방향반전

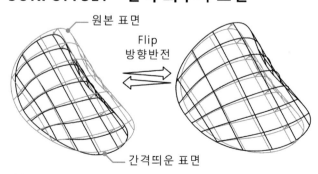

간격띄운 표면

AutoCAD & SketchUp

SURFNETWORK – 네트워크 표면

27-4

서로 다른 U 방향과 V 방향에 그려진 여러 개의 스플라인을 연결하는 표면을 제작한다. 왼쪽 그림의 예제와 같이 스플라인이 꼭 교차할 필요는 없다. 단지 U 방향과 V 방향이 서로 같지만 않으면 작도가 가능하다.

캐드명령

명령: *SURFNETWORK* Enter
첫 번째 방향에서 곡선 또는 표면 모서리 선택: 1개를 찾음   ⓐ
첫 번째 방향에서 곡선 또는 표면 모서리 선택: 1개를 찾음, 총 2개   ⓑ
첫 번째 방향에서 곡선 또는 표면 모서리 선택: 1개를 찾음, 총 3개   ⓒ
첫 번째 방향에서 곡선 또는 표면 모서리 선택: 1개를 찾음, 총 4개   ⓓ
첫 번째 방향에서 곡선 또는 표면 모서리 선택: Enter   U 방향 선택 종료
두 번째 방향에서 곡선 또는 표면 모서리 선택: 1개를 찾음   ⓔ
두 번째 방향에서 곡선 또는 표면 모서리 선택: 1개를 찾음, 총 2개   ⓕ
두 번째 방향에서 곡선 또는 표면 모서리 선택: Enter   V 방향 선택 종료

만일 V 방향의 스플라인이 단순히 U 방향의 스플라인 끝점을 연결하는 방식으로 작도되었다면 SURFNETWORK 명령으로 그려진 표면은 한 방향 단면만 지정하는 LOFT 명령으로 그려진 표면과 거의 유사한 형태를 가지게 된다. 왼쪽 예제에서도 U 방향 스플라인은 자체 변화성이 있지만 V 방향 스플라인은 단순히 U 방향 스플라인의 끝점만을 연결한 종속적 스플라인으로 구성되어 있다.

PLANESURF – 평면형 표면

27-5

PLANESURF 명령으로 만들어지는 평면형 표면은 매우 단순한 표면 물체를 만든다. 먼저 다른 옵션을 선택하지 않고 명령을 실행하면 다음과 같이 두 지점으로 만들어지는 사각형 표면이 생성된다.

캐드명령

명령: *PLANESURF* Enter
첫 번째 구석 지정 또는 [객체(O)] 〈객체(O)〉:   ⓐ
반대 구석 지정: ⓑ

기본 평면 표면은 언제나 현재 UCS 위에 사각형 모양으로 만들어진다. 기본 옵션 대신 많이 사용하는 기능은 객체(Object) 옵션으로 그려진 물체를 메꾸는 표면을 생성하는 것이다. 객체 옵션으로 선택할 수 있는 물체는 한 평면 위에 그려진 닫힌 도형이다. 이 도형의 UCS는 현재 UCS와 같을 필요는 없다. 만일 선택한 물체가 하나의 평면을 벗어나 공간을 형성하면 평면형 표면은 오류 메시지가 출력되고 만들어지지 않게 된다.

L E S S O N

SURFBLEND – 혼합 표면

27-6

SURFBLEND와 SURFPATCH, SURFOFFSET과 같은 명령은 다른 표면에서 새로운 표면을 만드는 명령으로 스플라인이나 폴리선을 사용하지 않고 이미 만들어진 다른 표면이나 이 표면의 모서리를 사용해 새로운 표면을 만들어낸다. 먼저 알아볼 SURFBLEND 명령은 선택한 두 개의 모서리를 연결하는 표면을 생성해 준다.

캐드 명령

명령: *SURFBLEND* Enter
연속성 = G1 – 접점, 돌출 크기 = 0.5
혼합할 첫 번째 표면 모서리 선택 또는 [체인(CH)]: 1개를 찾음   ⓐ
혼합할 첫 번째 표면 모서리 선택 또는 [체인(CH)]: 1개를 찾음, 총 2개   ⓑ
혼합할 첫 번째 표면 모서리 선택 또는 [체인(CH)]: 1개를 찾음, 총 3개   ⓒ
혼합할 첫 번째 표면 모서리 선택 또는 [체인(CH)]: 1개를 찾음, 총 4개   ⓓ
혼합할 첫 번째 표면 모서리 선택 또는 [체인(CH)]: Enter   첫 번째 모서리 선택 종료
혼합할 두 번째 표면 모서리 선택 또는 [체인(CH)]: *CH*
두 번째 표면 체인 모서리 선택 또는 [옵션(OP)/모서리(E)]:   ⓔ
4개 찾음
혼합할 두 번째 표면 모서리 선택 또는 [체인(CH)]: Enter   두 번째 모서리 선택 종료
혼합 표면을 수락하려면 Enter 누름 또는 [연속성(CON)/돌출 크기(B)]: Enter

예제에서 첫 번째 모서리를 선택할 때는 각 모서리 요소를 각각 선택하였다. 첫 번째 모서리는 네 부분으로 나눠져 있기 때문에 선택은 모두 ⓐ~ⓓ까지 네 번에 걸쳐 이루어졌다. 두 번째 모서리를 선택할 때는 이러한 번거로움을 줄이기 위해 체인(CHain) 옵션을 사용하여 한번에 모서리를 선택하였다.

모든 선택이 끝난 후에 혼합 표면을 만들기 직전 몇 가지 옵션을 변경하는 기능을 제공한다. 먼저 연속성(CONtinuity) 옵션은 혼합 표면 연결 속성을 G0부터 G1, G2 등으로 지정해 줄 수 있다. 기본값은 G1 연결 방식이다. 두 번째로 돌출 크기(Bulge magnitude)는 G1 연결 또는 G2 연결에서 각 부위의 탄젠트를 반영하는 비율을 결정한다. 이 값은 0.0부터 최대 1.0까지 지정할 수 있고 기본값은 0.5이다.

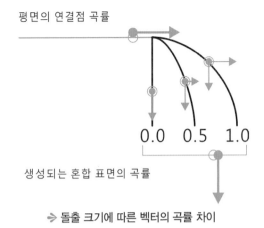

평면의 연결점 곡률

0.0 0.5 1.0

생성되는 혼합 표면의 곡률

➔ 돌출 크기에 따른 벡터의 곡률 차이

SURFPATCH – 패치 표면

27-7

이전 단원에서 알아본 PLANESURF 표면은 평면에 그려진 물체에만 표면을 만들 수 있다. 반면 SURFPATCH 표면은 공간에 그려진 물체에도 표면을 생성할 수 있다. PLANESURF는 스플라인이나 폴리선 등 선으로 구성된 물체만 채울 수 있지만 SURFPATCH는 곡선 물체뿐만 아니라 표면 모서리를 채울 수 있다는 특징도 큰 차이점이 될 수 있다.

캐 드 명 령

명령: *SURFPATCH* `Enter`
연속성 = *G0* – 위치, 돌출 크기 = 0.5
패치할 표면 모서리 선택 또는 [체인(CH)/곡선(CU)] 〈곡선〉: `Enter`   기본 CUrve 옵션 사용
패치할 곡선 선택 또는 [체인(CH)/모서리(E)] 〈모서리〉: 1개를 찾음   모서리 대신 곡선 지정
패치할 곡선 선택 또는 [체인(CH)/모서리(E)] 〈모서리〉: `Enter`
패치 표면을 수락하려면 Enter 누름 또는 [연속성(CON)/돌출 크기(B)/안내(G)]: `Enter`

SURFPATCH 명령에서 제공하는 옵션은 다른 명령을 알아보면서 대부분 익혔기 때문에 어려운 부분은 없다. 다만 연속성(CONtinuity) 옵션의 기본값이 G0 방식이라는 점에 주의하여야 하며, 곡선(CUrve)을 선택한 것과 다른 표면의 모서리(Edges)를 선택하는 것에는 다음과 같은 탄젠트 차이가 있다는 점을 기억하여야 한다.

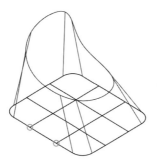

CUrve 옵션을 통해 선택한
곡선으로 만든 패치 표면

Edges 옵션을 통해 선택한
모서리로 만든 패치 표면

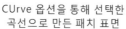
→ 곡선(G0: 0.0)과 모서리(G1: 0.5)로 생선한 패치 표면의 차이

곡선을 이용한 패치는 인접한 탄젠트가 없기 때문에 최단 거리를 연결하는 G0 연결 방식만 적용할 수 있다. 그러나 면의 모서리는 인접한 면의 탄젠트가 있기 때문에 연결의 지속성을 제공해주는 G1 또는 G2 연결방식을 적용할 수 있다.

LESSON
SURFOFFSET – 간격 띄우기 표면

27-8

표면을 오프셋하는 기능을 가진 SURFOFFSET 명령은 표면의 법선벡터 방향으로 간격을 띄워 또 하나의 표면을 만드는 작업을 수행한다. 이 명령이 가지는 재미있는 기능 중 하나는 간격을 띄워 만든 표면과 기존 표면을 연결하여 솔리드 물체를 만드는 옵션을 제공한다는 점이다. 이 기능은 솔리드 탭에 있는 THICKEN 명령과 거의 동일한 결과를 만들어낸다.

캐 드 명 령

명령: *SURFOFFSET* `Enter`

인접 모서리 연결 = 예

간격을 띄울 표면 또는 영역 선택: 1개를 찾음   간격 띄울 표면 선택

간격을 띄울 표면 또는 영역 선택: `Enter`

간격띄우기 거리 지정 또는

[방향 반전(F)/양쪽 면(B)/솔리드(S)/연결(C)/표현식(E)] ⟨0.0000⟩: *F*

간격띄우기 거리 지정 또는

[방향 반전(F)/양쪽 면(B)/솔리드(S)/연결(C)/표현식(E)] ⟨0.0000⟩: *10*

1개의 객체를 간격띄우기합니다.

1개의 간격띄우기 작업에 성공했습니다.

위 예제에서 방향 반전(Flip direction) 옵션은 법선 벡터방향을 반전시켜 간격 띄우기 작업 방향을 반대로 전환한다. 양쪽 면(Both sides) 옵션은 법선벡터의 정 방향과 반대 방향 모두 간격 띄우기 작업을 한다. 간격 띄우기 작업중 만들어지는 물체가 서로 교차하게 되면 작업은 취소되기 때문에 간격 거리 지정 시 약간의 주의가 필요하다.

3차원 공간 작도

AutoCAD의 새 기능

AutoCAD 2017에 추가된 새로운 기능을 통해 캐드가 변화하는 방향과 최신
기법의 동향을 알아본다.

도움말의 정착

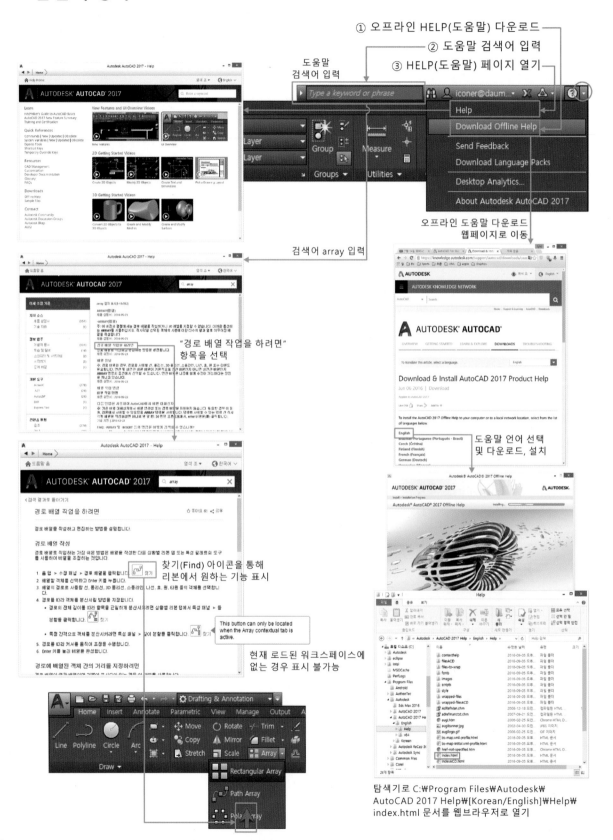

① 오프라인 HELP(도움말) 다운로드
② 도움말 검색어 입력
③ HELP(도움말) 페이지 열기

도움말 검색어 입력

오프라인 도움말 다운로드 웹페이지로 이동

검색어 array 입력

"경로 배열 작업을 하려면" 항목을 선택

도움말 언어 선택 및 다운로드, 설치

찾기(Find) 아이콘을 통해 리본에서 원하는 기능 표시

현재 로드된 워크스페이스에 없는 경우 표시 불가능

탐색기로 C:₩Program Files₩Autodesk₩
AutoCAD 2017 Help₩[Korean/English]₩Help₩
index.html 문서를 웹브라우저로 열기

도움말의 정착

AutoCAD 2017의 도움말은 실제 2014 버전부터 큰 변화를 겪으면서 현재와 같이 정착되었다. 2012 버전까지는 네트워크로 연결된 온라인(On-Line) 도움말만을 제공하여 검색과 색인이 다소 느려지는 단점을 감수할 수밖에 없었다. 그러나 이러한 불편이 접수되면서 2013 버전부터는 오프라인(Off-Line) 도움말이 다시 가능해졌다. 2013 버전부터 도움말을 내 PC에 완전히 설치하여 인터넷 접속 없이 즉시 사용할 수 있게 되었는데, 먼저 도움말 접근(Access the help) 옆에 플라이 아웃 버튼을 누르면 왼쪽 그림과 같은 메뉴가 열리게 된다.

① 오프라인 도움말 다운로드(Download Offline Help)를 선택하면 브라우저를 통해 Autodesk 도움말을 다운로드하는 페이지가 열리게 된다. 브라우저에서 간단히 국가별 언어를 선택하여 다운로드한 후에 실행하기만 하면 된다. 도움말은 C:₩Program Files₩Autodesk₩AutoCAD [버전]₩[국가별 언어]₩Help 폴더에 설치된다. 도움말은 실행파일이나 AutoCAD에 플러그인되지 않고 독립된 index.html 파일로 설치된다. 이렇게 설치된 도움말 파일은 인터넷 탐색기나 크롬과 같은 웹 브라우저를 통해 열고 사용한다.

② 도움말 검색어 입력(Type a keyword or phrase) 항목에는 찾고자 하는 명령어를 입력하고 엔터를 입력하면 자동으로 도움말 윈도우가 나타나면서 관련된 다양한 문서가 나열된다. 이 중 하나를 선택하면 왼편 그림과 같이 Find(찾기) 아이콘 버튼이 포함된 문서가 종종 나타나며 이 버튼을 누르면 AutoCAD 리본에서 해당 명령 아이콘을 자동으로 찾아주는 역할을 한다. 그러나 현재 캐드에 적재된 리본이 해당 아이콘을 표시하지 못할 때는 표시가 불가능하다는 내용이 나타난다. 이러한 문제가 다음 버전에서는 해결되길 바란다.

③ 가장 위의 Help(도움말) 항목을 선택하면 On-Line 도움말 창이 열리게 된다. 이 창에는 왼편에 기본적인 지침서(Tutorials)와 다운로드 항목 등이 나열되어 있으며 오른쪽 위에는 검색창이 있다. 가장 넓은 영역인 오른편에는 다양한 비디오 강의가 나열되어 있다. 이 동영상 강의 내용은 시작화면의 LEARN(학습) 페이지에 나열된 것과 동일한 내용을 가진다. 오른편 상단에는 도움말 언어를 선택할 수 있는 목록버튼이 있는데 기본적으로 영문이 선택되어 있으며 한글을 포함한 13개 언어를 지원한다. 다만 영문 이외의 도움말에는 일부 내용이 생략된 경우가 많기 때문에 우선적으로 영문 검색을 한 후 한글로 언어를 교체할 것을 권장한다.

기본적인 영문 도움말 페이지를 제외하고는 아직 완벽하게 내용이 표시되지 않는 부분이 많으며 또한 다운로드된 도움말 페이지 역시 기본적인 브라우저와 종종 문제가 발생하고 있다. 추가적인 서비스팩과 AutoDesk사의 지원을 통해 위와 같은 문제점이 조속히 해결될 것을 희망한다.

그래픽 하드웨어 가속기 설정

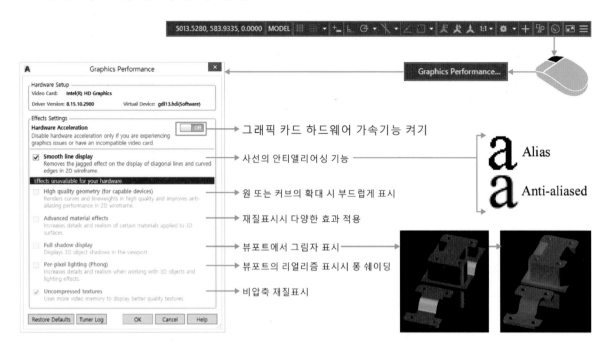

그래픽 카드 하드웨어 가속기능 켜기

사선의 안티앨리어싱 기능

a Alias

a Anti-aliased

원 또는 커브의 확대 시 부드럽게 표시

재질표시시 다양한 효과 적용

뷰포트에서 그림자 표시

뷰포트의 리얼리즘 표시시 퐁 쉐이딩

비압축 재질표시

구름 주석도구의 수정 편집 기능

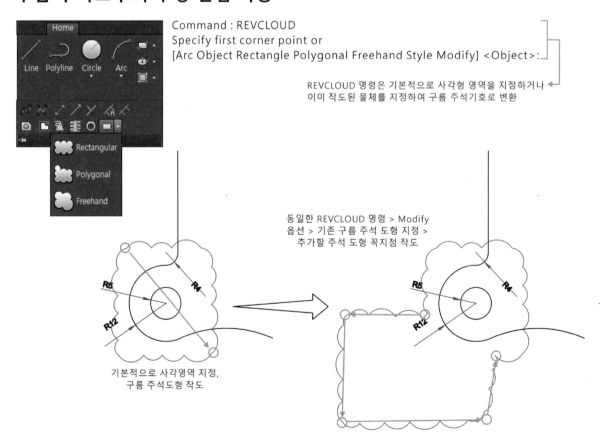

Command : REVCLOUD
Specify first corner point or
[Arc Object Rectangle Polygonal Freehand Style Modify] <Object>:

REVCLOUD 명령은 기본적으로 사각형 영역을 지정하거나
이미 작도된 물체를 지정하여 구름 주석기호로 변환

기본적으로 사각영역 지정,
구름 주석도형 작도

동일한 REVCLOUD 명령 > Modify
옵션 > 기존 구름 주석 도형 지정 >
추가할 주석 도형 꼭지점 작도

그래픽 하드웨어 가속기 설정

화면 오른편 하단 작도모드 버튼에는 시계모양의 버튼이 있는데 특이하게 이 버튼은 마우스 왼쪽버튼으로는 아무런 동작을 하지 않는다. 대신 오른쪽 버튼을 누르면 왼편 그림과 같이 Graphics Performance(그래픽 성능) 설정 메뉴가 나타난다. 이것을 선택하면 해당 대화상자가 나타난다. 우선 이 기능을 원활히 사용하기 위해서는 별도의 GPU를 가진 Geforce나 Radeon 계열의 그래픽 카드가 필요하다. 여기서 제공하는 기능들은 다음과 같다.

① **Smooth line display(부드러운 선 그리기)** : 이 기능은 별도의 그래픽 하드웨어 없이도 동작하는 유일한 기능이다. 왼편 그림과 같이 사선을 작도할 때 앨리어싱 효과를 제거하는 기능을 한다.

② **High quality geometry(고품질 작도)** : 과거에는 곡선 도형을 화면에 그릴 때 현재 해상도에 최적인 크기로 직선을 나눠 곡선 도형을 표현하였다. 이런 이유로 작도자가 화면을 확대하면 곡선의 각진 모습이 나타나고 이럴 때마다 REgen 명령으로 화면을 다시 구성하여야 했다. 그러니 이 기능을 사용하면 언제나 현재 해상도에 최적의 크기로 곡선을 그려준다.

③ **Advanced material effects(향상된 재질 효과)** : 각 면에 그려진 재질을 표현하는 데 다양한 효과를 적용하여 보다 현실적으로 보이도록 한다.

④ **Full shadow display(모든 그림자 표시)** : AutoCAD에서 그림자는 바닥면(배경)에 그려지는 그림자와 각 물체 간에 서로 간섭하여 생기는 그림자로 나누어진다. 이 기능을 켜면 언제나 두 가지 그림자 효과 모두 그려진다.

⑤ **Per-pixel lighting(Phong)** : 퐁쉐이딩 방법을 사용하여 각면에 각 점 단위로 밝기를 계산하여 반질거리는 반사재질과 비반사재질 등을 보다 현실적으로 표현한다.

⑥ **Uncompressed Texture(비압축 재질)** : 사용하는 재질 이미지를 작게 압축하지 않고 최대한 현재 해상도에 적절하게 표현한다.

추가로 구름 주석도구(REVCLOUD)의 수정편집기능이 추가되었다. 과거의 구름 주석도구는 사각형, 다각형, 자유작도 형태로 작도한 후에 수정이 필요할 경우 그립 수정(위치, 점 추가/삭제)이 한 번씩만 가능하였다. 2017 버전부터는 Modify 옵션을 추가하여 기존에 그려진 구름 주석 도형에 새로 그려지는 구름 주석을 합체 형식으로 작도할 수 있게 되었다. 이 기능은 구름 주석도구를 많이 사용하는 현장 사용자 요청에 의해 새로 추가된 기능으로 A360과 모바일 환경에서 보다 편리하게 주석 부분을 작도할 수 있도록 지원하고 있다. 단 REVCLOUD > Modify 옵션을 사용하면 REVCLOUD > Polygonal 방식으로만 작도가 가능하다.

동적 입력도구(Dynamic Input)의 변형

시스템 변수 DYNMODE 변수값에 따라 변하는 동적 입력 표시창

DYNMODE 1, 포인터(위치) 입력창만 켠다.

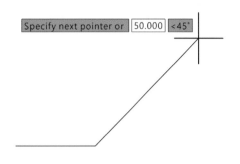

DYNMODE 2, 치수(디멘젼) 입력창만 켠다.

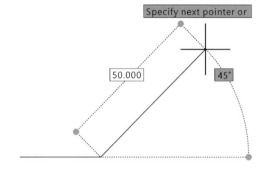

DYNMODE 3, 포인터와 치수 입력창 모두 켠다.

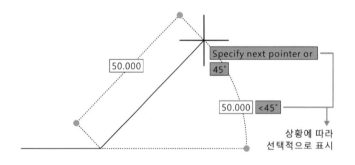

DYNMODE 0, 동적 입력창 끄기

과거의 캐드 환경, 또는 보다 빠른 키보드
조작을 사용하는 환경에서 사용, 본 교재도
가급적 동적 입력 기능을 활용하지 않는다.

시스템 변수 모니터링(SYSVARMONITOR)

동적 입력도구(Dynamic Input)의 변형

이번에 소개할 새 기능은 사실 2017부터 추가된 기능은 아니지만 그 사용법을 꼭 한 번 짚고 넘어갈 필요가 있기 때문에 알아보도록 한다. 본래 동적 입력기능은 작도자의 시선이 커서와 명령어 창을 오가는 것을 방지하기 위해 커서를 따라다니는 명령창과 같다고 이해하면 된다. 그러나 Autodesk사에서는 새로운 버전의 화려한 기능을 최대한 홍보하기 위해 동적 입력의 모든 기능이 켜진 상태(DYNMODE:3)를 기본상태로 하고 있다. 그러나 이 경우 조금만 복잡한 도면이나, PC의 성능이 조금만 낮을 경우 작도의 효율을 떨어뜨리는 문제가 자주 발생한다. 이런 이유로 많은 실무 작도자들은 동적 입력도구기능을 끄고(DYNMODE:0) 작도하는 경우가 자주 발생한다.

그러나 왼편의 그림과 같이 DYNMODE 명령을 입력하고 1(포인터, 위치 표시)을 입력하면 비교적 간단하게 현재 도면을 방해하지 않고 작도할 수 있는 동적입력도구로 표시된다. DYNMODE가 번거롭게 표시되는 형식은 모드 2를 사용하는 치수(Dimension) 표시방식이므로 모드 2 또는 3만 사용하지 않는다면 비교적 편리하게 동적입력도구를 사용할 수 있다.

또 한 가지 동적 입력도구를 사용할 때 주의할 점은 두 번째 좌표값을 입력할 때 '@'을 붙이지 않아도 자동으로 상대좌표로 입력된다는 점이다. 첫 번째 좌표는 물론 절대 좌표값으로 입력되지만 두 번째는 좌표는 자동 상대좌표로 인식된다.

추가로 2017 버전에 추가된 시스템 변수 모니터링(System Variables Monitoring) 도구에 대해 알아보도록 한다. 자주는 아니지만 우리는 작도 중 일부 시스템 변수의 상태를 지켜볼 필요가 발생할 수 있다. 특히 UCS를 변경하거나 서피스 모델 같이 시스템 변수에 의해 작도되는 물체의 특성이 조금씩 다른 경우 그 필요성이 더 늘어난다. 이때마다 변수 이름을 명령창에 입력하여 그 값을 확인하는 작업은 상당히 까다롭고 불편할 수 있다.

2017에서는 이런 경우를 대비하여 SYSVARMONITOR라는 명령을 제공해 주고 있다. 이 명령을 입력하면 왼편의 그림과 같은 대화상자가 나타난다. 기본적으로 9개의 시스템 변수가 나열되며 시스템 기본값(Preferred)과 현재값(Current)이 나열된다. 현재 기본 변수값에서 원하는 변수를 추가하거나 모니터링이 필요없는 변수를 삭제하기 위해서는 Edit List 버튼을 통해 표시 변수를 추가/삭제할 수 있다.

스마트 치수도구(DIM)

선택하는 물체에 따라 기재방식이 변경되는 치수도구

DIMension 명령과 동일한
동작을 하는 리본 아이콘

Arc(호) 선택

Circle(원) 선택

Line(선) 선택

DIMension(치수) 선택

겹치는 치수선을 위한 옵션

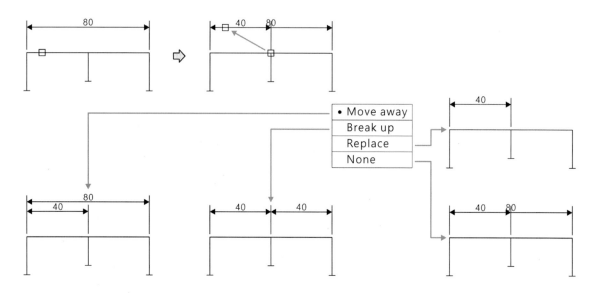

스마트 치수도구(DIMension)

실무작업에서 물체의 작도보다 치수의 기입이 더 귀찮고 힘든 작업이 될 수 있다. 이런 문제를 해결하기 위해 AutoDesk사는 다음과 같은 스마트 치수도구를 지원한다. 명령어 DIMension이나 왼쪽 그림의 Annotate(주석) 리본의 아이콘을 클릭하면 동작한다. 이 명령으로 그려지는 치수 물체는 다음과 같이 처음 선택하는 물체의 형식에 따라 서로 다른 치수를 작도한다.

Arc(호)	반지름(Radius) 치수 표시
Circle(원)	지름(Diameter) 치수 표시
Line(선)	직선 거리 치수 표시
Dimension(치수)	현재 선택한 치수 물체에 대한 다양한 옵션 치수 작도
Ellipse(타원)	직선 거리 치수 표시

DIMension 명령을 입력하고 치수물체를 선택하면 왼쪽 그림과 같이 기존에 작도된 치수를 나눠 세부 치수를 기입할 수 있게 된다. 호, 원, 선 등은 그 사용이 어렵지 않은 관계로 치수 물체 또는 여러 개의 치수 물체가 겹치는 상태에 대해 자세히 알아보도록 하겠다.

먼저 치수를 기입할 물체를 선택하고 치수의 위치를 선택할 때 기존 치수 물체와 겹쳐지는 상태가 발생할 때 왼쪽 그림과 같이 다양한 옵션이 표시된다. 주의할 점은 OSnap 또는 그리드 등에 의해 기존 치수물체와 정확히 겹쳐야 옵션이 나타나 선택이 가능하다는 점이다. 그렇지 않을 경우 치수가 겹쳐져 다시 그려질 뿐이다.

Move away	밀려 이동하여 치수 표시
Break up	나눠서 치수 표시
Replace	대체하여 치수 표시
None	추가작업 없이 그대로 치수 표시

왼편의 그림에서는 이동 옵션을 선택하면 기존 80mm 치수를 위로 이동하고 포함되는 작은 치수 40mm를 그 하단에 기재하였다. 나누기 옵션을 선택하면 기존 치수에서 새로 그리는 치수를 빼주어 나눠서 치수를 표시한다. 대체 옵션을 선택하면 기존 치수를 제거하고 새 치수만 기입한다. 마지막으로 None 옵션을 선택할 경우 그대로 덮어서 치수를 작도한다.

스마트 중심마크(CENTERMARK)

호, 원 등에 사용하는 중심마크의 그립 및 지정변수 강화

CENTERMARK 명령과 동일한
동작을 하는 리본 아이콘

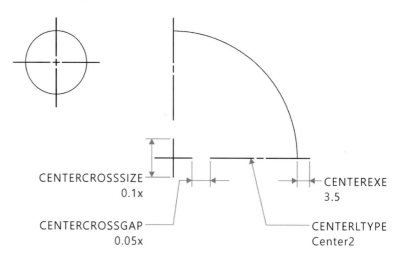

CENTERCROSSSIZE
0.1x

CENTERCROSSGAP
0.05x

CENTEREXE
3.5

CENTERLTYPE
Center2

CENTERMARKEXE가 OFF일 경우

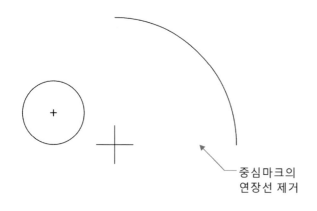

중심마크의
연장선 제거

CENTERLTYPE이 CONTINUOUS일 경우

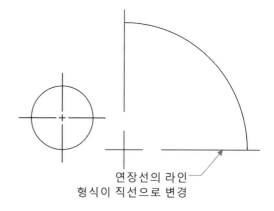

연장선의 라인
형식이 직선으로 변경

CENTERLTSCALE이 1.0에서 0.5로 바꿀 경우

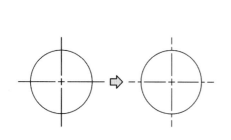

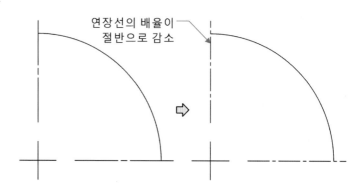

연장선의 배율이
절반으로 감소

스마트 중심마크(CENTERMARK)

기존의 중심마크는 작도한 물체의 크기와는 관계없이 시스템 변수 설정에 따라 일정한 크기로 작도되었지만 2017의 중심마크부터는 작도하는 물체 크기에 비례하여 작도된다. 왼쪽 그림에서 작은 원과 큰 호는 동일한 상태에서 중심마크를 작도하였지만 작은 원에는 작은 중심마크가 그려지고 큰 호에는 커다란 중심마크가 그려진 것을 볼 수 있다. 중심마크에서 사방으로 뻗어나간 선은 연장선이며 CENTERMARKEXE 변수가 ON 또는 OFF에 따라 그려지는지 여부가 결정된다.

이러한 작도의 모양은 다음과 같은 다양한 변수에 의해 결정되는데 주의할 점은 한 번 작도가 완료되면 그 후에 일어나는 변수의 변화에는 영향을 받지 않는다는 점이다. 즉, CENTERMARKEXE 변수가 ON에서 OFF로 변하더라도 이미 작도된 중심마크의 연장선은 그대로 유지되며 앞으로 그려지는 중심마크에만 영향을 받게 된다. 중심마크에 관여하는 시스템 변수는 다음과 같이 정리할 수 있다.

CENTERCROSSSIZE	선택한 원, 호 물체의 크기에 상대적인 중심마크의 크기를 결정한다. 기본값은 0.1x이다. 즉, 물체 크기의 10%로 중심선을 그려준다.
CENTERCROSSGAP	선택한 원, 호 물체의 크기에 상대적인 중심마크와 연장선의 간격을 결정한다. 기본값은 0.05x이다. 즉, 물체 크기의 5%의 간격을 가진다.
CENTEREXE	연장선이 물체를 지나 더 그려지는 길이를 지정한다. 기본값은 3.5를 가진다. 왼쪽 그림에서 작은 물체나 큰 물체 모두 일정하게 물체를 넘어서 그려진 것을 볼 수 있다.
CENTERLTYPE	연장선을 그릴 선의 유형을 지정한다. 기본값은 Center2 형식을 사용한다. CONTINUOUS 형식으로 바꿀 경우 실선으로 표시되는 것을 볼 수 있다.
CENTERLTSCALE	연장선의 배율을 지정한다. 기본값은 1.0이다. 왼쪽 그림에서 배율을 절반으로 낮출 경우 파쇄 간격이 절반으로 줄어들게 된다.

AutoDesk에서 제공하는 클라우드 A360

모바일과 사무환경, DWG 뷰어와 웹브라우저의 통합

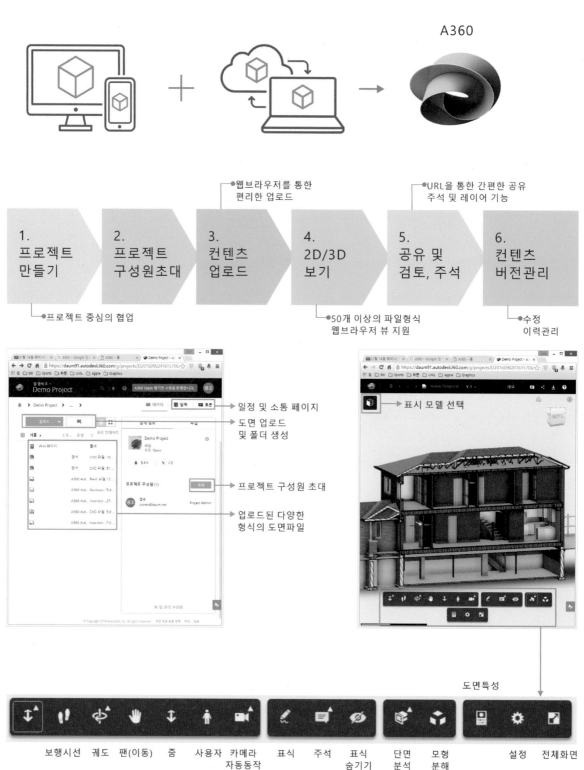

A360

웹브라우저를 통한
편리한 업로드

URL을 통한 간편한 공유
주석 및 레이어 기능

1.
프로젝트
만들기

2.
프로젝트
구성원초대

3.
컨텐츠
업로드

4.
2D/3D
보기

5.
공유 및
검토, 주석

6.
컨텐츠
버전관리

프로젝트 중심의 협업

50개 이상의 파일형식
웹브라우저 뷰 지원

수정
이력관리

일정 및 소통 페이지

도면 업로드
및 폴더 생성

프로젝트 구성원 초대

업로드된 다양한
형식의 도면파일

표시 모델 선택

도면특성

보행시선 궤도 팬(이동) 줌 사용자 카메라   표식 주석 표식   단면 모형   설정 전체화면
                        자동동작   숨기기 분석 분해

AutoDesk에서 제공하는 클라우드 A360

모바일 기기가 도입되면서 캐드 도면을 다양한 모바일 기기에서 검토하거나 주석을 추가할 수 있는 어플리케이션이 많이 보급되었다. 이러한 업무환경을 보다 본격적으로 지원하기 위해 Autodesk사에서는 추가로 도면 작도 업무 협업을 위한 클라우드 서비스를 지원하기 시작하였다.

A360은 간략하게 보면 클라우드 서비스에 지나지 않지만 단순한 웹브라우저만으로 도면의 공유, 협업, 관리를 위한 최고의 도구를 지원해 주고 있다. 우선 각 업무는 프로젝트 단위로 구성되면서 각 프로젝트에는 구성원을 초대하여 함께 공유할 수 있게 한다. 각 프로젝트에는 폴더나 도면 파일 등을 자유롭게 업로드하고 구성할 수 있으며 각각은 모두 버전 관리를 통해 누가 언제 수정하였는지를 추적할 수 있게 한다.

또한 각 도면 파일을 보기 위해서는 추가적인 뷰어(Viewer)를 설치할 필요없이 웹 브라우저만으로 2차원/3차원 보기 및 검토와 주석 작성, 레이어 선택 등의 기능을 모두 수행할 수 있다. 왼쪽의 그림과 같이 웹브라우저만으로 줌/이동/궤도 등의 다양한 보기 방법을 지원하며 표식/주석 작성 도구, 단면으로 자르기와 모형의 분해 기능 등을 통해 보이지 않는 3차원 물체의 내부까지 검토하는 데 충분한 기능을 제공하고 있다. A360 서비스는 개인이 사용하기에는 다소 부담되는 금액이지만 업무에 도입하여 서로 공유하며 협업하기에는 최고의 솔루션으로 자리를 잡아가고 있다.

추가로 PDF 문서로 내보내기(Export)/가져오기(Import) 기능이 향상되어 레이어별 관리와 문자 및 치수 등을 그대로 가져올 수 있는 기능은 또 다른 형태의 도면저장형식으로도 활용할 수 있을 만큼 그 호환성이 향상되었다.

L E S S O N

AutoCAD 2021의 새 기능

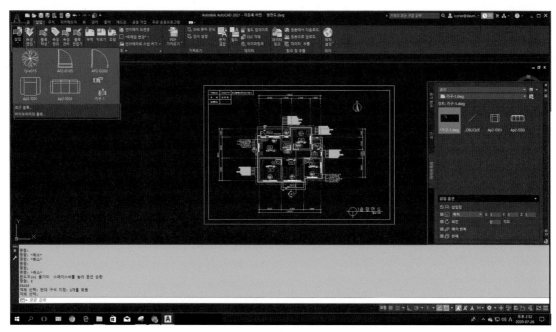

→ 라이선스 및 Autodesk 아이디 사용이 강화된 AutoCAD2021 초기 화면

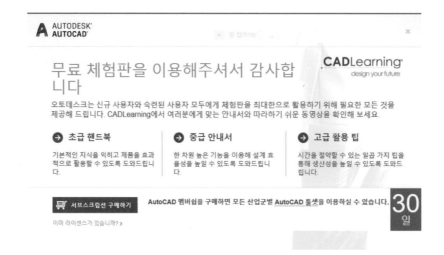

Autodesk사에서 제공하는 무료 30일 버전은 무료로 사용할 수 있는 반면 몇 가지 유료 멤버십 기능을 사용할 수는 없다.

① DWG History 도면 사용 내역(멤버십 혜택)

- 이전 버전과 현재 버전의 도면을 비교하고 작업의 진행 과정을 확인할 수 있다.
- 도면의 수정자와 수정시간을 확인하고 비교할 수 있다.
- 동영상 : 도면 사용내역 확인하기
- 뷰 탭 > 사용 내역 패널 > DWG 사용 내역

도면 파일을 마이크로소프트 OneDrive, 드롭박스(Dropbox)에 저장하면 도면이 변경/저장될 때마다 추가 버전으로 관리되고 그 버전 내역과 사용자가 표시된다. 이를 통해 현재 도면의 사용/수정 내역을 한눈에 확인할 수 있다.

도면 비교 기능을 사용하여 현재 버전의 도면을 도면 사용 내역에 있는 이전 버전의 도면과 비교할 수 있다. 도면에 대해 접근 권한이 있는 여러 사람 중 한 명이 도면을 변경하는 경우 변경한 사람의 이름과 변경 사항을 비교할 수 있는 링크가 포함된 알림이 표시된다.

② 외부참조비교

- 참고 도면 : 평면도－2.dwg, 가구－1.dwg, 가구－2.dwg
- 동영상 : XREF 외부 참조 배우기
- 뷰탭 > 팔레트 패널 > 외부 참조 팔레트 클릭
- 도구메뉴 > 팔레트 > 참조 관리자 클릭

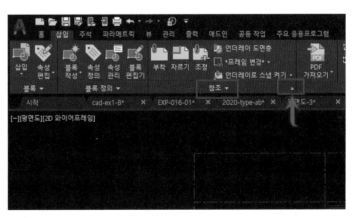

부착된 외부 참조는 지정된 도면 파일의 모형공간에 링크된다. 외부참조된 도면이 수정되었을 때 다시 로드하면 변경사항으로 현재 도면에 자동 반영된다. 외부참조를 부착해도 현재 도면의 크기가 크게 증가되지 않는다.

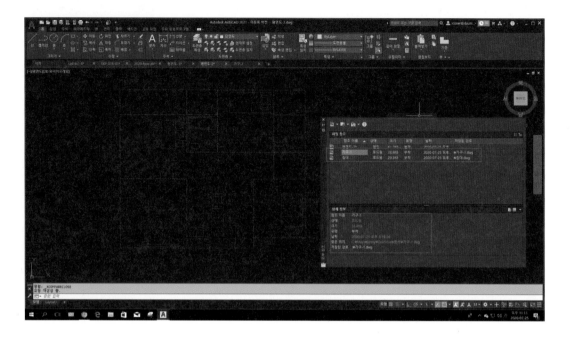

ⓐ 외부참조비교(XCOMPARE) 기능은 도면비교(COMPARE) 기능과 유사하게, 현재 도면에서 외부 참조로 부착된 도면 파일에 대한 변경 사항을 비교할 수 있다. 참조된 도면 또는 비교한 도면의 모든 변경 사항은 구름형 리비전을 사용하여 강조 표시된다.

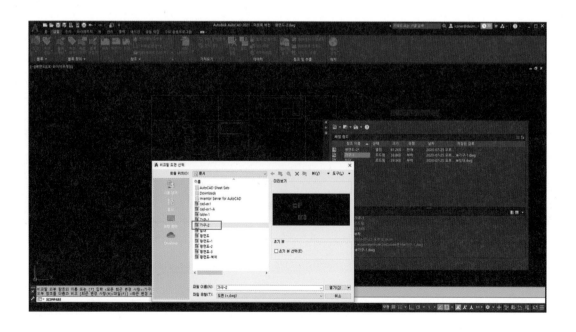

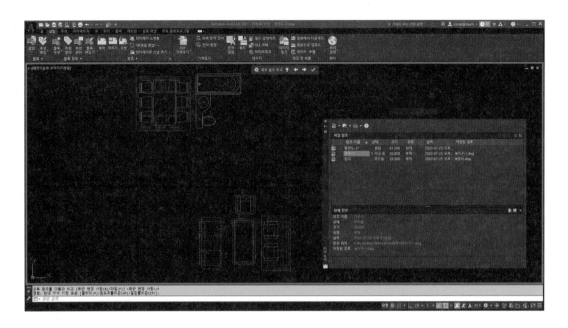

ⓑ 참조된 도면이 변경되면 응용프로그램 윈도우의 오른쪽 아래 구석(상태막대 트레이)에 풍선 도움말 메시지가 표시된다. 풍선 메시지의 링크를 클릭하여 수정된 외부 참조를 다시 로드하거나 변경 사항을 비교한다. 외부 참조 팔레트에서 외부 참조 변경 사항을 비교할 수도 있다.

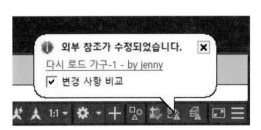

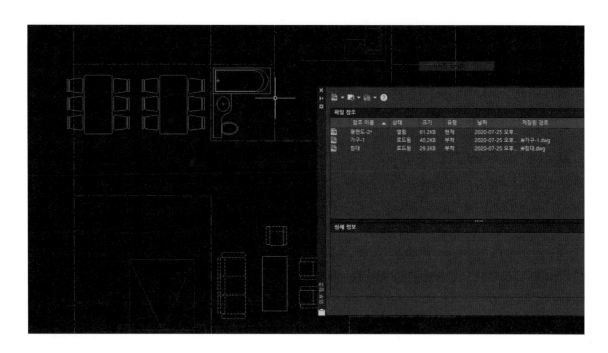

③ 블록팔레트 개선 사항

• 참고 도면 : 평면도.dwg, 가구-1.dwg

• 동영상 : 라이브러리 블록 배우기

• 삽입 탭 > 라이브러리의 블록 팔레트 클릭

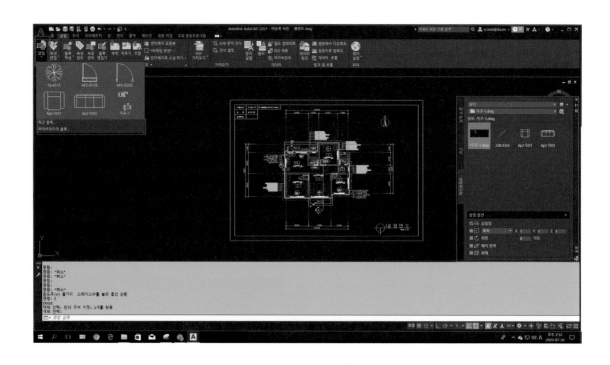

블록 삽입(Insert) 명령에 사용되던 대화 상자가 사라지고 라이브러리 패널로 통합되었다. 이 패널은 삽입 > 삽입 > 라이브러리의 블록으로 실행한다. 물론 삽입(Insert) 명령으로도 쉽게 열 수 있다. 하단에 기존 삽입 대화 상자에 사용되던 삽입 위치, 비율, 회전값 등을 그대로 지정할 수 있다.

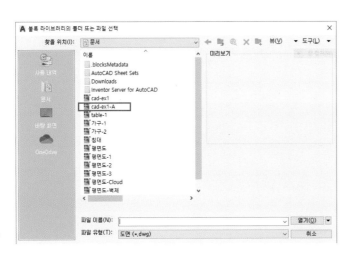

④ 그래픽 성능 개선 사항

ⓐ 유사한 특성을 가진 객체를 활용하는 기술 및 다양한 수준의 배율에서 적절한 상세 수준을 표시하는 다른 기술로 2D 초점이동 및 줌 속도가 개선되었다.

ⓑ 2D에서 실시간 초점이동 및 줌을 수행할 경우, AutoCAD 기반 제품은 필요에 따라 재생성 작업을 자동으로 수행한다. 일반적으로 이 작업은 매우 큰 도면의 경우를 제외하고 두드러지게 나타나지 않는다. 이러한 경우 자동 재생성을 방지하기 위해 RTREGENAUTO 시스템 변수를 끌 수도 있다.

ⓒ 3D 모형으로 작업할 때 탐색 시 더 높거나 더 낮은 충실도의 3D 형상 그래픽 표현이 생성되는 경우가 있다. 3D 궤도, 초점이동 및 줌 작업을 사용할 때의 프로그램 응답성이 다중 코어 프로세서를 사용하여 크게 향상되었다. 이러한 기능 개선은 곡선 표면을 렌더링하는 비주얼 스타일을 사용하는 복잡한 3D 모형에서 가장 두드러지게 나타난다.

⑤ 모든 장치에서 AutoCAD 사용

데스크톱, 웹 또는 모바일까지 거의 모든 장치에서 AutoCAD의 도면을 보고, 편집하고 작성할 수 있다.

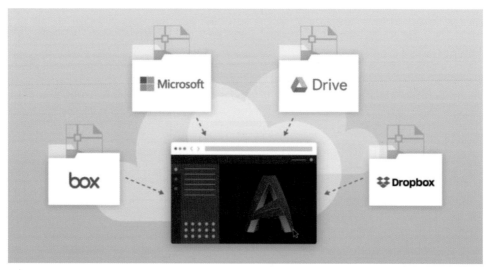

출처: AutoCAD 공식 블로그

ⓐ 터치 향상 기능 : 보다 향상된 터치 사용을 위해 제스처에 대한 지원이 개선되었다. 터치 지원 화면 또는 인터페이스를 사용하여 다음 중 하나를 수행할 수 있다.

ⓑ 초점이동 및 줌 : 진행 중인 명령이 없는 경우 한 손가락 또는 두 손가락으로 끌어 초점이동한다. 명령이 진행 중인 경우 두 손가락으로 끌어 초점이동한다. 두 손가락으로 모으거나 펼쳐서 줌한다.

ⓒ 선택 : 객체를 눌러 선택한다. 진행 중인 명령에서 객체를 선택해야 하는 경우 한 손가락으로 끌어 윈도우 선택 또는 교차 선택을 수행할 수 있다.

ⓓ Esc 키를 누른다. 한 손가락으로 두 번 눌러 명령을 종료하거나 선택을 지운다.

ⓔ 명령이 진행 중일 때 점을 입력하라는 메시지가 표시되면 위치를 누른다. 객체 스냅을 보다 정확하게 제어하려면 필요한 객체 스냅이 표시될 때까지 객체 위로 손가락을 끈 다음 손가락을 놓는다. 명령 중간에 두 개의 손가락을 사용하여 초점이동 및 줌할 수 있다.

⑥ 클라우드 저장소 연결(이미지 참고)

최고의 클라우드 저장소 공급업체뿐 아니라 Autodesk의 클라우드를 통해 AutoCAD에서 DWG 파일에 액세스한다.

⑦ 향상된 DWG 비교

- 동영상 : DWG도면 비교 배우기
- 뷰 탭 > 비교 패널 > DWG 비교
- 현재 도면창에서 두 버전의 도면 비교 내용을 쉽게 비교할 수 있도록 버블로 표시한다.

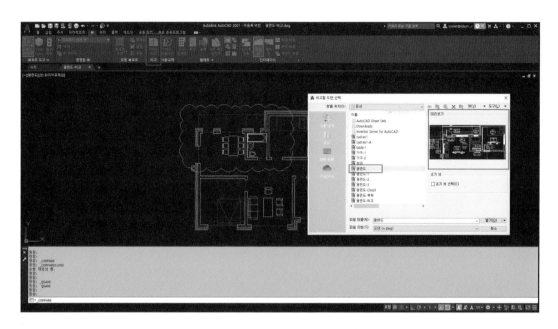

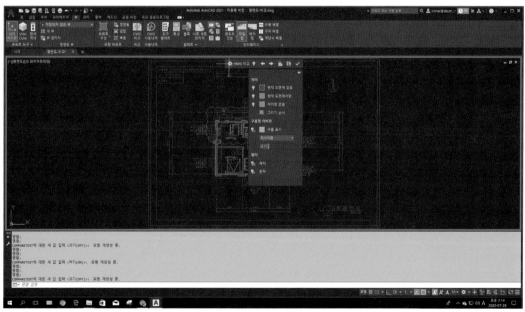

⑧ 재설계된 소거 기능

손쉬운 선택과 객체 미리 보기로 여러 개의 불필요한 객체를 한 번에 제거한다.

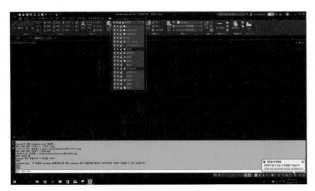 

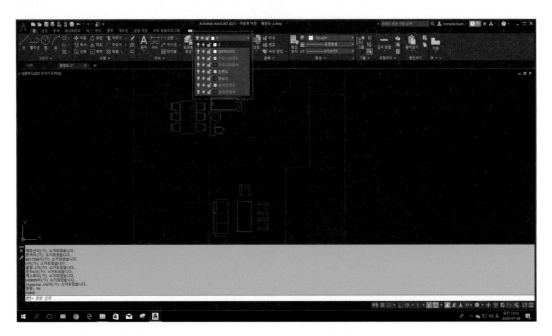

⑨ Trim & Extend 도입된 개선 사항(간소화된 자르기 및 연장 옵션)

기본 모드인 빠른 작업 모드에서는 자르기 및 연장 명령의 경계를 먼저 선택하는 대신, 모든 객체가 경계로 인식된다.

ⓐ TRIM 또는 EXTEND 명령을 시작한 후 자르거나 연장할 객체를 선택하기만 하면 된다.

ⓑ 자르거나 연장할 세그먼트를 선택하는 기본 옵션은 개별 선택, 자유형 선택, 두 점 울타리 선택이다.

　- 자유형 선택 : 마우스 왼쪽 버튼을 누른 채 커서로 하나 이상의 객체를 끌어 자유형 선택을 시작한다.

　- 울타리 선택 : 객체를 교차하는 세그먼트를 정의하는 두 점을 클릭하여 울타리 선택을 시작한다.

ⓒ 선택한 객체를 자를 수 없으면 대신 삭제가 된다.

ⓓ 해치를 포함하는 경계에 TRIM을 사용할 경우, 빠른 작업 모드의 자르기 및 Shift + 자르기 작업에서는 해치 형상 자체가 아닌 해치의 경계만 사용한다. 예를 들어 이 자르기 작업에서 해치 객체를 교차하는 객체를 롤오버하면 자를 부분이 강조 표시되고 객체를 선택하면 표시된 것처럼 잘린다. 내부 해치 형상은 자르기 작업에서 제외한다.

● **변경된 명령**
- EXTEND : 객체를 연장하여 다른 객체의 모서리와 만나도록 한다.
- TRIM : 객체를 잘라 다른 객체의 모서리와 만나도록 한다.

● **새 시스템 변수**
- TRIMEDGES : 빠른 작업 모드를 사용하여 해치까지 자르기 및 연장하기가 해치의 모서리로 제한될지 또는 해치 패턴 내의 객체를 포함할지를 조정한다.
- TRIMEXTENDMODE : TRIM 및 EXTEND 명령에서 간소화된 입력을 사용할지 여부를 조정한다. 예전모드 trimextendmode 명령 : 기준값 "0" – Enter

⑩ Rev Cloud(구름형 리비전 향상기능)
- 참고 도면 : 평면도 – Cloud.dwg
- 동영상 : Rev Cloud 배우기
- 주석탭 > 표식 패널 > 구름형 리비전 클릭

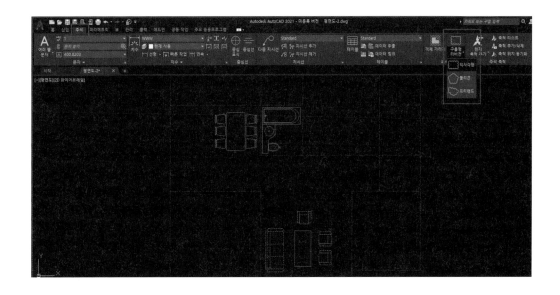

ⓐ 구름형 리비전에 각 호 세그먼트의 끝점 간 거리인, 대략적인 호 현 길이에 대한 단일 값이 포함된다. 도면에서 구름형 리비전을 처음 작성할 때 호의 크기는 현재 뷰의 대각선 길이 백분율을 기준으로 결정되어 구름형 리비전이 적절한 크기로 시작된다.

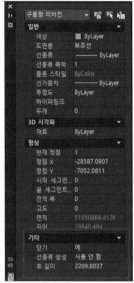

ⓑ 특성 팔레트나 해당 바로 가기 메뉴에서 또는 새 REVCLOUDPROPERTIES 명령을 사용하여 선택한 구름형 수정기호 객체의 호 현 길이를 변경할 수 있다. 또한 객체 유형으로 폴리선 대신 Revcloud가 표시된다.

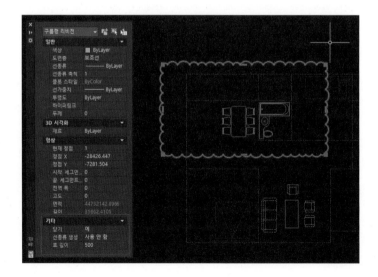

REVCLOUDARCVARIANCE 시스템 변수를 사용하여 호의 현 길이 변화가 더 클 수 있는지 또는 일반적으로 더 균일한지를 조정할 수 있다. 이 시스템 변수를 OFF로 설정하면 구름형 리비전이 작성되는 이전 방식이 복원되지만 ON으로 두면 손으로 그린 것과 같은 모양이 표시된다.

● 새 명령

REVCLOUDPROPERTIES : 선택한 구름형 리비전에서 호의 대략적인 현 길이를 조정한다.

● 변경된 명령

REVCLOUD : 구름형 리비전을 작성하거나 수정한다.

● 새 시스템 변수

REVCLOUDARCVARICVARIANCE : 구름형 리비전 호를 다양한 현 길이를 사용하여 작성할지 또는 대체적으로
균일한 현 길이를 사용하여 작성할지를 조정한다.

⑪ Breakatpoint(단일 점에서 객체 끊기)

- 참고 도면 : 평면도 −3.dwg
- 동영상 : 빠른 측정 배우기
- 홈 탭 > 수정 패널 > 점에서 끊기

ⓐ 정확하게 측정하여 실행할 수 있다.

ⓑ BREAKATPOINT 명령을 사용하면 Enter 키를 눌러 리본의 점에서 끊기 도구를 반복할 수 있다.

ⓒ 선, 호 또는 열린 폴리선을 지정된 점에서 두 객체로 직접 나눈다.

● 새 명령

BREAKATPOINT : 선택한 객체를 지정된 점에서 두 개의 객체로 나눈다.

⑫ Quick Measure 빠른 측정

- 참고 도면 : 평면도 −3.dwg
- 동영상 : 빠른 측정 배우기
- 홈 탭 > 유틸리티 패널 > 측정 / 빠른 작업

클릭 도면에 마우스를 가져다 대기만 하면 근처의 모든 측정값이 빠르게 표시된다.

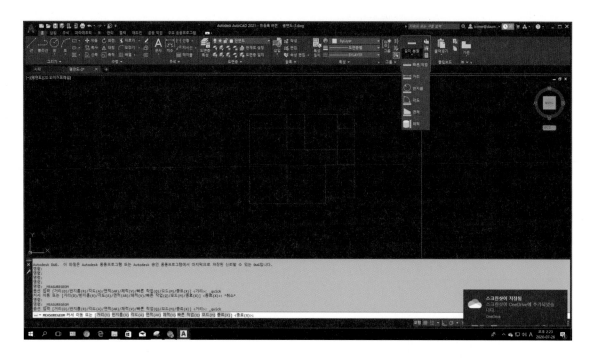

ⓐ MEASUREGEOM 명령의 빠른 작업 옵션에서는 도면의 평면도에서 기하학적 객체로 둘러싸인 공간 내의 면적 및 둘레를 측정할 수 있다.

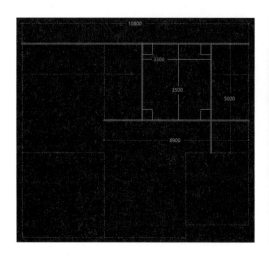 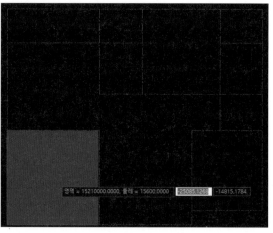

ⓑ 닫힌 영역 내부를 클릭하면 녹색으로 강조 표시되고, 계산된 값이 명령 윈도우 및 동적 툴팁에 현재 단위 형식으로 표시된다. Shift 키를 누른 채 클릭하여 여러 영역을 선택하면 합계 영역 및 둘레가 계산된다.
- Shift 키를 누른 채 클릭하여 여러 영역을 선택 취소할 수도 있습니다. 선택한 영역을 지우려면 마우스를 조금만 이동하면 된다.

● 변경된 명령

MEASUREGEOM : 치수, 거리, 각도 및 면적의 실시간 측정을 위한 빠른 작업 옵션이 추가되었다.

344

MEMO

03

3차원 공간 작도

LESSON 29

SketchUp 살펴보기

2차원 AutoCAD 도면을 3차원으로 시각화하는 프로그램은 시중에 많이 나와있지만 Google의 SketchUp이 가장 편리하고 대중적으로 널리 알려져 있을 것이다. 이제 복잡하고 힘든 AutoCAD 학습을 마친 기념으로 스케치업을 쉽고 빠르게 익혀 보도록 하겠다.

3차원 작도를 위한 가장 편리한 도구

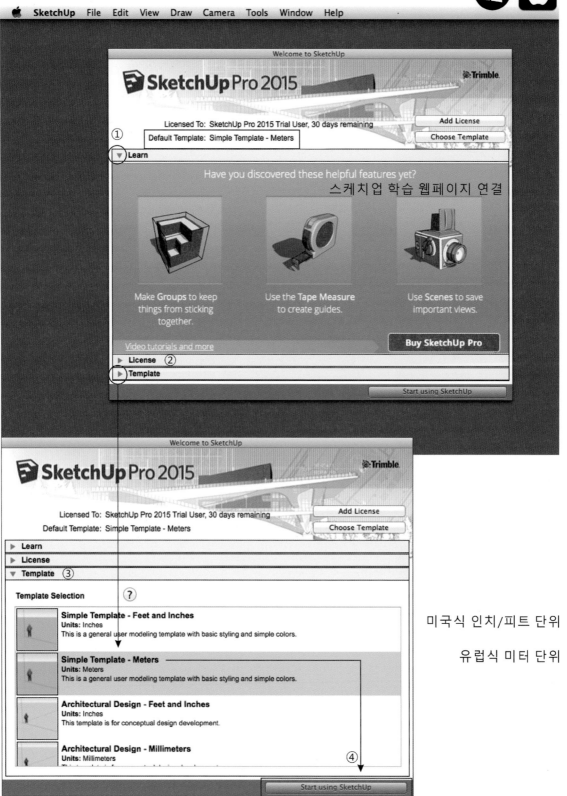

스케치업 학습 웹페이지 연결

미국식 인치/피트 단위

유럽식 미터 단위

SketchUp 소개

스케치업을 실행시키면 왼쪽과 같은 환영(Welcome) 화면이 나타난다. 가장 상단에 현재 라이센스 상태와 기본 형판(Default Template) 설정에 대한 설명이 나오고 그 아래 학습(Learn), 구매(License), 도면 형판(Template) 등의 섹션이 있다. 마지막으로 오른쪽 하단에 "Start using Sketchup" 버튼이 있다.

왼쪽 그림에서 기본 도면 형판에는 국내에서 쓰는 미터법을 쓰고 있지만 실제 건축용 AutoCAD에서는 mm를 더 많이 사용한다. 이러한 설정은 후에 Window > Model Info > Units에서 바꿀 수 있으므로 여기서는 이 정도만 알아둔다.

① Learn(학습) 섹션

구글 스케치업 홈페이지의 학습페이지(http://www.sketchup.com/learn)로 연결되어 다양한 학습용 콘텐츠를 제공해주고 있다. 이 외에도 유투브 또는 다른 검색 페이지를 통해 스케치업을 학습할 수 있는 자료들은 쉽게 찾을 수 있다.

② 라이센스 섹션

시험용으로 다운로드한 스케치업의 만료일 또는 라이센스 구매 등의 안내 페이지로 연결되는 링크를 포함하고 있다.

③ Template(도면 형판) 섹션

각각의 형판은 모두 피트/인치 단위와 미터 단위로 나누어져 있다. 전문적인 도면인 경우 단위가 보다 다양하게 나누어져 있다. 피트/인치 단위를 주로 미주지역에서 사용하며 피트는 단일 인용부호(') 인치는 이중 인용부호(")를 사용한다. 미터 단위는 주로 유럽지역에서 사용하며 미터(m), 센티미터(cm), 밀리미터(mm) 등의 단위를 사용한다.

④ Start using SketchUp

버튼을 누르면 현재 선택한 기준을 바탕으로 도면을 새로 만들어 스케치업을 시작한다.

도구선택에 따른 안내서(Instructor)

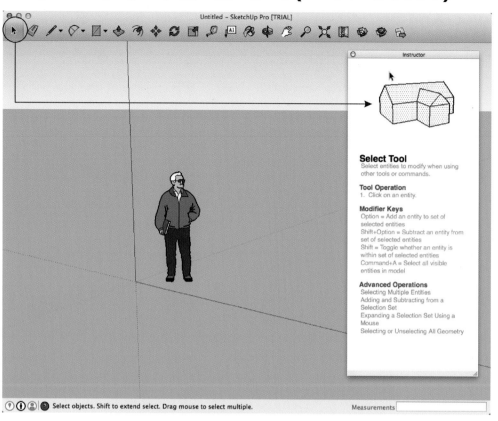

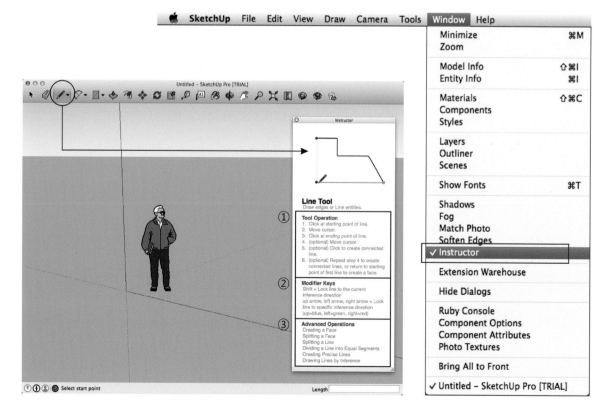

이제 왼쪽 그림과 같이 스케치업이 구동된 것을 볼 수 있다. 기본적으로 화살표 커서 모양의 선택 도구가 선택 되어 있고 Instructor(교관) 창이 떠 있는 것을 볼 수 있다. 만일 이 창을 닫았다가 다시 열고자 할 때는 Window > Instructor 명령을 사용한다.

선택도구는 단축키 [Space]를 사용한다. 왼쪽 그림처럼 도구를 선 그리기(Line)으로 바꾸기 위해 단축키 [L]을 사용한다. 사용하는 도구를 바꾸면 Instructor 창의 내용이 즉시 바뀌게 된다. 창에 표시되는 내용은 다음과 같 이 나눌 수 있다.

① Tool Operation(도구의 동작)

도구를 사용하는 순서와 사용법을 알려준다. 1번부터 순서대로 이용하면 따라 할 수 있으며 Optional(선택사 항)을 이용하면 다른 동작을 연계할 수 있다.

② Modifier Keys(동작변형 키)

명령의 기본동작 외에 추가동작을 위한 옵션 키에 대해 설명한다. 왼쪽 그림에서는 [Shift] 키와 방향키 [↑], [←], [→] 등의 동작에 대해 설명하고 있다.

③ Advanced Operations(향상된 기능)

이 명령을 이용해서 보다 향상되고 복잡한 기능을 수행하는 방법을 알려준다. 스케치업 내부적으로 보여주지 는 못하고 웹 브라우저의 스케치업 홈페이지를 통해 사용법을 알려준다. 페이지 로딩에 다소 시간이 소요되고 가끔 링크가 사라져 있는 단점이 있을 수 있다.

스케치업을 배우는 동안에는 가급적 이 Instructor 창을 언제나 열어놓고 어떤 기능들을 제공해 주는지 살펴보 는 것도 매우 중요하다. 스케치업의 수준급 사용자라도 간혹 간단한 기능을 몰라 고생하며 작도하는 경우를 종종 볼 수 있기 때문이다.

Camera 메뉴

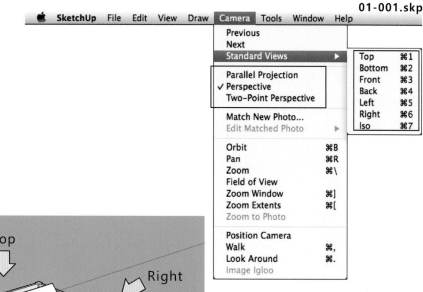

Perspective(원근법)

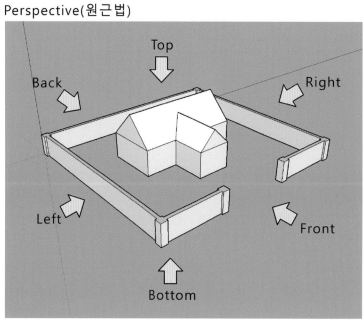

Parallel Projection(평행 투시)

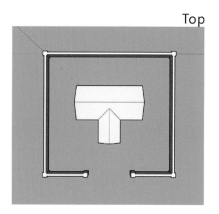

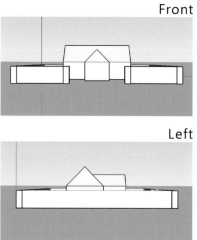

LESSON 카메라 메뉴

스케치업을 통해 작도하는 것도 중요하지만 우선 손쉽게 원하는 방향으로 도면을 바라보는 방법을 익히는 것도 매우 중요하다. 특히 스케치업은 AutoCAD의 정확한 치수와 명령 문법 대신 직관적인 마우스 조작방법에 따라 작도되기 때문에 바라보는 방향은 매우 중요하게 작용된다. 아직은 이 글의 뜻을 정확히 이해할 수 없지만 곧 이해할 수 있을 것이다.

> **Hint** ● **그때 그때 달라요**
>
> 스케치업과 같은 3차원 작도 프로그램은 2차원 평면 모니터에서 3차원 작도 위치를 지정하기 위해 많은 어려움과 복잡함이 따른다. 그러나 스케치업은 약간의 인공지능 기법을 이용해서 3차원 공간좌표를 지정한다. 여기서 중요한 것은 보는 방향이다.
>
> 우선 스케치업이 특정한 지점을 지정할 때 기준이 되는 것이 커서와 만나는 물체이다. 즉, 같은 마우스 커서 위치를 지정한다고 해도 보는 방향에 따라 걸쳐지는 물체가 달라질 수 있고 또 그것에 따라 서로 다른 점을 가리키게 된다. 이러한 3차원 포인트 방식은 경우에 따라 아주 쉬울 수도 있고 또는 불완전하기 때문에 짜증이 날 수도 있다. 그러나 역시 중요한 것은 사용자가 프로그램이라는 도구를 얼마나 이해하고 활용하느냐이다.

카메라 메뉴에서 가장 중요한 것은 원근법의 설정일 것이다. 원근법을 무시하고 투시도 형식으로 보려면 Camera > Parallel Projection을 선택한다. 반대로 원근법을 적용하기 위해서는 Camera > Perspective를 선택한다. 이 두 가지 설정은 서로 상반되게 동작한다.

AutoCAD에서 많이 사용하는 평면도(위에서 보기), 정면도(앞에서 보기), 측면도(옆에서 보기) 등은 Camera > Top, Bottom, Front, Back, Left, Right로 지정할 수 있다. 각 카메라 설정은 맥킨토시 PC에서 Command 키와 함께 1 ~ 6 핫키를 통해 쉽게 카메라를 전환할 수 있다. 아쉽게도 윈도우즈 PC에서는 핫키를 제공하지 않는다.

Camera 메뉴

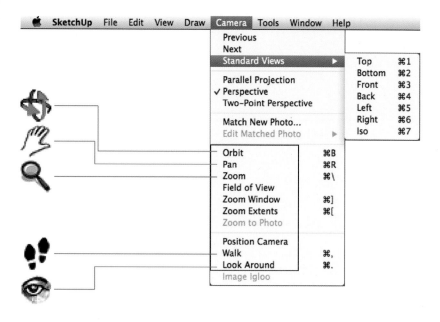

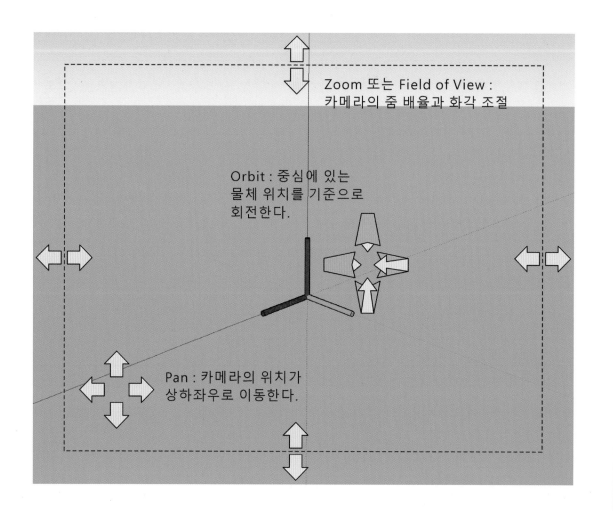

Zoom 또는 Field of View :
카메라의 줌 배율과 화각 조절

Orbit : 중심에 있는
물체 위치를 기준으로
회전한다.

Pan : 카메라의 위치가
상하좌우로 이동한다.

카메라의 오비트(Orbit)와 팬(Pan) 명령은 가장 많이 사용하는 카메라 명령이다. 오비트 명령은 화면 중심에 보이는 물체를 중심으로 상하좌우로 카메라를 회전시켜준다. 팬 명령은 카메라를 상하좌우로 수평이동을 시켜준다.

오비트 명령은 왼쪽 그림과 같이 핫키가 나와 있지만 이 키보다는 PC와 맥의 공통 핫키 ⓞ를 많이 사용하고 팬 명령은 오비트 상태에서 Shift 키를 이용한다. 줌 명령은 스크롤 휠을 통해 조절할 수 있다.

줌 명령은 팬 명령과 유사하게 카메라를 앞/뒤로 수평이동시켜 물체를 크게 또는 작게 보여준다. 팬 명령이 카메라를 상하좌우로 이동시켰다면 줌 명령은 카메라를 앞/뒤로 이동시켜준다. Camera > Field of View(화각) 명령은 화각을 바꿔준다. Field of View란 카메라의 화각을 뜻하며 FOV로 줄여쓴다. 광각 렌즈를 쓸 경우 화각은 180°에 가까워지며 원근감이 커지고, 망원렌즈를 쓸 경우 화각은 10° 이내로 좁아지며 원근감은 작아진다. 기본 FOV는 35°이다.

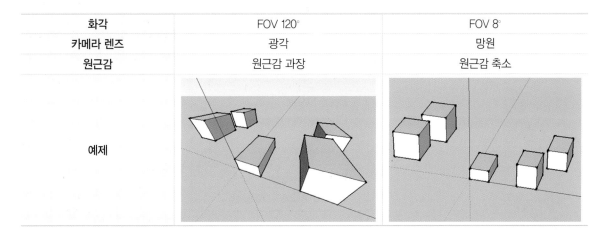

화각	FOV 120°	FOV 8°
카메라 렌즈	광각	망원
원근감	원근감 과장	원근감 축소
예제		

이외에 줌 윈도우와 줌 익스텐츠, 걷기(Walk), 둘러보기(Look Around) 등의 기능은 동영상 강의를 통해 확인해보도록 한다. 이 기능은 자주 사용하지 않기 때문에 메뉴와 아이콘을 이용하여도 무방하다.

스케치업의 다양한 도구상자

스캐치업의 기본 도구상자(Toolbar)

View > Tool Palettes의 다양한 도구모음

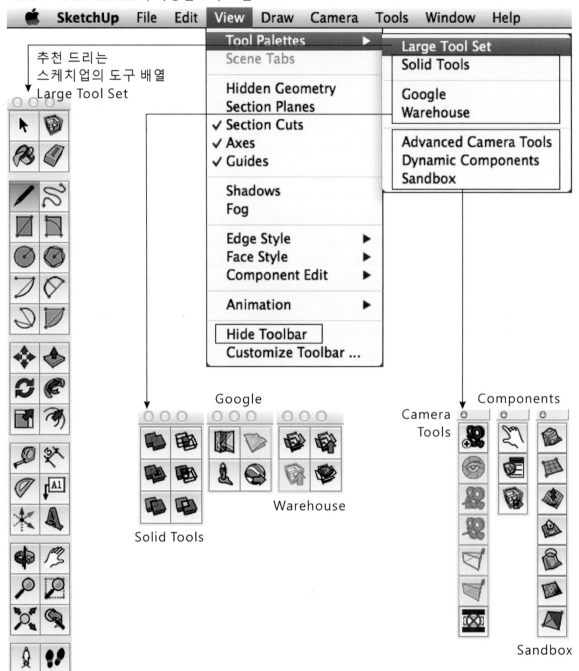

추천 드리는
스케치업의 도구 배열
Large Tool Set

스케치업의 다양한 도구상자

스케치업은 AutoCAD와 달리 명령창으로 동작을 선택하는 것이 아니라 초보자도 알아보기 쉬운 아이콘 방식을 사용하고 있다. 대신 어느 정도 숙달된 사용자들은 아이콘을 찾아 눌러야 하는 불편함을 감수하여야 한다.

왼쪽 그림과 같이 기본 상태에서 도구상자가 나타나며 이를 기본 툴바 또는 시작 툴바(Getting Started)라고 부르기로 한다. 물론 이들 도구상자와 메뉴만으로도 사용은 가능하지만 이 교재에서는 큰 도구 묶음(Large Tool Set)을 사용하기로 하겠다.

이를 위해 맥에서는 View > Tool Palettes > Large Tool Set을 선택해주면 된다. 또한 기본 시작 툴바는 View > Hide Toolbar 기능으로 감출 수 있다. 윈도우즈 PC에서는 View > Toolbars 기능을 선택하면 다음과 같은 대화창이 나타난다.

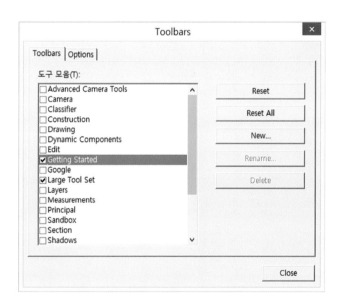

이 대화창에서 Getting Started(시작 툴바) 도구상자를 끄고, Large Too Set(큰 도구 묶음)을 켜주면 된다. 이들 외에도 왼쪽 그림과 같은 다양한 도구모음상자를 제공하지만 이 교재에서는 큰 도구 묶음에서 제공하는 기능 위주로 알아보도록 하겠다.

스냅(Snap)과 스타일(Style)

01-001.skp

스냅은 커서가 도면에서 움직일 때 일정한 거리마다 끊어지도록 한다.
마치 안 보이는 격자를 기준으로 커서가 움직이도록 하는 것과 같다.

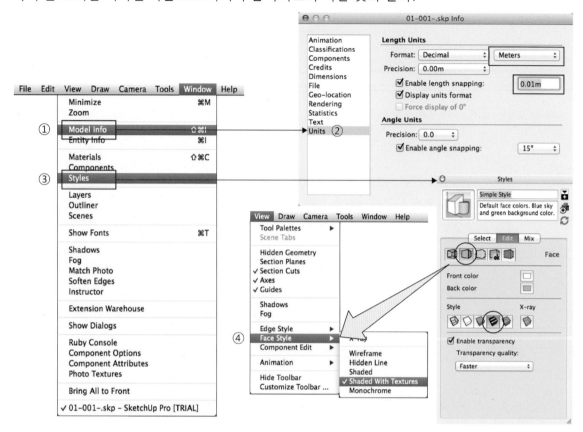

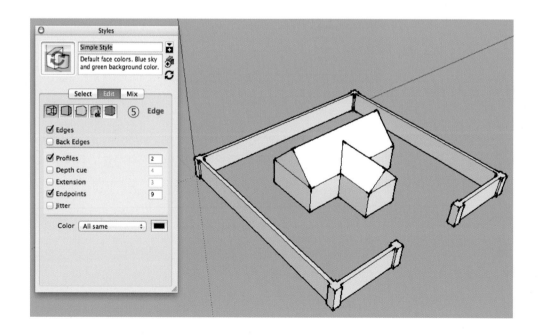

마지막으로 현재 열린 도면의 단위와 정밀도를 설정하는 방법과 면과 선 등을 보는 방법(Style)에 대해 알아보도록 한다. 이들 기능은 Window > Model Info와 Window > Styles을 선택하면 나타나는 대화상자로 설정 가능하다.

① Window > Model Info : 현재 열린 도면의 설정을 관리한다.

② Units : 현재 도면의 단위를 설정한다. 먼저 형식(Format)에서 단위를 미터, 센티미터, 밀리미터 등으로 바꿀 수 있으며 정확도(Precision)를 설정할 수 있다. 정확도를 불필요하게 너무 상세히 설정하여도 스냅 또는 면과 선의 생성에서 오류가 발생할 수 있으므로 주의가 필요하다. 거리와 각도의 스냅 설정도 주의하여 설정하도록 한다.

③ Window > Styles : 현재 열린 도면의 보이는 스타일, 외형의 설정을 관리한다.

④ 여기서는 편집(Edit)의 면(Face) 보기 방법에 대해 설정을 하고 있으며, 이는 View > Face Style 메뉴로도 설정할 수 있다.

⑤ Window > Style 메뉴에서 편집(Edit)의 선(Edge) 보기 방법에는 다양한 설정항목이 있다.
　ⓐ Profiles : 윤곽선, 접하는 면과 각도를 이루는 외곽선을 별도로 두껍게 표시한다.
　ⓑ Depth cue : 카메라와 가까운 선은 두껍게, 멀리 있는 선은 얇게 표시한다.
　ⓒ Extension : 실제 선의 치수보다 양쪽으로 좀 더 확장하여 그리는 선의 길이
　ⓓ Endpoints : 끝접, 선의 끝점을 특별히 두껍게 뭉쳐 보이도록 표시한다.

03

3차원 공간 작도

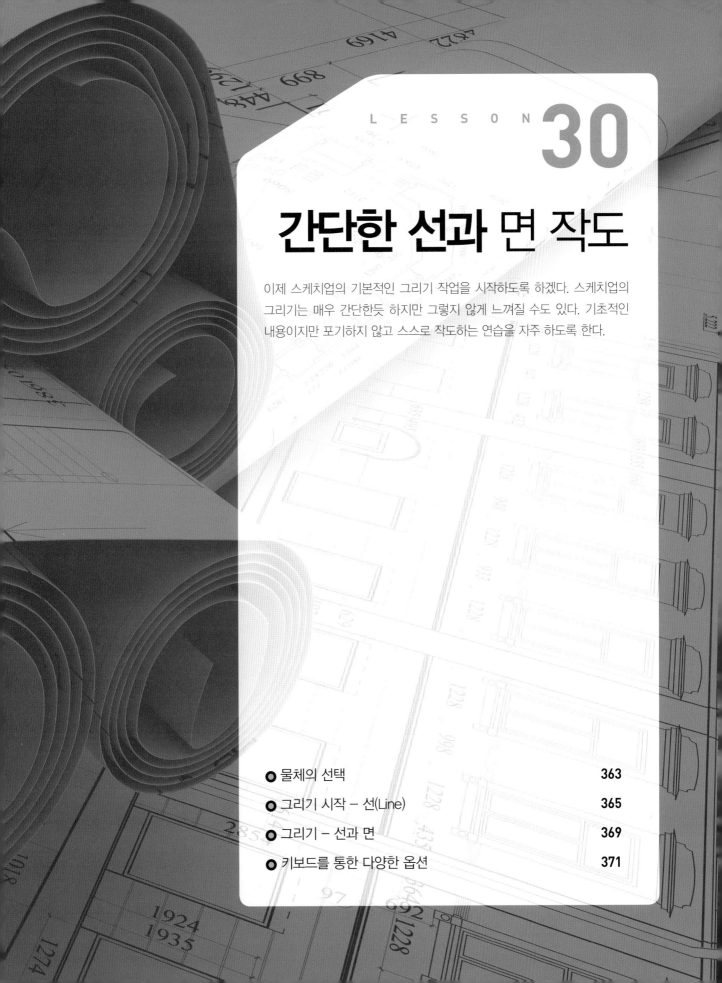

L E S S O N 30

간단한 선과 면 작도

이제 스케치업의 기본적인 그리기 작업을 시작하도록 하겠다. 스케치업의 그리기는 매우 간단한듯 하지만 그렇지 않게 느껴질 수도 있다. 기초적인 내용이지만 포기하지 않고 스스로 작도하는 연습을 자주 하도록 한다.

물체의 선택

물체의 선택 [Space]

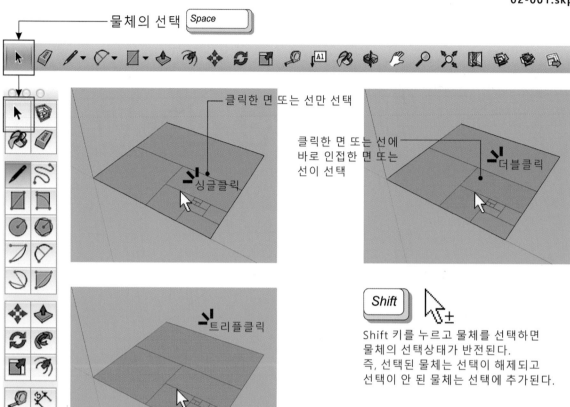

클릭한 면 또는 선만 선택

싱글클릭

클릭한 면 또는 선에
바로 인접한 면 또는
선이 선택

더블클릭

트리플클릭

클릭한 면 또는 선에
연결된 모든 면 또는
선이 선택

[Shift]

Shift 키를 누르고 물체를 선택하면
물체의 선택상태가 반전된다.
즉, 선택된 물체는 선택이 해제되고
선택이 안 된 물체는 선택에 추가된다.

윈도우(Window) 선택
완전히 포함되는 물체만 선택

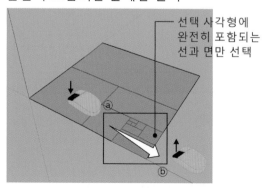

선택 사각형에
완전히 포함되는
선과 면만 선택

오른쪽 방향으로 드래그

크로싱(Crossing) 선택
교차되는 물체는 모두 선택

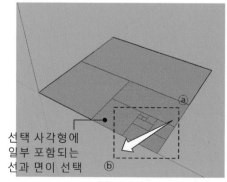

선택 사각형에
일부 포함되는
선과 면이 선택

왼쪽 방향으로 드래그

물체의 선택

스케치업의 도구상자에 있는 첫 번째 도구는 커서 모양의 선택도구이다. 이것은 물체를 선택하는 도구를 뜻한다. 스케치업에서는 물체를 다음과 같이 구분할 수 있다.

선	직선, 호, 원, 다각형 등의 다양한 도구로 작도할 수 있다.
면	• 선이 닫힌 면을 구성할 때 자동적으로 그려진다. • 작가가 임의로 면만 삭제할 수는 있어도 선 없이 강제적으로 만들 수는 없다. • 그려진 선을 기반으로 시스템이 자동으로 만들어준다.
집합체	• 그룹, 콤포넌트의 기능으로 뭉쳐진 선과 면의 집합 물체 • 더블클릭하여 물체 내부로 들어가 편집이 가능하다. • Explode 명령으로 일반 선과 면의 집합으로 분해할 수 있다.

선택도구로 물체를 선택할 수 있는 방법에는 매우 다양한 옵션을 제공하지만 여기서는 자주 사용하는 방법만 알아보도록 하겠다.

클릭	클릭	커서가 위치한 선 또는 면, 집합체 하나만을 선택한다.
	더블클릭	커서가 위치한 선 또는 면에 직접적으로 인접한 선과 면을 선택한다.
	트리플클릭	커서가 위치한 선 또는 면에 직접/간접적으로 인접한 선과 면을 모두 선택한다.
드래그	오른쪽 드래그	영역에 선 또는 면이 모두 포함되는 물체만 선택한다.
	왼쪽 드래그	영역에 선 또는 면이 일부 포함되는 물체를 모두 선택한다.

선택 중에 Shift 키를 누르면 커서에 '±' 기호가 같이 표시된다. 이것은 선택에 물체를 추가 또는 제거하는 기능으로 선택이 되지 않은 물체를 클릭하면 선택에 추가되고 이미 선택된 물체를 클릭하면 선택에서 제거된다.

좌우 방향에 따라 드래그 선택이 달라지는 것은 AutoCAD와 같다. 오른쪽 방향은 실선으로 표시하는 Window(윈도우) 선택으로 영역에 모두 포함되는 물체가 선택된다. 반대로 왼쪽 방향은 점선으로 표시하는 Crossing(크로싱, 교차) 선택으로 영역에 일부만 포함되어도 물체가 선택된다.

그리기 시작 - 선

선그리기(Line) L

정확한 작도를 위한 다양한 스냅 기능

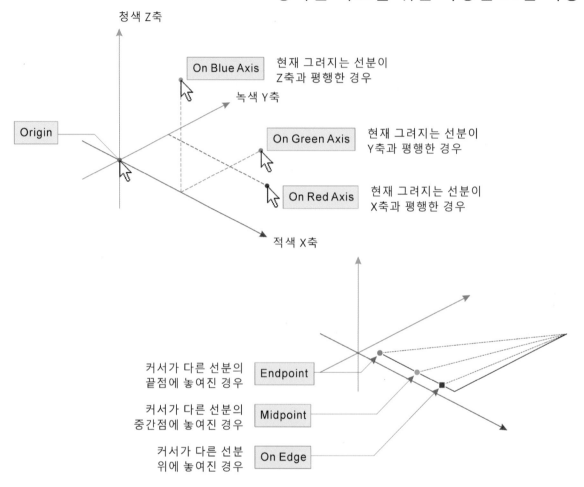

청색 Z축

On Blue Axis 현재 그려지는 선분이
Z축과 평행한 경우

녹색 Y축

Origin

On Green Axis 현재 그려지는 선분이
Y축과 평행한 경우

On Red Axis 현재 그려지는 선분이
X축과 평행한 경우

적색 X축

커서가 다른 선분의
끝점에 놓여진 경우 Endpoint

커서가 다른 선분의
중간점에 놓여진 경우 Midpoint

커서가 다른 선분
위에 놓여진 경우 On Edge

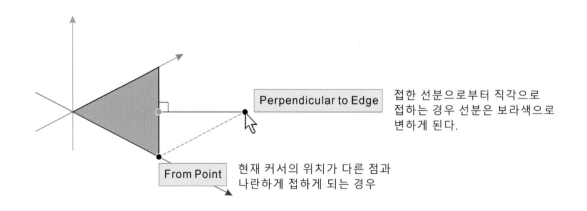

Perpendicular to Edge 접한 선분으로부터 직각으로
접하는 경우 선분은 보라색으로
변하게 된다.

From Point 현재 커서의 위치가 다른 점과
나란하게 접하게 되는 경우

그리기 시작 – 선(Line)

이제 스케치업의 강력한 그리기 도구인 선에 대해 알아보겠다. 왼쪽 그림과 같이 단축키 🔲을 누르면 커서가 연필로 바뀌면서 현재 위치에 선을 그린다. 여기서 한 가지 주의할 점은 2차원 평면에서 지정하는 점을 스케치업은 3차원 공간으로 귀신같이 변환한다는 점이다. 이러한 스케치업의 마술은 물체의 추적과 스냅, 편향(치우침, Bias) 이라는 기술을 통해 이루어진다.

먼저 작가가 지정한 위치에 특정 물체(면, 선, 축 등)가 있을 경우 좌표의 지정은 이들 물체 위에서 점을 찾게 된다. 만일 물체가 없을 때는 가상의 XY 평면을 지정한 것처럼 동작하게 된다. 스케치업은 임의의 3차원 좌표를 지정할 수 없다. 대신 축이나 기존에 그려진 물체를 기반으로 상대적으로 그 위치를 유추하면서 작도해 나간다.

왼쪽 그림과 같이 원점(Origin)이나 각 축 가까이 커서를 가져가면 커서가 달라 붙게 된다. 이를 스냅(Snap)이라 한다. 또한 특정 축 위에 없더라도 그 축과 평행한 방향의 선을 그릴 때는 축과 색상이 같아지며 스냅되는 것을 볼 수 있다. X축은 적색(Red), Y축은 녹색(Green), Z축은 청색(Blue)으로 각각 표시된다.

이외에도 왼쪽 그림과 같은 다양한 스냅이 존재하며 이들을 이용하면 간편하고 손쉽게 원하는 도형을 빠르게 작도할 수 있다. 이러한 스냅의 발생을 Inference(추론)이라 하며 정리하면 다음과 같다.

① 점을 기준으로 하는 추론(Point inference)

Endpoint(끝점), Midpoint(중점), Intersection(교점), On Face(면 위), On Edge(선 위), Center(원, 호의 중점)

② 선을 기준으로 하는 추론(Linear inference)

On Red Axis(적색 X축과 일치), On Green Axis(녹색 Y축과 일치), On Blue Axis(청색 Z축과 일치), From Point(점과 나란함), Perpendicular(선과 직각으로 접함), Parallel(선과 평행으로 접함), Tangent at Vertex(점의 접선과 호의 접선 일치)

③ 도형을 기준으로 하는 추론(Shape inference)

Half Circle(반원), Square(정사각형), Golden Section(황금비율)

정확한 수치의 입력(VCB)

02-002.skp

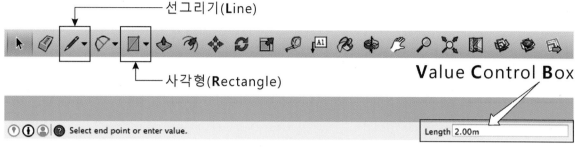

선그리기(Line)

사각형(Rectangle)

Value Control Box

Select end point or enter value.

Length 2.00m

도구선택에 따른 VCB 입력창의 변화 ⇨ Select(선택) ⇨ Measurements(측정값)

Line(선긋기) ⇨ Length(길이값)

Rectangle(사각형) ⇨ Dimensions(면적값)

단위에 따르는 수치입력 ⇨ 유럽기준 m ⇨ 미터

cm ⇨ 센티미터

미국기준 ' ⇨ 피트

" ⇨ 인치

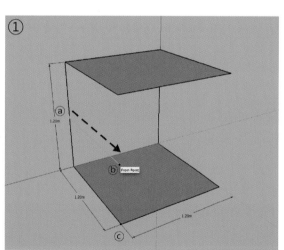

ⓐ 중간점(Midpoint)에서 Y축에 평행하게 선분을 연장한다.

ⓑ 이 지점까지 1.2m 거리를 입력하거나 ⓒ 지점까지 From Point 스냅으로 지정한다.

ⓒ 지점으로 두 번째 선분을 연장한다.

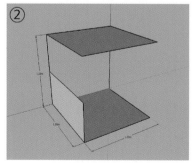

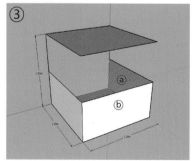

ⓐ면과 ⓑ면을 작도한다.

ⓐ면을 작도하는 데는 3개의 점을 지정하고

ⓑ면을 작도하는 데는 2개의 점만 지정한다.

선분의 작도가 닫히게 되면 자동으로 면이 생성된다.

정확한 치수를 위해 스케치업에서는 VCB라는 인터페이스를 제공한다. 이것은 Value Control Box의 약자로 오른쪽 하단에 나타난다. 이곳에는 값 하나를 입력하는 길이(Length) 또는 각도(Angle) 등이 있으며, 값 두 개를 입력하는 영역(Dimension) 등이 있다.

VCB에 값을 입력할 때 숫자만 입력하면 현재 단위를 기준으로 한다. 만일 피트 단위를 쓰고 싶으면 단일 인용부호(')를 숫자 다음에 쓰고, 인치 단위를 쓰고 싶으면 이중 인용부호(")를 숫자 다음에 쓴다. 다음은 예제 02-002.skp 파일을 열어 다음과 같이 작업한다.

① 물체의 왼쪽 면을 작도한다.
  ⓐ 수직선의 중점(midpoint)에서 Y축과 나란한 방향으로 점 ⓒ와 나란하게 사출시킨다. From Point 스냅이 나타나지 않으면 마우스를 점 ⓒ에서 추론하도록 따라간다. 처음엔 쉽지 않기 때문에 동영상 강의를 참조한다.
  ⓑ 위에서 사용한 From Point 스냅 대신 직선을 Y축 방향으로 뽑아낸 상태에서 VCB에 '1.2'를 입력하여 정확한 거리를 사출시킬 수도 있다.
  ⓒ 아래 점까지 선을 그려 면이 생성되도록 한다.

> **Hint ● 선 긋기의 단위 작업**
>
> 선 긋기는 한 마디가 그려진 후 다음 마디는 계속 연장되도록 동작한다. 이때 자동으로 면이 채워지면 한 단위 작업은 종료되며 선의 연장은 끝나게 된다. 선이 그려지던 중 선긋기를 중단하고자 한다면 Esc 키를 누르거나 다른 명령 도구를 선택한다.

② 면이 생성되면 선긋기 단위 작업 하나는 끝나게 되고 새로운 점의 시작을 지정하여야 한다.

③ 면 ⓐ와 ⓑ를 같은 방법으로 작도한다.

그리기 - 선과 면

02-003.skp

선그리기(Line)

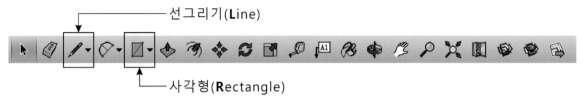

사각형(Rectangle)

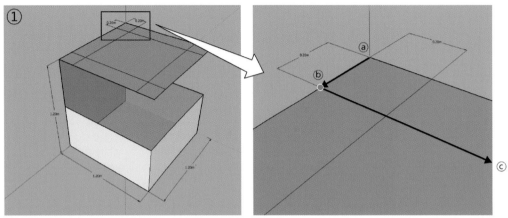

①

②

@ 윗면의 한쪽 점에서 선을 따라 0.2m 또는 20cm 거리만큼 선을 따라 이동하여 점 ⓑ를 그려준다.

ⓑ 그려진 선분은 기존 선분과 겹쳐져 별도로 보이지 않지만 새로 찍은 점 ⓑ는 Endpoint로 스냅된다.

ⓒ 위에서 찍은 점 ⓑ를 특정(X/Y/Z) 축을 기준으로 연장한다.

ⓓ 위의 과정을 4번 반복한다.

ⓔ 그려진 선에 의해 나눠진 중앙 부분을 선택 명령으로 바꿔 선택 후 Delete 키로 삭제한다.

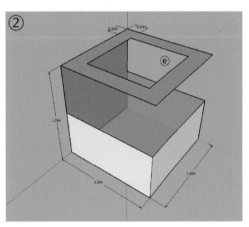

@ 윗면의 한쪽 끝에서 0.2m 만큼 선분을 작도한다. 오른쪽 예제에서는 -X 방향이 된다.

ⓑ 작도한 방향에서 직각방향으로 (오른쪽 예제에서는 +Y) 같은 거리 0.2m 만큼 선분을 작도한다.

ⓒ 사각형(Rectangle) 명령을 선택하고 ⓑ에서 지정한 지점에서 ⓒ 방향으로 사각형을 늘린 후

ⓓ VCB에 면적(dimensions)을 0.8,0.8로 사각형의 크기를 입력한다.

※ Rectangle 명령으로

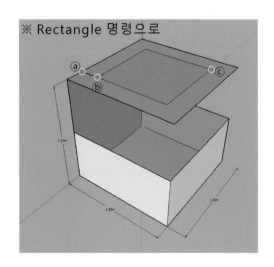

LESSON

그리기 – 선과 면

30-3

스케치업에서 선과 면은 마치 종이와 칼처럼 선으로 면을 분할할 수 있다. 분할된 면은 별도의 면으로 분리되면서 각각 다른 물체로 구분된다. 물론 선도 다른 선에 의해 분할되거나 등분(Divide) 명령으로 같은 간격으로 나눌 수 있다. 이제 왼쪽 그림과 같은 방법으로 가장 윗부분의 면을 외부와 내부 면으로 나눠 분리하도록 한다.

①단계에서 ⓐ~ⓒ 조작은 다소 불편하고 부자연스러워 보일 수 있다. 실제 이런 동작은 후에 배울 Tape Measure(자로 재기) 명령으로 쉽게 대신할 수 있다. 그러나 아직 이 명령을 배우기 전이므로 비효율적이지만 여기에 나온 방법을 통해 작도하도록 한다.

예제와 같이 네 개의 선분을 서로 교차하도록 그리면 실제 상판은 모두 12 부분으로 나눠지게 된다. 한 번 나눠진 면이라도 나눠진 요소 선을 제거하면 다시 하나로 합쳐지게 된다. ②에서는 나눠진 선 요소를 모두 제거하여 다시 하나로 합쳐진 상판을 볼 수 있다.

사각형 그리기(Rectangle) 명령은 단축키 R 을 이용한다. ⓑ에 한 점을 클릭으로 지정하고 ⓒ 방향을 마우스로 지정한 상태에서 VCB에 크기 값을 X,Y 방식으로 입력하면 된다. 정확한 치수 대신 두 번째 클릭으로 사각형의 끝점을 지정하여도 된다.

사각형 그리기(Rectangle) 명령은 쉽게 라인 명령을 대신하지만 그려지는 평면에 따라 XY 평면에 각 변들이 모두 나란해야 한다는 제한이 있어 불편하거나 또는 매우 간단할 수 있다. 작가는 각 상황에 맞게 명령을 선택하여야 한다.

키보드를 통한 다양한 옵션

선의 등분 Divide

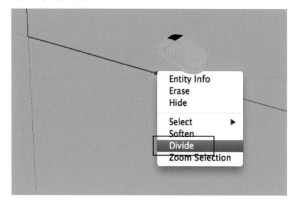

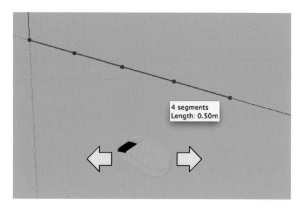

선분 위에서 마우스 오른쪽 버튼 메뉴
Divide 선택

마우스를 좌우로 움직여 나눠지는 개수 선택
VCB에 정확한 개수 표시

작도에 사용되는 다양한 옵션키

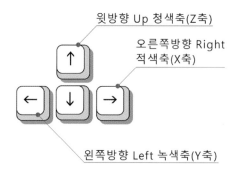

윗방향 Up 청색축(Z축)

오른쪽방향 Right
적색축(X축)

왼쪽방향 Left 녹색축(Y축)

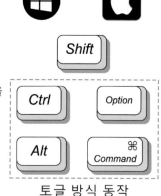

현재 커서가 이동한 축 방향을
고정하는 데 사용한다.

이동, 회전 등의 동작에서 원본을
그대로 유지하고 복사본을 생성

기타 별도의 옵션 기능을 켜고
끄는 데 사용한다. 주로 자동 면
자르기(Autofold) 등의 기능을
켜거나 끄는 데 사용한다.

토글 방식 동작

일반적 편집 옵션키

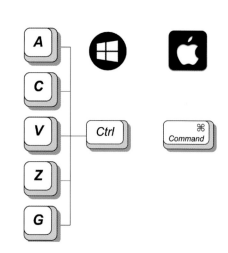

모든 물체를 선택한다.

현재 선택한 물체를 클립보드에 복사한다.
선택한 물체는 그대로 도면에 유지한다.

클립보드에 복사된 물체를 도면에 붙여넣는다.

마지막으로 행한 동작을 취소한다.

현재 선택한 물체를 그룹화하여 한 물체로 묶어준다.

키보드를 통한 다양한 옵션

전장에서 간략히 알아본 선의 분할(Divide)에 대해 알아본다. 선을 선택한 상태에서 마우스 오른쪽 버튼으로 메뉴를 열고 여기서 Divide(균등분할, 나누기) 명령을 선택한다. 이렇게 하면 선분에는 다양한 개수의 붉은 점이 나타나고 현재 나눠지는 개수와 각 관절의 길이가 표시된다. 이제 마우스를 좌로 움직이면 분할 개수가 줄게 되고 우로 움직이면 분할 개수가 늘어나게 된다. 원하는 개수로 조절한 후 마우스를 클릭하면 분할은 끝나게 된다.

스케치업 작도에는 왼쪽 그림과 같은 다양한 옵션 키가 존재한다. 이들은 경우에 따라 비슷하게 동작할 때도 있고 서로 다르게 동작할 때도 있다. 또한 동작방식에 따라 필연적인 버그가 존재할 수 있다.

먼저 방향키를 이용한 축 방향고정 기능에 대해 알아보자. 이 기능은 먼저 도면에 클릭하여 첫 점이 지정된 상태에서 두 번째 점을 지정할 때 사용한다. 위 방향 커서키는 Z축으로 이동을 제한하고 왼쪽 방향 커서키는 Y축, 오른쪽 방향 커서키는 X축으로 이동을 제한한다. 이 키는 토글 방식이므로 한 번만 눌러주면 제한이 잠기거나 또는 풀리게 된다.

비슷한 방법으로 쉬프트 키가 있다. 이 키가 동작하려면 현재 그려질 직선이 X, Y, Z축 중 하나에 나란해야 한다. 이 상태에서 쉬프트 키를 누르고 있으면 이동이 현재 방향으로 잠기게 된다.

가장 많이 사용되는 토글키로 컨트롤키 또는 옵션키가 있다. 이것을 토글하면 커서에 '+' 문자가 그려지며 물체가 복사된다. 즉, 원본을 그대로 유지한 상태에서 변환이 이루어진다. 그 외에 다른 옵션을 켜고 끄는 데는 Alt 키 또는 Command 키를 사용한다.

주의가 필요한 것은 이러한 옵션 키들이 간혹 VCB의 값 입력과 충돌을 일으켜 풀려버리는 현상이 발생할 수 있다. 이럴 경우 VCB 값 입력을 대신할 수 있는 가이드 선을 미리 작도해 놓아 충돌을 피하면 된다.

마지막으로 중요한 것은 각 명령마다 사용하고 해석되는 각 옵션키의 활용법이 조금씩 다를 수 있기 때문에 반드시 Instructor(안내) 윈도우를 열어놓고 명령을 익혀나가도록 해야 한다.

03

3차원 공간 작도

LESSON
31

물체의 조작과 다양한 그리기

이번 강에서는 그려진 물체를 이동하고 회전하며 비율 변환하는 방법에 대해 알아보도록 하겠다. 또한 보다 강화된 원과 다각형, 호 그리기 명령에 대해 알아본다.

물체의 조작 - 이동

 물체의 이동 - Move/Copy

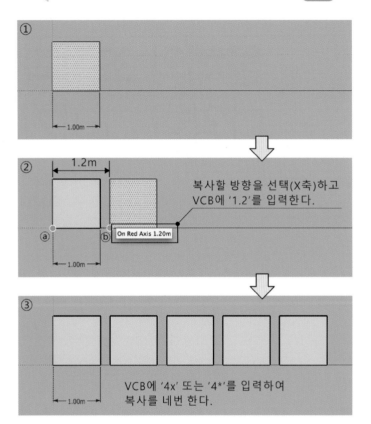

이동/복사 명령으로 바꾸기 전에
먼저 선택 명령으로 물체들을 선택한다.

복사할 방향을 선택(X축)하고
VCB에 '1.2'를 입력한다.

이동 중 복사 토글키를 클릭하면 커서에
복사용 표식 '+'가 나타난다.
물체는 복사되어 이동하게 된다.

Ctrl   **Option**

복사 후 '*n' 또는 'nx'를 VCB에 입력하면
n개만큼 간격을 반복하여 복사

복사 후 '/n' 또는 'n/'를 VCB에 입력하면
n개만큼 간격을 등분하여 복사

VCB에 '4x' 또는 '4*'를 입력하여
복사를 네번 한다.

복사할 방향을 선택(X축)하고
VCB에 '4.8'을 입력한다.

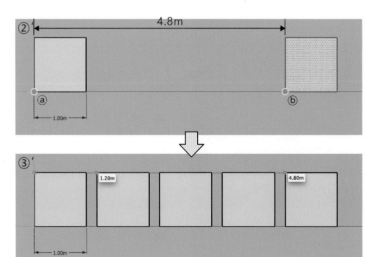

VCB에 '/4' 또는 '4/'를 입력하면
복사를 네 번하고 위와 동일한
결과를 만든다.

물체의 조작 – 이동

물체의 조작(이동, 회전, 비율) 동작은 기본적으로 하나의 직선 또는 한 점을 기준으로 행한다. 만일 많은 선들을 한꺼번에 조작한다면 선택 도구로 미리 여러 물체를 선택해 놓고 조작 명령을 실행해야 한다. 이런 이유로 물체를 선택하는 핫 키 `Space` 와 함께 물체의 이동 명령 핫키 `M` 과 물체의 회전 명령 핫키 `Q` 와 물체의 비율 명령 핫키 `S` 는 꼭 기억해 놓아야 한다. 이들은 물체 조작 중에 계속 번갈아 가며 현재 명령 상태를 전환하는데 유용하게 사용된다.

① 선택 상태에서 사각형을 미리 선택(선과 면)하고 이동 아이콘 또는 핫키 `M` 을 입력한다.

② 이동명령 상태에서 이동 시작점 ⓐ를 지정하고 끝점 ⓑ를 지정하여야 한다. 이때 정확히 1.2m가 떨어진 위치 ⓑ를 마우스로 지정하는 것이 쉽지 않기 때문에 커서가 X축 방향으로 향한 상태(On Red Axis로 스냅된 상태) VCB에 '1.2'를 입력한다. 이동과 함께 복사를 하기 위해 컨트롤 또는 옵션 키를 토글한다.

③ 원본 사각형 옆에 하나의 사각형이 복사된 것을 볼 수 있다. 이때 VCB에 '*4' 또는 '4x'를 입력하면 위의 ②에서 한 동작을 합쳐서 4번 반복하게 된다. 이 반복 옵션을 통해 2.4미터, 3.6미터, 4.8미터 떨어진 위치에 사각형을 각각 복사해 넣는다.

반복 옵션은 곱하기 반복이 있는 것과 같이 나누기 반복도 있다. 이것은 방금 한 동작을 나누어 반복한다. 위의 동작 결과와 동일한 결과를 얻기 위해서는 왼쪽 그림의 ②´와 ③´ 같이 행할 수 있다. 처음 복사를 4.8미터를 떨어뜨려 복사하고 반복 옵션을 '4/' 또는 '/4'를 입력한다.

물체의 조작 - 회전

 물체의 회전 - Rotate `Q`

먼저 회전할 물체를 선택한다. 물체가 그룹되어 있다면 단순 클릭, 면과 선으로 나눠져 있다면 더블클릭한다.

ⓐ 첫 지정점인 회전의 중심축을 지정한다.

ⓑ 두 번째 지정점인 회전의 시작 지점을 지정한다.

복사를 위해 옵션키 또는 컨트롤키를 토글한다. `Option` `Ctrl`

ⓒ 세 번째 지정점인 회전의 종료 지점을 지정한다. 위치의 지정 대신 VCB에 90도를 입력할 수 있다.

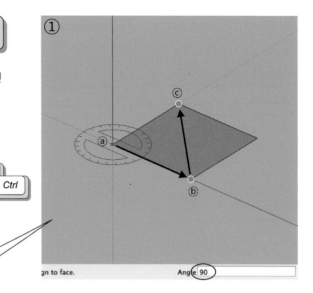

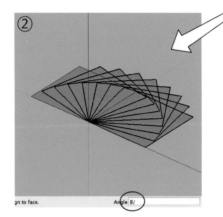

회전 복사가 완료 된 직후 '8/' 또는 '/8'를 VCB에 입력하면 회전 복사 구간이 8등분되어 나누어진다.

물체는 모두 9개(입력한 복사본 수 n+원본 1개)가 만들어진다.

회전 중심축을 드래그로 지정

회전 중심축을 드래그로 지정한다.

ⓐ 지점을 단순 클릭이 아니라 ⓑ 지점까지 드래그로 회전축을 지정한다.
회전축이 X축과 직교하기 때문에 각도기가 붉은 색으로 표시된다.

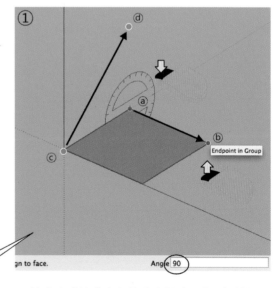

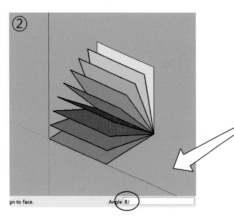

ⓒ 회전의 시작시점과 회전의 끝점 ⓓ를 지정하고 복사 토글 및 분할 '/8' 옵션을 입력한다.

물체의 조작 – 회전

물체의 회전 조작은 이동보다 약간 복잡하다. 먼저 회전축(중심)을 지정하며 회전의 시작 각도, 끝각도 이렇게 3개의 위치를 지정한다. 회전축의 지정을 단순히 클릭을 하면 선택한 면의 법선벡터(면에서 직각으로 뻗어나오는 벡터)와 일치하는 회전축을 사용하게 된다.

① 사각형을 선택하고 회전명령 핫키 Q 를 이용해 현재 명령을 바꾼다. 회전을 위해 ⓐ회전축(중심) 지정, 회전축은 Z축과 동일한 방향을 가지게 된다. ⓑ회전 시작 위치 지정, ⓒ회전 끝 위치 지정을 한다. VCB를 이용할 수도 있지만 여기서는 정확히 점 위로 스냅되므로 도면상에서 지정하여도 무방하다.

② 복사 회전 후에 8등분하였으므로 물체는 모두 9개가 만들어진다.

이번에는 회전 중심축을 드래그 방식을 이용해 기본 평면 외에 다른 방향으로 지정하는 방법을 알아보도록 하겠다.

① 회전 중심축을 지정할 때 ⓐ 지점에서 마우스 버튼을 누르고 ⓑ 지점에서 마우스 버튼을 떼서 드래그한다. 이 동작으로 하나의 벡터가 만들어지며 이를 회전축으로 사용한다. 이렇게 지정한 회전축은 X축과 동일한 방향을 가지게 된다. ⓒ 지점을 회전의 시작 지점, ⓓ 지점을 회전의 끝 지점으로 지정한다. 이때 점 ⓓ를 지정하기 위해서는 점 ⓐ에서 부터 마우스를 유도하면 손 쉽게 지정할 수 있다.

② 회전 복사를 위한 토글키를 눌러주고 분할 옵션은 위와 동일하게 입력한다.

물체의 조작 - 비율

 물체의 비율 - Scale 　S

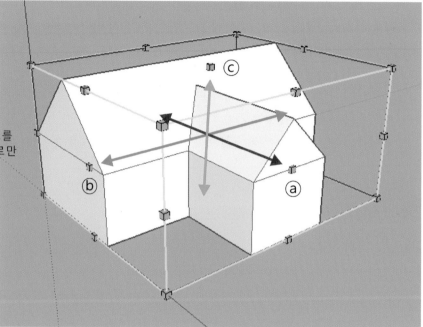

비율 명령을 선택하고 ⓐ 기즈모를
커서로 드래그하면 X축 방향으로만
비율 변환이 이루어진다.

ⓑ 기즈모는 Y축 방향으로만
　비율 변환이 이루어진다.

ⓒ 기즈모는 Z축 방향으로만
　비율 변환이 이루어진다.

선택한 기즈모와 반대편에
위치한 기즈모 사이에서 비율
변환이 이루어진다.

 어떤 기즈모를 선택하든 모든 방향 균일한 비율변환(Uniform Scale)이 이루어진다.
즉, 어떤 기즈모를 선택하든 스케일 박스의 모서리 기즈모를 선택한 것과 동일하다.

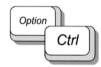 일반 비율변환은 선택한 기즈모가 움직이고
반대편 기즈모는 고정되어 비율변환의 중심이 된다.
반면 이 토글키를 사용하면 기하적 물체의 중심이
비율 변환의 중심이 된다.

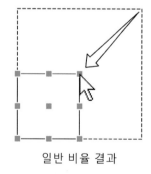

일반 비율 결과

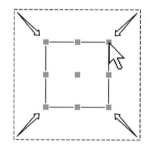

옵션 토글 비율 결과

물체의 조작 – 비율

비율변환 동작은 면 또는 물체들의 집합(다중선택, 그룹, 콤포넌트 등)에만 적용할 수 있다. 즉, 점이나 면에는 적용할 수 없다. 그렇다고 해서 한 면에만 비율을 바꾸게 되면 연결된 다른 요소들이 기괴하게 변하게 된다. 결국 비율 변환을 하기 위해서는 여러 물체의 집합을 선택도구로 미리 선택해 놓거나 그룹/콤포넌트로 묶어 두어야 한다.

왼쪽 그림 예제는 그룹으로 묶여 있다. 물체를 선택하면 각 면마다 9개의 기즈모가 나타난다. 각 기즈모의 역할은 직관적으로 알기 쉽다.

① 각 면의 중심에 있는 ⓐ, ⓑ, ⓒ 기즈모는 적색과 녹색, 청색 화살표로 표시되어 있다. 이것은 각각 X축, Y축, Z축으로만 비율 변환된다는 것을 뜻한다.

② 각 선의 중심에 있는 기즈모는 접하는 두 개의 축방향으로 비율 변환을 한다. 즉, 평면적 비율변환(XY평면, YZ평면, XZ평면)을 한다.

③ 마지막으로 꼭지점에 있는 기즈모는 모든 축방향으로 비율 변환을 한다. 즉, XYZ 모든 축을 기준으로 비율 변환을 한다. 물체가 전체적으로 커지거나 작아지기는 해도 상하좌우의 비율은 변하지 않게 된다.

어떤 기즈모를 선택하더라도 Shift 키를 누르고 비율변환을 하면 XYZ 모든 축을 기준으로 비율 변환을 한다. 즉, ③과 같이 공간 비율 변환을 한다.

마지막으로 Option 키 또는 Ctrl 키를 토글하면 비율변환의 중심이 반대편 점이 아닌 전체 물체의 기하적 중심이 된다.

원과 다각형 그리기

원과 다각형의 작도는 명령 선택 후 처음 1회에 면의 수를 바꿀 수 있다.
면의 수가 지정되면 명령 아이콘을 바꾸기 전까지는 같은 면의 수로 도형을 작도한다.

 원 그리기 - Circle

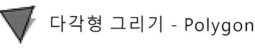 다각형 그리기 - Polygon

VCB에
면수(Sides) 지정
↓
도면에서
중심점 지정
↓
도면 또는 VCB에서
반지름 지정

VCB에
면수(Sides) 지정
↓
도면에서
중심점 지정

내접
(Inscribed)
↕
외접
(Circumscribed)

Option
Ctrl
↓
도면 또는 VCB에서
반지름 지정

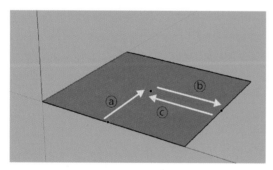

ⓐ 그려진 도형 한 변의 중간점(Midpoint)에 스냅된
   상태에서 Y축 방향으로 이동한다.

ⓑ 다른 한 변의 중간점에 스냅된 상태를 유도하기
   위해 커서를 이동한다.

ⓒ 이제 두 변의 중간점이 만나는 지점, 사각형의
   중심에 첫 번째 클릭으로 원의 중심을 지정한다.

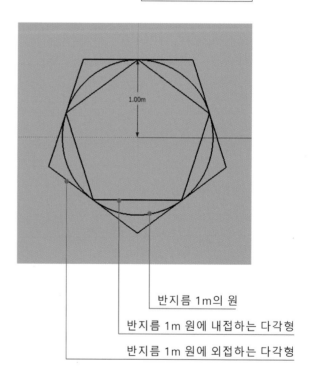

반지름 1m의 원

반지름 1m 원에 내접하는 다각형

반지름 1m 원에 외접하는 다각형

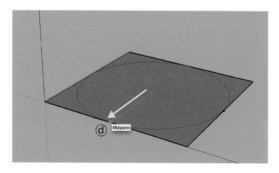

ⓓ 한 변의 중간점을 지정하여 원의 반지름을
   지정한다. 작도한 정사각형의 한 변이 1m인 경우
   원의 반지름은 0.5m가 된다.

원과 다각형 그리기

31-4

원 그리기 Ⓒ 또는 다각형 그리기 명령을 선택하면 VCB에 Sides(면수)를 입력하도록 된다. 이렇게 원 또는 다각형의 면수를 입력하는 기회는 각 명령당 첫 1회에 한정되어 있다. 만일 오각형과 육각형을 각각 그리고자 한다면 오각형을 그리고 나서 다시 한 번 더 다각형 아이콘을 눌러 주고 면수를 바꿔 입력해 주어야 한다. 원의 면 수는 AutoCAD와 유사한 겉보기 면 수를 뜻한다. 원의 면 수는 Entity Info > Segments 값을 수정하면 바꿀 수 있다.

원과 다각형 모두 중심점 지정과 반지름 또는 둘레 위의 점을 지정하는 방식으로 작도할 수 있다. 다각형의 작도만이 내접 또는 외접을 지정하는 옵션을 별도로 지정할 수 있다. 내접과 외접의 경우 그려지는 다각형이 반지름에 접하는 방식이 왼쪽 그림과 같이 달라진다는 것에 유의한다.

Hint ● 추론의 유도

원이나 호에는 Center(중심)를 추론하는 기능이 있지만 왼쪽 그림의 정사각형에는 중심을 추론하거나 유도하는 기능은 없다. 이제 정사각형의 각 변의 중점(Midpoint)을 기반으로 중심을 추론하는 방법을 알아본다.

ⓐ X축 방향의 선의 중점(Midpoint)에서 Y축 방향(녹색 유도 점선)으로 이동한다.

ⓑ 다른 한 변의 중점(Midpoint)을 향해 커서를 이동한다.

ⓒ 이번에는 ⓐ와 같이 한 변의 중점에서 가운데 방향으로 향해 커서를 이동한다. 이때 유도되는 점선은 X축 방향이므로 적색으로 표시된다. ⓐ에서 유도된 점선과 ⓒ에서 유도된 점선이 만나는 점은 그리고자 하는 원의 중심이 된다.

ⓓ VCB에 원의 반지름을 입력하여도 되고 한 변의 중점까지로 원의 반지름을 지정하여도 된다.

각 추론되는 지점은 다양한 방법으로 유도할 수 있다. 굳이 이런 유도방법을 사용하지 않아도 나중에 배울 가이드선을 이용할 수 있지만 지나치게 많은 가이드선은 도면을 지저분하게 하고 혼란을 야기하기 때문에 경우에 따라서는 유도방법을 잘 활용하는 것이 중요하다.

다양한 호(Arc) 그리기

호는 원의 일부로 다양한 곡선 요소를 작도할 수 있지만 정확한 작도를 위해 비교적 많은 주의와 정확한 순서를 따라야 한다.

 호 그리기 - Arc, 2점 arc, 3점 arc, Pie

Arc	2P arc A	3P arc	Pie
호의 **중심**과 **시작**, **끝점**(또는 각도)이 정해진 경우	호의 **시작**과 **끝점**, 호의 솟은 **높이**가 정해진 경우	호의 **시작**과 **임의의 중간점**, **끝점**이 정해진 경우	
호의 중심축 지정	호의 시작점 지정	호의 시작점 지정	Arc 명령과 동일한 순서
호의 시작점 지정	호의 끝점 지정	호의 중간점 지정	호의 면 생성
호의 끝점 또는 각도 지정	호의 반지름(Bulge) 지정	호의 끝점 지정	

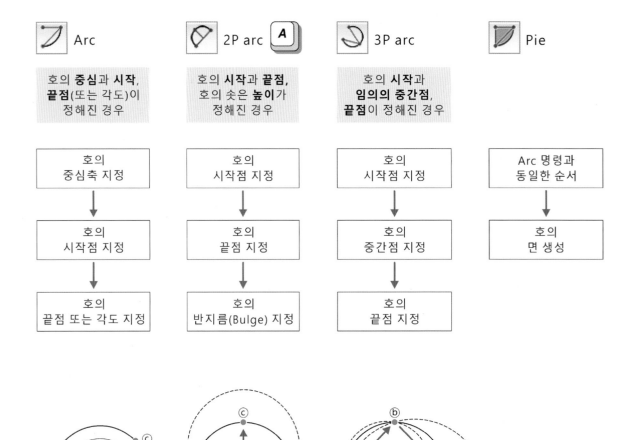

다양한 호 그리기

스케치업 2015부터는 호를 다양한 방법으로 그리는 기능을 지원한다. 이를 정리하면 왼쪽 그림과 같다. 호를 그리는 방법은 세 가지이며 호를 그린 후에 면으로 채워주는 파이(Pie) 기능이 있다. 파이 기능은 독자분들이 쉽게 활용할 수 있으므로 별도로 다루지는 않는다.

① Arc(호) : 호의 중심 → 호의 시작 → 호의 끝점 또는 각도

그러나 막상 호를 작도할 때 호의 중심이 도면에 지정되는 것은 드문 편이다. 그렇기 때문에 이 명령을 자주 사용하지 않는다. 아주 특별한 경우 또는 기계 제도 등에서 많이 사용한다.

② 2P Arc(2점 호) : 호의 시작 → 호의 끝점 → 호의 솟은 높이(Bulge)

호의 시작과 끝점만 알면 비교적 쉽게 호를 작도할 수 있다. 특히 호의 솟은 높이는 연결된 직선의 탄젠트 스냅을 통해 비교적 쉽게 결정할 수 있다. 비교적 자유로운 호를 작도할 때 유리하다.

③ 3P Arc(3점 호)

호 위를 지나는 점 세 개가 지정되었을 때 사용한다.

호를 작도하는 데는 다양한 스냅을 활용할 수 있기 때문에 공학적인 정밀도까지 걱정할 필요는 없다. 후에 몇 가지 예제를 통해 손쉽게 작도할 수만 있으면 된다.

호(Arc) 그리기 활용

03-002.skp

 호 그리기 예제 및 스냅 활용

 Arc

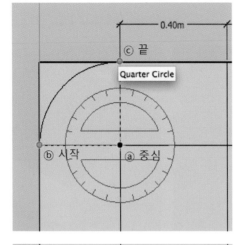

예제파일은 가로 세로 1미터의 정사각형과 안쪽으로 30cm 들어간 가이드 선이 있다.

먼저 Arc 명령 아이콘을 선택한다.

30cm 가이드선이 만나는 점 ⓐ를 호의 중심으로 지정한다.

X축 방향으로 이동하여 한 쪽선과 만나는 지점 ⓑ를 호의 시작점으로 지정한다.

같은 방법으로 Y축 방향으로 이동하여 호의 끝점 ⓒ를 지정하거나 호의 각도 90도를 VCB에 입력한다.

2P arc

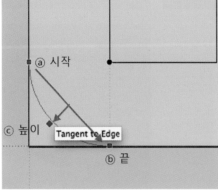

2P arc 명령 아이콘을 선택한다.

가이드 교점을 따라 점 ⓐ를 호의 시작으로 지정한다.

같은 방법으로 점 ⓑ를 호의 끝으로 지정한다.

마지막 호의 높이(Bulge) 값 ⓒ는 "Tangent to Edge" 스냅을 통해 지정한다.

"Tangent to Edge"는 접선과 연결되는 스냅을 뜻한다. 즉, 그려지는 호의 탄젠트(법선, 방향)가 접하는 선분과 동일한 방향일 때 스냅이 발생한다.

위쪽의 예제와 달리 오른쪽 예제는 호의 높이 방향을 반대로 지정할 경우를 보이고 있다. 위의 예제에서 그린 호와 오른쪽 호를 합치게 되면 하나의 완전한 원으로 작도가 된다.

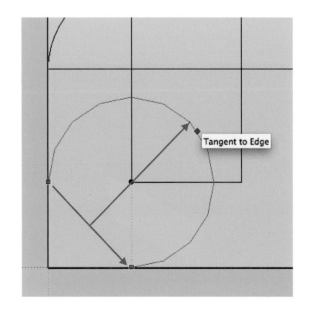

호를 작도하는 예제는 Arc 명령과 2P Arc 명령 두 가지를 사용한다. 예제 03−002.skp를 열면 가로 세로 1미터 길이의 정사각형이 그려져 있고 안쪽으로 30cm에 선분이 그려져 있다.

⬧ 일반 Arc 작도 명령

먼저 왼쪽 그림과 같이 내부선이 서로 만나는 지점을 호의 중심 ⓐ로 정한다. 이 지점으로 부터 −X축 방향으로 가면 만나는 지점이 호의 시작점 ⓑ가 된다. 호의 끝점 ⓒ를 스냅을 이용해 지정하여도 되고 호의 각도 90°를 VCB에 입력하여도 된다.

⬧ 2P Arc 작도 명령

두 번째 호의 작도에서는 2점 Arc 작도 명령을 사용한다. 먼저 시작점과 끝점을 지정하고 호의 높이를 지정한다. 여기서 호의 높이를 지정할 때 Tangent to Edge라는 스냅을 이용한다. 이 스냅은 접하는 직선의 탄젠트(직선의 방향)와 일치한다는 것을 뜻한다. 이것은 호와 직선이 부드럽게 연결된다는 것을 뜻하기도 한다.

03

3차원 공간 작도

L E S S O N **32**

물체의 고급 작도

기초적인 스케치업의 작도 기술을 익혔다면 이제 실무에서 활용하고 쓸 수 있는 기술을 익히도록 하겠다. 전장까지 비록 간단한 내용 같지만 충실히 익혀야 앞으로의 내용이 어렵지 않을 것이다.

선의 삭제(Erase) 또는 숨기기(Hide)

 선의 삭제 **E**

Erase(지우기) 명령은 클릭하거나 드래그한 선 삭제
삭제한 선에 면이 연결된 경우, 서로 합쳐질 수 없으면 면도 함께 삭제

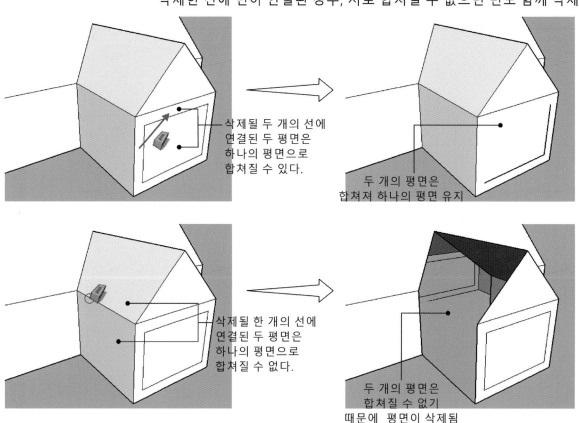

삭제될 두 개의 선에
연결된 두 평면은
하나의 평면으로
합쳐질 수 있다.

두 개의 평면은
합쳐져 하나의 평면 유지

삭제될 한 개의 선에
연결된 두 평면은
하나의 평면으로
합쳐질 수 없다.

두 개의 평면은
합쳐질 수 없기
때문에 평면이 삭제됨

선 숨기기/다시 보이기

지우기 명령 상태에서 쉬프트 키를 이용해 선을 선택하면 지우기 대신 선 숨기기가 된다.

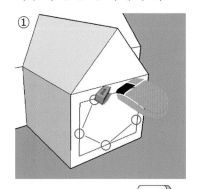

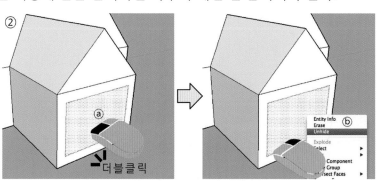

쉬프트 버튼이 눌린 **Shift**
상태에서 선들을 선택하면 숨겨진다.

더블 클릭, 트리플 클릭으로 숨겨진 선을 선택한 후
오른쪽 버튼 메뉴에서 Unhide로 다시 보이기 한다.

선의 삭제 또는 숨기기

지우개 도구는 선 하나를 클릭하거나 여러 개의 선들 위로 커서를 드래그하여 지울 수 있다. 지우개 도구는 면을 제거하지 못하지만 선의 제거를 통해 간접적으로 면을 삭제할 수 있다. 보통 면을 제거하기 위해 면을 선택한 후 Delete 키를 사용하여 제거한다.

지우개 도구로 선을 삭제할 때 삭제된 선이 닫힌 영역을 열게 되면 면도 따라 삭제된다. 또는 선이 삭제되면서 나눠진 평면이 합쳐질 수도 있다. 이때 주의할 점은 왼쪽 그림처럼 평면이 하나로 합쳐질 수 없는 경우 면이 사라지게 된다.

선이나 면을 삭제할 때는 실제 지우개 도구보다 Delete 키를 더 많이 사용한다. 지우개 도구의 실제 용도는 선의 숨기기 기능이다. 지우개 도구를 사용할 때 Shift 키를 누르고 선을 선택하면 숨기기(Hide) 기능이 실행된다.

스케치업으로 작도를 할 때 윤곽선(Profile)이 아닌 경우 선을 숨겨 정리해 주는 것이 좋다. 숨겨진 선을 다시 보이게 하기 위해서는 선을 포함하는 면을 더블클릭 또는 트리플클릭하여 선택한 후 마우스 오른쪽 버튼으로 Unhide(안 숨기기) 기능을 선택하면 다시 나타나게 된다.

면의 밀기/끌기(Push/Pull)

04-002.skp

 면의 밀기/끌기 [P]

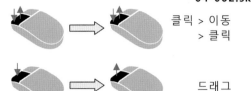

클릭 > 이동
> 클릭

드래그

① Ctrl 또는 Option 토글을 통한 복사 면 추가

클릭/이동 또는 드래그로 방향 지정
VCB 값 입력

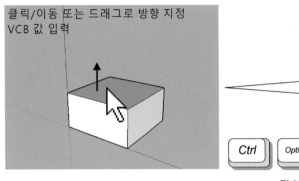

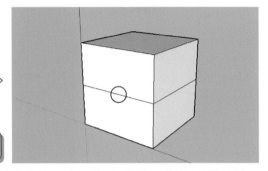

Ctrl   Option

면의 끌기를 통한 부피의 생성(2차원 물체를 3차원 물체로)
Ctrl 또는 Option 토글을 통한 선으로 분리되는 새로운 면의 생성

② Offset 면의 일반 사출

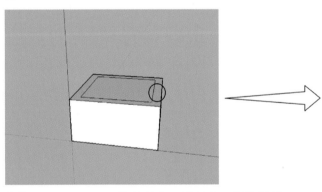

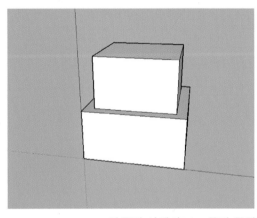

안쪽으로 Offset 0.2m를 하여 축소된 선으로 면을 구분

안쪽면 선택 후 1m 끌기 동작

③ Alt 또는 Command 키를 통한 연결 면의 스트래치

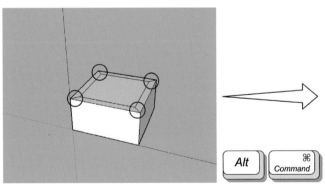

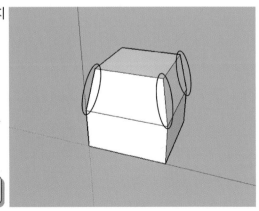

Alt   ⌘ Command

Offset 0.2m 후에 새로운 선을 그려 외부 면과 내부 면 연결

※ 여기서 Alt 또는 Command 키는 토글
방식으로 동작하지 않기 때문에 Push 동작
중에 누르고 있어야 한다. 이 때문에 VCB에
값을 입력하면 스트래치가 풀릴 수 있다.

면의 밀기/끌기

지금까지 우리가 익힌 동작들은 대부분 선에 대한 명령이었다. 이번에는 핫키 ⓟ로 선택되는 면 전용 동작 밀기/끌기(Push/Pull)에 대해 알아보겠다.

> **Hint ● 스케치업의 이동 동작**
>
> 스케치업에서 물체 이동에 관련된 동작은 왼쪽 그림과 같이 두 가지 방식이 동일하게 사용된다. 한 가지 방식은 클릭(선택)하고 마우스를 이동하여 다시 한 번 더 클릭(해제, 완료)하는 형식이고 또 다른 방식은 버튼을 눌러 물체를 선택한 후 마우스를 이동하여 드래그하고 원하는 위치에서 버튼을 떼서 물체 선택을 해제하는 방식이다.
>
> 스케치업은 이 두 가지 방식을 완전히 동일하게 인식하며 사용자가 쓰기 적합한 방식을 선택적으로 사용하면 된다.

밀기 또는 끌기 동작은 선택한 면을 법선 벡터 방향으로 늘리거나 줄여 새로운 면을 생성하거나 부피를 변화시킨다. 밀기/끌기 동작은 직관적이고 이해하기 쉽기 때문에 여기서는 주요한 옵션 키에 대해 알아본다.

Ctrl 또는 Option 키를 토글하고 면을 사출하면 그때마다 새로운 면을 새로 만들어낸다. 만일 왼쪽 그림 ①에서 이 토글키를 사용하지 않았다면 새로운 면이 만들어지는 것이 아니라 단순히 육면체의 높이만 높아질 것이다.

Alt 또는 Command 키는 토글 방식이 아니라 이동 중에 계속 누르고 있어야 한다. 이 옵션을 사용하면 왼쪽 그림의 ③과 같이 연결된 선과 면이 스트레칭되면서 연장된다. 주의할 점은 만일 ②와 같이 사출될 면이 선으로 모두 연결되지 않게 되면 이 옵션은 동작하지 않게 된다. 그리고 토글방식이 아니기 때문에 경우에 따라 VCB에 값을 입력하면 옵션이 풀려 버리는 경우가 있다.

면의 컷(구멍, Cut) 요소 만들기

04-002.skp

 면의 밀기/끌기 명령으로 Cut(공간) 만들기

① 끌기 동작 대신 밀기(Push)

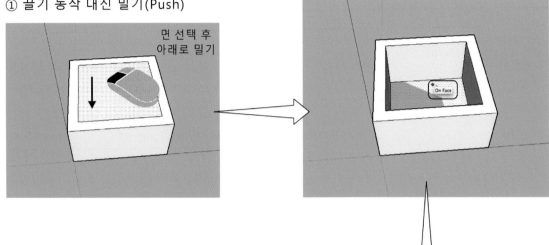

면 선택 후
아래로 밀기

On Face

선택한 면을 아래 방향으로 밀어 **On Face**(면 위에)로
스냅되는 지점까지 Push 명령을 실행한다.

윗면과 아랫면이 만나 서로 뚫리게 된다. 이를 **Cut**
요소라 하며 후에 창과 문 등의 콤포넌트를 제작할 때
유용하게 활용된다.

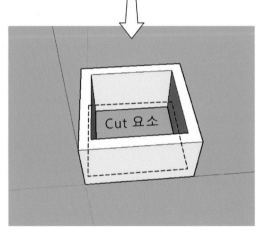

Cut 요소

※ 뚫기 동작은 윗와 아랫면이 서로 평행(나란히) 하여야
이루어지며 정확히 On Face로 스냅되어야 한다.

※ Push/Pull 또는 면의 제거를 통해
Cut 요소가 만들어졌다.

②선으로 둘러싸인 면의 제거

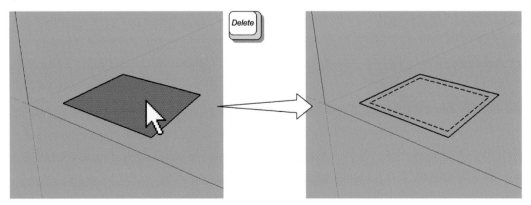

Delete

면의 끌기(Pull) 대신 밀기(Push)를 통해 아래 방향으로 밀다가 바닥면과 만나게 된다면 어떤 일이 발생할까? 만일 두 면이 정확히 일치하게 된다면 어떻게 될까? 스케치업은 이런 특별한 경우를 작가가 잘 활용할 수 있도록 하고 있다.

왼쪽 예제처럼 밀기(Push) 동작을 통해 면을 아래 방향으로 On Face(면 위) 스냅까지 정확히 밀어낸다. 이렇게 하면 외부 면은 서로 맞닿게 되고 내부면은 사라지게 된다. 즉, 구멍이 뚫리게 된다. 스케치업에서는 이런 경우를 컷(Cut) 요소라고 부른다.

> **Hint** • **컷(Cut) 요소**
>
> 물체를 제작할 때 구멍이 뚫어지는 현상을 컷(Cut) 요소라 하고 이는 다른 물체, 특히 다른 면과 만나게 되면 구멍을 만들어 준다. 이것은 후에 문, 창 등을 작도해 줄 때 중요하게 작용한다. 가장 간단한 컷 요소는 왼쪽 예제 ②와 같이 간단하게 작도할 수 있다.
>
> 먼저 사각형을 작도하고 선택도구로 내부 면을 선택한 후 Delete 키로 삭제한다. 이렇게 만들어진 물체는 가장 간단한 컷 요소가 된다.

띄우기(Offset)와 따라가기(Follow)

04-003.skp

 면 둘레 간격 띄우기 $\boxed{F}$

① 면 선택 후 마우스 이동(Offset)

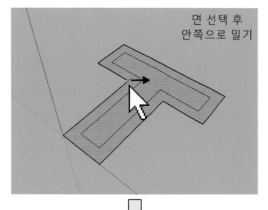

면 선택 후
안쪽으로 밀기

⬇

기존 면의 내부 분할

② 바깥 방향으로 간격 띄우기

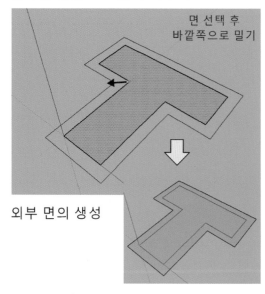

면 선택 후
바깥쪽으로 밀기

외부 면의 생성

 단면 경로 사출하기

① 경로 선에 직각으로 단면을 작도한다.

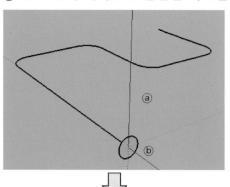

ⓐ
ⓑ

⬇

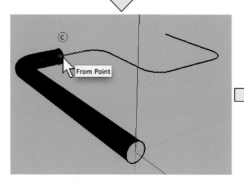
ⓒ
From Point

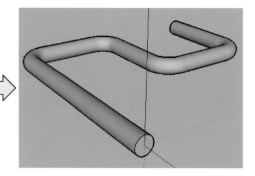

※ 단순 직선이 아닌 꺾이거나 굽은 경로로
단면을 사출하기 위해서 단면은 경로에
인접해 있어야 한다.

ⓐ 단면 경로 사출 아이콘을 선택한다.

ⓑ 먼저 단면을 선택한다.

ⓒ 마우스 드래그 또는 이동을 통해 사출한다.

띄우기와 따라가기

Offset(띄우기) 명령은 면을 선택하고 마우스 이동 또는 VCB 입력을 통해 거리를 지정하면 면을 구성하는 외곽선을 그대로 간격을 띄워 다시 작도해 준다. 물론 커서의 방향에 따라 외부 또는 내부로 선의 간격을 일정하게 띄워 작도하고 면이 채워진다. 주의할 점은 내부를 향해 간격을 띄울 때 물체의 폭보다 더 띄우게 되면 도형이 꼬이게 된다.

Follow Me(따라가기) 명령은 단면과 경로가 서로 접하게 작도되어야 한다. 단면 하나에 여러 개의 경로가 그려져 있어도 따라가기 명령마다 어떤 경로 위를 마우스가 지나느냐에 따라 경로를 유연하게 선택 적용할 수 있다.

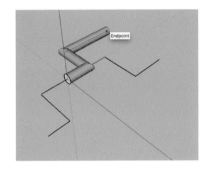 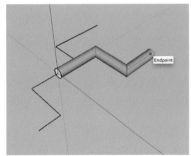 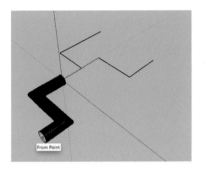

따라가기 명령의 또 하나의 활용법은 회전 변환이 가능하다는 점이다. 경로로 원을 선택한다면 단면을 회전시켜 회전체를 작도할 수 있다. 원형 경로에서도 마우스 위치에 따라 일부만 작도하거나 360° 전체를 작도할 수 있다.

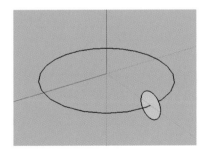 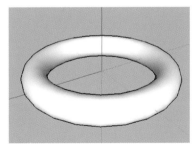

가이드(점선) 그리기

 줄자(Tape Measure)

두 점을 클릭하여 사이 거리를 측정하고 점선의 가이드선을 그린다.

① 점, 선 끝에서의 지정 시작

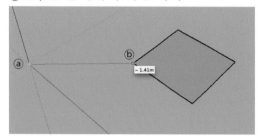

원점 ⓐ에서 시작하여 점 ⓑ 방향 가이드

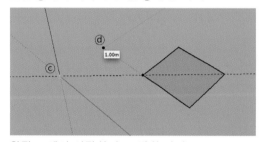

원점 ⓒ에서 시작하여 ⓓ 방향 가이드

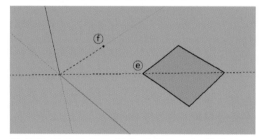

끝 지정 위치가 점인 경우 가이드 ⓔ는 무한선
끝 지정 위치기 선인 경우 가이드 ⓕ는 유한선

② 선 중간에서 지정 시작

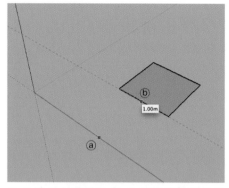

선 ⓐ에서 시작하여 선 ⓑ 직각방향 가이드

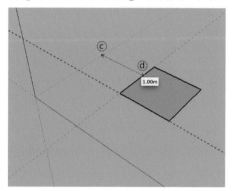

선 ⓒ에서 시작하여 선 ⓓ 직각방향 가이드

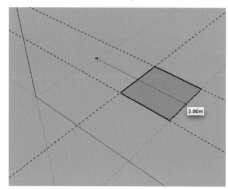

가이드 그리기

가이드 선은 정확한 작도를 위해 공간 위에 그리는 점선으로 다양하게 활용할 수 있으며, 경우에 따라 무한대선과 유한대선으로 그려진다.

① 점 또는 선의 끝부분으로 특정지을 수 있는 위치에서 지정 시작

원점 ⓐ에서 사각형의 한 쪽 끝점 ⓑ로 지정하면 ⓐ와 ⓑ를 지나는 무한대선이 그려진다. 이것은 끝점 ⓑ가 이미 지정되어 있기 때문에 유한적 가이드선은 의미가 없기 때문이다.

원점 ⓒ에서 Y축 위의 임의의 점 ⓓ로 지정하면 ⓒ와 ⓓ를 지나는 유한대선이 그려진다.

② 선 위의 임의의 지점에서 지정 시작

이 경우는 언제나 무한대선이 그려지며 먼저 지정한 선과 평행한 가이드 선이 그려진다. ①과 같이 특정한 점에서 지정하는 경우는 이 지점을 지나는 가이드선이 그려지지만 선에서 지정을 시작하는 경우는 이 지점을 지나지 않게 된다.

> **Hint ● 가이드선의 선택과 삭제**
>
> 가이드선은 무한대로 그려지기 때문에 이를 완전히 포함해서 선택(Window)하는 것은 불가능하다. 또한 가이드선이 물체보다 먼저 그려진다는 이유 때문에 클릭으로 선택하면 가이드선보다 물체선이 먼저 선택되는 경우가 많다. 여러 가지 이유로 가이드선을 선택할 때는 일부 포함 선택(Crossing)을 많이 사용한다. 이렇게 선택된 상태에서 Delete 키를 이용해 지워준다. 물론 지우개 도구를 이용하여 지우는 것도 가능하다.

스케치업은 기본적으로 원점과 축 위의 임의의 점만 정확히 지정 가능하기 때문에 가이드 선은 매우 중요하게 활용된다. 그렇지만 가이드 선을 지나치게 많이 그리는 것 역시 도면에 혼란을 유발할 수 있다. 가이드 선은 필요한 만큼 최소로 그려 넣는 것이 중요하다.

가이드(점선) 그리기

각도기(Protractor)

04-004.skp

회전축과 두 점을 클릭하는 회전과
유사한 방법으로 가이드선을 그린다.

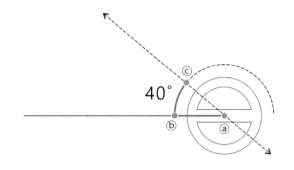

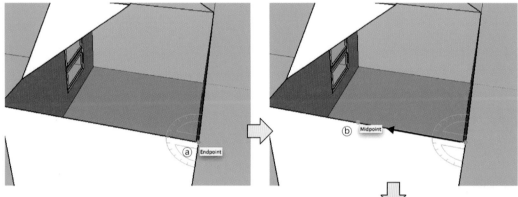

ⓐ 지붕물매 작도를 위한 30°선을 작도한다.
   먼저 건물 한쪽 모서리에서 바로 보이는
   방향으로 회전축을 지정한다.

ⓑ 물매가 보이는 방향의 천장선의 중간점을
   회전의 시작점으로 지정한다.

ⓒ 회전의 끝점을 마우스로 지정할 수 있지만
   여기서는 정확한 각도 30°를 VCB에 입력한다.

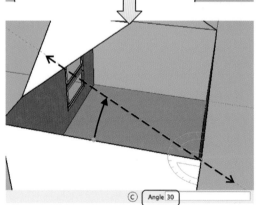

전장에서 알아본 가이드 선은 축과 평행하거나 이미 작도된 선에 평행하게 그리는 것만이 가능하다. 그러나 각도기(Protractor) 도구를 이용하면 가이드 선을 회전하여 그릴 수 있게 된다. 각도기 도구의 사용법은 회전 명령과 거의 동일하다.

각도기 도구를 선택한 상태에서 모서리 ⓐ에 회전축을 지정하면 회전축이 XYZ축에 각각 평행하게 스냅될 때마다 적색, 녹색, 청색으로 변하게 된다. 여기서는 Y축에 평행하고 녹색이 될 때 클릭할 수도 있고 드래그 방식으로 지정할 수도 있다.

회전각의 시작 지점은 임의의 위치를 사용하여도 무방하지만 여기서는 천장선 ⓑ를 이용하기로 한다. 마지막 회전의 끝점 ⓒ를 지정한다. VCB에 30°를 입력하여도 되고 기본적으로 각도 스냅은 15°이므로 마우스 이동으로 30°를 어렵지 않게 지정할 수 있다.

유용한 도구 모음

04-005.skp

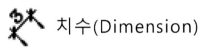 치수(Dimension)

ABC 라벨 문자(Text Label)

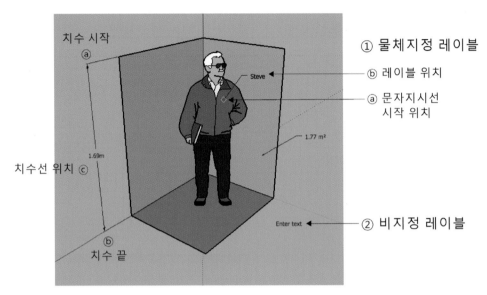

치수 시작
ⓐ

① 물체지정 레이블

ⓑ 레이블 위치

ⓐ 문자지시선
시작 위치

1.77 m²

치수선 위치 ⓒ

1.69m

② 비지정 레이블

Enter text

ⓑ
치수 끝

3차원 문자(3D Text)

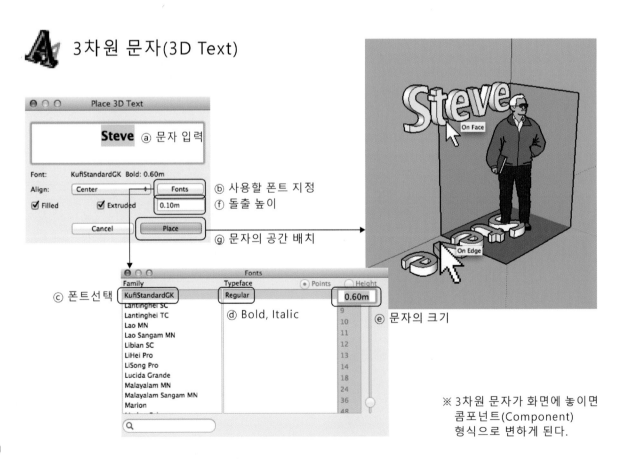

Place 3D Text

Steve ⓐ 문자 입력

Font: KufiStandardGK Bold: 0.60m
Align: Center   Fonts   ⓑ 사용할 폰트 지정
☑ Filled   ☑ Extruded   0.10m   ⓕ 돌출 높이
Cancel   Place   ⓖ 문자의 공간 배치

Fonts

Family   Typeface   ● Points   ○ Height
ⓒ 폰트선택 KufiStandardGK   Regular   0.60m
           Lantinghei SC   9   ⓔ 문자의 크기
           Lantinghei TC   ⓓ Bold, Italic   10
           Lao MN   11
           Lao Sangam MN   12
           Libian SC   13
           LiHei Pro   14
           LiSong Pro   18
           Lucida Grande   24
           Malayalam MN   36
           Malayalam Sangam MN   48
           Marion

Q

※ 3차원 문자가 화면에 놓이면
콤포넌트(Component)
형식으로 변하게 된다.

유용한 도구 모음

치수(Dimension)는 지정한 두 점 사이의 거리를 표시하는 데 사용한다. 스케치업에서 표시하는 치수는 XYZ 축 중 하나와 평형하도록 단순화되어 있다. 치수 지정에서 ⓐ는 치수의 시작점, ⓑ는 치수의 끝점을 뜻한다. ⓒ는 치수가 그려질 위치 간격을 지정한다. AutoCAD와 유사하다. 치수선에서 마우스 오른쪽 버튼을 누르면 다양한 문자 설정이 가능하다.

레이블 문자(Text Label)에는 두 가지 종류가 있다. 하나는 비지정 레이블이고 다른 하나는 물체지정 레이블이다. 비지정 레이블은 물체가 없는 위치에 클릭하여 지정한다. 이것은 처음 지정한 위치에서 화면이 이동하여도 변하지 않는 특성을 가지고 있다. 물체지정 레이블은 특정 물체 ⓐ에서 레이블의 위치 ⓑ까지 드래그로 지정한다.

3차원 문자(3D Text) 아이콘을 클릭하는 즉시 왼쪽 그림과 같은 대화상자가 나타난다. 실제 문자의 위치를 지정하는 것은 모든 설정을 마치고 ⓖ Place(배치) 버튼을 누른 후에 도면 공간에서 한다.

ⓐ 3차원 문자에 기입할 문자열을 입력한다.
ⓑ 문자열의 배치 및 폰트를 지정한다. 이 버튼을 클릭하면 폰트 설정용 대화상자가 열린다.
ⓒ 사용할 폰트를 지정한다.
ⓓ 폰트의 변형, 즉, 일반(Regular), 굵게(Bold), 기울임(Italic) 등을 지정한다.
ⓔ 문자의 크기를 지정한다.
ⓕ Filled(채워진), Extruded(사출된), 돌출 높이를 지정한다.
ⓖ Place(배치) 버튼을 누르면 위의 설정을 이용한 문자를 도면 공간에 배치한다. 3차원 문자의 배치 역시 일반 위치 지정 방법과 같이 다양한 추론과 스냅이 동작한다.

유용한 도구 모음

 축(Axes)

다양한 작도를 위한 원점의 이동,
원점 이동 명령(Axes) 지정 후 첫 번째
지정점은 원점이 된다.

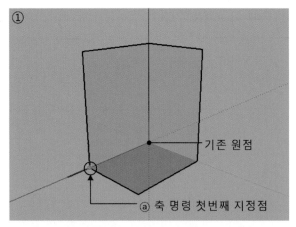

① 기존 원점

ⓐ 축 명령 첫번째 지정점

두 번째 지정점은 X축 방향(적색)
세 번째 지정점은 Y축 방향(녹색)이 된다.

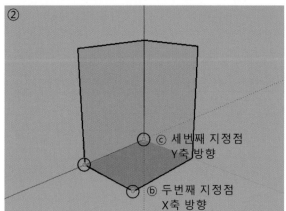

② ⓒ 세번째 지정점
Y축 방향

ⓑ 두번째 지정점
X축 방향

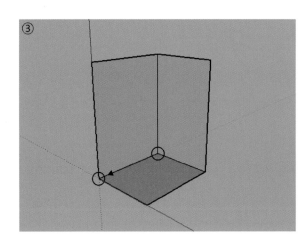

③

원점축 재지정을 통해
원점의 위치와 방향이 바뀐다.

축(Axes) 도구는 원점의 위치와 방향을 재배치하는 데 사용한다. AutoCAD의 UCS와 비슷한 역할을 하며 사용방법도 유사하다.

① 보통 물체를 그릴 때 원점(Origin)을 기준으로 작도한다. 하나의 물체를 모두 작도하고 다른 물체를 작도하려고 할 때 그려진 물체를 다른 곳으로 움직이거나 또는 원점을 이동한다. 축 아이콘을 누른 후 도면 위에 지정하는 첫 번째 위치 ⓐ는 새로운 원점의 위치가 된다.

② 새로운 원점의 위치가 지정되었으면 이제 방향을 지정한다. 두 번째로 지정하는 위치 ⓑ는 새로운 원점의 X축 방향이 된다. 마지막으로 지정하는 위치 ⓒ는 새로운 원점의 Y축 방향이 된다.

③ 이제 원점의 위치와 방향이 이동한 것을 볼 수 있다. 스케치업의 축은 왼손방향에 따라 작도가 된다. 왼손의 중지가 X축, 검지가 Y축, 엄지가 Z축이 된다.

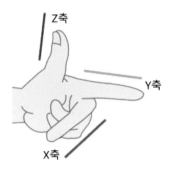

이렇게 축의 방향이 결정이 되었기 때문에 X축과 Y축 방향만 지정이 되면 Z축 방향은 자동으로 지정이 된다. 이와 같은 축의 지정법은 다음 장에 나오는 콤포넌트의 축 지정에도 동일하게 사용된다.

03

3차원 공간 작도

콤포넌트와 매트리얼

스케치업에 대한 설명을 마치며 마지막으로 자주 활용하는 요소를 별도로 저장하고 관리하는 콤포넌트의 활용법에 대해 알아본다. 또한 물체 면에 재질을 입히는 방법에 대해서도 알아본다.

그룹(Group) 또는 콤포넌트(Component)

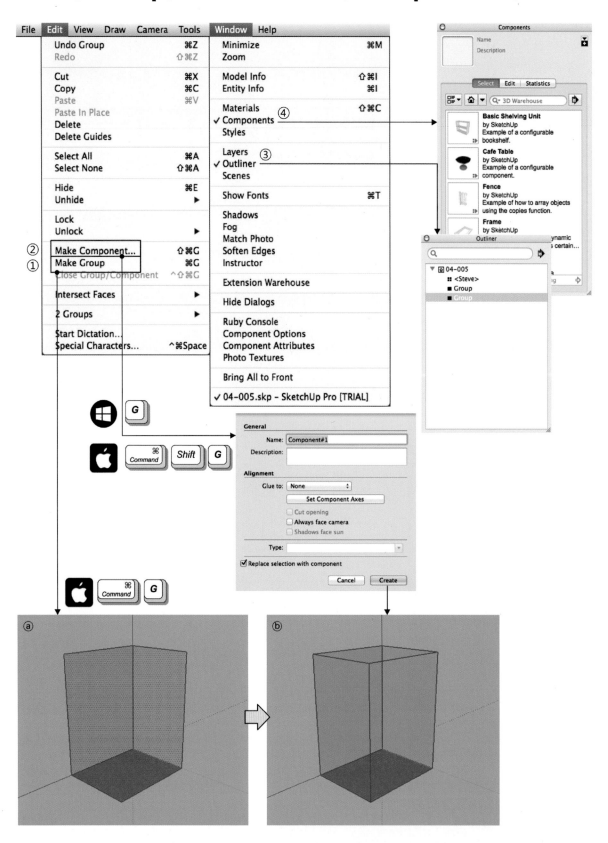

그룹 또는 콤포넌트

스케치업에서 작도를 하면 선과 면으로 구성된 물체가 만들어진다. 당연히 작도 중에는 면과 선으로 분리되어야 다양한 작도가 가능하지만 작도가 완료되면 나눠져 있는 물체는 선택과 관리가 쉽지 않다는 것을 알게 된다.

스케치업은 이를 위해 선과 면들을 하나의 물체로 묶어주는 기능을 제공한다. 간단하게 묶고 이름만 구별할 수 있는 상태를 그룹(Group)이라 하고 별도의 파일 저장, 또는 다양한 부가 옵션을 제공하는 상태를 콤포넌트 (Component)라 한다.

먼저 묶어줄 물체를 선택한 상태에서 ① Edit > Make Group 명령을 실행하면 선택한 물체들은 하나의 물체로 묶이게 된다. 대신 ② Edit > Make Component 명령을 실행하면 그룹 대신 콤포넌트로 묶이게 된다. 개별 물체 ⓐ를 선택하고 그룹 또는 콤포넌트로 묶어주게 되면 ⓑ와 같이 경계선을 포함하는 경계상자가 만들어진다.

콤포넌트로 묶어줄 때는 설정에 관련한 대화상자가 나타나게 된다. 이렇게 만들어진 그룹 물체와 콤포넌트는 ③ Window > Outliner 창이나 ④ Window > Components 창을 통해 관리할 수 있다. Outliner(윤곽) 창은 콤포넌트와 그룹 요소를 모두 볼 수 있고 이름을 관리할 수 있다. 반면 Component(콤포넌트) 창은 콤포넌트 요소만 관리할 수 있으며 후에 알아볼 3D Ware House에서 제공하는 많은 외부 자원을 관리한다.

간단한 콤포넌트 활용

05-001.skp

창문 만들기

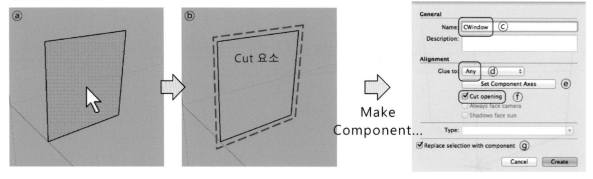

① 창의 선택 및 이동 복사

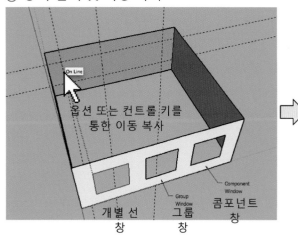

옵션 또는 컨트롤 키를
통한 이동 복사

개별 선   그룹   콤포넌트
창   창   창

② 복사 물체의 컷 요소의 적용

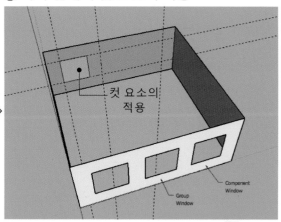

컷 요소의
적용

③ 그룹과 콤포넌트 창의 적용

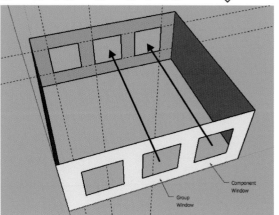

※ Set Component Axes(콤포넌트 축 설정)
원점 > **X축** 방향 > **Y축** 방향 순서로 지정, 콤포넌트가
화면에 놓여질 XY 평면을 지정함.

ⓓ On Face 스냅으로
평면에 붙일 경우

ⓒ Y축 방향

ⓐ 원점

ⓑ X축 방향

간단한 콤포넌트 활용

ⓐ 사각형 물체를 작도하고 ⓑ와 같이 가운데 면을 삭제하여 컷 요소를 만들어준다. 이들 물체를 선택하고 Make Component 명령을 실행하면 콤포넌트 제작용 대화상자가 열리게 된다. 이 대화상자에는 콤포넌트 이름 ⓒ와 콤포넌트의 원점이 달라붙을 물체(수평, 수직, 각도, 모든 물체) ⓓ를 지정한다. 콤포넌트의 자체 축(로컬 축) 기준은 ⓔ의 버튼을 통해 지정한다. 지정순서는 원점 > X축방향 > Y축방향으로 이전에 알아본 축(Axes)과 같다. ⓕ 체크상자는 컷 요소가 달라붙을 물체에 적용될지 여부를 지정하며 ⓖ 체크상자는 개별 물체 상태를 그대로 유지할지 또는 콤포넌트로 변환할지를 지정한다.

> **Hint** ● **Set Component Axes(콤포넌트 축 설정)**
>
> 콤포넌트에서 사용하는 축은 XY축으로 간단화되어 있다. 이 평면은 콤포넌트가 놓여지는 또는 달라붙는(Glue) 평면을 지정하는 것과 같다. 왼쪽 그림 예제에서 ⓐ~ⓒ로 콤포넌트의 로컬축을 지정하였다면 이 평면은 콤포넌트의 기준 평면이 된다. 이 기준 평면은 다른 물체에 배치될 때 ⓓ와 같이 평면(On Face) 스냅을 통해 서로 일치하도록 놓이게 된다.

①에서는 컷 요소를 포함하는 창 세 개가 각기 다른 상태(개별 상태, 그룹, 콤포넌트)로 놓여 있다. 여기서 개별 상태로 있는 창을 다른 쪽 벽면에 복사하면 ②와 같이 컷 요소가 새로운 벽면에 적용되는 것을 볼 수 있다. 이제 ③과 같이 그룹과 콤포넌트 객체로 각각 복사하여 컷 요소가 적용되는 것을 살펴본다. 물체를 Explode(분해하기)하였을 때 컷 요소가 적용되는 상태 역시 별도로 확인해 본다.

두께벽을 위한 콤포넌트 응용

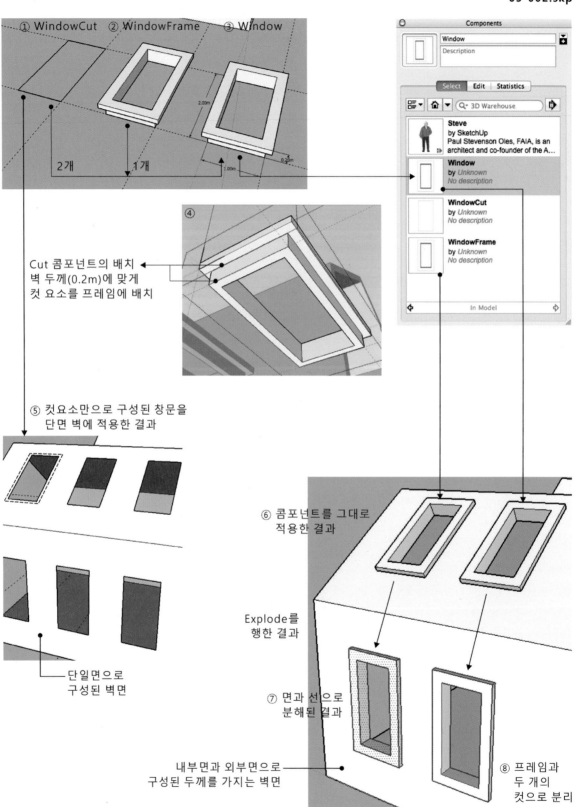

① WindowCut ② WindowFrame ③ Window

2개 1개

2.00m

0.2m

1.00m

Components

Window
Description

Select | Edit | Statistics

Q▾ 3D Warehouse

Steve
by SketchUp
Paul Stevenson Oles, FAIA, is an
architect and co-founder of the A...

Window
by *Unknown*
No description

WindowCut
by *Unknown*
No description

WindowFrame
by *Unknown*
No description

In Model

④

Cut 콤포넌트의 배치
벽 두께(0.2m)에 맞게
컷 요소를 프레임에 배치

⑤ 컷요소만으로 구성된 창문을
단면 벽에 적용한 결과

단일면으로
구성된 벽면

⑥ 콤포넌트를 그대로
적용한 결과

Explode를
행한 결과

⑦ 면과 선으로
분해된 결과

내부면과 외부면으로
구성된 두께를 가지는 벽면

⑧ 프레임과
두 개의
컷으로 분리

전 페이지에서 그려본 창은 두께를 가지지 않는 단일 벽면에 적용한 예제이다. 이 페이지에서는 컷 요소를 두 번 적용하여 바깥 벽과 내부 벽을 각각 뚫어 주도록 하였다.

① 컷 요소를 포함하는 선 물체 콤포넌트, 콤포넌트 이름은 WindowCut으로 지정하였다.

② 창의 외형적 모양을 위한 콤포넌트 물체로 이름은 WindowFrame으로 지정하였다.

③ 위의 컷 요소 ①과 외형 프레임 ②를 합쳐 만든 콤포넌트, 이름은 Window로 지정하였다.

④ 위의 ③ Window 콤포넌트를 제작하기 위해 컷 요소는 두께 0.2m 간격으로 배치하였다. 이것은 벽 두께 0.2m를 고려한 것이다.

⑤ 단일 벽에 컷 요소 콤포넌트를 놓게 되면 벽면에 컷이 발생하게 된다.

⑥ 위의 ② WindowFrame 콤포넌트와 ③ Window 콤포넌트를 벽면에 배치한 결과이다. 바깥 벽면에는 컷이 발생하였지만 내부 벽은 컷이 발생하지 않았다.

⑦ WindowFrame 콤포넌트를 Explode한 결과, 바깥 벽과 내부 벽에 모두 컷이 발생하였다. 선과 면이 모두 분해된 상태이다.

⑧ Window 콤포넌트를 Explode한 결과, 위와 같이 양쪽 벽에 모두 컷이 발생하였다. 한 번만 Explode하였기 때문에 컷 요소 두 개와 프레임 요소 하나로 분리되었다.

3D Ware House 콤포넌트

제작한 콤포넌트의 SKP 저장

① Window > Components
 창으로 저장하는 방법

② 캔버스에 놓인 콤포넌트를
 저장하는 방법

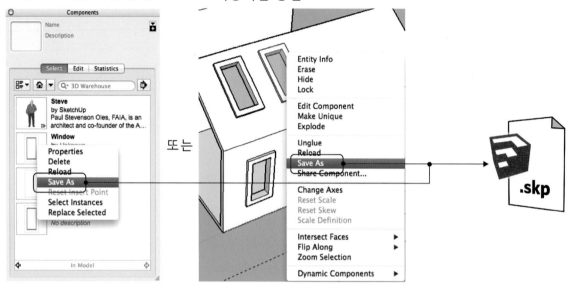

또는

3D Ware House에 저장된 콤포넌트 활용

① 카테고리 선택

②콤포넌트 선택

③ 캔버스에 콤포넌트 배치

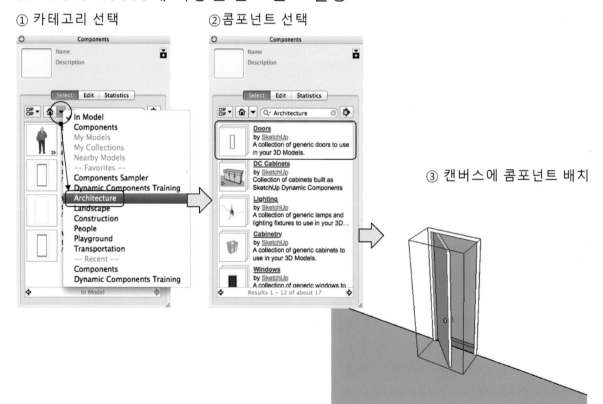

3D Ware House 콤포넌트

제작한 콤포넌트는 Window > Components 창에서 마우스 오른쪽 버튼을 통해 Save As(다른 이름으로 저장) 기능을 이용해서 별도의 스케치업 파일(확장자 *.skp)로 저장할 수 있다. 이 기능은 물체를 선택한 상태에서 마우스 오른쪽 버튼 메뉴로도 사용할 수 있다.

Window > Components 창에서 홈키(In Model) 측면에 있는 다운 리스트 키를 누르면 다양한 콤포넌트의 목록을 볼 수 있다. 각 목록을 선택하면 하단에 나타나는 콤포넌트가 각각 로드된다. 개별 콤포넌트는 선택 후 도면 공간에 내려 놓으면 쉽게 배치된다.

이외에도 스케치업 홈페이지의 3D Warehouse 창고(http://3dwarehouse.sketchup.com/)를 이용하면 전 세계에서 업로드하는 다양한 스케치업 파일을 다운받아 사용할 수 있다.

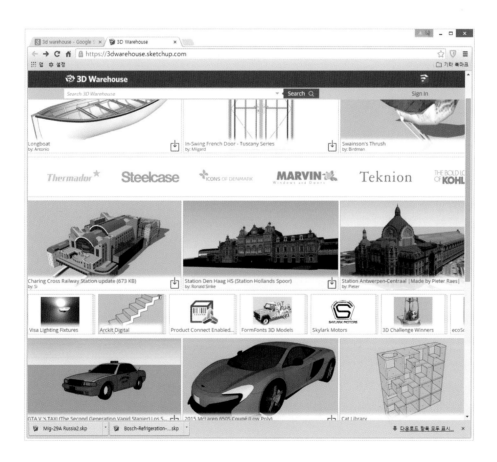

재질(Material)과 칠하기(Paint Bucket)

05-003.skp

 칠하기

Paint Bucket(칠하기) 명령을 선택하거나
Window > Materials 창을 열면 커서가 칠하기 모드로 바뀐다.

① Materials(재질)
윈도우

② 컬러 목록
선택

③ 지붕 재질의 선택,
제거, 편집, 복사

④ 선택한 재질의 편집

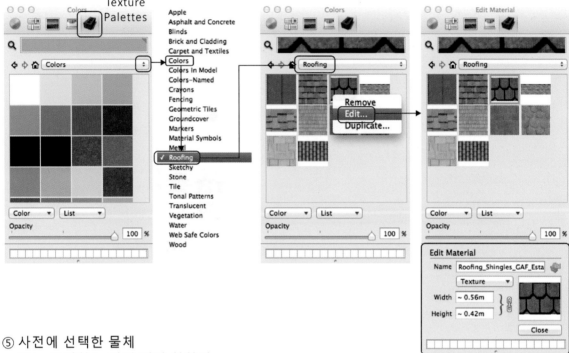

⑤ 사전에 선택한 물체
또는 클릭하는 면에 재질 칠하기

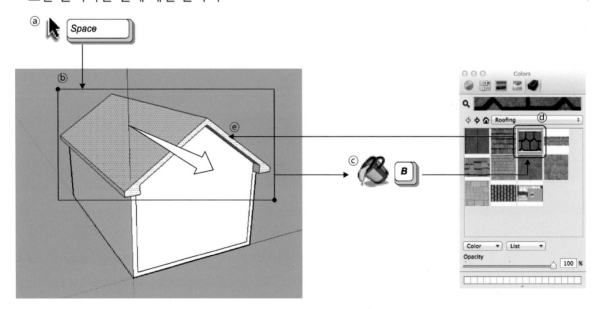

재질과 칠하기

Window > Materials 명령은 다양한 스케치업 재질창을 열어준다. 재질창의 외형은 콤포넌트와 매우 유사하기 때문에 쉽게 익힐 수 있다.

① 재질 윈도우에는 크게 색상 또는 텍스처를 선택하기 위해 Color Wheel(색상환), Color Sliders(컬러 슬라이더), Image Palettes(이미지 팔레트), Crayons(크레용), Texture Palettes(텍스처 팔레트) 등의 다양한 선택도구를 제공한다. 임의의 색상을 사용할 때는 색상환 또는 컬러 슬라이더 등을 선택하고 재질을 표현하려면 왼쪽 그림과 같이 텍스처 팔레트를 사용한다.

② 텍스처 팔레트를 선택한 상태에서 다운 목록 버튼을 누르면 다양한 재질 목록이 분류되어 나타난다. 기본적으로 Color(컬러)가 선택되어 있는데 아스팔트/콘크리트, 블라인드, 블럭/크래드 등 다양한 재질을 선택하여 사용할 수 있다.

③ 왼쪽 그림에서는 지붕(Roofing) 재질을 선택하였다. 지붕 재질 중 하나를 선택하고 마우스 오른쪽 버튼을 누르면 제거, 편집, 복사 등의 메뉴가 나타난다.

④ 재질에서 편집(Edit)을 누르면 등록된 재질의 이미지를 바꾸거나 폭과 높이를 설정하는 재질 편집 섹션이 나타난다.

⑤ 재질을 물체에 칠할 때는 페인트 버킷(Paint Bucket) 도구로 물체를 클릭하면 현재 선택된 재질로 물체를 칠한다. 그러나 보다 많은 면을 한 번에 칠하기 위해서는 선택 도구 ⓐ를 선택하고 칠할 물체를 선택한다. 왼쪽 예제에서는 ⓑ 윈도우 방식을 사용하였다. 다시 핫키 ⓒ를 이용해서 칠하기 상태로 바꾼 후에 ⓓ 재질을 선택한다. 최종적으로 선택한 물체에 버킷을 ⓔ 클릭하면 한 번에 모든 면이 칠해진다.

03

3차원 공간 작도

실전 예제

지금까지 학습한 스케치업의 기본적인 내용을 기반으로 실무에서 스케치업을 사용하는 방법을 알아본다. 스케치업의 심화된 기능까지는 알아보지 못하지만 단순한 동작이지만 숨겨진 의외의 기능을 알아본다. 이 곳에 있는 예제는 유튜브의 SketchUpVideo 작가가 업로드한 공식 학습 비디오(SketchUp Basics for K-12 Education)를 그대로 활용하였다.

펫 하우스(개집)

- 펫 하우스의 기본 크기는 높이, 폭 모두 0.5m 정도로 하고 깊이를 1m로 지정한다.
- 간단히 원점에서 0.5m, 1.0m 크기의 사각형(Rectangle)을 작도하고 높이 0.5m 만큼 끌기(Pull)한다.

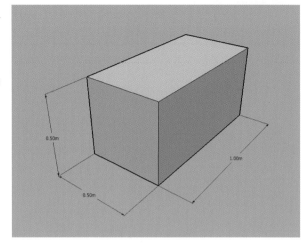

- 상단의 양 끝점에서 각도기(Protractor) 도구를 이용해서 45°의 지붕선을 각각 작도해준다.
- 상단의 앞 뒷선의 중점(Midpoint)를 연결해 용머리선을 작도한다.

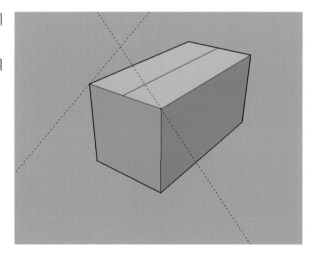

• 용머리선을 미리 선택하고 이동(Move) 명령으로 두 가
 이드선이 교차하는 지점까지 끌어올린다.
• 지붕 두 개의 면을 각각 10cm 만큼 끌기(Pull)한다.

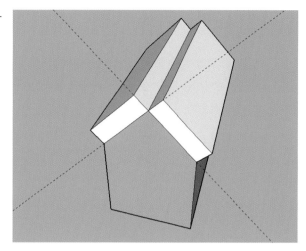

• 한쪽 지붕의 옆 면을 다시 10cm만큼 끌기(Pull)한다.
• 이렇게 하면 다른 쪽 지붕과 정확히 닿게 마감이 된다.
• 물매각도가 45°이므로 용머리선 지붕각은 90°가 된다.

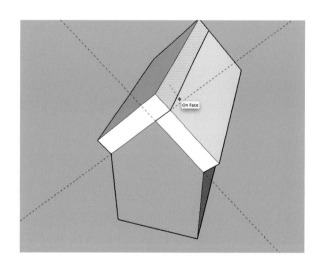

• 지붕의 좌우 하단 면도 동일하게 10cm만큼 끌기 (Pull) 한다.
• 방금 전 단계에서 한 동작과 동일하기 때문에 하단 면 위에 커서를 놓고 더블클릭하여도 동작은 동일하게 반복된다.

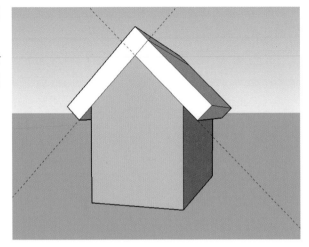

• 앞면에 가로, 세로 30cm 크기의 정사각형으로 입구를 작도한다.
• 입구 윗쪽으로 지름 30cm의 반원을 호로 작도한다.

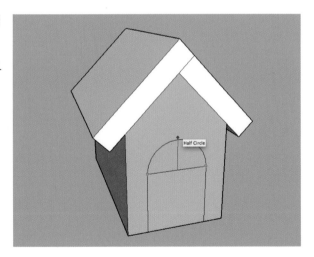

• 입구면을 10cm만큼 밀기(Push) 동작을 한다.
• 불필요한 면과 선을 제거하거나 숨기기를 한다.

L E S S O N

건축물

- 먼저 치수에 따라 바닥면을 작도하고 3m 끌기로 부피를 만든다.
- 천장면의 중심선을 연결하여 Z축 방향으로 1.5m 만큼 올려준다. 이때 AutoFold가 발생한다.

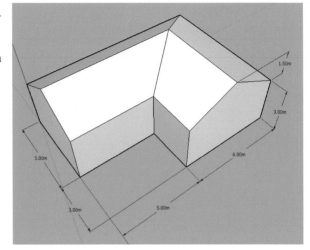

- 건축물의 바닥면을 안쪽으로 0.2m Offset하고 만들어진 면을 처마선 0.2m 아래까지 Push한다.
- 필요한 가이드 선을 사전에 작도한다.

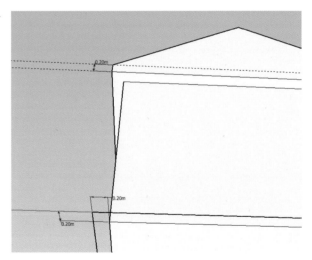

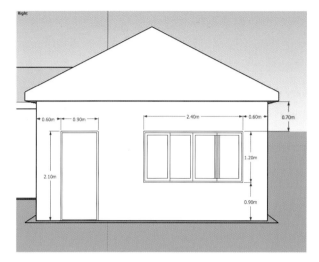

• 아래와 같은 치수로 창문과 문틀을 작도한다. 사전에 필요한 가이드 선을 작도한다.
• 문틀이나 바깥 창틀 프레임은 3cm로 정하고 창틀의 내부 프레임은 6cm로 정한다.

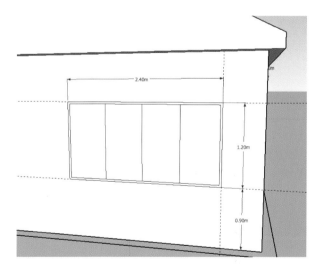

• 먼저 창틀 사각형(2.4m, 1.2m)을 작도하고 3cm 내부로 Offset한다. 내부 위/아래선을 Divide 메뉴로 4등분한다.
• 각 선들의 Endpoint를 직선으로 연결한다.

- 나누어진 4개의 사각형을 안쪽으로 6cm만큼 Offset한다.
- 가운데 만나는 창틀은 서로 겹치지 않는다.
- 양 옆의 창틀은 서로 겹쳐져야 하기 때문에 그림과 같이 중간점을 연결하여 중간에 6cm 창틀을 작도한다.

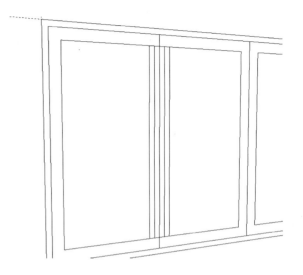

- 가운데 창틀은 서로 겹치지 않고 양 옆의 창틀은 서로 겹치게 작도하면 내부의 네 장의 유리 부분은 모두 동일한 크기(50cm)를 가지게 된다.

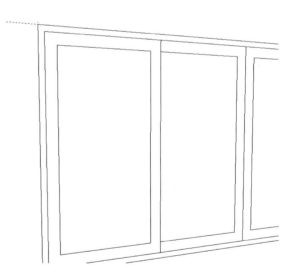

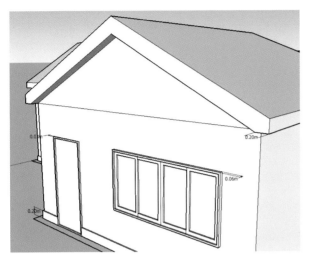

- 이전 단락에서 작도한 문틀과 창틀을 그림과 같이 끌기(Pull)한다. 문틀은 3cm를 뽑고 창틀은 6cm를 뽑고 내부 프레임은 3cm를 뽑는다.
- 바닥에 높이 20cm의 기초선을 작도한다.
- 지붕 처마나옴을 개방해 준다.

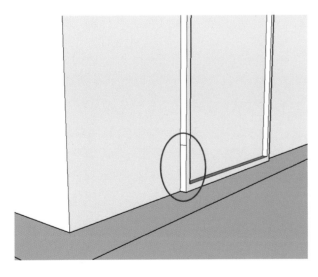

- 바닥 기초선 작도를 위해 돌출한 문틀에 높이 20cm 위치에 Line을 작도한다.
- 작도된 선이 만든 면은 집 주위를 Follow me 도구로 둘러 기초선을 작도한다.

• Follow me 도구의 경로선을 선택한다.
• 문틀 부분을 제외하고 바닥선을 모두 선택 도구로 선택한다.

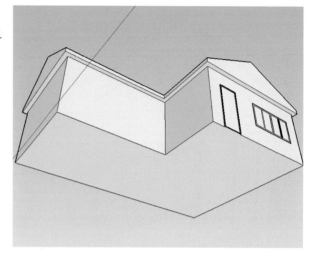

• 둘레선이 선택된 상태에서 Follow me 도구를 선택하고 문틀 아래 20cm 높이의 사각형을 선택한다.
• Follow me 도구의 경로가 선택된 상태에서 단면을 선택하는 즉시 그림과 같은 기초선이 집둘레에 작도된다.

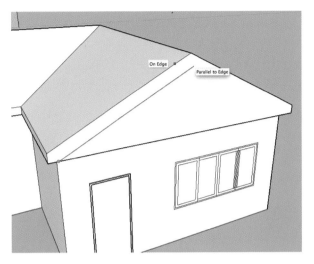

- 처마나옴을 정리하기 위해 처마선 안쪽으로 0.2m 만큼 선을 작도하고 처마선과 평행하게 라인을 작도한다.
- 선의 시작점을 지정하고 평행할 선 위에 커서를 가져가면 On Edge 스냅이 발생한다.
- 위에서 정의한 선과 평행(Parallel to Edge)한 추론을 따라 선을 늘려준다.

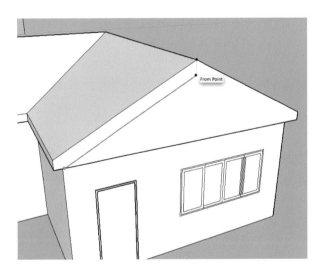

- 처마나옴 정리선의 끝점은 용머리선에서 Point 스냅을 통해 지정할 수 있다.
- 이렇게 용머리선 아래에 처마나옴 정리선이 작도되면 반대편 평행선도 같은 방법으로 정리하면 된다.

• 처마나옴 아래부분이 정리되었다. 이 면을 선택한 후 아래 벽체와 같은 높이에 이르도록 Push하면 된다.

• 1차적으로 아래 벽면이 Push 20cm 지점에 위치하기 때문에 0.2m 제한이 걸리는 것을 볼 수 있다.

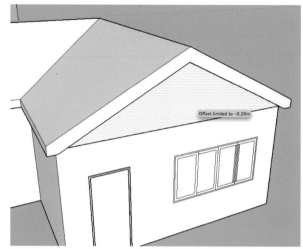

• 같은 재질을 칠해줄 면을 선택한 후에 버킷 도구로 현재 재질을 칠해준다.

• 천정, 처마, 벽면, 유리, 문, 기초선 등에 원하는 물체 재질을 칠해준다.

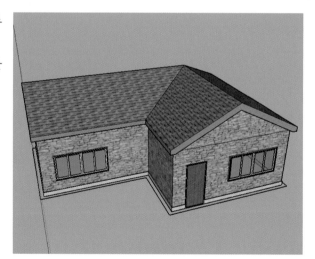

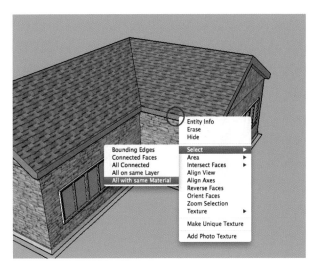

• 만일 한번 칠해진 재질을 다른 재질로 바꾸고자 할 때는 이들 중 한 면을 선택하고 오른쪽 버튼 메뉴에서 선택 > 동일 재질 물체 선택 메뉴를 선택하면 같은 재질을 사용하는 모든 면이 한번에 선택된다.

• 이렇게 선택된 면들에 변경할 재질을 적용하면 쉽게 재질을 교체할 수 있다.

• CAD에서 기초 바닥을 만들어 온다.[자료실에서 2-1.dwg 사용]

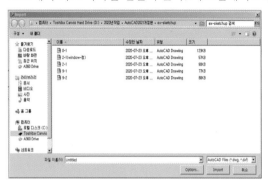 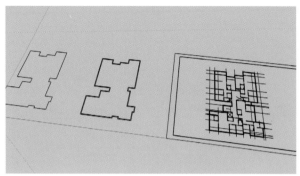

• Rectangle(단축키 R)로 바닥면을 만든다.
• Offset을 밑그림에 맞춰서 간격 띄우기를 한다.

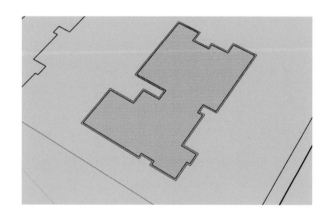

• Push로 높이값 2,900mm을 올린다.

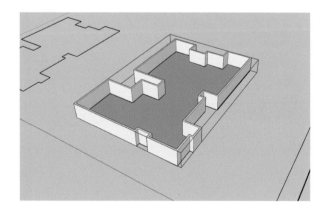

• Push로 높이값 2,900mm을 올린다.

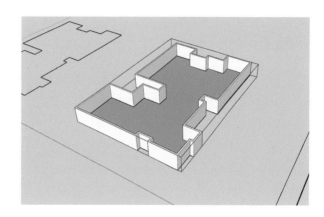

• 가이드선을 이용하여 입면도에 있는 창의 위치를
  정확하게 작도하여 창을 뚫어준다.

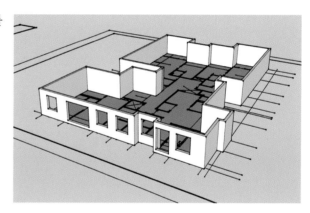

• CAD에서 입면창호를 저장한다.
  [자료실에서 2-1(window-정).dwg 사용]
• 창호를 제작하고 재질까지 입혀준다.

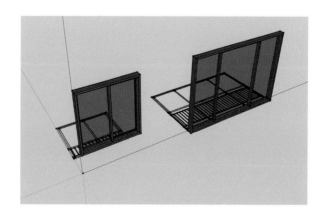

• Sketchup 프로그램을 두 개 띄어 놓고 창호 제작한
  것을 복사해서 아파트에 붙여넣기한다.[자료실에서
  step-2 사용]

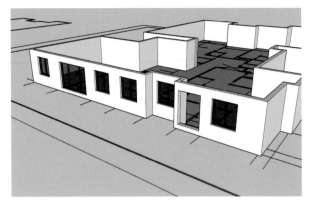

• 블록 만들어 재질까지 넣는다.

• Move를 이용하여 복사를 한다.
  [책 물체의 조작-이동 34-1을 참고한다.]

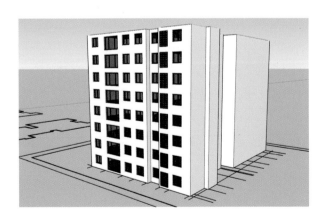

• 바닥도 같이 복사한다.

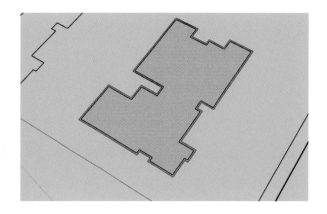

• 10~12층과 9층 옥상을 다른 파일에서 만든다.

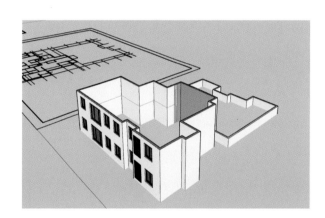

• 1기존 작업하던 파일에 복사를 해 온다.

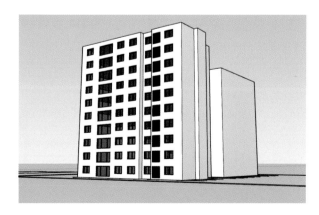

• 1준비해놓은 자료를 열어서 [Ctrl]+[C]를 합다. [자료실에서 step-0 사용]

• 1기존 작업하던 공간에 [Ctrl]+[V]를 해서 붙여넣는다.
• 1move 이용해서 높이를 아래 방향인 -Z방향으로 3,400을 이동합니다.

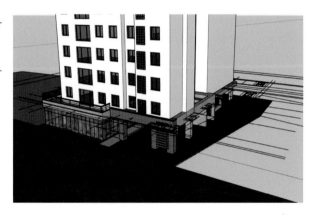

• 버킷 도구(Paint Bucket)으로 제주석 재질을 칠해준다.

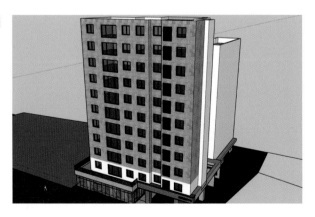

동영상과 함께 공부하는
독학 AutoCAD & SketchUp
2017-2021

발행일 /	2013년 6월 10일 초판발행	
	2014년 8월 10일 1차 개정	
	2016년 1월 15일 2차 개정	
	2017년 1월 15일 3차 개정	
	2021년 1월 15일 4차 개정	

저 자 / 조 영 석
발행인 / 정 용 수
발행처 / 예문사
주 소 / 경기도 파주시 직지길 460(출판도시) 도서출판 예문사
T E L / 031) 955-0550
F A X / 031) 955-0660
등록번호 / 11-76호

정가 : 28,000원

예문사 홈페이지 http : //www.yeamoonsa.com

ISBN 978-89-274-3700-0 13000

이 도서의 국립중앙도서관 출판예정도서목록(CIP)은 서지정보유통지원시스템 홈페이지(http://seoji.nl.go.kr)와 국가자료공동목록시스템(http://www.nl.go.kr/kolisnet)에서 이용하실 수 있습니다.(CIP제어번호 : CIP2020037050)